高等职业教育市场营销类专业系列教材

商务谈判与礼仪

（第二版）

方明亮　刘　华　主编

金丽娟　副主编

科学出版社

北　京

内 容 简 介

本书是讲述商务谈判实用方法和技巧的教材。

全书共分 4 篇 14 章，主要包括商务谈判概述，商务谈判的过程、工具、策略以及商务谈判沟通、语言、价格技巧，商务谈判障碍的排除，商务谈判的心理，商务谈判的组织，个人礼仪、社交礼仪和商务礼仪实务等。

本书作为高职高专院校电子商务、市场营销、工商管理等专业的教材，也可供政府机构、经济贸易部门作为培训教材，还可供工商管理人员、营销人员学习参考。

图书在版编目（CIP）数据

商务谈判与礼仪/方明亮，刘华主编. —2 版. —北京：科学出版社，2011
（高等职业教育市场营销类专业系列教材）
ISBN 978-7-03-031532-8

Ⅰ.①商…　Ⅱ.①方…　②刘…　Ⅲ. ①贸易谈判-高等职业教育-教材
②商务-礼仪-高等职业教育-教材　Ⅳ.①F715.4 ②F718

中国版本图书馆 CIP 数据核字（2011）第 112792 号

责任编辑：任锋娟　朱大益 / 责任校对：王万红
责任印制：吕春珉 / 封面设计：东方人华平面设计部

科学出版社 出版
北京东黄城根北街 16 号
邮政编码：100717
http://www.sciencep.com
北京鑫丰华彩印有限公司印刷
科学出版社发行　　各地新华书店经销
*
2006 年 8 月第　一　版　　开本：787×1092　1/16
2011 年 6 月第　二　版　　印张：22 1/2
2021 年 8 月第二十一次印刷　字数：514 000
定价：58.00 元
（如有印装质量问题，我社负责调换〈鑫丰华〉）

销售部电话 010-62134988　编辑部电话 010-62138978-2015（VF02）

第二版前言

当前,我国经济正高速地向前发展,我国企业已步入世界贸易的大潮,我国商品正在迅速流向世界的各个角落。随着我国经济的蓬勃发展,各种层次、各种类型、各种规模的商务谈判与日俱增,商务谈判已经渗透到商务活动的每一个角落。商务谈判是国家和企业必不可少的经济交往活动,商务谈判的成败,不仅关系到企业的生存与发展,而且还关系到国家经济的发展。

商务谈判是充满挑战的特殊交际活动,它需要品格上、心理上、才能上都出类拔萃的优秀人才。人才不是一朝一夕就能造就的,除了自我学习、自我磨练之外,教育具有重要的作用。怎样使学生通过学习,真正懂得谈判的原理,掌握一定的谈判技能,并为以后的自我提高建立良好的机制,这是高等职业教育的一大课题,也是我们义不容辞的职责。

商务谈判是一门科学,更是一门艺术,它所涉及的知识极其广阔,包括市场营销、国际贸易、法律、语言、心理、艺术、演讲、公共关系、投资、财务、金融、会计、政治、经济、文化等多门学科,是一门综合性很强的应用型学科。

只有在全面掌握基本理论的基础上,深刻领会这门学科的操作技巧,才能在竞争激烈的现代商战中取得胜利。

为了满足高职高专院校教学和政府机构、经济、外贸及工商管理人员、营销人员实践的需要,我们组织长期在市场营销、电子商务、工商管理等专业从事商务谈判的教学和研究人员编写了本书,全书分总论篇、策略技巧篇、组织篇和礼仪篇等四个部分。

为了切实培养和提高学生的商务谈判素质和技能,本书从"实际、实用、实效"的宗旨出发,总结多年商务谈判教学和实践的经验教训,结合众多谈判人员的体会,努力选择当今最实用的谈判原理以及相关的谈判案例,用以说明商务谈判成败的要点。本书突出商务谈判实用的方法和技巧,并穿插了大量阅读材料,以帮助学生理解和运用有关知识。本书还从不同的角度选择了一定量的谈判案例,并在附录中介绍了案例分析的方法,为学习者提供体验谈判实战、分析谈判得失、借鉴他人谈判经验的机会。我们希望本书能对有志于培养、提高谈判素质和技能的学生、谈判工作者有真正的帮助。

本书由湖北鄂州职业大学方明亮、刘华任主编,金丽娟任副主编。具体编写分工是:第1、8、9、10章由方明亮编写,第2、3章由杨杰、左剑君编写,第4~7章由刘华编写,第11~14章由金丽娟编写。主编负责总体框架的设计、编写大纲的审定、各章初稿的修订和全书的总纂与定稿。

本书附有教学课件,感兴趣的读者请到科学出版社职教技术出版中心网站(www.abook.cn)下载使用。

由于编者水平有限,加之时间仓促,书中疏漏与不妥之处在所难免,恳请读者批评指正。

编 者

2011 年 5 月

目　录

第一篇　总　论

第二篇 策略技巧

第一篇

总　　论

第 1 章　商务谈判概述

📎 **内容提要**

本章主要介绍商务谈判的一些基本问题，如谈判和商务谈判的含义、特点与作用，谈判的理论、基本原则和主要类型等，与以后各章的内容有密切的关系，是进一步学习商务谈判知识和提高谈判能力的基础。

1.1　商务谈判的概念与特点

1.1.1　谈判的普遍性

谈判是一门古老的交流艺术，普遍存在于人类活动中。在人们的日常交往中、在企业经营管理过程中以及在国际事务中，都常常会伴随着谈判活动。几乎每个人都可能在特定的条件下成为一个谈判者，如与小商贩讨价还价，与单位领导讨论个人的岗位更换，为朋友解决纠纷，作为企业代表与其合作者或竞争者进行商务磋商，作为外交人员与其他国家的代表商讨国际事务等，这些都是谈判。今天，谈判已成为人们生活中的重要内容，特别是工商企业，诸多的合作、开发、生产、经营等都是通过谈判活动而得以顺利实现的。社会实践的需要，推动和促进了谈判理论的形成和发展，也进一步加深了人们对谈判活动的认识。

人类为什么要谈判呢？从本质上说，谈判的直接原因是参与谈判的各方有自己的需要，或者是自己所代表的某个组织有某种需要，而一方需要的满足又不能无视他方的需要。因此，谈判双方参加谈判的主要目的，就不能以只追求自己的需要为出发点，而是应该通过观点的交流、问题的探讨与磋商，共同寻求使双方都能接受的方案。

商务谈判学作为一门新兴的边缘学科，具有以下两个特点：

1）综合性强。它涉及到经济学、管理学、心理学、行为学、社会学、语言学、逻辑学、传播学、公共关系学等多门学科的内容，运用了多学科的基础知识和研究成果。

2）实践性强。它是一门注重实践、讲求实用、重在解决实际问题的应用型学科。

一个真正的谈判高手绝不是死抱教条、顽固不化的书呆子，而应是目光敏锐、反应

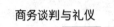

迅速、行动敏捷的智者。商务谈判是实力与智慧的较量、学识与口才的交锋、魅力与演技的展现。现代人需要学习和把握商务谈判的规律与原则，并在实践中创造性地加以灵活运用。

阅读材料

作为一门学科，人们对谈判的研究开始于第二次世界大战之后。不少学者认为，从20世纪50年代初，纳什在"对策论"的研究中提出谈判问题协商解决开始，谈判便被作为一门学科跻身于管理科学之列。但是在国际上，较为一致的意见则认为，对谈判学的研究真正开始于1968年，由美国谈判学会会长、著名律师和谈判专家杰勒德·I.尼尔伯格开启谈判理论研究之先河，其出版于1968年的代表作《谈判的艺术与科学》一书，在20多年里先后被译成十几种文字行销世界。该著作的中文译本于1985年由上海翻译出版公司在我国出版。几乎与杰勒德·I.尼尔伯格同时，美国洛杉矶市"无敌谈判中心"的主任C.L.卡洛斯博士根据他在哈佛大学对谈判学研究的成果，出版了《谈判竞争》、《商业谈判》等著作，在西方风靡一时，不仅企业界人士倍加重视，就连政治家、外交家、教育家、律师也奉为"经典"。卡洛斯作为美国商业顾问机构的首席代表和谈判专家，曾为世界各国数以万计的有影响的企业界首脑讲授谈判理论与策略技巧。另外，美国谈判专家柯恩集30多年的谈判实践经验及主持哈佛、密歇根、布鲁金斯等著名高等院校的专门机构对谈判的研究讨论成果，出版了著作《实用谈判技术》，也引起了一时的轰动。更值得一提的是，继纳什之后，美国决策理论专家雷法等人不但从行为科学和应用技巧方面对谈判加以研究，而且还从他们所专长的决策及对策分析角度对谈判进行了较深入的研究。雷法于1984年发表了《谈判的艺术》一书，从决策分析角度总结了谈判理论研究的一些成果，并以案例的形式展开了各种有关谈判问题的研究，为用数学方法来深入研究谈判问题。

除上述美国的一些专家外，欧洲学者在谈判领域的研究也引人注目，如英国的比尔·斯科特在总结了不同国家、企业的几百名从事贸易谈判工作人员的亲身经历与经验以及他自身多年国际商业谈判经验教训的基础上，于1981年出版了《贸易洽谈技巧》一书，在理论及技巧上都有其独到的见解；法国学者克里斯托夫·杜邦博士在同年代著的《谈判的艺术》一书，对谈判问题在学术上也进行了较深入的探讨。

1.1.2 谈判的概念与特点

1. 谈判的概念

要给谈判下一个定义，既简单又困难。说它简单，是因为大家对谈判并不陌生，而且几乎每天都出现在人们的生活中；说它困难，是因为谈判的内容极为广泛，很难用一两句话来准确、充分地表达其含义。

📖 **阅读材料**

确定一个有效的定义，意味着给某一概念列出基本特征或一般属性，也就是给那些能用这一概念去包括的事物提出必备的条件。概念包括内涵和外延两个方面，外延是概念对它涉及的类的抽象和概括，指的是事物本身；内涵是概念所思考的属性、关系和本质特征的总和，指的是事物所具有的特征。

什么是谈判？按照最一般的认识，谈判是人们为了协调彼此的关系，满足各自的需要，通过协商而争取达到意见一致的行为和过程。美国谈判学会会长，著名律师杰勒德·I. 尼尔伯格在《谈判的艺术与科学》一书中所阐述的观点更加明确，他说："谈判的定义最为简单，而涉及的范围却最为广泛，每一个要求满足的愿望和每一项寻求满足的需要，至少都是诱发人们展开谈判过程的潜因。只要人们为了改变相互关系而交换观点，只要人们是为了取得一致而磋商协议，他们就是在进行谈判。""谈判通常是在个人之间进行的，他们或者是为了自己，或者是代表着有组织的团体。因此，可以把谈判看做人类行为的一个组成部分，人类的谈判史同人类的文明史同样长久。"

下面是一些学者对谈判的定义：

美国法学教授罗杰·费希尔和谈判专家威廉·尤瑞认为，"谈判是为达成某种协议而进行的交往"。

美国谈判专家威恩·巴罗认为，"谈判是一种双方都致力于说服对方接受其要求时所运用的交换意见的技能，其最终目的是要达成一项双方都有利的协议"。

美国谈判学会会长杰勒德·I.尼尔伯格说："只要人们为了改变相互关系而交换观点，只要人们是为争取一致而磋商协议，他们就是在进行谈判。"

我国学者认为，谈判是当事人为满足各自的需要和维持各自利益而进行的协商过程。

本书对谈判下的定义是：谈判是指参与各方为了协调彼此之间的关系，满足各自的需要，在一定的时空条件下，通过协商而争取达成一致的行为过程。

对谈判的这一定义，可以从以下几方面来理解和把握。

1）谈判是建立在人们需要的基础上的自愿行为。杰勒德·I.尼尔伯格指出：当人们想交换意见、改变关系或寻求同意时，人们开始谈判。这里，交换意见、改变关系、寻求同意都是人们的需要。需要的具体内容极为广泛，如物质财富的需要、精神文化的需要等。需要是谈判的直接原因，需要推动人们进行谈判。但谈判至少是两方以上的行为，满足一方的需要会涉及和影响他方需要的满足，任何一方都不能无视他方需要的满足。谈判各方的需要是既统一又矛盾的。而谈判活动得以进行，总是以各方自愿参加为先决条件，只有各方都有谈判的愿望，谈判才有可能顺利进行。只有自愿的谈判，才是有诚意的谈判。

2）谈判各方既统一又矛盾的关系，使得各方必须通过协商来求得一致意见，以满足各自的需要。谈判的整个过程就是提出问题和要求，进行协商，出现矛盾，再进一步协商的过程。通过谈判，寻找各方都能接受的方案，使矛盾在一定的条件下达到统一。

3）谈判作为人的一种行为和活动，涉及到有关人的许多方面。作为一名合格的谈判人员，不仅要熟悉谈判的理论、策略和技巧，精通谈判内容所涉及的专业知识，还要很好地学习和了解有关方面的多种知识，如政治法律、经济、社会文化、语言逻辑、风俗习惯等。

4）谈判还受无形因素的影响。无形因素指的是在谈判过程中直接或间接地对参与者施加影响的更深层次的心理及文化因素。如社会文化习俗，谈判者的态度、倾向、信念、性格、情绪、习惯等。无形因素对谈判的过程和结果有非常大的影响，因而需要在谈判中优先、认真对待。

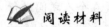 阅读材料

墨 子 救 宋

战国时，公输盘为楚国建造攻城的云梯，准备用来进攻宋国。墨子听说这件事后，连忙赶到楚国的都城郢求见公输盘。公输盘一见到墨子，便问他："先生来此，有何教导于我？"

墨子说："北方有人侮辱我，我想借您的力量杀掉此人。"公输盘听了很不高兴。墨子又说："我向您献上千两黄金。"公输盘更是恼怒，立即回答墨子说："我恪守道义，绝不胡乱杀人。"墨子马上从座位上起来，向他道谢并说："请让我把话说完。我听说您造云梯，准备攻打宋国，宋国有什么罪值得大举讨伐呢？楚国地方大而人口少，进攻宋国，会使楚国不足的人口更加减少，而争得的却是多余的土地，这样做，不能说是明智的行为；宋国无罪，却要向他进攻，这不能说是仁义的行为；明知此举是不智不仁的行为，却不向君王劝谏，难道说是对君王的忠诚吗？如果劝谏君王而达不到目的，不能说是才干很强；遵循道义，不杀少数人，却要杀大批人，不能说是懂得类推的道理。"公输盘听了墨子这番议论后，心悦诚服。公输盘说："可惜晚了，攻宋之事，我已禀告君王了。"墨子说道："为什么不让我去见见楚王呢？"

在公输盘的引见下，墨子拜见了楚王。他对楚王说："现在有这么个人，他抛弃自己华丽的车子不乘，却想去盗窃一辆破车，抛掉自己的美味佳肴不吃，却想去盗窃邻居家难以下咽的糟糠食物，这是一种什么样的人？"楚王说："那一定是患了盗窃病的人。"

墨子趁势说："楚国之地方圆五千里，宋国之地方圆五百里，这好比华丽车辆与破旧车辆一样；楚国有天下最富有的资源，而宋国地方狭小，连鸡兔狐狸也少见，这就好比是佳肴美味与难以下咽的糟糠；楚国有许多名贵树木，而宋国连一棵高大的树木也没有，这好比锦绣之衣同短衣破裤之别。我认为这三样东西的差别，同攻打宋国的行为属

于同一个道理。我认为大王进攻宋国，是违背道义的，您必将一无所得。"

楚王听了墨子的话后，由衷地赞叹道："说得好极了！但是公输盘已经为我造好了云梯，一定要攻取宋国。"墨子见楚王仍不停止攻打宋国的准备，便当着楚王的面演练，墨子解下衣带，放在桌上，作为城池，以玉碟作为守城的器械。公输盘变换了九种攻城的方法，墨子接连九次都抵御住了他的进攻。公输盘攻城的器械都使用完了，而墨子守城的方法还未用尽。公输盘只好认输，但却说道："我有对付你的方法，但我不说出来。"墨子也说："我也知道你对付我的方法，我也不说出来。"

楚王听了二人的对话非常惊异，便问墨子，这是什么缘故。墨子回答说："公输盘的意思，无非是想杀掉我。杀掉我之后，就可以轻易攻下宋国了。但我已告诉我的学生禽滑厘用三百人手持我教给他们的守城器械，屹立在宋国都城上，时刻准备迎击楚国的侵犯。楚王见此情景，马上说道："先生说得好极了，我一定不攻打宋国。"墨子欣然离开楚国。

2. 谈判的特征

不论何种类型的谈判，它们在结构和程序上都是基本相同的，都有一些最基本的特征。

（1）谈判是通过协商而达到一致的过程

人们之所以进行谈判，主要是想使谈判对方同意让自己取得某项利益。现如今，人们似乎已经变得越来越不愿意接受别人强加给自己的想法，越来越希望能够反过来对影响自己的东西施加影响。因此，谈判不是单纯追求自身利益需要的过程，而是各方通过不断调整各自的需要而相互接近，最终达成协议的一系列过程。

利益上的平衡不等于利益上的平均。谈判各方在竞争的过程中要兼顾对方的利益，使各方均能从谈判中获得利益。从利益竞争的角度看，谈判各方均希望通过谈判尽可能多得一点，但这种多得必须有一个度的限制，否则有可能导致：谈判破裂；使在谈判中失败的一方最终推翻已达成的协议；使合作仅限一次。

（2）谈判是"合作"与"冲突"的对立统一

谈判达成协议对各方都有利，这是合作性的一面；希望自己能获得尽可能多的利益，这是冲突性的一面。了解和认识谈判是合作与冲突对立统一的特性，一方面可以使谈判者明白谈判各方都会调整或放弃一些他们在公开声明中要求或索取的东西，虽然参与者开始时可能不会让步，甚至为达目标而进行激烈的争论并迫使对方让步，但通常都会调整他们的定位并向另一方靠拢；另一方面，有助于谈判者在制定和运用战略战术时注意防止两种倾向：一是只注意合作关系，害怕与对方发生冲突，不敢据理力争，对他方的要求一味退让和承诺，使己方蒙受重大损失；另一种是只注意冲突性的一面，寸利不让，不知妥协，使谈判过程艰难化、消除信任、阻碍达成共识，最终己方一无所获。

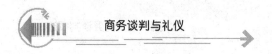

（3）谈判有其价值评判标准

成功的谈判应该是双赢的。一般来讲，成功的谈判最少应该有如下三个价值评判标准。

1）目标实现标准。也就是说，谈判的最终结果是否达到预期的目标，它是评价一场谈判是否成功的首要标准。

2）成本优化标准。任何谈判都是要花费一定成本的，一场普通的谈判有三种成本：一是达成协议所做出的让步，也就是预期谈判收益与实际谈判收益之间的差距，它是谈判的基本成本；二是人们为谈判所花费的各种资源，即人、财、物和时间等，它是谈判的直接成本；三是因为参加了这项谈判所占用的资源，失去了其他获利机会，损失了其他可望获得的价值，它是谈判的机会成本。在这三种成本中，人们常常特别注重谈判桌上的得失，即往往较多地注重第一种成本。

3）人际关系标准。谈判是人与人之间的一种交流与沟通活动，不仅存在着利益得失的对抗，也存在着人际关系的加强和削弱。谈判的结果不只是体现在利益的分配等损益关系上，还体现在人际关系上。因此，在谈判中，谈判者既要争取实现其预定目标，还要重视改善和加强双方友好的合作关系。一般而言，成功的谈判应该是在实现预期目标的前提下，谈判所获收益与所费成本之比最大，并使双方的友好合作关系得到进一步的发展和加强。

（4）谈判是有一定利益界限的

在谈判活动中，谈判各方通常对谈判有一定的期望，知道期望什么结果，并在谈判前设定底线。结果在底线之上，是人们所期望的；结果低于底线时，人们便会选择离开，即谈判破裂。因此，任何谈判者都必须满足对方的最低需求，无限制地逼迫对方，就会使对方退出谈判，最终使自己的利益无法实现。谈判只会在一定的范围（利益界限）内进行，在这个范围内，各方尽可能地追求更多的利益。

例如，A 是一家公司的雇员，年薪 48000 元，由于公司不景气，她被解雇了。A 只得另谋生路，她找到了另一家需要人的大公司，她将自己新工作的年薪底限定为 40000 元，而这家公司对 A 设定的工资限额是年薪不超过 60000 元，那么双方就会在 40000～60000 元这一范围内进行谈判，并最终达成协议；否则，超出这一范围，必有一方退出，谈判破裂。

（5）谈判是科学与艺术的结合和体现

谈判是一门科学，同时又是一门艺术，它是科学和艺术两方面的有机结合。

谈判作为人们协调彼此之间的利益关系，满足各自需要并达成一致意见的一种行为和过程，人们必须以理性思维对涉及的问题进行系统的研究和分析，并根据一定的规律、规则来制定方案和策略，这是谈判科学性的一面。

谈判的艺术性则表现在谈判策略、谈判者的语言，以及各种方法的综合运用与发挥上。它要求谈判人员具有较高的素质，包括掌握各种知识、有较高的修养，善于沟通和与人相处，能灵活地处理各种问题，具有良好的语言表达能力等。

对谈判者来说，在谈判中既要讲究科学，始终在谈判中把握正确的决策方向，又要讲究艺术，使谈判的效果达到最佳。

1.1.3 商务谈判的概念、特点与作用

1. 商务谈判的含义与目标

商务是指一切有形与无形资产的交换或买卖事宜。按照国际惯例的划分，商务可以分为以下四种。

1）直接的商品交易活动，如批发、零售商业。

2）直接为商品交易服务的活动，如运输、仓储、加工整理等。

3）间接为商品交易服务的活动，如金融、保险、信托、租赁等。

4）具有服务性质的活动，如饭店、商品信息、咨询、广告等服务。

商务谈判是当事人之间为实现一定的经济目的，明确相互的权利义务关系而进行协商的行为。

商务谈判是在商品经济条件下产生和发展起来的，它已成为现代经济社会不可或缺的组成部分。可以说，离开了商务谈判，经济活动便无法进行，小到生活中的个人购物，大到企业间的经济往来，国家之间的经济技术交流，都离不开商务谈判。

商务谈判的目标是最终达成协议。谈判各方具体的目标往往是不同的，甚至是对立的，但它们都统一于商品谈判活动的目标，只有最终达成了协议，谈判各方的目标才能实现。

2. 商务谈判的特点

认真研究谈判的特点和原则，是谈判取得成功的保证。商务谈判是一项集政策性、技术性、艺术性于一体的社会经济活动，商务谈判除了具有一般谈判的共性特征外，还有其自身的个性特点，具体表现在以下几个方面。

（1）以经济利益为目的

商务谈判的基本目的是获取经济利益，在满足经济利益的前提下才涉及其他非经济利益。在商务谈判中，人们一般比较重视谈判的成本、效率和效益，这是商务谈判有别于政治、军事、外交等谈判之处，虽然这些谈判都不可避免地涉及到经济利益，但常常是围绕着某一种基本利益进行的，其重点不一定是经济利益。在商务谈判中，虽然谈判者可以调动和运用各种因素，各种非经济因素也可能影响谈判的结果，但其最终目标仍是经济利益。与其他谈判相比，商务谈判更加重视谈判的经济效益。所以，人们通常以获取经济效益的好坏来评价一项商务谈判的成功与否。不讲求经济效益的商务谈判就失去了价值和意义，经济利益是评价一项商务谈判成功与否的重要标准。

（2）以价值谈判为核心

商务谈判涉及的因素众多，谈判者的需求和利益表现在很多方面，但价值则几乎是所有商务谈判的核心内容。因为在商务谈判中价值的表现形式——价格，最直接地反映了谈判各方的利益。谈判各方在其他利益上的得与失，拥有的多与少，在很多情况下都可以折算为一定的价格，并通过价格的升降而得以实现。需要指出的是，在商务谈判中，谈判者一方面要以价格为中心，坚持自己的利益，另一方面又不能仅仅局限于价格，应该拓宽思路，设法从其他利益因素上争取应得的利益。因为，与其在价格上与对手争执不休，还不如在其他利益因素上使对方在不知不觉中让步。

（3）注重合同条款的严密性与准确性

商务谈判的结果是由双方协商一致的协议或合同来体现的，合同条款实质上反映了各方的权利和义务，合同条款的严密性与准确性是保障谈判所获得的各种利益得以实现的重要前提。有的谈判者在谈判中付出了很大的努力，好不容易为己方获取了较为有利的结果，但在拟订合同条款时却掉以轻心，不注意合同条款的完整、严密、准确、合理与合法，最后被谈判对手在条款上找到"突破口"，不仅丧失了到手的利益，还要为此付出更为惨重的代价。因此，在商务谈判中，谈判者不仅要重视口头上的承诺，更要重视合同条款的准确性和严密性。

3. 商务谈判的作用

现代经济社会离不开商务谈判，商务谈判在现代经济社会中扮演着非常重要的角色，它具有如下重要作用。

（1）有利于促进商品经济的发展

谈判并不是今天才出现的，但只有在商品经济发展到一定阶段时，谈判才能在社会生活中发挥巨大的作用。这是由于商品经济崇尚等价交换，排斥一切特权干预，只有通过买卖双方的平等协商谈判，才能在互利的基础上达到双赢的结局，进一步促进商品经济的发展。

实践证明，商品经济越发达，谈判的应用就越广泛，谈判的形式就越多样化、复杂化。同时，谈判广泛运用于社会生产、生活的各个领域，又进一步促进了社会的繁荣、经济的发展。它更好地加强了人们在平等互利基础上的联系，改善了相互的关系，提高了交易的成功率。今天，谈判已经成为商品经济社会中不可缺少的组成部分，成为各种组织和公众解决彼此间矛盾、争议和调整人际关系的重要手段。

（2）有利于加强企业间的经济联系

商务谈判大多是在企业之间、企业与其他部门之间进行的。每个企业要与其他部门或单位进行协作，才能完成生产经营活动。事实上，经济越发展，分工越细，专业化程度越高，企业间的联系与合作就越紧密，就越是需要各种有效的沟通手段。同时，企业具有独立的法人资格，企业之间的交往与联系也必须在自愿互利的基础上实行等价交换、公平交易。因此，谈判理所当然地成为企业间经济联系的桥梁和纽带，成为经济活动中企业之间以及企业与其他各种经济实体之间联系的主要媒介。企业通过谈判获得生产要素，销售产品；通过谈判磋商解决企业之间生产经营过程中所涉及的问题。所以说，谈判加强了企业之间的联系，促进了经济的发展。

（3）有利于促进我国对外贸易的发展

当今的世界经济是开放的经济，经济活动是在国际范围内开展的。任何一个国家都不能只依靠本国的资源、生产能力、科学技术来满足国内的需求。随着社会化大生产的不断发展，任何一个国家都必须注意学习利用其他国家的长处，借鉴他人的科技成果。

经过 15 年的艰辛谈判，我国终于加入了 WTO。伴随着对外贸易的进一步扩大，迫切需要我国引进国外的先进技术、设备和管理经验；同时，国内的企业、商品也需要更多地走向世界。发展我国的商品经济，需要扩大对外贸易，需要学会进行对外贸易谈判。

目前，我国发展对外贸易的障碍之一，仍然是随着国内企业大规模向国际市场进军，众多企业直接同外商打交道，缺乏训练有素的谈判人员。这个问题的存在，使企业丧失了很多好的贸易机会，也给企业和国家造成了不应有的损失。

1.2 谈 判 理 论

1.2.1 博弈论与谈判

随着博弈论运用领域的越来越广泛，博弈理论在谈判活动中的应用也越来越受到人们的关注，引起了人们的兴趣。

1. 以博弈论解谈判

"博弈论"译自英文 game theory，其中 game 一词的基本含义是游戏。如果你注意观察身边的一些事件，哪怕是下棋、打牌这种休闲娱乐活动，都会发现许多"游戏"都有这样一个共同的特点，即策略或计谋起着举足轻重的作用。因为当确定了游戏的基本规则之后，参与游戏各方的策略选择将成为左右游戏结果的关键因素。观察现实社会，会发现平时不以游戏相称的十分重要的活动，如经济活动中的经营决策、政治活动中的竞选、军事领域中的战斗等，如果抽象出其本质特征，也都与一般游戏一样，是在一定的规则之下，参与各方之间的策略较量，这就是博弈现象。这也是博弈论应用广泛的重要原因。

博弈有许多种形式，这里主要是借助经典的博弈问题分析，来介绍谈判合作的基本模式。

要分析博弈在谈判中的作用，首先需要建立一个简单的谈判模型。比如，张三有一辆修理一新的旧车。假定对张三来讲，他拥有并使用这辆车的利益为 3000 元；李四一直渴望买一辆旧车，他年终发了 5000 元的奖金，并决定从张三那里买这辆旧车。当他检查了这辆旧车之后，认为这辆车价值 4000 元。

根据上述情况，如果出售和购买旧车的人要进行交易，张三的要价要在 3000 元以上，而李四愿付 4000 元以内。双方之间有一个差额，这就是谈判的余地。假如交易完全是自愿的，交易就会在 3000~4000 元的某个点上成交，假定成交价为 3500 元。

从合作博弈的角度上讲，交易的双方都能从合作的行为中得到利益。具体地说，这个交易使某个资源（旧车）从对他们评价较低的所有者手里转移到对他们评价较高的人那里，这个资源在这一交易过程中的潜在利益从 3000 元增加到 4000 元，净利为 1000 元，同时也带来了利益分享。如果成交价为 3500 元，交易各方都从资源转移中分享到 500 元的利益。假定成交价为 3800 元。那么分享的比例就不再平等了，张三分得 800 元，而李四只分得 200 元。

但是，合作性结果的出现需要谈判双方拥有充分的信息，一旦谈判的双方不能够进行充分的交流而掌握足够的信息，就难以实现有利于每个当事人的合作利益。

根据博弈论的假定，把上例中的结果假定成一个"合作解"和一个"不合作解"。所谓合作解，就是指张三和李四在成交价格上达成一致的意见，从而使旧车交易顺利完成。不合作解则是指两人在价格上讨价还价，相持不下，未能达成一致协议。如果两人未能合作，张三仍能保持他的旧车，其利益仍为 3000 元，李四依旧拥有他的 5000 元，张三的风险值为 3000 元，李四的风险值为 4000 元，所以不合作的总值为 3000＋4000 ＝7000（元）。从合作解来看，如果张三将车卖给李四，对李四来说，这辆车的价值为 4000 元。另外，双方还有一个分享的利益。如 3500 元是交易价格，张三赚得了 500 元，李四则会有 500 元节余，合作解的总值为 4000＋500＋3000＋500=8000（元），显然，这比不合作增加了 1000 元的价值。

在谈判过程中，就价格问题的协议来讲，每一方都必须接受至少等于风险值的价格，但在这种情况下合作就没有优势可言。因此，谈判问题的一个合作解一定是每一方所接受的价格，即风险值再加上合作剩余的平均或分配值，即张三是 3000 元（风险值）加上 500 元（剩余值），李四是 4000 元（风险值）加上 500 元（剩余值）。但必须是有交易才有剩余值，所以，李四应付给张三 3500 元，拥有了一辆价值 4000 元的旧车和现金 1500 元，张三通过出让旧车获得了 3500 元。

可见，从博弈角度来分析谈判，只有双方合作，才会有剩余，才谈得上双方的分享。

2. 在博弈基础上的谈判程序

通过上述分析，可将谈判过程分为建立风险值、确立合作剩余和达成分享剩余的协议这三个步骤。

（1）建立风险值

建立风险值是指打算合作的各方对所要进行的交易内容的评估确定。例如，要购买某一商品，估计可能的价格是多少？最理想的价格是多少？最后的交易价是多少？总共需要多少资金？其他的附带条件是什么？这其中包含产品的交易风险、资金风险、社会风险、舆论风险等。如上例中张三对旧车3000元的估价和李四对同一辆车4000元的评估。在实际交易中，情况远比这要复杂得多。首先，许多合作项目的风险值的确定本身就是一个庞大的系统工程，收益也是长远的，短期内难以确定；其次，风险值的确定还取决于谈判的双方是竞争者还是合作者，前者双方的利益是对抗的，后者双方的利益是一致的，显然后者的风险比较容易确定。

（2）确立合作剩余

风险值确定以后，会形成合作的剩余，就是上面例子所说的1000元，如何进行分配是最关键的问题，双方讨价还价、斗智斗勇就是为了确定各方的剩余。关于剩余的分配，从来没有统一的标准，一般取决于双方实力的比较和谈判策略与技巧的运用。实际上，对于许多谈判项目来讲，合作的剩余是多少也是一个难以确定的未知数，因为合作剩余还包括一些附加的利益。例如，我国××化纤工程上马，实行对外招标，德方公司中标标的只是1亿多美元。但是，正是由于他们在世界上最大的化纤基地中标，才得以连续在全世界15次中标，为企业带来了巨大的国际声望和经济效益。

确定合作剩余的一个最根本的问题就是如何分配参加博弈各方的利益。人们的社会经济活动除了获得利益等正效用外，也会得到损失等负效用，在许多情况下，一方收益的增加必定是另一方收益的减少，但不论怎样分配，不影响总的结果的改变，这种情况在博弈中被称为"零和博弈"。它的特点是各方利益是相互对立的，为了在博弈中占据上风，多得利益，都不想让对方了解自己解决问题的思路，猜出所选择的对策，所以，其博弈结果总是不确定的。根据上例分析，如果确定1000元为合作剩余，但这1000元怎样分配，却是不确定的。

现代谈判观念认为：谈判不是将一块蛋糕拿出来后，商量怎么分，而是要想法把蛋糕做大，让每一方都能多分。这一点已被博弈理论所证明，即变和博弈。变和博弈研究的是进行不同的策略组合，使博弈各方得益之和增大。这意味着参与谈判（博弈）各方之间存在着配合，即在各自的利益驱动下自觉、独立地采取合作的态度和行为。大家共同合作，将利益扩大，使每一方都多得，结果是皆大欢喜。

（3）达成分享剩余的协议

谈判是一种不确定性行为，即使谈判是可能的，也无法保证谈判会成功。如果谈判不能坚持下去，各方就不能进行有效的合作，也就无法创造新的价值，实现更大的利益。阻止谈判顺利进行和各方有效合作的最大障碍，就是谈判各方难以在如何分割或分享价值的问题上达成一致，即通常所说的确定成交价格。当然，这里的"成交价格"含义较广，包括以价格为主的一切交换条件。

就上例来讲，剩余是指张三对车 3000 元的评价和李四对车 4000 元评价之间的差额 1000 元，究竟这一剩余应该怎样分配，是平均还是不平均，取决于许多不确定的因素。实际上，诸多的谈判，人们对双方合作的剩余是多少也很难确定。就公平理论来讲，有许多分配方法，如果谈判者都能认识到达成协议对他们彼此都有益的话，双方的谅解与合作是完全可能的。

1.2.2 公平理论与谈判

谈判的实质，就是人们相互间交换意见，协调行为，这就必须要遵循一些原则，制定一些规章，才会使这些活动更有成效，而公平就是人们所要依据的一个重要原则，公平理论对谈判活动有着重要的指导意义。

1. 公平理论的基本内涵

美国行为学家亚当斯在 20 世纪 60 年代提出的公平理论，在人们的社会实践活动中产生了深远的影响。亚当斯根据人们认识公平的基本要素，确立了这些要素相互间的函数关系，从而归纳出衡量人们分配公平感的公式，即

$$\frac{O_p}{I_p}=\frac{O_r}{I_r}$$

式中：O——结果，即分配中的所获，包括物质的、精神的或当事者认为值得计较的任何事物；

I——投入，即人们所付出的贡献，也包括精神、物质和相关的任何要素；

p——感受公平或不公正的当事者；

r——比较中的参照对象，这可以是具体的他人或群体的平均状态，也可以是当事者自身过去经历过的或未来所设想的状态。

由于公平理论的建立主要是从人们认知的心理感觉出发的，因此可以这样理解，当亚当斯公式两侧相等时，人们就会感到公平、公正。这说明人们在对待分配是否公平时，并不是比较所获得的结果量的多少，而是比较所获得与所付出的比值。

当公式两侧不相等时，人们则会产生分配的不公平感。如 $\frac{O_p}{I_p}<\frac{O_r}{I_r}$，人们会觉得吃亏；反之，如果 $\frac{O_p}{I_p}>\frac{O_r}{I_r}$，人们感觉占了便宜，也会产生另外一种不公平感，即歉疚感，但多数人此时会心安理得。由于歉疚感非常容易消除，这样不公平感主要是指前者产生的吃亏感。

2. 人们不公平感的消除

当人们吃了亏而感觉到不公平时，就会心存不满或产生怨恨，进而影响到整个情绪

与行为，后果是极其消极的。为了恢复公平感，就需要消除产生不公平的根源，一般采取以下几种调整措施。

1）从实际上扩大自己的所得O_p，或增大对方的贡献I_r，以及减少自己的付出I_p，或减少对方所得O_r。但实际上，除I_p外，其他三种情况自我不能控制。所以，恢复公平的主要方式是减少自己的付出I_p。

由于不公平感主要是人们的自我认知形成的，因此，人们的调整也在很大程度上取决于认知水平。比较常见的有自我安慰、理喻、角色转换等。

2）改变参照对象，以避开不公平。改变参照对象，可以很快地消除人们的不公平感，有句老话叫做"比上不足，比下有余"，就是指改变参照对象后人们的心理状态。

3）退出比较，以恢复平衡。还有一种比较常见的调整不公平感的方式就是退出比较，以求平衡。

综上所述，人们不公平感的形成，在很大程度上是人们的一种心理感觉，而且参照物十分重要，要消除不公平感也应从这些方面入手。

谈判活动具有极大的不确定性，谈判双方在接触过程中，会从各方面对双方谈判人员的心理产生微妙的影响，诸如，谈判中的一方只做出了很小的让步，但在签订协议时，让步的一方可能还觉得不公平；而有的时候，一方做出了很大的牺牲，但他却觉得很平衡。怎样消除谈判一方的不公平感，防止由此带来的消极作用，是十分重要的。一个高明的谈判者必须谙熟各种谈判技巧，及时觉察谈判对手心理的微妙变化，使谈判各方处于有助达成协议的积极的心理状态。

3. "公平"的判定标准

公平或公正的实际分配方法也会影响公平理论的贯彻。这里介绍两种有代表性的方法，即朴素法和拍卖法。

（1）朴素法

朴素法是由哈佛大学的谈判专家提出的，他们通过对遗产继承问题的研究，以遗产继承者对所继承的遗产的评估期望值，得出一种公正分配遗产的方法。

假如某夫妇意外死亡，没有留下遗嘱，他们的三个孩子乔丹、迈克尔、玛丽将如何公正、平等地分配 A、B、C、D 四件物品呢？

首先，让每个孩子对每件物品进行评估，得出的结果见表 1.1。

表 1.1　每个孩子的估价值　　　　　　　　　　　　　　　单位：美元

物品 ＼ 姓名	玛丽	乔丹	迈克尔
A	10000	4000	7000
B	2000	1000	4000
C	500	1500	2000
D	800	2000	1000

第一种"公正"分配的方法是将物品分配给对它出最高价的人,然后按所有物品的最高估价总值来作为三个孩子共同平等分享的金额。这就是朴素法的基本内涵。

根据这一方法,乔丹以在三个孩子中对物品 A 估价最高(10000 美元)而得到 A,同样道理,迈克尔以 2000 美元的价格得到 D,玛丽分别以 4000 美元和 2000 美元得到 B 和 C。把 A、B、C、D 四件物品的最高估价相加,得到可共同分享的总额为 18000 美元,每个孩子可以分得其中的 1/3,即 6000 美元。相应减去他们对物品的评估值,如乔丹对 A 估价 10000 美元,扣除他分得的 6000 美元后,他还应支付 4000 美元;迈克尔减去他对物品 D 评估的 2000 美元,他还应得到 4000 美元;同理,玛丽分得的 6000 美元与她得到的物品 B 和 C 估值相等。所以,乔丹的 4000 美元要付给迈克尔。由此结束了以朴素法进行的公正分配。

(2)拍卖法

拍卖法是以类似于公开递升拍卖的方式处理所有遗物,然后分配者再平分全部拍卖所得。

根据拍卖原则,依然是乔丹得到物品 A,迈克尔得到 D,玛丽得到 B 和 C。这些归属关系与朴素法相比没有变,但是,他们各自支出的金额却有所不同。以乔丹来说,他只要出稍高于 7000 美元一点的金额就可得到 A,而不必出 10000 美元,因为拍卖到 7005 美元的时候就只有他来买了。同样,迈克尔为物品 D 也只需支付 1005 美元,玛丽则分别为 B 和 C 支付 2005 美元和 1505 美元。这样全部拍卖总金额为 11520 美元,三人平分,各得 3840 美元。他们的具体收支状况为:乔丹要为物品 A 具体支付 7005 美元,再减去他得到的 3840 美元,乔丹还要付出 3165 美元。以此类推,迈克尔则得到 2835 美元,玛丽也可得到 330 美元的补贴。由上述分析可见,同样可以称为"公正",在具体的分配方法上也会产生"公正"的不同结果。朴素法对迈克尔有利,这使他在获得物品 D 的同时还能得到 4000 美元的补贴;而拍卖法则对乔丹有利,他同样可获得物品 A,但却比朴素法少付出 835 美元,玛丽也喜欢拍卖法,因为她除了可以得到上述两个物品外,同时还可以得到一些补贴。

需要指出的是,上述所分析的拍卖法,是在假定一些条件不变的前提下进行的,主要是为分析便利。在实际拍卖活动中,情况远比这复杂。因此,有一些规定,如为防止投标过低或投标人串谋,设定投标底价;为防止投标人由于没有投标成本,不积极争取成交,给卖方造成损失,要求投标人交付一定的投标费用等,以保证拍卖法最有效地实施。

4. 公平理论的指导意义

公平理论的基本内涵对于理解并处理谈判活动中的各种问题有着重要的指导意义:

1)由于人们选择的角度与标准不同,人们对于公正的看法及所采取的分配方式会有很大的差异,完全绝对的公正是不存在的。人们坐下来谈判就是要对合作中利益的公平分配的标准达成共识和认可。

2）公平感是一个支配人们行为的重要心理现象，如果人们产生不公平感，则会极大地影响人行动的积极性，而且人们会千方百计地消除不公平感，以求心理平衡。

3）无论是在什么样的公平分配方法中，心理影响的作用越来越重要了。因为在许多情况下，人们对公正的看法取决于心理因素。

1.2.3　控制论与谈判

在 20 世纪中叶，出现了一门新兴科学——控制论，它是由美国科学家罗伯特·维纳创立的。所谓控制，就是运用某种手段，将被控对象的活动限制在一定范围之内，或使其按照某种特定的模式运作。控制论之所以在现代社会生活中产生了重要的影响，就在于它在众多领域应用中取得了巨大的成果。将控制论运用于谈判领域，使谈判者将谈判活动更加程序化，从而能够应用最佳模式产生最佳效果，从而达到理想的境界。

在控制论中，通常把所不知的区域或系统称为"黑箱"，而把全知的系统和区域称为"白箱"，介于"黑箱"和"白箱"之间或部分可察黑箱称为"灰箱"。一般来讲，社会生活中广泛存在着不能观测却是可以控制的"黑箱"问题。例如，当人们不知道究竟哪把钥匙是需要的时，通常总是把钥匙一一插入锁孔，看哪一把能打开门，而不必把门锁卸下来，查看其内部构造。在现实中还有许多事物，常以为不是"黑箱"，但实际上却是"黑箱"。

"黑箱"是未知的世界，也是人们要探知的世界。要解开"黑箱"之谜，不能打开"黑箱"，只能通过观察"黑箱"中"输入"、"输出"的变量，来寻找、发现规律性的东西，实现对"黑箱"的控制。例如，一位有经验的谈判专家替他的委托人与保险公司的业务员商谈理赔事宜。对于保险公司能赔多少，专家心里也没底，这就是通常所说的"黑箱"，于是，专家决定少说话，多观察，不露声色。保险公司的理赔员先说话："先生，这种情况按惯例，我们只能赔偿100美元，怎么样？"专家表情严肃，根本不说话。沉默了一会儿，理赔员又说："要不再加100美元如何？"专家又是沉默，良久后说："抱歉，无法接受。"理赔员继续说："好吧，那么就再加 100 美元。"专家还是不说话，继而摇摇头。理赔员显得有点慌了："那就 400 美元吧。"专家还是不说话，但明显是不满意的样子。理赔员只好又说："赔 500 美元怎么样？"就这样，专家重复着他的沉默，理赔员不断加码他的赔款，最后的谈判结果是以保险公司赔偿950美元而告终，而他的委托人原本只希望要300美元。专家的高明之处，就是在于不断地探知"黑箱"中的未知数，知道何时不松口，紧紧抓住利益，也知道何时该停止，放弃利益，所以，他为雇主争取了最大的利益。

对人们来讲，现实世界的绝大多数问题都是"灰箱"问题，谈判活动也是如此。因为在人们的认识中，对于某个系统，已经有了局部的了解，而对于其他方面则是未知的，这就需要充分运用已有的知识，探求这个系统过去的历史，尝试用多种方法去掌握它的内部状态。例如，当甲就一项交易与乙讨价还价时，乙告诉甲，让利 8%已经是他的极限了，那么，甲是相信还是拒绝呢？这就需要甲根据已知进行判断，破解乙 8%的"灰箱"。

1.2.4　信息论与谈判

在商务谈判活动中，对信息的掌握与运用是十分重要的，有关信息的研究与模式的很重要的一部分，就是分析在谈判行为中，信息沟通顺畅与否对谈判结果的影响。

1. 信息模式三要素

信息论的创立者香农在 1948 年发表了《通信的数学理论》，从而提出了信息传递的模型。他认为，信息的沟通过程主要有三要素，即信源、信道和信宿。信源是指信息的来源或信息的发出者；信道是指信息传递的通道；信宿是指将信源所发出的信号再进行的最终转换，如图 1.1 所示。

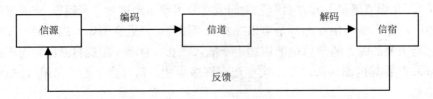

图 1.1　信息传递模型

人们在接受外界的各种信息时，是按一定的信息通道，不断地将信息源所发出的信号进行转换，并进行编码处理。除了上述三种因素以外，编码与译码在信息传递中也具有重要的地位，直接影响着人们对信息接收的准确性。

商务谈判是一种重要的社会活动，要求参与谈判者必须掌握十分准确的信息。因此，对所接收的信息必须要反复核对，一定要掌握第一手材料，切忌道听途说，捕风捉影。

2. 主、客方关系论

美国心理学家福里茨·海德通过主方、客方与信息关系的研究指出：从主、客方关系来分析信息的传递及作用，会出现如下四种情况。

1）如果主方与客方存在着彼此的信赖关系，而且客方对主方传递的信息也持赞成的态度，即高信誉、高赞同，信息传递效果更佳，客方也会做出积极的响应。

2）客方对主方有好感，但却对信息传递的立场持否定态度，即高信誉、低赞同，主方可利用客方对自己的感情倾向说服客方转变立场，使传递的信息发挥更大的作用。

3）客方对主方没有好感，但对所传递的信息持赞同的态度，即低信誉、高赞同，这会对信息的传递造成很大的扭曲。如与不熟悉的企业做生意往往是找中间人，但如果对方对中间人有恶感，结果会适得其反。

4）客户既不支持说服者，又对主方传递信息反感，即低信誉、低赞同，在这种情况下，信息传递最为困难。

3. 认知结构论

认知结构是指人们由过去经验所形成的一整套思维或归纳方式。它在某种程度上反映了人的信念、情感和态度。因此，认知结构是具有多种特征的心理机制，如行为归纳机制、自我认知机制、原形概括机制等。当人们面临某种信息刺激时，可以用若干不同的认知结构来解读这些信息，最典型的是同一种外界信息会引起人们不同的心理反应，既有赞同的，又有反对的。

影响人们认知结构的因素主要有两大方面，即内因和外因。由于人们的个性、智商和能力等方面的差异，使人的认知机制作用倾向有很大的区别。就外因讲，信息的发出者、环境因素等都会对信息接收者的认知机制选择有一定的影响。

4. 有关信息特征的研究

人们对信息的接收，或者说是信息对人们行动的作用，主要与下列四项因素相关。

1）信息的稀缺程度。如果对某类信息，许多人感兴趣，但又只有少数人能获得它，那么，就可以认为这一信息的稀缺程度高；反之则低。就谈判行为来说，越是稀缺的信息，对谈判当事者的价值就越大，人们愿意以较高的代价获得它。

2）获取信息的代价。获得信息的代价与获取的信息价值成正比。这是由于：一方面，人们对于重要的信息愿意付出较大的代价去获取；另一方面，人们对得来不易的信息，会格外珍惜与重视。

3）信息源的发布状况。一般较为重要的信息，其传播要受到较多的限制，许多信息的价值之所以被人们重视，就在于得到信息的困难程度。

4）信息的时效性。信息具有较强的时效性，在一般情况下，获得的信息越及时，其作用越显著。但是，在有些情况下，传递信息的时间越向后拖，越能增加信息的价值。通常在谈判中，如果对方要你承诺，你即使能答应他，也要不动声色，待拖延一段时间后，再予以承诺，可收到更好的效果。

📖 阅读材料

荷兰某商号与我国某公司曾就合同是否成立发生了纠纷。1975年6月27日，我国某公司应荷兰某商号的请求，报出C514某初级产品200公吨，每公吨CIF鹿特丹人民币1950元，即期装运的实盘，但对方接到我方报盘，未作还盘，而一再请求我方增加数量，降低价格，并延长有效期。我方因库存量大，求售心切，将数量增至300公吨，价格减至每公吨CIF鹿特丹人民币1900元，有效期经两次延长，最后延至7月25日。

荷商于 7 月 22 日来电接受该盘。但我方在接到对方接受电报时，才发现 C514 主产地巴西受冻灾而影响了该产品的产量，国际市场价格猛涨，从而我方拒绝成交，并复电称："由于世界市场的变化，货物在收到接受电报前已售出。"但对方不同意这一说法，认为他们在发盘有效期限内接受，坚持要按发盘的条件执行合同，并提出要么执行合同，要么赔偿差价损失人民币 23 万余元，否则提交有关方面仲裁解决。这场纠纷经多次激烈的电报谈判，以我方某公司承认合同已成立的事实而告终。这笔交易由于我方公司信息不灵，对国际市场价格变动信息反应太慢，损失差价人民币 23 万多元。这足以说明及时掌握信息的重要性。

1.3　商务谈判的基本原则

谈判的基本原则是谈判的指导思想、基本准则。它决定了谈判者在谈判中将采用什么谈判策略和谈判技巧，以及怎样运用这些策略和技巧。

1.3.1　合作原则

商务谈判是企业进行经营活动和参与市场竞争的重要手段。但是，参与谈判各方都是合作者，而非竞争者，更不是敌人。

首先，人们谈判是为了满足需要、建立和改善关系，是一个协调行为的过程，这需要参与谈判的各方进行合作和配合。如果没有各方的提议、谅解与让步，就不会达成最终的协议，各方的需要都不能得到满足，合作关系也就无法建立。

其次，如果把谈判纯粹看成是一场比赛，或一场战斗，非要论个输赢，那么双方都会站在各自的立场上，把对方看成是对手、敌手，千方百计地想压倒对方，击败对方，以达到自己单方面的目的，这样做的最终结果往往是谈判破裂。即使签订了协议，达到目的的一方成了赢家，做出重大牺牲或让步的另一方成了输家，也会郁愤难平。因而这一协议缺乏牢固的基础，自认为失败的一方会寻找各种理由和机会，延缓合同的履行，挽回自己的损失，其结果往往是两败俱伤。

美国纽约印刷工会前领导人伯特伦·波厄斯以"经济谈判毫不让步"而闻名全国。他在一次与报社进行的谈判中，不顾客观情况，坚持强硬立场，甚至两次号召报业工人罢工，迫使报社满足了他提出的全部要求。报社被迫同意为印刷工人大幅度增加工资，并且承诺不采用排版自动化等先进技术，防止工人失业。结果是以伯特伦·波厄斯为首的工会一方大获全胜，但是却使报社陷入困境。首先是三家大报社被迫合并，接下来便是倒闭，数千名报业工人失业。这一例证表明，由于一方贪求谈判桌上的彻底胜利，导致了两方实际利益的完全损害。

谈判是一种合作，在谈判中，最重要的是应明确双方不是对手、敌手，而是朋友、合作的对象。只有在这一指导思想下，谈判者才能本着合作的态度，消除达成协议的各种障碍，并能认真履约。

坚持合作的原则，并不排斥谈判策略与技巧的运用。合作是解决问题的态度，而策略和技巧则是解决问题的方法和手段，两者是不矛盾的。

1.3.2　互利互惠原则

人们在同一事物上的利益不一定是矛盾的、此消彼长的关系。下面一个简单的例子说明了这个道理：两个人争一个橘子，最后协商的结果是把橘子一分为二，第一个吃掉了分给他的一半，扔掉了皮；第二个却扔掉了橘子，留下了皮做药。如果采用将皮和果实分为两部分的方法，则可以最大限度地实现两个人的利益。

认为谈判双方的利益是对立的传统观念是片面的。现代谈判观点认为，在谈判中每一方都有各自的利益，但每一方利益的焦点并不是完全对立的。一项产品出口贸易的谈判，卖方关心的可能是货款的一次性结算，而买方关心的是产品的质量是否属于一流。因此，谈判的一个重要原则就是协调双方的利益，提出互利性的选择。

1.3.3　立场服从利益原则

例如，有两个人在图书馆里发生了争执，一个要开窗户，一个要关窗户。他们斤斤计较于开多大，一条缝、一半还是四分之一，没有一个办法使他们都满意。

工作人员走进来，问其中一个人为什么要开窗户，"吸一些新鲜空气。"问另一个人为什么要关窗户，"不让纸吹乱了。"工作人员考虑了一分钟，把旁边屋子的窗户打开，让空气流通又不吹乱纸。

无论是商务谈判，还是个人纠纷，或是国家间的外交谈判，人们习惯在立场上讨价还价，双方各持一种立场来磋商问题，上面便是简单而典型的一例。在立场上磋商问题的结果，很难通过让步达成妥协，结果是会谈破裂，不欢而散。所以，人们自觉或不自觉地以利益服从立场为原则进行谈判，其后果往往是消极的。

虽然坚持立场是为了维护自己的利益，但往往事与愿违。在立场服从利益的前提下，谈判者变得灵活、机敏，只要有利于己方或双方，没有什么不能放弃的，没有什么不可以更改的。成功的谈判者不但要强硬，更要灵活。

1.3.4　对事不对人原则

所谓对事不对人原则，就是在谈判中区分人与事的问题，把对谈判对手的态度和讨论问题的态度区分开来，就事论事，不要因人误事。

由于谈判的主体是富于理智和情感的人，所以谈判的过程不可避免地要受到人的因素的直接影响。一方面，谈判过程中会产生互相都满意的心理，随着时间的推移，建立起一种互相信赖、理解、尊重和友好的关系，会使下一轮的谈判更顺利、富有效率。另一方面，如果在谈判过程中双方都不满意，大家会变得愤愤不平、意志消沉、谨小慎微、充满敌意或尖酸刻薄。

造成谈判中从个人利益和观点出发来理解对方的提议的一个原因在于，谈判者不能很好地区分谈判中的人与谈判中的事的问题，混淆了人与事的相互关系，要么对人对事都抱一种积极的态度，要么对人对事都抱一种对抗的态度，把对谈判中问题的不满意，发泄到谈判者个人的头上，把对谈判者个人的看法转嫁到对谈判者的议题的态度上，都不利于谈判的进行。

在谈判中，导致人与事混淆的另一个原因是人们常常没有根据地从对方的态度中得出结论。这会导致对方个人感情上的变化，使对方为了保全个人的面子，顽固地坚持个人立场，从而影响谈判的进行。

因此，在谈判中应把人与事分开，与对手打交道是谈判的形式，解决问题是谈判的直接目的，争取因人成事，避免因人误事。

1.3.5　坚持使用客观标准原则

"没有分歧就没有谈判"，说明谈判双方利益的冲突和分歧是客观存在的，是无法避免的。房客希望房租低一点，而房主却希望高一点；购货者希望货物明天到，而供应者却想在下周送到；甲希望得到对自己有利的结果，而其对手也持同样的观点。这些分歧如阳光下的影子一样，是无法消除的。

谈判的任务就是消除或调和彼此的分歧，达成协议。实现的方法有很多种，一般是通过双方的让步或妥协来完成的。坚持客观标准能够克服主观让步可能产生的弊病，有利于谈判者达成一个明智而公正的协议。

所谓客观标准，是指独立于各方意志之外的合乎情理和切实可用的标准，它既可能是一些惯例通则，也可能是职业标准、道德标准、科学标准等。

在谈判中可能出现双方因坚持不同标准而产生分歧的情况，这时需要双方努力寻求沟通的客观基础，寻找最合理的标准。

在谈判中坚持使用客观标准有助于双方的和睦相处，冷静而又客观地分析问题，有助于双方达成一个明智而又公正的协议。由于协议的达成是依据客观标准的，双方都感到自己的利益没有受到损害，因而会积极、有效地履行合同。

1.3.6　遵守法律原则

在谈判及合同签订的过程中，要遵守国家的法律法规和政策。与法律法规、政策有抵触的商务谈判，即使出于谈判双方自愿并且协议一致，也是无效的，是不被允许的。

随着商品经济的发展，生产者与消费者之间的交易活动将会在越来越广的范围内受到法律法规的保护和约束。离开经济法规，任何商务谈判将寸步难行。

1.4 谈判的类型

1.4.1 纵向谈判与横向谈判

根据谈判方式的不同,谈判可分为纵向谈判与横向谈判。

1. 纵向谈判

纵向谈判是指在确定谈判的主要问题之后,逐个讨论每一问题和条款,讨论一个问题,解决一个问题,一直到谈判结束。例如,一项产品交易谈判,双方确定出价格、质量、运输、保险、索赔等几项内容后,开始就价格进行磋商,只有价格谈妥之后,才依次讨论其他问题。

纵向谈判方式的优点是:

1)程序明确,把复杂问题简单化。

2)每次只谈一个问题,讨论详尽,解决彻底。

3)避免多头牵制、议而不决的弊病。

4)适用于原则性谈判。

纵向谈判方式的不足之处在于:

1)议程确定过于死板,不利于双方的沟通与交流。

2)讨论问题时难以相互通融,当某一问题陷于僵局后,不利于其他问题的解决。

3)不能充分发挥谈判人员的想象力和创造力,灵活、变通地处理谈判中的问题。

2. 横向谈判

横向谈判是指在确定谈判所涉及的主要问题后,开始逐个讨论预先确定的问题,在某一问题上出现矛盾或分歧时,就把这一问题放在后面,先讨论其他问题。如此周而复始地讨论下去,直到所有内容都谈妥为止。例如,在资金借贷谈判中,谈判内容要涉及金额、利息率、贷款期限、担保、还款以及宽限期等问题,如果双方在贷款期限上不能达成一致意见,就可以把这一问题放在后面,继续讨论担保、还款等问题。当其他问题解决之后,再回过头来讨论这个问题。

横向谈判方式的优点是:

1)议程灵活,方法多样。不过分拘泥于议程所确定的谈判内容,只要有利于双方的沟通与交流,可以采取任何形式。

2)多项议题同时讨论,有利于寻找变通的解决办法。

3)有利于更好地发挥谈判人员的创造力、想象力,更好地运用谈判策略和谈判

技巧。

横向谈判方式的不足之处在于：

1）加剧双方的讨价还价，容易促使谈判双方做出对等让步。

2）容易使谈判人员纠缠在枝节问题上，而忽略了主要问题。

总之，在商务谈判中，采用哪一种形式，主要是根据谈判的内容、复杂程度，以及谈判的规模来确定。一般来讲，大型谈判大都采用横向谈判的形式。而规模较小、业务简单，特别是双方已有过合作历史的谈判，则可采用纵向谈判的方式，三方以上的多边谈判也多采用纵向谈判方式。

另外，采取某种谈判方式并不是绝对不变的，当双方发现原有的谈判方式不能使双方有效地解决和处理谈判中的问题与分歧时，也可以改变谈判的方式，采取双方认可的任何形式。

1.4.2　一对一谈判与小组谈判

根据参加谈判的人员划分，谈判可分为一对一谈判与小组谈判。

1. 一对一谈判

一对一谈判是指谈判双方各由一位代表出面进行谈判的方式。它有多种形式，包括采购员与推销员的谈判、推销员与顾客的谈判、采购员与客户的谈判等。

一对一谈判形式的优点如下：

1）谈判规模小（当然，这并不等于说谈判的内容不重要），因此，在谈判工作的准备和地点、时间的安排上，都可以灵活变通。

2）由于谈判双方人员都是自己所属公司或企业的全权代表，有权处理谈判中的一切问题，从而避免了无法决策的不利局面。

3）谈判的方式可以灵活选择，气氛也比较和谐，特别是当双方谈判代表较熟悉、了解时，谈判就更为融洽。这可以消除小组谈判中正式、紧张的会谈气氛，避免拘泥、呆板、谨慎的言行，有利于双方代表的沟通与合作。

4）一对一谈判克服了小组谈判中人员之间相互配合不利的局面。谈判一方人员的相互配合、信任是战胜对手、争取谈判主动的主要条件。但是，如果谈判人员互相间不能很好地配合，反而会暴露己方的弱点，给对方以可乘之机。许多重要的谈判采取小组谈判与一对一谈判交叉进行，正是基于这一原因。

5）一对一谈判既有利于双方沟通信息，也有利于双方封锁消息。当某些谈判内容高度保密，或由于时机不成熟，不宜为外界所了解时，一对一谈判是最好的谈判方式。

许多谈判专家认为，一对一谈判是最简单，也是最困难的谈判。这是因为谈判人员在谈判中没有别的依靠，只能靠个人的智慧和技能。当然，谈判前的充分准备，以及企业的强大后盾也是取得谈判成功的保证。

2. 小组谈判

小组谈判是指每一方都是由两个以上的人员参加协商的谈判形式。小组谈判可用于大多数正式谈判，特别是内容重要、复杂的谈判，非小组谈判不行，这是由小组谈判的特点所决定的。

1）每个人由于经验、能力、精力等多种客观条件的限制，不可能具备谈判中所需要的一切知识与技能，因此，需要小组其他成员的补充与配合。

2）集体的智慧与力量是取得谈判成功的保证。

3）采用小组谈判的方式，可以更好地运用谈判谋略和技巧，更好地发挥谈判人员的创造性和灵活性。

4）小组谈判有利于谈判人员采用灵活的形式，消除谈判的僵局或障碍。

5）经由小组谈判达成的协议或合同具有更高的履约率。

由此可见，小组谈判最大的优点是发挥了集体的智慧，所以，正确选配谈判小组的成员是十分重要的。

1.4.3　工程项目、技术贸易、机器设备、服务协议、产品交易、资金谈判

根据谈判内容的不同，谈判可以划分为许多种，这里主要介绍几种有代表性的谈判类型，即工程项目谈判、技术贸易谈判、机器设备谈判、服务协议谈判、产品交易谈判和资金谈判。

1. 工程项目谈判

工程项目谈判与产品交易谈判有很大的区别。如果从买方和卖方的观点来看，买方是工程的使用单位，卖方是工程的承建单位。

工程项目谈判是最复杂的谈判之一。这不仅仅是由于谈判的内容涉及广泛，还由于谈判常常是两方以上的人员参加，即使用一方、设计一方、承包一方。承包一方又可能有分包商、施工单位，而使用方还可能有投资方、管理方等。

在工程项目谈判中，工程预算的各项成本费用、工程的质量标准、工期、保险、承包商的信誉和能力以及技术人员的经验等，是影响谈判双方的重要因素。

工程项目谈判一般应包括以下内容：

1）人工成本。由于工程项目需要人员施工，因此，人工成本费用在工程预算中占有很大的比重，双方人员应认真磋商这部分支出的合理比例，如工资额、奖金额以及其他支出。

2）材料成本。在工程建设中要耗费大量的钢材、木材、水泥等建筑材料，对于这部分费用的估价要仔细研究确定。

3）保险范围和责任范围。为避免在施工过程中的人员伤亡，以及妥善处理伤亡后

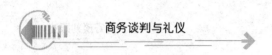

的各类事宜，双方必须明确保险范围和责任范围。

4）进度报告。双方还应明确，承包公司有责任提供有关已完成工作比例的进度报告。同时，买方也应及时地核实卖方的工程进度报告。

5）承包公司的服务范围。有关承包公司的服务范围及其责任，讨论得越详尽越好，否则，双方只在合同中笼统地规定各自的责任范围，即使说明可以变更，但买方要承包公司承担另外的责任，往往要付出很高的代价。

6）工程设计调整。在工程项目施工期间，更改设计几乎是难以避免的，双方在谈判中应明确规定谁有权要求和批准设计变更，通过什么程序，承包公司应如何计算必需的变更费用，以防止承包公司对变动设计漫天要价。

7）价格变动。双方还应考虑在施工期间，由于人工费用增加和材料成本价格变动的影响，在合同中应做具体的规定。

8）设备保证书。由生产厂家制定的设备在安装过程中可能会有所改动，这样原制造厂家对安装要求和运转的说明书、保证书就有可能失效。所以，为了避免在以后使用中出现问题，责任不清，双方在谈判中应明确由谁负责担保。

9）工程留置权。承包公司可能将所承包的任务转包给其他公司，如果分公司没有得到承包公司应付的款项，有可能拒绝转移所有权，因而影响到买方的利益。所以，双方在谈判中应明确规定出现上述情况时双方的责任及赔偿方式。其他诸如不可抗力、执照和许可证、侵犯专利权等都是双方谈判所涉及的内容，切不可忽略。

最后，需要特别强调的是，在施工过程中，买方可能常常会对设计进行一些调整，以提高建筑水平或改变项目的范围。如不能规定明确的计算费用标准，很可能被承包商钻空子，许多承包商都是靠设计变更以获得"额外收入"来补偿最初投标的低利或无利。

2. 技术贸易谈判

技术贸易是指有偿的技术转让，即通过买卖方式，把某种技术从卖方转让给买方的行为。

技术贸易与商品贸易有一定的区别。这是由于技术是一种特殊产品，它不像一般商品那样具有可见的形状，可以计量与检验质量。技术不是物，而是以知识的形态存在的，如一项发明创造、一种新的制造工艺与技术资料等，这是技术贸易的一个特点。

在技术贸易中，当一方转让某项技术时，通常是介绍使用该项技术可以实现何种新的工艺，生产出什么样的新产品，或者达到何种预期目标。而这种预期目标是否能够达到，对技术引进方来说，只能在签订技术转让协议，并经过使用该项技术后，才能体验并评估出来。

技术贸易是一个很复杂的过程，从谈判签约、转让技术到投产受益，往往要延续较长的一段时间。因此，在技术贸易中，对每笔交易都要签订合同，对技术转让过程中可能出现的争议都要明确予以规定。

技术保密是技术贸易中的另一个特点。商品在成交前是不保密的，甚至可以先试用。但在技术市场上，潜在的供方为了保护自身的利益，对技术是保密的。在技术贸易签约前，对受方是保密的，或者不愿透露技术的关键细节。这在某种程度上也会影响技术贸易谈判的进行。

技术贸易谈判一般分为两个部分，即技术谈判和商务谈判。技术谈判是供受双方就有关技术和设备的名称、型号、规格、技术性能、质量保证、培训、试生产验收等问题进行商谈，受方通过谈判可以进一步了解对方的情况，摸清技术是否符合本单位的实际和要求，最后确定引进与否。商务谈判是供受双方就有关价格、支付方式、税收、仲裁、索赔等条款进行商谈。通过商谈确定合理的价格、有效的途径与方法，以及如何将技术设备顺利地从供方转移到受方。

总括起来，技术贸易谈判应包括以下几方面的内容。

1）明确协议项目及转让技术的范围，它包括产品设计、制造工艺、测试方法、质量控制、材料配方等。

2）明确供方必须提供相关的技术数据和技术资料，并规定如供方提供材料不完整、不及时应负有的责任。明确的细则包括技术资料清单、件数、各种图纸的数量、资料交付的时间与地点等。

3）明确转让技术的所有权问题。引进技术涉及到专利和商标使用权等问题。受方必须明确有否有引进专利的必要、供方专利的实际情况、各项专利的期限等。这一点是技术引进的关键。

4）明确提供的技术属供方所有，并正在使用。如果这方面不明确，也常常是引发矛盾的隐患。

5）技术服务条款。双方应明确，供方指派技术专家帮助实施技术，生产合格产品的日期、地点、次数、人员、费用等。

6）培训受方技术人员。双方应根据实际需要，协商确定培训的内容，受方技术人员的专业、职务、人数、实习期限，供方培训的技术内容、受训器材等。

7）安装试车与考核验收。设备的安装试车和技术考核验收是实现技术有效转移、保护受方利益的主要环节。双方应明确除对技术资料和设备的验收外，还必须规定对供方提供的专利、专有技术和设备进行综合性的考核和验收。此外，双方还应规定出现问题时各自的责任及处理办法。

8）技术的改进与发展。由于现代技术更新换代极快，因此，在合同有效期内可能会出现技术的改进或发明，双方在磋商时应明确改进和发展后的技术如何处理等问题，如改进技术专利申请权的归属，相互转让改进技术应支付的费用等。

9）保密。技术交易与产品交易的区别之一就是技术保密。双方应明确保密的范围、对象、技术资料的使用和所有权、泄密的责任等问题。

10）价格与支付方式。在技术交易中，价格条款的协商比较困难。一般的商品售价是成本加利润，而技术价格则是由直接费用、间接费用和利润补偿三部分构成的。

① 直接费用，包括供方为转让技术而花的费用，如派出谈判人员、接待考察、复制资料、提供样品等。

② 间接费用，是指供方对技术的研究、开发费用的补偿。它是按照技术可能转让的次数分摊的。

③ 利润补偿，是指由于转让技术使供方蒙受利润损失的补偿。这部分是技术价格的主体。此外，还应考虑技术无形损耗、支付方式等方面的问题。

11）销售。技术转让问题之一，就是引进技术投产后的产品销售权问题，即是引进技术生产的产品销往何处，是国内还是国外，这也是谈判双方应协商的主要问题。销售条款应与技术费用相关。

12）不可抗力。由于技术转让所获得的效益费时较长，在此期间，很可能由于各种外界条件，如战争、地震等而影响协议的履行。因此，双方必须明确规定不可抗力出现后的联系与处理以及必要条件下的协商问题。

3. 机器设备谈判

设备属于固定资产，它的标准是有效使用时间超过一年或一个经营周期，价值超过规定界限的所有物品。进行机器设备谈判，必须明确设备的分类，并据此确定谈判的要点。

设备可分为如下三类。

1）标准设备。卖方向每一顾客提供同样的机器设备，一般无需提供配件或附属设备。

2）特制设备。卖方特制某一型号的设备以适应顾客的特定需要。特制设备一般包括配件及附属设备。配件是为了保证机器运转而选用的，如发动机和传动系统。附属设备是为了提高设备的功能，如空调、收音机等。

3）定制设备。卖方专门制造机器以满足某一方的特定需要。这种机器可能是由如发动机或电气控制装置等标准部件组成，但机器的整体设计和结构是特制的。

一般来讲，标准设备选择卖方比较容易，价格也相对便宜；而特制设备要选择专门的卖方，价格昂贵，但从需要来讲，价格则是第二位的。定制设备是标准设备与特制设备的混合，伸缩变动的余地较大。由于其费用昂贵而且卖方较多，买方要认真考虑筛选，可拟出几个替代方案，以保证决策最优。

机器设备的谈判一般包括以下内容。

1）性能，这是设备交易谈判的主要目标。

2）安装、投产人员培训。

3）设备蓝图和技术要求。

4）政府规定。

5）备件。

6）交货日期。

7）包装、运费、保险等。

此外，还应磋商进出口关税、许可，以及价格、付款方式、维修服务等条款。

📖 **阅读材料**

在设备交易中，有关服务条款的谈判特别重要，这是因为设备是长期使用的产品，人们对设备的性能风险、社会风险比较注重。在许多情况下，人们购买的不是设备，而是服务。这里仅举一例说明。武汉的一家医院需要添置一套 X 光设备，许多人上门推销，有关部门不胜其扰。但有一家厂商只来了一封信，信中说："我厂最近刚完成一套 X 光设备，为了进一步改进，我们诚恳地请您来指教，请您定下时间，我们派车去接您。"负责 X 光业务的医生非常惊讶，也引起了他的兴趣，他决定去看看。厂方根据他的意见，又进行了一些改进，最后，该医院买了他们的设备。

4. 服务协议谈判

这里的服务主要是指设备维护和维修服务，而不是提供劳务的服务。因此，谈判的内容是针对一定时期内设备的例行维护以及特殊的维修服务。

维护服务和维修服务涉及的范围很广，不论是购买机器设备、产品，还是承包工程都涉及到服务问题，因此，服务协议的谈判也是十分重要的。在许多情况下，这类内容的谈判作为辅助谈判直接包括在主要谈判之中，如在引进机器设备的谈判中，双方也可能同时就设备的维修、使用进行磋商。

服务协议的合同条款主要包括以下几个方面。

1）双方应明确按技术要求完成例行维护或维修服务的标准。

2）规定预防性维护的期限。

3）规定使用方在设备上的作用范围。

4）明确规定在设备维修期间借用设备的条款。

5）确定维修、维护的费用。

此外，买方在同意对新设备的例行服务付款之前，应认真检查购买设备的保证书。弄清此类服务是否属于保修的范围，这样可以使买主避免在最初的买价和服务协议中为同样的服务两次付费。

5. 产品交易谈判

产品交易谈判在贸易谈判中占有很大的比例。由于产品种类繁多，用途广泛，性能各异，因此，谈判内容也有一定的差别。但不论什么样的产品交易谈判，都包括某些最基本的条款，这里归纳为以下几项。

1）价格。几乎所有的谈判都涉及价格这一问题，有些论著甚至把价格作为一种谈判策略来重点研究。价格的确定与许多因素有关，如交易数量、质量、交货期限、合同期的长短等，双方在确定最终价格时，必须考虑这些因素。

2）质量。质量是商品具有使用价值的保证。质量高意味着商品耐用性、实用性、适用性都比较好。因此，在谈判中，双方对质量条款也十分重视。

3）规格、型号。在产品交易中，规格型号也是双方应明确的问题。

4）预付款和最终付款。预付款的比例、最终付款的期限方式、支付期限延长的赔偿、提前支付的折扣、产品在制造加工期间的其他付款，都是双方协商的内容。

5）原材料、生产工艺。

6）包装、运输方式。

7）保险。大部分产品交易项目都有保险条款，特别是涉外交易，保险更是必不可少的。

8）进口关税和许可。如果是涉外交易，谈判还应规定哪一方负责交纳和办理所需的进口许可和交纳进口税及海关检验的手续费。

9）交货日期。双方在确定交货日期后，还应明确卖方延期交货应负的责任，及由此给对方带来的损失赔偿。

6. 资金谈判

资金谈判包括资金借贷谈判、投资谈判等内容，合同条款的主要内容如下：

1）货币。
2）利率，即利息率。
3）贷款期限。
4）保证条件。
5）宽限期。
6）违约责任。

1.4.4 合同谈判与非合同谈判

根据谈判所达成协议的形式，谈判可分为合同谈判与非合同谈判（协商谈判、签约谈判等）。

1. 合同谈判

在经济贸易谈判中，合同谈判或准合同谈判是十分重要的谈判形式，因为绝大多数贸易，特别是国际贸易，都是通过签订合同来实现的。

合同谈判可以认为是以达成契约作为实现某项交易的谈判形式。上面我们所谈的产品贸易、资金、技术、服务等交易形式，都是通过合同谈判来实现的。在谈判中，谈判双方如果就标的、质量、数量、费用、期限、付款方式等几个要件达成协议，并以法律形式规定下来，那么就是合同谈判。

当然，合同谈判并不是一次就形成的，在多数情况下，交易双方要经过反复多次协商，进行各种意向性、协议性谈判，直到条件成熟才能进入合同签约阶段。

2. 协商谈判

协商谈判也称一般性商业谈判，它是合同谈判的前提和基础，包括一般性会见、访问交流、意向性谈判等。这种谈判的主要目的是双方建立关系，沟通信息，探测摸底。

3. 索赔谈判

索赔谈判是指合同义务不能履行或不完全履行时，合同当事人双方进行的谈判。在合同执行过程中，会由于各种原因，出现双方或一方违约的情况，所以索赔谈判也是一种主要的谈判类型。

阅读材料

20世纪70年代中期，我国民航从英国购进三叉戟飞机用的发动机——斯贝发动机。十多年来，由于故障频繁，航班被迫取消，发动机被送进维修厂，甚至到生产地——英国去检修。负责在英国监督检修的我国民航发动机的女工程师薛其珠等人在与英方相处的日子里，感到大批发动机的故障是由于设计缺陷造成的。所以，1984年9月她代表中国民航正式向英国航空发动机制造公司提出了索赔要求。

索赔要求提出后，本来双方很和睦的关系，立刻变成了冷漠与戒备的对立关系。英国人不允许她们再随意走动，到哪个车间都要事先请示，并有专人陪同。在双方交锋的谈判桌上，双方你来我往，气氛十分紧张。到第八次会议时，英国人再也没有绅士风度了，他们大叫大嚷，大摔文件。在谈判完全僵化时，英方的负责人竟然掉过头去，把脊背冲着会场，到最后，一些谈判的技术人员不辞而别，会场只剩下英方的负责人。

我方指责英方发动机设计有缺陷，必须提出明确的理由。第一，英国人明明知道发动机有故障应进行改进，但却故意将未改进的发动机卖给中方。因为英航购买的80台斯贝发动机全部是改装的，而中方购买的却一台也没有改装。第二，没有改装，为什么在履历本上却注明已改装？这是故意欺骗中国人。第三，双方的分歧在2848的发动机改装是否成功上，我方的计算说明，改装是十分成功的。第四（附计算分析），根据合同，索赔在三种情况下成立，即设计差错、装配差错和器材差错，中方认为英方发动机设计有缺陷，应予赔偿。

在这次索赔谈判中，经过中方的据理力争，并经过上百回合的交锋，英方终于理屈词穷，同意进行赔偿。英方首先向中国民航道歉，其次对给中国民航造成的损失，一次性赔偿304万美元。

1.4.5 国际商务谈判与国内商务谈判

根据谈判的范围，谈判类型可分为国际商务谈判与国内商务谈判。

1. 国际商务谈判

在商务谈判中，国际商务谈判也称为进出口贸易谈判或涉外谈判。不论是就谈判形式，还是就谈判内容来讲，国际商务谈判远比国内商务谈判要复杂得多。这是由于谈判双方人员来自不同的国家，语言、信仰、生活习惯、价值观念、行为规范、道德标准乃至谈判的心理都有着极大的差别，而这些方面都是影响谈判进行的重要因素。

国际商务谈判中的一个很重要但又往往被人们忽略的问题，就是谈判双方人员的心理障碍。这是由于不同文化背景导致人们行为差异而形成的心理反射。例如，在谈判中，当一方表达其立场观点时，往往担心对方不能很好地理解，而对方也可能有同感。在运用语言上，选择词汇十分慎重，唯恐用词不当，有失礼节，对所应采用的策略、方法也顾虑重重。许多在其他谈判场合中从容不迫、临危不乱的谈判人员，在这类谈判中常表现出拘泥呆板、犹豫不决、瞻前顾后的反常行为。所以，在国际商务谈判中，还要注意克服谈判人员的心理障碍，要重视和加强对谈判人员的心理训练，使其具备在各种压力下的心理承受能力。

2. 国内商务谈判

国内商务谈判意味着双方都处于相同的文化背景中，这就避免了由于这方面的差异可能对谈判产生的影响。

由于双方语言相同，观念一致，因此谈判的主要问题在于怎样协调双方的不同利益，寻找更多的共同点。这就需要谈判人员充分利用谈判的策略与技巧，发挥谈判人员的能力和作用。

从实际情况来看，人们比较重视涉外谈判，而对国内企业之间的谈判则缺乏应有的准备，表现得比较突出的问题如下：一是双方不太重视合同条款的协商，条款制定的过于笼统、空洞，缺少细则和实际内容；二是双方不重视合同的执行，甚至随意单方面中止合同。

复习思考题

1. 如何把握谈判的基本概念？
2. 商务谈判有哪些特点？

3. 商务谈判的作用是什么？

4. 商务谈判有哪些基本原则？

5. 试述商务谈判的基本类型。

6. 谈谈如何运用商务谈判的基本原则。

7. 你认为怎样的谈判是成功的谈判？

案 例 分 析

在曼哈顿购物

　　一个在美国纽约大学学习的中国学生有一天走进了曼哈顿第五大道的一家阿拉伯人开的电器店。一个店员接待了这位中国学生，并殷勤地问她想买点什么。她刚脱口说出"摄像机"一词，店员立即示意她进入一间单独隔开的小屋。在小屋里，店员对她感兴趣的几种摄像机毫不理会，而是极力向她推荐所谓性能极佳的型号。随着店员周到服务的热情不断升温，对摄像机知之甚少的这位中国学生已经完全没有了自己的主意。

　　尽管这位中国学生感到浑身不自在，希望尽快结束交易，但是面对店员热情的服务，她又不好意思说"不"并掉头走开。店员最后向她推荐了一款摄像机并报出 1200 美元的价格，这个价位大大高出了她的承受范围。见她不同意，店员马上十分慷慨地提出给予20%的优惠。之后，为增加说服力，店员又慷慨地免费赠送了一个装摄像机的小包和两盒录像带。此时，这位学生还能找出的唯一借口是所带的现金不够，然而这也没有难倒那位店员，他立即叫来一个小伙计跟随她（或者更正确地说是监视她）一起去银行取钱。她虽然心里很不是滋味，但又没办法，只是鬼使神差地到附近一家银行取了钱。

　　当她最终拿着摄像机走出这家商店时，一种被愚弄的感觉越来越强烈地浮现出来。回到住所，她急忙翻出几页广告，打电话询问了几家电器商店，才知道这家商店的价格超出其他商店大约40%。一种受欺骗的感觉使她愤然而起，拿起摄像机又来到那家店铺，要求退货。但店老板声称发票上有明文规定该店只换货而不退现金，就是换货也只能换更贵的，她这时才发现发票上确实有这样的一行小字。她只好愤然而又无奈地走出该店。

　　第二天下午下课后，她将自己的遭遇告诉了同在纽约大学学习的同学小黄。小黄听后拍拍胸脯，安慰她说，他最善于对付此类奸商，为她换回一个价格合理的摄像机不在话下。下午课结束后，他们便直奔那家店铺。在门口小黄叫她隐而不露，等他先进去把事办妥当。她紧张又不无疑惑地等在隔壁的咖啡店里，为他此行担忧。似乎她的忧虑是多余的，不一会儿，小黄已经一脸得意地出现了，他说已经谈好了一台摄像机，和他进去换就是了。可是当她和小黄一起出现在商店时，店老板立即看穿了这一"小把戏"，矢口否认同意换摄像机的事，直气得小黄连连说应该把录音机带来。尽管小黄很生气，然而店老板表明他根本不在乎，他们只好愤然地离去。

两天后上商法课，教授刚宣布下课，不甘心失败的小黄拉着她向教授请教，曾当过多年律师的教授建议他们去纽约消费者协会试一试。

在接下来的一周里，这位中国学生忙着和纽约消费者协会联系，填写消费者协会寄来的申诉表格。几天后回执寄来了，但按照正常的程序需要等三周左右。可她早在几周前就已订好了回国探亲的机票，在纽约只有一周的时间了。抱着试一试的态度，她再次拨通了消费者协会的电话，她被告知，鉴于情况特殊，可以带上必要的证据直接去消费者协会。

她约好小黄，下午上完课就直奔消费者协会。等他们急急忙忙赶到纽约消费者协会门口时，表针已指向5点45分，离下班还有仅仅15分钟了。一位值班老人问清他们的来由后，又加了一句："你们希望用什么语言来谈此事？"她不假思索地说："中文，我们希望找一位中国人。"

按照老人的指点，他们走进了一间工作室，一位王先生接待了他们，从王先生的口音可以断定他来自香港。她用几分钟的时间简短地介绍了一下情况，听完她的陈述，王先生简单地问了几个问题并拿过发票看了看。当听说她一周后就要回国时，他略略沉思片刻，便在计算机中查看起什么，接着他便拨通了那家商店的电话，在和店老板短短几句的交锋中，他一开始便展开了咄咄逼人的攻势，并且步步紧逼，他首先责问店老板，他的店员是否采取了顾客指东他拿西，将顾客引入单独的小屋，以及派人跟随顾客前往银行取款等一系列方法，他严厉地指出这纯属胁迫顾客购货的不正当行为。接着，他提出根据这些事实，店主应退还全部货款。

对方仍继续以该店不退款为由拒绝退货。可是对方的狡辩立即遭到了王先生更有力的反击，他警告对方，据查证，对该店的投诉绝不止这一起，目前正值圣诞节前销售的黄金时节，如果他不在乎的话，将通过法律程序正式对他提起诉讼，短短几句话，字字击中要害，那店老板显然被彻底击垮了。王先生转过身来对她说，可以去退货了，如果有变故，她可以立刻打电话通知他，他会在此等候。

走出纽约消消费者协会的大门，正好6点整。这真是一场干脆利落的歼灭战。她心里十分清楚，如果真的与店老板对簿公堂，她第一没有时间，第二诉讼所需的各种费用也将是一个棘手的问题。

当她再次走进那家电器店时，店老板立即将钱点清递给她，她也立即给消费者协会的王先生打电话，告知一切顺利，并衷心地表达了她的谢意。

讨论：

1. 中国女留学生与小黄为什么没能要回退款？
2. 纽约消费者协会的王先生在与店老板的交锋中运用了哪些策略？
3. 根据本案例，说出一种你认为最合理的对策。

第2章　商务谈判的过程

内容提要

本章主要介绍商务谈判的主客体、议题、环境等构成要素，商务谈判的人员及情报准备、谈判目标的确定与计划的拟定、模拟谈判等准备工作，商务谈判从开局、进入实质性谈判到最后达成协议这一过程各阶段应做的工作及注意事项等内容。

2.1　谈判的构成

谈判作为一种协调人们往来关系的沟通交际活动，有其自身的构成要素。研究和认识谈判的构成要素，对于谈判者把握谈判活动，正确地运用谈判策略与技巧有着重要作用。从广义的角度看，谈判是由四个基本要素构成的，即谈判主体、谈判客体、谈判议题和谈判环境。

1. 谈判主体

谈判主体是指代表各自利益参加谈判的各方人员。谈判的利益主体至少由两方组成，也可以是三方或是多方，这是根据谈判客体所涉及的利益关系而确定的。作为谈判主体，可以是一人，个人在组织授权的范围内去完成谈判全过程的工作，它主要适用于简单、小型的谈判；也可以是由若干人组成的群体（谈判小组），在群体内有明确的职能分工，如主谈人、谈判组长、陪谈人等，每个成员专门负责谈判中的某一项内容，它主要适用于复杂、大中型的谈判。在现代社会的经济生活中，要取得商务谈判的成功，谈判人员应当具备良好的综合素质和修养。

2. 谈判客体

谈判客体是指谈判主体所共同关心的指向物，它也是谈判双方权利和义务所指向的对象。在国际商务谈判中，可谈判的客体几乎没有界线，任何可以买卖转让的有形、无形的物品或权力都可以成为商务谈判的客体，如买卖合同、运输合同、代理合同、合作合同、企业兼并合同、咨询服务合同等。有观点认为，人也是商务谈判的客体，人成为谈判客体的主要标志是具有可说服性，谈判的进行或终止，谈判的要约和承诺都取决于人的动机和行为，只有说服了人，使对方理解和接受了谈判主体的提议，才能达成一致的协议。

3. 谈判议题

谈判议题是指谈判双方共同关心并希望解决的问题。这种问题可以是技术合作方面的，也可以是物资、资金方面的；可以是立场观点方面的，还可以是行为方式方面的。一个问题要成为谈判议题，一般需要具备如下条件。

1）它对于双方的共同性，即这一问题是双方共同关心并希望得到解决的。

2）它要具备可谈性，也就是说谈判的时机要成熟，水到渠成，不得强求。

3）谈判的议题必然涉及双方或多方的利害关系，经过谈判，最终可能得到解决。

4. 谈判环境

谈判环境是指在谈判中能够对谈判产生影响的重要因素，是谈判思想不可缺少的成分，是组成谈判的重要构件，并直接影响到谈判的成败与否。谈判环境主要包括政治环境、法律环境、经济环境、宗教风俗与文化环境和时空环境等。

1）政治环境。政治环境的变化对国际贸易活动往往会产生重大影响，谈判双方都会非常重视对政治环境的全面分析，特别是对有关国际形势变化（如发生战争、地区关系紧张等）、政局的稳定性以及政府之间的双边关系等方面的变化情况的分析。

2）法律环境。法律产生于商品交换，商品交换依靠法律来调整，谈判的内容只有符合法律规定，才能受到法律的保护。因此，在谈判前必须对与谈判有关的各项法律规定的变化情况进行了解和分析，并确定谈判方案，预见谈判的结果，确定法律的适用情况和纠纷解决方式。

3）经济环境。经济环境的变化对商务谈判也会产生明显的影响，谈判时，要了解经济形势和市场状况，对经济周期、国际收支、外贸政策、金融外汇管理等变化情况要及时掌握；必须根据经济环境适时调整谈判方案和谈判策略。

4）宗教风俗与文化环境。商务谈判的特点之一是多国性和多民族性，要同许多不同文化背景和宗教信仰的人交往，由于他们文化习俗的差异，决定了他们具有不同的立场、态度、习惯、价值观、道德观和不同的谈判风格。在谈判中应加强了解，相互尊重，做好沟通，便于有针对性地采取对策，以掌握谈判的主动权。

5）时空环境。商务谈判是在一定时间和地点进行的，在选择谈判时间时，一定要把握好时机，力争取得"天时"之利；在选择谈判地点时，一定要制造良好的谈判环境，力争取得"地利"之便。

2.2 谈判的准备

商务谈判是一项复杂的综合性的活动，很容易受主观与客观、可控与不可控等多方面因素的影响，而出现错综复杂的情况。为了有效地进行谈判，谈判者必须做好充分的准备工作，这是谈判的基础，准备不好，谈判将难以成功。谈判的准备工作包括收集情报信息、确定谈判目标、制定谈判计划、谈判人员的准备、模拟谈判等。

2.2.1　收集情报信息

《孙子·谋攻篇》说："知彼知己，百战不殆；不知彼而只知己，一胜一负，不知彼，不知己，每战必殆。"这句话虽然是针对军事战争的，但同样也适用于商务谈判。谈判者只有掌握大量的有关情报信息，才能正确地认识自己，掌握谈判对手的实际情况，确定自己的谈判目标和制定切实可行的行动计划。

情报信息是谈判者取得成功的基本条件之一，也是科学决策的基础。所谓信息，是指对客观世界中各种事物的变化和特征的反映，是客观事物之间相互作用和联系的表现，是客观事物经过感知或认知后的再现。

1. 谈判情报信息收集的内容

不同内容和形式的谈判所需要的信息也不尽相同，总体来看，谈判需要掌握的情报信息主要如下：

1）对有关的政治法律、社会与文化状态、经济发展趋势、自然资源与技术变化等进行认识和分析。因为所有的谈判都是在一定的法律制度，特定的政治、经济、文化和社会环境中进行的。

2）谈判中要"知己"，就是要了解自己在谈判中的相对位置，如本企业的产品及生产经营状况，自己的优势是什么，劣势是什么，竞争能力在什么地方，正确地估计自己的力量，制定正确的谈判目标。

3）谈判中要"知彼"，就是调查谈判对手的各种情况。如了解谈判对方及所属组织领导人的政治态度，对方的经济实力、市场地位、经营性质、营销渠道、产品质量，对方的合作欲望和谈判意图，资源情况，对方谈判人员的有关情况等，这样才能有针对性地制定我方的谈判策略。

2. 谈判情报信息收集的方法

（1）收集和分析"公开情报"

"公开情报"的载体形式很多，主要有文献资料、统计报表、报纸杂志、书籍年鉴、图表画册、广播电视、报告、广告、用户来信、商品目录、企业情况简介、报价单、说明书等。谈判人员应把这些资料收集整理起来，进行分析研究，那么就能获得我们所需要的有关谈判的情报信息。这种办法投资小、效率高、简便易行，信息一般真实可靠。

（2）直接调查

直接调查法是由谈判人员通过直接、间接地接触获取有关情况和资料的方法，如通过企业的往来银行获得谈判对手的财务状况、经营情况的信息。通过向本企业那些曾和对方有过交往的人员进行了解，也可以通过与谈判对手有业务往来的企业来了解，还可以通过函电的方式直接与对方联系等，来了解谈判对手的经营特点、谈判的各种习惯以及有关人员等方面的情况。

（3）建立情报站

在收集谈判信息情报的过程中，不要"守株待兔"坐等情报上门，而应积极主动，通过设立情报网，建立驻外办事处，在目标市场设立情报站等办法，及时、有效地收集第一手信息资料，使谈判信息资料持续不断，真实可靠。如日本四大综合商社之一的伊藤忠商事株式会社早在 20 世纪 80 年代就把"触角"伸到全世界 70 多个国家，120 多个城市，从事经济开发、海外贸易，并专门设有一个"调查情报部"。派出国人员 900 多人，同时还雇佣了当地的 2000 多人。情报部一天 24 小时不停地收到来自世界各地的大量经济情报，以及同经济有关的政治情报。他们对这些情报进行综合分析，使原始的情报资料变成对谈判交易活动有用的市场信息。

（4）委托购买

在经济发达的国家，人们可以通过信息咨询服务系统十分快捷地查询、调查、收集有关的信息。信息提供者可以是企业，也可以由社会的专门机构提供。目前，我国企业收集处理信息的系统比较落后，社会专门提供信息咨询服务的中介机构也很有限。在涉外谈判中，可以委托或雇用国外咨询机构为自己提供所需情况及购买信息，这是十分有益和必要的，将为谈判决策提供重要的依据。

总之，对于已收集到的有关谈判的信息情报，还要进行筛选，加工整理，定性分析，定量分析和定时分析，去粗取精，去伪存真，充分利用信息资料，避免被谈判对手误导，及时为谈判提供决策依据，更好地服务于谈判工作。

2.2.2 确定谈判目标

1. 商务谈判目标的含义及层次

商务谈判目标是指经过谈判在各项交易条件应达到的结果或标准。商务谈判目标是对谈判要达到结果的设定，是指导谈判的核心。目标制定得正确与否，以及能否达到目标，意味着谈判活动的成败与效率的高低。作为谈判者，在收集到信息资料之后，就要针对谈判双方的形势及信息资料进行分析、综合，充分考虑各方面因素的影响，确定谈判目标。

任何商务谈判都是为了达成一定的目标。但仅制定一个单一的谈判目标是不够的，还应该从总体上综合考虑谈判可能出现的结果，并制定相应的目标，使之具有一定的弹性，经双方在谈判中"讨价还价"，最终实现某一个目标层次。谈判目标可分为三个层次：最高期望目标、可接受目标和最低限度目标。

（1）最高期望目标

最高期望目标是指对谈判某方最有利的理想目标，它是在满足某方的基本利益之外，还加上一个增加值。但是，在实际交易谈判中，最高期望目标实现的可能性很小。因为商务谈判是各方利益重新分配的过程，没有哪个谈判者乐意把利益全部让给他人，也不会轻易地放弃自己的立场。最高期望目标是谈判进程开始的话题，它的主要作用是作为一种报价策略手段，为报价一方争取优势，为实现可接受目标创造条件。如果一个诚实的谈判者一开始就提出他实际想达到的目标，由于谈判心理作用和对手的实际利益等情况，他最终不可能实现这个目标。

一个优秀的谈判者必须坚持"喊价要狠"的原则，若卖主喊价较高，则往往能以较高的价格成交；若买主出价较低，则往往以较低的价格成交。这里的卖价、买价就是谈判最高期望目标的主要内容。同时，我们还必须注意到，最高期望目标往往是一方在谈判中所要追求的最高目标，往往也是对方所能忍受的最高程度，它也是一个临界点。如果超过这个目标，往往要冒谈判破裂的危险，导致谈判的失败。

（2）可接受目标

可接受目标是指谈判各方根据各种主、客观因素，经过科学论证、预测、核算、决策所确定的谈判目标。可接受目标是制定方最基本、最主要的或是全部的经济利益目标，是不可妥协的，并要坚守的主要防线。如果达不到这一目标，该谈判往往会陷入僵局或暂停。双方在谈判中"讨价还价"的主要目的是保护并实现各自的可接受目标。

可接受目标不像最高期望目标那样带有较多的"水分"，它更为接近实际，谈判者往往利用最高期望目标作为掩护，最终实现可接受目标，它具有一定的弹性和伸缩性。著名谈判专家尼尔伯格认为：严格限制谈判目标易于使谈判破裂，在谈判目标具有弹性时，谈判就会畅行无阻，这样一来谈判的期望就会随情境来修正，处理谈判目标应该像利用风力一样，最坚强的树木也要向风势妥协，但风筝利用风力却可以飞得更高。

（3）最低限度目标

最低限度目标是指谈判一方在谈判协议中所要实现的最低限度的要求。若不能实现，宁愿谈判破裂也没有讨价还价、妥协让步的可能。最低限度目标是一个底线目标，只有达到或超过这一底线，谈判才可能走向成功。

在制定谈判目标时，谈判人员既要考虑出现最好的情况，同时还要准备出现最坏的情况。要充分发挥谈判人员的聪明才智，在最低限度目标和最高期望目标之间争取尽可能多的利益。假如在公司的某次谈判中以出售价格为谈判目标，则以上三个目标可这样表述：最高期望目标是每吨 2000 元；最低限度目标是每吨 1500 元；可以接受并争取的价格在 1500～2000 元。谈判者既可能实现较为理想的谈判目标，也可能是在最低限度内达成协议。这样，最高期望目标、可接受目标和最低限度目标的制定使谈判目标具有较大的伸缩性，避免了由于僵化、死板而导致谈判的破裂，也保证了双方最基本的利益，并在此基础上争取更好的利益。

2. 商务谈判目标的内容和注意事项

在商务谈判中，不同的交易条件所需制定的谈判目标内容不尽相同。就一般商品贸易谈判而言，商务谈判目标的基本内容主要包括以下几个方面。

1）商品的质量，即对商品品质、规格、等级、标准等的规定。

2）数量，即对商品数量的规定。

3）价格，即对商品成交单价的规定。

4）履行的限期、地点和方式，即对商品交付完成的时间、地点和履行方式的规定。

5）付款方式，即对商品货款支付方式的规定。

6）保证，即对商品在质量和数量上的保证、时间变动范围的规定。

7）商品检验，即对商品的检验标准、检验机构、检验时间和检验方法的规定。

在商务谈判中，谈判者制订谈判目标时应注意：谈判目标要与企业经营目标相一致，对个别的具体谈判目标不能受企业经营目标限制而订得过低或过高。谈判目标的制订既要大胆、合理，又要定性、定量，使谈判目标更加具体、明确、实用与合法。

2.2.3 制定谈判计划

谈判计划是指人们在对谈判信息进行全面分析、研究的基础上，根据双方的实力对比，为本次谈判制定的总体设想和实施步骤。谈判计划能指导谈判人员的行动安排，有效地组织和控制谈判活动。一般遵循简单、明确、灵活的原则。谈判计划应包括以下内容。

1. 确定谈判的议题

确定谈判的议题是决定什么样的问题应该在谈判桌上加以讨论。整个谈判活动都应该围绕这个议题进行，都要为表现议题服务。首先，应将与本谈判有关的问题都罗列出来，尽量不要遗漏。其次，根据对本方是否有利的准则，将所列出的问题进行分类。第三，尽可能地将对本方有利的问题或对本方不利但危害不大的问题列入谈判的议题，而将对本方不利的问题或将危害大的问题排除在谈判的议题之外，使谈判的议题安排有利于自己。

2. 确定谈判议程

在商务谈判中，议事日程的安排要做到统筹兼顾、全盘考虑，因为谈判议事日程不是由谈判的某一方单方面说了算，而是要由双方协商决定，它体现了互利性。同时还要注意，在一次谈判中，不要列出太多的问题，议事日程应简洁明确，以保证谈判的总体效益。

3．谈判时间、地点的安排

谈判时间选择是影响商务谈判的一个重要的因素。一般是将对本方有利，本方想要得到而对方又有可能做出让步的议题排在前面讨论；而将对本方不利，或本方要做出让步的论题放在后面讨论。对前面一种议题安排尽可能多的时间，而对后一种议题则给予较少的时间。从而获得谈判的主动权和控制权，形成对本方较为有利的谈判局势。

对于谈判期限的规定要合理。谈判期限过长，会使企业造成人力、财力、物力的损失。谈判期限过短，谈判人员难以发挥谈判水平。所以在规定谈判期限时，既要给谈判者留有充分的时间以讨价还价，又不因拖延时间而给企业造成损失。

谈判地点是影响最终结果的一个不可忽视的因素，它能够为谈判的顺利进行创造有利的环境。谈判者应充分利用地点的选择，使其有利因素为自己所用。谈判按地点可分为主场谈判、客场谈判和中立地谈判。

（1）主场谈判

一般来讲，谈判双方都愿意在本方所在地与他人进行谈判，因为主场谈判对东道主拥有很多的优势，包括：

1）谈判者在自己熟悉的环境中感到亲切、自然，较少有心理障碍，容易在心理上形成一种安全感和优越感。

2）谈判者在通信、联络、信息等方面占据优势，谈判人员可以随时向领导和专家请示、咨询和帮助，还可以方便地获取各种信息资料，因此，在谈判中能够保持灵活的态度。

3）由东道主身份所带来的谈判空间环境的主动权会使东道主在处理各种谈判事务时都是显得比较主动。

但主场谈判也存在一些弊端，如在谈判进入关键阶段，客方在谈判中遇到困难或准备不足，往往会以资料不全或无权决定，需要回去请示等借口而中止其谈判。

（2）客场谈判

选择对方所在地作为谈判地点是谈判者自信心强的一种表现。谈判人员可以不受承担安排其他事务的干扰而专心于谈判上，有利于谈判人员在领导规定的职权范围内灵活行使权利，充分发挥其主观能动性，对方无法借口自己无权决定而故意拖延时间。在客场谈判最需要注意的问题是，必须保持头脑沉着、冷静，牢记使命，不要过分接受款待或娱乐活动，以防止丧失戒备、泄露机密，注意保持谈判的主动权。

（3）中立地谈判

选择中立地谈判通常为谈判双方相互关系不融洽，彼此信任程度不高时所采用，中立地点对谈判双方来说均无东道主的优势，有助于创造一种充满冷静的气氛，在不受其他干扰的情况下，双方进行交流沟通，便于消除误会，达成协议。

总之，无论是选择在主场谈判、客场谈判或中立地谈判，它们都具有不同的利弊得失，在选择谈判地点时通常要考虑即将进行的谈判双方力量的对比、可选择地点的多少和特色、双方关系等因素。

当双方共同确定谈判地点之后，要对谈判场所进行布置，一般是由东道主负责，为谈判的顺利进行创造一个良好的环境。因此，谈判场所的选择与布置应注意如下几点。

1）谈判场所应宽畅明亮、优雅舒适、宁静和谐。

2）谈判场所所在地应交通方便，便于有关人员来往。

3）在谈判室旁边应安排休息场所，以备谈判人员在休会时休息或举行场外会谈。

4）谈判场景的总体色调以暗色、暖色为主。这种色调容易使双方建立信任感，同时又形成一种适宜心理氛围的距离感。

5）谈判座位的安排。既要考虑桌形，又要考虑座次的安排，要根据具体情况灵活安排。

6）安排客人的饮食起居。迎来送往、交通方便安全、食宿安排服务周到，接待中应注意谈判人员的文化、风俗和特殊习惯。

随着社会的进步和谈判的日益增加，谈判环境并不是一成不变，现已不再局限于某一固定的空间或在谈判桌前来回讨论了。谈判双方可以选择在高尔夫球场、茶楼、酒会或宴会上，谈着双方关心的问题和共同的利益。这种寓谈判于游玩或交际之中的谈判，对谈判环境、安排接待工作要求更高。

2.2.4 谈判人员的准备

谈判的主体是人。一个成功的谈判必须依靠具体的谈判人员去实现，谈判人员的准备是谈判准备的重要环节。一般要根据谈判的类型、重要性、复杂程度、时间长短以及对方谈判人员的情况等因素决定我方出席的人员（单人谈判或团队谈判），并确定首席代表。在选择谈判人员时要充分注意他们应具有必要的专业知识和丰富的经验；高尚的德行、情操和修养；独立的见解和坚强的意志；科学的思维能力和快速决断的能力；善于倾听和清晰的表达能力等。谈判人员一经选出，一般都应进行一些必要的训练。

2.2.5 模拟谈判

模拟谈判是正式谈判前的预演，是商务谈判准备阶段的最后一个步骤。它是从己方人员中选出某些人扮演谈判对手的角色，提出各种假设和臆测，从对手的谈判立场、观点、风格等出发，和己方主谈人员进行谈判的想象练习和实际演习。

1. 模拟谈判的必要性

模拟谈判的必要性有如下几点：

1）模拟谈判能使谈判者获得实际的谈判经验，提高谈判的能力和技巧。

2）模拟谈判能检验谈判执行计划是否完善，便于随时修正错误和问题，以及总结经验教训，使谈判者获得较完善的经验。

3）模拟谈判是培养和训练谈判人员的重要方法，可以帮助谈判人员熟悉实际谈判中的各个环节，充分施展聪明才智，能减少失误，提高谈判的成功率。

2. 模拟谈判的方法和总结

模拟谈判的方式主要有以下两种。

1）组织人员扮演"对手角色"。从企业有关部门抽调一些工作人员扮演对手的不同角色，组成一个代表对手的谈判小组，并尽可能地提出各种能够想象出来的问题，与本企业的正式谈判小组举行接近实际谈判的模拟谈判，此方式可检查谈判组织工作是否到位。

2）组织辩论会。利用具有不同代表性的人扮演对手，尽可能提出各种反对性意见。对本方谈判条件进行"抨击"和质疑，使谈判人员练习回答，并对每个环节和问题都有一个事先的了解，做好实战的准备工作。

模拟谈判结束后，应及时进行总结经验教训，发现自己的优劣势，预测谈判的结果。以此可以对最初的预期目标重新估计，检查时间及议程安排是否合适，发现谈判计划的弊端和漏洞，从而制定相应的对策，不断地修正和完善谈判计划，使谈判目标和计划更加完备。

2.3　谈判的过程

当彼此具有利害关系与矛盾争议的谈判双方在做了各种准备工作之后，将在约定的时间、地点进行面对面的谈判工作。经过沟通交流，消除分歧，达成协议，使双方的利益需求都获得一定的满足。商务谈判工作是一个循序渐进的过程，一般包括开局、报价、磋商、协议达成等阶段。

2.3.1　开局阶段

1. 开局的重要性

好的开端是成功的一半。在商务谈判中，由于谈判开局是双方刚开始接触的阶段，是谈判的开端，开局的好坏在很大程度上决定着整个谈判能否顺利地进行下去。因为从生理上来讲，人在谈判活动的开始阶段，精力总是最充沛的。开局阶段时间虽然不长，但它基本上决定了谈判双方的态度和谈判的气氛，基本上确定了正式谈判的方式和规格。因此，开局在整个谈判过程中具有举足轻重的意义，我们必须充分重视和利用颇有

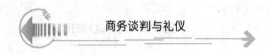

影响的开局。

2. 营造和谐谈判开局的气氛

谈判开局气氛是由参与谈判的所有谈判者的情绪、态度与行为共同制造的。谈判场所的气氛是紧张还是缓和，是热烈还是冷淡，对谈判结果的影响是举足轻重的。谈判气氛往往在双方开始会谈的一瞬间就形成了，并且影响和贯穿于整个谈判过程的始终。

如何创造一个良好的谈判气氛，直接涉及给谈判双方留下什么样"先入为主"的印象。如双方见面互致问候，大家围谈判桌就坐，会谈就开始。像这样一会面就直接涉及谈判主题，往往不利于谈判的正常进行，破坏良好谈判气氛的形成。这时应该谈点什么，才能创造和谐的谈判气氛呢？在见面洽谈开始时，应选择合适的中性话题，最好是闲聊的、松弛的、非业务性的，比如，双方可以涉及这样一些内容：

1）会谈之前各自的经历，曾经到过的一些地方，结交过的人物等。

2）近期的社会新闻、体育比赛、文娱节目等。

3）私人问候，表现出你真正关心他人的情况，不带任何胁迫的语调。

4）个人爱好。

5）回顾以前的合作经历和各自所见所闻所感，制造一个轻松愉快的气氛，给对方留下良好的"第一印象"。

这样的开场可以使双方找到共同语言，进行感情沟通，缩短空场的时间，为建立友好的洽谈气氛奠定基础。

在正式谈判开始之前，理想的行为方式应该是：

1）径直步入会场，以开诚布公、和善友好的态度出现，伸出右手与对方毫不迟疑地相握，肩膀要放松，衣着要整洁。

2）行动和说话要轻松自如，不要慌慌张张、结结巴巴，尽量做到言简意赅。

3）在开始时最好站着交谈，如果对方派出的是谈判小组，则以混合的形式分成较小的交谈，这样可使双方在谈话时感觉轻松、方便，然后从站着叙谈到坐下，这样有利于谈判的自然过渡。

开局时还应注意避免过分闲聊，离题太远。要让大家总是围绕主题展开谈判，并以轻松、自然的语言先谈一些双方都感兴趣并易达成一致协议的话题，顺水推舟，从而自然地完成开局的目的。

3. 摸清对手的情况

在谈判开局阶段，谈判双方会把注意力较多地放在摸清对手的情况上。调查了解对方的可靠程度、对方的经济实力、对方的合作的诚意、对方的谈判目标、对方的谈判人员状况等。只有了解对方谈判者的这些基本状况，掌握了有价值的信息，才能有针对性地采取措施，调整目标计划，从而掌握优势。

2.3.2　报价阶段

报价是商务谈判的一个重要阶段。这里所讲的报价，不仅是指双方在谈判中提出的价格方面的要求，而是泛指谈判中某一方向对方提出自己的所有要求。在这些所有要求中，价格条件是核心问题，是谈判的重点。

1. 报价的基础

报价标志着双方价格谈判的正式开始，同时也体现了双方对物质性的要求程度。然而，报价水平的高低并不是由报价一方随意决定的。一般应先确定报价目标，报价目标一定要与企业的谈判目标结合起来，明确己方的最低价格标准，根据所收集和掌握的各种渠道的商业情报和市场信息，对其进行分析、判断，在预测的基础上加以制定，使报价在双方价格谈判的合理范围内。因此，掌握市场行情是报价的基础，其中应着重研究市场供求及价格动态。

2. 报价的原则

报价有如下一些原则：

1）综合分析和比较，设法找出报价者所得利益与该报价能被接受的成功概率之间的最佳组合点。

由于商务谈判的复杂性，很难找到一个最佳的理想报价。谈判者应因势利导，灵活运用报价策略，力争使报价接近理想的报价。

2）对于卖方，开盘价必须"最高"；对于买方，开盘价必须"最低"。

卖方的开盘价等于为自己设置了上限，买方的开盘价等于给自己设置了最低限。这为双方充分地做好了讨价还价的余地，使双方谈判更有弹性。实践证明，开盘价对成交价具有实质性影响，卖方开盘价高，成交价也比较高，买方的开盘价低，成交价也比较低。

卖方报价要高，只要理由充分，可尽量高，它必须合情合理，如报价过高又讲不出一个所以然来，会导致谈判失败。买方报价要低，也必须合情合理。总之，不能漫天要价，而是在合理的价格范围内。

3）报价时态度要果断、坚定，充分显示报价者的自信和从容。

4）报价应准确、清楚而完整。

5）不要对己方的报价进行解释或评论。

报价合理，自己无需作辩解，否则，只能是画蛇添足，让对方看出破绽或找到突破口。因为对方不管我方报价的水分有多少，都会提出质疑，在对报价进行解释时，应遵循的原则是不问不答、有问必答、避虚就实、能言不书。

3. 报价的形式

一般来讲，报价有书面报价和口头报价两种形式。

（1）书面报价

书面报价是谈判者事先为谈判准备了较详尽的文字材料、数据图表等，将本企业愿意承担的义务明确地表达清楚，让对方有时间针对报价做充分的准备，从而节省时间，使谈判过程更为紧凑。但书面报价白纸黑字，成为企业承担责任的客观记录和证据，制约和限制了企业在谈判后期的让步和变化。在通信、翻译上容易产生信息缺失，它对实力强大的谈判者是有利的，至少双方实力相当时可使用书面报价，而对实力较弱者就不宜采用书面报价的方法，而应尽量安排一些非正规的谈判，以充分发挥谈判人员个人关系的作用。

（2）口头报价

口头报价具有较大的灵活性，谈判者可根据谈判的进程随时来调整变更自己的谈判战术。口头报价先磋商，后承担义务，没有书面报价那种义务感约束。口头报价可充分利用个人沟通技巧，利用情感因素，促成义务达成。察言观色，见机行事，建立某种个人关系，营造缓和谈判气氛是这种方式的最大长处。如果谈判人员没有较高的综合素质和沟通技巧，就会出现一些误会和麻烦，如统计数字、计划图表难以阐述清楚。此外，由于对方事先对情况一无所知，在谈判中需要时间准备，因而会影响谈判进度。为了克服口头报价的不足，在谈判之前可以准备一份印有本企业交易条件要点、某些特殊要求以及各种具体数据的简目表，以供急需之用。

4. 报价的先后

在商务谈判中谁先报价，这个问题比较微妙。报价先后在某种程度上会影响谈判的结果，谈判人员必须加以注意和研究。

一般来讲，先报价比后报价更有影响力。因为先报价的一方实际上为谈判规定了一个框架，最终协议可能将在这个范围内达成。同时，先报价不仅能够为谈判规定一个难以逾越的上限（卖方的报价）或下限（买方的报价），而且还会直接影响谈判对方的期望水平，起到争取主动的作用。因此，先报价比后报价的影响要大得多。但是，先报价也有不利之处，这主要表现在：

1）当对方得到报价后，对报价方条件、起点有了了解，可以调整自己的策略和报价方式，获得他们未料到的好处。比如卖方报价25000元，而买方拟定的报价27000元，在卖方报价后，买方会修改交易条件，最后可能以23000元成交。显然，买方从卖方的报价中获得了4000元的好处。

2）当对方得到报价后，并不急于马上还价，而是集中力量攻击原报价，进行各种挑剔指责，逼迫报价者让步，却不肯泄露他们的定价。

总之，谁先报价应视具体情况而定。如在预期谈判将会出现激烈竞争的情况，或是双方可能出现矛盾冲突的情况下，先报价可以使自己占据主动地位。如果对手是老客户，双方有长期的业务往来关系，彼此都十分了解、熟悉，先报价与后报价并没有什么实质性的差异。

要正确对待对方报价，认真听取并准确地把握对方报价的内容，不要干扰和影响对方的报价，也不要中途打断对方的报价。在对方报价结束后，比较理想的做法是不急于还价，而是要求对方对价格的构成、依据、计算基础及方式等进行解释，然后对报价的理解进行归纳和总结并进行复述，让对手确认自己理解的正确。在掌握了对方报价的实质、意图及诚意后，寻找突破口，从而动摇对方报价的基础，使以后的还价有说服力。

2.3.3　磋商阶段

磋商阶段是谈判双方讨价还价的阶段，因为当谈判一方报价之后，多数谈判对手不会立即做出接受初始报价的决定，而是力争使报价方提供更优惠的价格，于是双方就开始一系列的讨价还价，进行实质磋商。这是一个信息逐渐公开，筹码不断调整，障碍不断清除，从而走向成交的过程。

1. 找出分歧的原因

谈判双方各自提出的交易条件，必然会存在某些分歧，双方就此进行磋商，这时应从认清双方分歧所在和洞悉其原因开始，这种分歧一般可分为三种：想象的分歧、人为的分歧和真正的分歧。

1）想象的分歧。这是由于一方没有较好地理解对方的要求而产生的，或者是由于不愿接受这样的事实，即对方的陈述准确真实地反映了他们的要求。这种分歧产生主要在于相互之间的沟通不完善。解决的办法是，谈判人员更好地做好相互沟通工作，更好地掌握相互沟通的技巧。

2）人为的分歧。这是由于一方有意制造的"漩涡"引起的。解决的办法是，认真分析对方虚拟的水分，灵活运用讨价还价的方法和技巧；多花一些时间用于磋商，在多轮谈判中逐步降低对方的要求，同时，也需对自己的报价做相应的调整，互谅互让，互利互惠。

3）真正的分歧。这是由双方的利益引起的。解决的办法是，双方就此磋商，讨价还价，或者自己放弃某些利益，或者要求对方放弃某些利益，或者彼此进行利益交换，使彼此的立场趋于一致，否则谈判只能破裂。

2. 讨价

讨价是谈判中的一方报价之后，另一方认为离自己的期望目标太远，而要求报价方重新报价或改善报价的行为。讨价一般分为以下三个阶段。

1）讨价开始阶段，采用全面讨价方法，即要求对方从总体上改善报价。

2）讨价进入具体内容阶段，采用针对性讨价方法，即在对方报价的基础上，针对一些不合理的部分要求改善报价。

3）讨价的最后阶段，仍采用全面讨价方法，即从总体上要求对方改善价格。

讨价的这三个阶段是可以不断重复、连续进行的过程。讨价次数的多少应根据心中保留价格与对方价格改善的情况而定。谈判中应抓住主要矛盾，对重要关键的条款予以讨价，要求改善，也可以同时针对若干项，形成多方位强大攻势的讨价，争取得到对方的让步，获得较大的收效。

3. 还价

还价是指谈判对手首次报价后，己方与对方将进行一次或几次的讨价，然后根据对方最后的报价进行斟酌后，提出自己可接受的价格。还价的目的是为了使自己的交易条件得到对方的承认，争取期望目标的实现。还价关系到谈判的前景，影响谈判的结局。

在还价中，谈判者要确保自己的利益要求，就必须采用不同的还价方式。根据对价格评论的依据出发，谈判还价可分为按分析比价还价和按分析成本还价两种。

1）按分析比价还价，是指己方不了解所谈商品的价值，而是以收集相同或基本相近的同类产品的价格作为参考进行还价。这种方式操作简便，若选用科学将令对方信服。

2）按分析成本还价，是指己方能计算出所谈产品的成本，然后以此为基础再加上一定百分比的利润作为依据进行还价。用这种方式，还价有力、准确，说服力较强。

根据谈判中每次还价项目的多少，谈判还价可分为单项还价、分组还价和总体还价三种。

1）单项还价是以所报价格的最小项目还价。

2）分组还价是指把谈判对象划分成项目，然后再划分若干档次，分别还价。

3）总体还价是不分细项，从总体上还一个价。

在多次讨价并选定了还价的方式之后，应根据对方价格调整的幅度和计算分析来确定还价的起点。还价的起点要低，一般是以己方的临界价格为基点，但其高度必须接近对方的目标，使对方有接受的可能性。要确立一个好的谈判起点，还应注意三个参考因素：报价中的含水量、与自己目标价格的差距和准备还价的次数。总之，要使还价起点合理，并逐步接近谈判的成交目标。

4. 让步

让步是指在谈判中双方向对手妥协，退让己方的理想目标，降低己方的利益要求，向双方期望目标靠拢的谈判过程。因为谈判双方在讨价还价阶段，会根据各自的利益和对共同利益的理解，各抒己见，竭力使谈判朝着有利于自己的方向发展。若双方互不相让，争议不下时，便会出现僵局，而让步就是解决僵局的好办法。

一个成功的谈判者是善于取舍的，除了知道何时该抓住利益外，还知道何时放弃利益。让步的基本规则是以小换大。为达到这一目的，谈判人员应事先充分准备在哪些问题上与对方讨价还价，在哪些方面可以做出让步，让步的幅度有多大等。在谈判中做出让步没有一成不变的固定模式，应因人而异，无论对任何人做出让步时，最好的办法是，让他认为经过一番奋斗争取来的东西是有价值、最珍贵的。在商务谈判磋商阶段中的让步原则如下：

1）每一次让步都应得到某种相应的利益作为回报，不要做无谓的让步，有失应该也要有所得。

2）让步应事先做周密的计划、安排，谨慎行事，不能临场随便退让，自乱阵脚，克服盲目被动性。

3）以让步换让步，决不能做单方面的让步，要以己方的让步换取对方的让步。

4）不要承诺做同等程度的让步。

5）促使对方在主要问题上先做出让步，己方在较为次要的问题上让步，目的是让对方在重要问题上先让步，己方可以根据对方的态度争取主动。

6）让步要恰到好处，以己方较小的让步，换取对方较大的满意，但要使其明白赢得是不容易的。

7）一次让步的幅度不应过大，次数不宜过多，但必须让对方知道，我方每次做出的让步都是重大的，经过努力的。

8）如果做出的让步欠妥，应及早收回，不要犹豫。

9）在准备让步时，应尽量让对方开口提条件，表明其要求。

10）以适当的速度向着预定的成交点推进，不要太快或者做过多的让步。

经过双方一系列的磋商，使谈判双方立场趋于一致，整个谈判磋商阶段的工作基本结束，进而转入谈判过程中的协议达成阶段。

2.3.4　协议达成阶段

谈判双方经过艰苦努力，克服了各种障碍和分歧之后，就共同关心的问题取得了一致意见的情况下，双方即可成交，并用文字以合同的形式将全部交易内容和交易条件按照双方确认的规定记录下来，标志着谈判的结束。

协议达成阶段是谈判的最后阶段，但也存在最后的一些障碍，谈判人员应善于掌握谈判结束的时机，趁热打铁促进交易。如果放松警惕，急于求成，则可能功亏一篑，前功尽弃。

1. 向对方发出信号

一场谈判虽然旷日持久却进展甚微，但会由于某种原因，大量的问题会迅速得到解决，双方互做一些让步，最后的细节在几分钟即可拍板。在交易即将达成时，谈判双方都会处于一种准备完成时的激奋状态。这种激奋状态的出现，往往是由于一方发出成交信号所致。谈判者使用的常见成交信号主要有如下几种。

1）谈判者用最少的言辞阐明自己的立场。谈话中表达出一定的承诺意愿，但不包含讹诈成分。

2）谈判者所提出的建议是完整的，绝对没有不明确之处。如果他的建议未被接受，除非中断谈判，再没有别的出路。

3）谈判者在阐明自己的立场时，完全是一种最后决定的语调，坐直身体，双臂交叉，文件放在一边，两眼紧盯着对方，不卑不亢，没有任何紧张的表示。

4）回答对方的任何问题尽可简单，常常只回答一个"是"或"否"。使用短词，很少谈论据，表明确实没有折中的余地。

5）一再向对方保证，现在结束对他最有利，并告诉他一些好的理由。

发出这些信号，其目的在于推动对方脱离勉强或惰性十足的状态，设法使对方行动起来，从而达成一个承诺。这时应注意的是：如果过分使用高压政策，有些谈判对手就会退出；如果过分表示希望成交的热情，对方就有可能会不让步并进一步地向你进攻。

2．最后的总结

在交易协议达成的会谈之前，谈判者有必要进行最后的回顾和总结。

1）明确是否所有的内容都已谈妥，是否还有一些未能得到解决的问题，以及这些问题的最后处理。

2）搞清所有交易条件的谈判结果是否已达己方期望的交易结果或谈判目标。

3）最后的让步项目和幅度。

4）决定采用何种特殊的结尾技巧。

5）着手安排交易记录事宜。

这种回顾的时间和形式取决于谈判的规模，如它可以安排在一个正式的会议上，也可以安排在一天谈判结束后的 20 分钟休息时间里。

3．最后一次报价

在最后签约之前，谈判双方都需要做最后一次报价。对最终报价应注意以下几点。

1）不要过于匆忙报价，注意选择好报价时机，否则会被认为是另一个让步，对方会希望再得到些其他的让步。如果报价过晚，对局面已不起作用或影响很小，也是不妥的。为了选好时机，最好把最后的让步分成两步，主要部分应在最后期限之前提出，给对方留下一定时间考虑，次要部分应安排在最后时刻提出。

2）最后让步幅度的大小，必须足以成为预示最后成交的标志。在决定最后让步幅度时，一个主要因素是看对方接受这一让步的人在对方组织中的地位。大幅度的让步应刚好满足较高职位的人维持他的地位和尊重的需要。一般的让步使对方职位较低的人在签约后，其上司不至于指责他未能坚持为度。

3）让步与要求同时并提。除非己方的让步是全面接受对方现时的要求，否则必须让对方知道，不管在己方做出最后让步之前或做出让步的过程都希望对方予以响应，做出相应的让步。比如，在提出己方让步时，可示意对方这是谈判者个人自己的主张，很可能会受到上级的批评，所以要求对方予以同样的回报。

4．起草和签订书面协议

当谈判双方就交易的主要条款达成一致意见后，一般都要起草协议，签订书面合同，明确各自的权利和义务。这涉及到合同文本由哪一方来起草的问题。一般来讲，文本由谁起草，谁就掌握主动。因此，在商务谈判中我方应重视合同文本的起草，尽量争取起草合同文本，如果做不到这一点，也要与对方共同起草合同文本。合同的内容是合同当事人之间的权利和义务，它具体体现在合同的条款。为了保证合同的履行，双方当事人必须严格审查合同的条款：如当事人的名称或姓名和住所、标的、数量和质量、价款或酬金、履行期限、地点和方式、违约责任和解决争议的方法等条款，以及根据法律规定的或协议性质必须具备的条款和当事人要求必须规定的条款。总之，务必使协议条款订得具体、确切、详尽。签订合同的双方都必须具有签约资格，对涉外合同应要求当事人提供有关的法律文件，证明其合法资格，避免上当受骗。对于比较重要的谈判，特别是国际商务谈判，当双方达成协议后，应尽量争取在我方所在地举行合同的缔约或签字仪式。因为签约地点往往决定采取哪国法律解决合同中的纠纷问题。根据国际法的一般原则，如果合同中对出现的纠纷采用哪国法律未做具体规定，一旦发生争执，法院或仲裁庭就可以根据合同缔结地国家的法律来做出判决或仲裁。

复习思考题

1．谈判包括哪些构成要素？
2．谈判信息资料收集的内容有哪些？
3．什么是谈判目标？谈判目标可以分为几个层次？
4．谈判计划包括哪些内容？
5．什么是模拟谈判？模拟谈判的必要性有哪些？

案 例 分 析

日本人怎样探索大庆油田的秘密

在商务谈判中，必须十分重视情报信息的收集和掌握，及时、准确地了解与标的对象有关的市场行情，预测分析其变化动态，以掌握谈判的主动权。如在 20 世纪 60 年代，中国与日本进行的石油设备交易谈判就是一个有代表性的例子。

　　早在 20 世纪 60 年代初期，当时我国对于大庆油田的情况在国内外尚未公开，日本人只是有所耳闻，但始终不明底细。后来，在 1964 年的《人民日报》上看到 "大庆精神大庆人" 的字句，于是日本人判断：中国的大庆确有其事。但他们仍然不清楚大庆究竟在什么地方。1966 年 7 月的一期《中国画报》上，日本人看到一张大庆工人艰苦创业的照片，根据照片上人的服装衣着，他们断定大庆油田是在冬季为-30℃的中国东北地区，大致在哈尔滨与齐齐哈尔之间。1966 年 10 月，他们又从《人民中国》杂志上看到了石油工人王进喜的事迹，从分析中知道：最早钻井是在北安附近着手的，而且从所报道的钻井设备运输情况看，离火车站不会太远。在事迹中有这样一句话："王进喜一到马家窑看到……"，于是日本人立即找来旧地图：马家窑位于黑龙江海伦县东南的一个村子，在北安铁路上一个小车站东边十多公里处，这样，他们就把大庆石油的位置彻底搞清楚了。搞清了位置，日本人又对王进喜的报道进行了分析。王进喜是玉门油矿的工人，是 1959 年 9 月到北京参加国庆之后自愿去大庆的。由此断定，大庆油田在 1959 年以前就进行了勘探，并且大体知道了大庆油田的规模。后来，他们又从《中国画报》上发现了一张大庆炼油厂反应塔的照片，根据反应塔上的扶手栏杆的粗细与反映塔的直径相比，得知反应塔的内径长为 5 米。因此进一步推算出大庆的炼油能力和规模、年产油量等内容。日本人在此基础上设计出了适应大庆油田操作的石油设备，当我国宣布在国际上征求石油设备设计方案时，日本人一举中标。

　　讨论：

1. 日本人是利用什么方法收集到大庆油田情报信息的？
2. 通过本案例，试说明在商务谈判中收集情报信息的重要作用。

第 3 章　商务谈判的工具

内容提要

谈判者除了学会区分不同种类的谈判、分析不同谈判对手的心理外，还必须懂得谈判中可以运用的工具，正是这些工具构成了通往成功的桥梁。本章介绍在谈判中最常用的谈判工具：法律与政策知识、专业技术知识、策略知识、思维艺术、语言工具等。

3.1　法律与政策知识

谈判者必须熟知有关国家的法律、法规和政策，掌握其内容并贯彻到谈判过程的始终。因为商务谈判必须在一个国家法律、法规和政策所允许的范围内进行，双方据此达成协议，签订的合同才受到法律的保护，合同当事人的合法权益才有保障。否则，协议、合同就没有法律效力，而得不到国家和政府的保护。所以，谈判人员应加强对有关国家的法律、法规和政策的学习和研究。

1. 有关国家或地区的法律制度

在商务谈判中，应掌握有关国家和地区的法律制度是什么。在现实生活中，法律的执行程度如何；法院与司法部门的独立性如何；谈判对司法部门的影响程度如何；法院受理案件时间长短如何；执行法院判决的措施如何；执行国外的法律仲裁判决需要通过什么程序；等等，这些都要弄清楚。才能防范规避风险，预测谈判的最终后果，并努力争取谈判的成功。

2. 有关国家或地区的税收法律规范与政策

对于税收法律规范和政策，要重点了解各种关税（如进口税、出口税、差价税、进口附加税、过境税和过境费等）的税率、关税的税则和征税方法等方面的资料，特别是报复性关税、反倾销税、反补贴税、保障性关税等特别关税的规定。了解有关国际税收的法律规范与制度，包括与国际税收管辖权、国际双重征税和国际重叠征税、国际逃税与避税等有关的法律规范与制度。如果我国与交易国之间签订了贸易协议或互惠关税协定时，还必须了解其详细情况。

3. 有关国际货物贸易、服务贸易、国际投资的法律规范与制度

对外贸易所涉及的法律规范既包括国际法，也包括国内法；既包括公法，又包括私法。如各国会根据商品和技术的生产、开发情况，资源、就业状况和产品的科技含量等，制定出一系列政策和法令，对商品或技术的进出口予以鼓励支持（自由进出口）或限制（许可证制度、配额制度），甚至禁止。

各国政府根据本国民族工业的发展，制定相应的产业政策，对有些行业实行鼓励开发的政策，对有些行业实行限制或禁止外国资本介入的政策。如对外国投资实行审批制，以便禁止或限制外资进入某些产业部门，引导外资投入本国的优先发展项目，避免重复引进及可能造成的经济畸形发展；限制外国投资比例，以保护东道国投资者对合营企业的有效控制。

4. 有关国家或地区的外汇管理政策

国家或地区为了维持国际收支平衡和本国货币汇价水平的稳定，对外汇开支、外汇买卖、国际结算、外汇进出国境和本国货币的汇价等要进行干预和限制，以防止套汇逃汇、违法经营和买卖外汇等行为的发生。各国对外汇的管理，发达与发展中国家不尽相同。如我国在境内禁止外币流通，人民币实行以市场供求为基础的、单一的、有管理的浮动汇率制度。

5. 有关国际知识产权保护的法律规范与制度

国际知识产权保护包括与工业产权的国际保护、著作权的国际保护、国际许可证贸易有关的法律规范与制度。在国际层面通过了许多知识产权保护国际公约，如保护工业产权的巴黎公约、保护文字艺术作品的伯尔尼公约。世界版权公约、世界贸易组织的法律文件中还规定了在贸易与知识产权交叉的领域有与贸易有关的知识产权协定等，在商务谈判交易中应特别注意。

6. 有关商品检验的政策

在商务谈判中必然要考虑到商品检验的问题。商品检验的作用是提供一个确定卖方所交货物是否符合合同的依据，关系到合同的履行、索赔、诉讼等许多法律问题。商品检验主要包括下列内容。

（1）商品检验的科目

各国根据进出口商品存在的质量问题，拟定法定商品检验的科目与商品。

（2）商品检验权问题

商品检验权问题关系到买卖双方由哪方决定商品品质、数量或包装是否符合合同的问题。在国际贸易中，对商品检验权一般有下列三种不同的规定。

1）以离岸品质，重量为准。

2）以到岸品质，重量为准。

3）以装运港的检验证书作为议付货款的依据，但在货到目的港后允许买方有复验权。如复验后发现货物的品质、数量与合同不符，买主可根据交验的结果向卖方提出索赔，这种做法比较公平、合理，兼顾了买卖双方的利益，在国际贸易中使用比较普遍。

（3）商品检验机构

在国际贸易中，进行商品检验的机构主要有以下三类。

1）由国家设立的商品检验机构，在我国是中国商品检验局。

2）由私人或同业公会、协会开设的公证行。

3）生产、制造商或产品的使用部门设立的检验机构。

另外，有关商品检验的期限、标准和方法等都必须在合同中明确、具体地规定。

3.2　专业技术知识

商务谈判是直接与人打交道的社会实践活动，而且政策性、专业性很强。它要求谈判人员富于创造性，有较强的应变能力，这就要求谈判人员不仅要有广博的基础知识，还要有精深的专业技术知识，这样处理问题才能做到当机立断，挥洒自如。在商务谈判中，谈判人员会遇到许多问题，涉及的内容十分广泛，要求谈判人员无所不晓是不客观的，但对于业务相关的基本知识必须有所了解，例如，必须具备商品、国际商业惯例、金融、运输、保险等方面的知识。

1. 商品知识

商务谈判总是以一定的商品为谈判对象。因此，谈判人员应对商品的机械、电气、物理、化学、气味、手感、颜色等特征有基本的了解。在谈判中双方应明确具体的商品的名称以及规格、等级或标准，以免造成遗漏或歧义而导致交易失败。对商品的功能、用途及相关技术生产过程也应有所了解，并掌握与之有关的知识，如总的工艺条件，即厂房要求、水、电、气、采暖、通风、空调净化、防污防菌、三废处理等。生产过程是由基本生产过程、辅助生产过程、生产服务过程、生产技术准备过程所构成，即从准备生产该种商品开始到把它生产出来为止的全部过程，以及包装、储存、运输的条件等。还应该掌握该商品所处的市场环境、政府管理条例，以及行业、企业管理的办法，如有的商品资源紧缺，国内市场供不应求，政府实行限制或禁止出口的政策；有的商品资源丰富，供过于求，政府采取鼓励出口的政策等。

2. 国际商业惯例知识

国际商业惯例是在国际商业交往中长期形成的，经过反复使用而被国际商业的参加

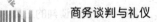

者接受的习惯做法或规则。商务谈判人员应当掌握有关的国际商业惯例。许多国际商业惯例是经过有影响的国际组织或民间商业组织的制定而形成的。例如，由国际统一私法协会1932年制定的《华沙—牛津规则》、1994年完成的《国际商事合同通则》；由国际商会1995年制定的《托收统一规则》、2000年制定的《国际贸易术语解释通则》等。国际商业惯例属于任意性的规范，只有在当事人明示选择适用的情况下才对当事人有约束力，当事人也可以对其选择的商业惯例进行相应的修改。而在当事人未选择适用国际商业惯例时，适用国际商业惯例只发生于法律对有关事项未加规定的情况。我国《中华人民共和国民法通则》第142条第3款明确规定：中华人民共和国法律和中华人民共和国缔结或者参加的国际条约没有规定的，可以适用国际惯例，但适用国际惯例不得违背中华人民共和国法律和社会公共利益。

3．金融知识

在商务谈判中，谈判人员应当具备有关金融方面的知识，如货币、汇率、信贷等，这些问题会经常在商务谈判中出现，其地位非常重要，关系到谈判交易的成败和效益的高低。

（1）货币

货币是商品交换发展的产物，并成为交换的媒介。货币发挥一般等价物的作用，具体体现在其执行的几种职能上：价值尺度、流通手段、储藏手段和世界货币等。在商务谈判中的价款或酬金都必然涉及货币的情况，是以交易对手所在国的货币，还是以双方认可的货币进行结算，这是一个至关重要的问题。一方面，交易对象所在国的货币可能为国际金融市场流通的货币，即"可兑换的货币"，也可能为非流通货币，即"不可兑换的货币"。如果与用非流通货币的交易国无其他生意或虽然有但不多的情况下，这些货币将会成为"死钱"或暂时变成"死钱"，不但不能流动创利，反而还要带来金融损失。另一方面，交易对象所在国的货币可能为硬货币，也可能为软货币，即该国货币虽为国际金融市场可以流通的货币，而其币值相对其他流通的货币的汇率较坚挺（即硬），或较为下浮（即软），这两种情况均应认真考虑。

在商务谈判中，谈判人员应避免使用那些不能在国际上流通的货币，应采用国际金融界普遍接受、能自由兑换的流通货币，如美元、英镑、欧元等。在使用流通货币时，还必须考虑取硬货币还是软货币来进行合同结算，这就需要根据现实情况，综合分析货币汇率变化的趋向，做出正确的判断和预测，正确选择不同时期最佳的交易货币。

（2）汇率

汇率是指两国货币相互兑换的比率，是衡量两国货币价值大小的标准。如在商务谈判中就是指己方的本国货币（或手中所持货币）与谈判对手所在国货币（或所持货币）不同时，两者之间相应的比值。

在商品经济条件下，汇率与进出口贸易有着密切的联系。简单地说，本国货币（或手中持有货币）汇率下跌，有利于出口，不利于进口；本国货币（或手中持有货币）汇率上升，有利于进口，不利于出口。这是因为，本币汇率下降即为本币对外贬值，出口商品所得的外汇收入能比贬值前换得较多的本币，如果本币对内不相应贬值的话，这无疑增加了出口商品的利润；而进口商为支付货款兑换货币时，却要付出较多的本币，从而增加了成本。本币汇率上升对进出口商的影响刚好相反。汇率与进出口的这种关系，使汇率成为各国调剂经济的一种手段。我国人民币实行以市场供求为基础的、单一的、有管理的浮动汇率制度。商务谈判人员应学习和了解汇率方面的知识，掌握汇率变化的规律，控制成交货币及结算时间，以减少交易因汇率变化而带来的风险或损失。

（3）信贷

在商务谈判中因结算支付带来信贷问题。无论是进口、出口，都可能采用信贷方式来促成交易成功。信贷是利用外资的一种形式，谈判人员应合理运用，择优取之。信贷的类别主要有出口信贷、政府贷款、国际商业银行贷款、国际金融机构贷款。

1）出口信贷。出口信贷是指一个国家为了鼓励商品出口，加强商品的竞争能力，通过银行对本国出口厂商或国外进口厂商或进口方的银行所提供的贷款。按贷款接受的对象不同，分为卖方信贷和买方信贷两种。出口信贷一般享受政府补贴，其利率比国际金融市场的贷款利率要低。我国已与英国、法国、德国等国签订了出口信贷总协议，应积极利用这种形式。但出口信贷必须与项目相联系，只能用于购买出口国的商品、技术等，贷款额度不得超过合同金额的85%。

2）政府贷款。政府贷款是指一国政府利用财政资金向另一国政府及其机构和公司企业提供的优惠性贷款。贷款期限长、利率低、贷款条件优惠，带有经济援助的性质。政府贷款的期限一般都长达20~30年，最长的有40年，而且还有一定年限的宽限期，利率较低，有的为无息或含有一定比例的赠与成分。政府贷款一般都对贷款的使用目的有明确规定，如规定贷款只能用于特定的项目工程，或规定只能用于购买贷款国的商品、技术等。政府贷款的使用可以大大促进本国商品的出口创汇能力。

3）国际商业银行贷款。国际商业银行贷款是指一国借款人为了某种目的或用途而在国际金融市场上向外国银行借贷的行为。提供贷款银行为商业银行，即以营利为目的的银行。国际商业银行贷款与贷款国商品出口没有必然的联系，可以用于对任何国家的支付，较之出口信贷灵活，但贷款国政府不予补贴，因而贷款利率比较高，还款期比较短，往往要求借款人提供担保。国际商业银行贷款按时间长短可分为短期贷款和长期贷款。总的来说，银行贷款的成本较高，应慎重选择。

4）国际金融机构贷款。国际金融机构贷款是指国际金融机构对成员国政府、政府机构或公私企业的贷款。从事国际贷款的国际金融机构可分为全球性国际金融机构和地区性国际金融机构。全球性金融机构如国际货币基金组织、世界银行、国际开发银行、国际金融公司等。地区性国际金融机构目前主要有亚洲开发银行、非洲开发银行、泛美开发银行等。商务谈判人员应掌握各国际金融机构的组织章程和有关贷款方面的专门规定和规则，明确贷款的对象只能是成员国政府或成员国的公私机构。贷款的目的大多为解决成员国特别是解决发展中成员国国际收支失衡或建设资金的不足。国际金融机构贷款具有国际经济合作的性质，条件较国际金融市场上的银行贷款优惠，有的还结合技术援助进行，是我国利用外资中应积极争取的对象。我国国际金融机构贷款分别由财政部、中国人民银行、农业部等归口管理。

　　4. 运输知识

　　在国际贸易中，货物运输是一个重要环节，国际货物买卖中的货物必须从卖方所在地运至买方所在地。商品运输的效益通常要影响交易的效益。尤其是原料性的商品，价值与运费相比不划算的商品更是如此。因此，谈判人员在谈判商业条件时应兼顾运输条件，坚持及时、准确、安全、经济的原则，正确选择运输路线、运输方式和各种运输工具，以求用最少的时间，走最短的里程，花最省的费用，安全无损地把商品运送到目的地。

　　（1）正确选择商品运输路线

　　商务谈判人员应对多次运输路线的方案的运输里程、装卸环节、运输时间、费用开支、商品安全等方面进行调查研究，消除增大运输总里程的各种不合理运输，最大限度地缩短商品运输的平均里程，最终选择一条里程近、环节少、时间短、费用省、损耗少的运输路线。同时，还应考虑商品的自然属性和市场需要情况，如运输蔬菜、水果、肉蛋等商品，或市场急需的商品，应选择运输速度快、时间短的路线。如果不是市场急需的，就应选择运费较省的运输路线，只要不影响商品的质量，运输时间长一点也是可以的。

　　（2）选择合理的运输方式

　　选择合理的运输方式，通常有以下几种。

　　1）直达运输。直达运输是指商品在运输过程中，越过一个或一个以上的批发仓库环节，从供应地点直接运到销售单位。直线运输按照商品合理流向，采取最短捷的运输路线，避免迂回、重复、倒流等不合理的运输现象，使商品运输直线化。在实际运用中，精简环节和选择运输线路往往是结合进行的，以达到较好的经济效果。

　　2）"四就直拨"运输。"四就直拨"是指四种直拨形式：就厂直拨、就车站码头直拨、就库直拨、就车（船）过载等。这种运输方式可以减少调运环节，加速商品流转，减少商品损耗，节省运杂费用。

　　3）国际货物多式联运。国际货物多式联运是指联运经营人以一张联运单据，通过两种以上的运输方式将货物从一个国家运往另一个国家的运输。这种运输是在集装箱运输的基础上产生和发展起来的新型运输方式，它以集装箱为媒介，将海上运输、铁路运输、公路运输、航空运输和内河运输等传统的运输方式结合在一起，形成一体化的门到门运输，这种运输方式速度快、运费低、货物不易受损。

（3）善于选择运输工具

国际货物运输的工具很多，主要包括海上运输、铁路运输、汽车运输、航空运输、管道运输及多式联运等。其中，海上运输是最主要的运输方式。国际货物买卖中 80% 左右的运输量是通过海上运输方式完成的。海上运输运费低廉，载运量大，但速度慢，装卸环节多，商品在途时间长，资金周转慢，商品损耗较大。海上运输适用于运输价值低、时间要求不紧迫，运量大的商品。铁路运输货运能力大，运行速度较快，运费比汽车运费低，安全准确，最适于大宗货物的远程运输。汽车运输机动灵活、迅速，装卸方便，适宜短距离的货物集散任务，但运费较铁路运输、海上运输高。飞机运输速度快、安全性高、破损率低、不受地面条件限制，但装载量小、运价高，只适于远距离运送急需、贵重和时间较紧迫的物品。管道运输具有高度机械化，能不间断、均衡地进行运输，商品安全损耗少，在管理和使用上比较简单方便，适于运送液体、气体商品。近年来，随着集装箱运输的广泛运用，多式联运也迅速发展起来。

以上各种运输工具，均有其不同的特点，发挥着不同的作用。在组织商品运输时，应结合各种商品的自然属性（不同的物理或化学形态），以及市场需要的缓急程度，选择较为适当的运输工具。

5. 保险知识

在商务谈判交易中会涉及到保险的问题。俗话说："天有不测风云，人有旦夕祸福"，现代科学技术的发展，还不可能防止自然灾害和意外事故等危险的发生，交易当事人通过参加保险，才能有效地取得灾后经济补偿，防范交易中的风险，这对以后的合同执行有着重大意义。谈判人员应对保险的知识有所了解，并根据商品特征及采用的运输方式投保某种险别。

（1）海洋货物运输保险

中国人民保险公司海洋运输货物保险的主要险别有三种：平安险、水渍险和一切险，它们各自的保险责任范围是不同的。

1）平安险，英文意思为"单独海损不赔"。责任范围包括了海运中的海上风险和外来风险造成的全部损失或部分损失。

2）水渍险，该险除包括平安险的责任范围外，还负责被保险货物由于恶劣气候、雷电、海啸、地震、洪水等自然灾害所造成的部分损失。

3）一切险，该险除包括水渍险的责任范围外，还负责赔偿被保险货物在运输途中由于外来原因所致的全部或部分损失。应注意，一切险是最高险，责任范围最广。

我国海洋运输货物保险除主要险别外，还有附加险，它是投保人在投保主要险别时，为补偿因主要险别范围以外可能发生的某些危险而造成的损失所附加的保险。附加险主要有：

① 一般附加险，它是承保各种外来原因造成的货物全部或部分损失。

② 特别附加险，它是指必须附属于主要险别下，对因特殊风险造成的保险标的的损失负赔偿责任的附加险。

③ 特殊附加险，它包括海洋运输货物战争险和货物运输罢工险。

（2）陆上货物运输保险

中国人民保险公司的陆上运输货物保险条款以火车和汽车为限，主要有：

1）陆运险，该险责任范围包括了自然灾害与意外风险带来的损失。

2）陆运一切险，除了陆运险的责任外，还包括被保险货物在运输途中由于外来原因所致的全部损失或部分损失。

3）陆上运输货物战争险，它是陆上运输货物保险的附加险。

（3）航空运输货物保险

航空运输货物保险主要有：

1）航空运输险，该险的责任范围包括了自然灾害和意外事故造成的部分或全部损失。

2）航空运输一切险，除了承担航空运输险的责任外，还负责赔偿被保险货物由于外来原因所致的全部或部分损失。

在商务谈判中，谈判人员根据政治经济形势、商品的特征、运输方式以及交易的对象、价值和交货时间、地点等选择保险的险别。有针对性地投保，做到投入较少的费用而能有效地避免风险。如果出现风险时，可以根据所投的保险，尽可能多地挽回损失。保险的办理要明确予以约定，交易方应根据约定来进行投保。国际货物运输保险合同的订立是由被保险人以填制投保单的形式向保险人提出保险要求的，即要约。经保险人同意承保，并就货物运输保险合同的条款达成协议（即承诺）后，保险合同即宣告成立。投保单中需列明货物名称、保险金额、运输路线、运输工具及投保险别等事项。保险人应当及时向被保险人签发保险单或者其他保险单证，并在保险单或其他保险单证中载明当事人双方约定的合同内容，以便保险合同的执行。

3.3 策略知识、思维艺术与语言艺术

3.3.1 谈判的策略知识

谈判策略是指谈判人员在商务谈判活动中，为了达到预期的目标，根据形势的发展变化而制定或采取的计策和谋略。谈判人员制定商务谈判策略的方式一般有三种。

1）仿照，即对规范性、程序性的问题，采取仿照过去已有的并被实践证明是行之有效的策略方式。

2）组合，即是将各种策略中已有的策略，经过一定分割、抽取，重组在一起，构

成新的策略。

3）创新，即对非规范、非程序性问题，需要从整体出发，去寻找各策略变换中的最佳策略。

在商务谈判中，没有固定不变的内容，更没有千篇一律的格式，每次谈判都会遇到各种不同的新情况，这就给谈判策略带来影响。谈判人员应在全面调查和认真观察研究谈判对手的相关情况下，做出正确的判断，并根据具体情况见机行事，灵活施展和运用谈判策略，充分发挥谈判人员的主观能动性。商务谈判从开局、报价、磋商到协议达成是一个复杂多变的过程，不可能一帆风顺，往往是风云变幻，波涛起伏，谈判人员既要看风使舵，又要见势扬帆，谈判的策略应随着谈判的发展而变化，有针对性地及时做好调整。顺势时要加速，僵持时要解冻，分歧时要弥合，混乱时要清理，适时进行动态决策，使双方消除分歧，达成协议，使预期目标得以实现。总之，谈判人员要统筹全局，综合考虑多方面的因素和情况，选择适合的策略，以实现谈判双方的共赢。

3.3.2　谈判的思维艺术

思维是人脑对客观现实进行间接和概括的反映。思维主要借助语言来进行，它可能揭露事物的本质特征和内部联系，并主要表现在人们解决问题的活动中。商务谈判离不开思维，一次成功的谈判，有赖于谈判者科学、正确的思维。谈判人员应掌握有关思维的基本知识，灵活运用思维艺术。

1. 辩证逻辑思维

辩证逻辑思维是一种科学的思维形态，它使人们能客观、全面、辩证地观察和分析整个谈判活动，从总体和全局上把握谈判双方的现状、共同利益、矛盾对立以及谈判的条件和发展趋势，准确地认识问题并有针对性地采取措施，使谈判活动的变化朝着有利于己方的方向发展。辩证逻辑思维是运用概念进行判断、推理、论证的过程。概念是思维的基本细胞和出发点，由它组成判断，由判断组成推理，再由推理组成论证。在商务谈判中，双方都会运用概念说服对方接受自己的建议，因此，概念是抓住论题本质及其内部联系的基础，必须确定概念的内涵和外延并使双方取得共识，在明确概念的基础上正确地判断事物，并充分运用演绎、归纳、类比等推理方法，使推理正确，让对手信赖。同时还应掌握客观性、具体性、历史性等辩证逻辑思维的方法使推理更为完整、科学。论证包括证明和反驳两个方面。论证是用已知的真实判断做根据，证实某一判断是真或是假的思维过程，它包括论题、论据和论证三个因素，是认识矛盾、解决矛盾的过程。在紧张激烈又而复杂多变的谈判活动中，谈判者对各种思维方式灵活、有效地选择和组合运用，便产生了谈判中的思维艺术。思维艺术主要有散射思维、快速思维和逆向思维等。只要我们合理运用，就会取得较好的效果。

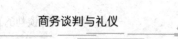

2. 诡辩逻辑

诡辩都与形式逻辑的思维方式相违背，它是指在商务谈判中谈判者故意运用思维方式的缺陷或不正当的推理方法把问题搞混淆，使对手陷入"有理说不出"的窘境。谈判中的诡辩术的主要表现手法有循环论证、平行论证、机械类比、以现象代替本质、以偏概全、偷换概念、泛用折中等。在这些表现手法上均有一个共同的特征是"沾一沾边，据一点理"。因为总有点能说得出的理，就有可能借题发挥，争取即刻的效果，或调节对己不利的气氛，或避开对手的追击，或拖延谈判的时间等。尽管由于诡辩的本身并不科学，但在对手虽然据理，而又未完全进入"客观公正"的水平时，这种诡辩术除有自卫的功效外，也还有一定的攻击力。在运用诡辩术时，应掌握分寸，适可而止。谈判人员要全面弄清和掌握诡辩术的主要表现手法，这样才能在商务谈判过程中对付诡辩者。如果发现对方使用了诡辩手法，可以揭露其逻辑错误。战胜诡辩术最有力的武器是辩证逻辑思维。

3.3.3　谈判的语言艺术

商务谈判离不开语言，双方的沟通、谅解以至最后达成协议，都要通过语言。语言是传递信息、交流思想的重要工具。谈判人员只有熟练掌握语言艺术，才能在谈判中遇乱不惧，处变不惊，巧妙应答，始终掌握谈判的主动权。

1. 商务谈判语言分类

在商务谈判中使用的语言主要包括外交语言、商务专业语言、法律语言、文学语言、军事语言等。无论是一般还是复杂的商务谈判，都不会脱离这五类语言，谈判人员应熟练掌握和运用谈判语言。

（1）外交语言

外交语言是指在商务谈判中所有委婉、礼貌、否而不绝、允而不定的圆滑的表达方式及用语。它的突出特点是表情达意的婉转性、礼貌性、伸缩性和灵活性。在谈判中使用外交语言，容易创造和谐气氛，使消极因素转化为积极因素。既能婉转、巧妙地表达自己的含义，又能策略地给双方留有回旋的余地。例如，在开局时说："能有机会与您一起商谈而感到荣幸"之类的话，会使对手感到受人尊重且会觉得遇到了一个通情达理、涵养较深的对话人，这样无疑就拉近了彼此的距离，产生亲近感。又如，碰到有分歧意见或争执时说："请原谅，我不能马上答复您"，"很抱歉，恕我权力有限"，"很遗憾，这只是您一方的想法"等外交语言，可以搪塞对手来摆脱僵局。再如，在劝解说服对方时说："坚持立场是您的权利，但促使谈判成功也是你的责任"，劝其"再考虑"，以争取成交的机会。

（2）商务专业语言

商务专业语言是指与谈判业务内容有关的一些商务专业术语。不同的谈判业务有不同的专业术语。如产品的购销谈判中有供求、市场、价格、品质规格、包装、运输、支付、外汇、保险、税收等专业用语。商务专业语言最显著的特征是简练、明确、通用、专一。

（3）法律语言

法律语言是有关法律法规、条约、文件规定用语。这类语言是由各国的立法机关和联合国组织等制定的。它的特征是强制性、严谨性、刻板性和通用性。不同国家、不同民族使用不同民族语言的人在一起交谈，使用法律语言可以使语言表达简练而清晰，严密而规范。通过法律语言的运用，可以明确谈判双方各自的权利和义务、利益和风险及法律责任等。

（4）文学语言

文学语言是指通过修饰加工，富有感情色彩的语言。它的特征是生动、形象、幽雅、和谐、富有影响力和感染力。如"初次相见，多多关照"等。文学语言在商务谈判中具有重要的作用，能弥补商务专业语言和法律语言的不足，使谈判沟通中的紧张、严肃的气氛变得和谐、愉快，能使尴尬难堪的严峻场面变得轻松、柔和，使尖锐对立的情绪变得温顺、委婉，以增强谈判的沟通效果。

（5）军事语言

军事语言是指在商务谈判中带有命令性的一种语言。这种语言的特征是干脆、简练、坚定、自信，在谈判的后期会较多的使用。例如，"这是我方最后条件，贵方同意就成交；不同意，我方就走人"，"如果不能达成调解，我将诉诸法律"等。在商务谈判中适时运用军事语言，可以起到坚定信心、稳住阵脚、威慑对手、加速谈判进程的作用。

2. 商务谈判中的语言艺术

在商务谈判中，双方的接触、沟通与合作都是通过语言工具来实现的。而语言艺术水平的高低直接决定了双方谈判的效果和成败，因而要十分注重对商务谈判语言的要求和运用。

在商务谈判中对语言艺术的要求主要表现为：

1）准确无误。在谈判中谈判人员应用精炼的语句表达自己的观点、意图、思想等，不要使用模棱两可或概念模糊的语言，要做到知识准确、用词准确。因为准确无误的语言可以避免出现误会与不必要的纠纷，从而掌握谈判的主动权。

2）文明礼貌。谈判语言应符合职业道德的要求，讲究文明礼貌。无论在什么情况下，都要保持沉着与理智，不能出口伤人或攻击对方的人格。在谈判中，维持对方的面子与自尊是一个极其重要的问题，否则，要想与他沟通交往将变得十分困难。

3）清楚明白。谈判者应紧扣主题，采用对方能够听清、听懂、理解的语言，把话说清楚，使对方理解。一般而言，句子不要太长，语速不宜太快或太慢，注意说话的先后顺序和逻辑性，尽量消除信息失真。

4）机智风趣。无论是用中文还是用外语进行交流，都应做到发音准确、吐字清楚、语音纯正、语言流畅。还要善于使用幽默、风趣、机智等文学语言，以调节气氛，消除隔阂，降低对立与对抗的程度，从而使谈判沟通更为顺畅。

在商务谈判中对语言艺术的运用应注意以下几点：

1）客观性。在商务谈判中运用语言艺术表达思想、传递信息时要言之有物，言之有据，要以客观事实为依据，以实事求是为原则，不能凭空捏造，更不能用谎言欺骗。

2）针对性。各种谈判语言在谈判沟通过程中具有不同的作用，各种语言的运用均以谈判对象、谈判内容、谈判目的、谈判时间的不同而异，要对症下药、有的放矢。如在谈判的开局阶段，以文学语言和外交语言作为谈判语言的主体，努力创造一个良好的谈判气氛；在谈判进入磋商阶段后，应以商务专业语言和法律语言为主，穿插文学语言、军事语言；在谈判协议达成阶段，适当运用军事语言表明己方的最后立场和观点，并用商务专业语言和法律语言确定交易条件以及双方的权利与义务。

3）逻辑性。在商务谈判中要注意概念明确，判断恰当；推理论证要符合逻辑，说服力要强。

4）灵活性。商务谈判语言沟通过程存在着特殊性和复杂性，要注意不同谈判语言的交叉运用。针对谈判过程中的谈话对象和客观环境的变化，加以灵活调整，及时变换谈判语言是十分重要的。不拘格式的变化，紧扣谈判的主题，使得谈判语言的运用具有一定的灵活性和适应性。同时，还应注意利用表情、手势、目光、微笑、姿势等非语言形式，以增强语言的艺术性，表达和强调自己的思想和见解。商务谈判语言的艺术性，就在于他们的创造性。只有创造性的语言，才具有鲜活的生命力，才能很好地发挥语言的作用，最终促成谈判的成功。

复习思考题

1. 在商务谈判中，需要熟悉和了解哪些有关的法律和政策知识？
2. 商务谈判人员应掌握基本的专业技术知识主要包括哪几个方面？
3. 什么是谈判策略？在运用时应注意哪些问题？
4. 如何看待商务谈判中的诡辩逻辑？
5. 简述商务谈判语言的分类及各类语言的特征。
6. 商务谈判中对语言艺术的要求是什么？语言艺术的运用中应注意哪些问题？

案 例 分 析

贷 款 风 波

在美国有一位企业主因经营某项业务需要向当地银行贷一笔款项，但该企业主的企业近来经营得不景气，因此银行拒绝贷款。这位企业主想了一个办法来争取得到这笔贷款，他通过财务部门整理出一些资料，说明他的企业目前之所以不景气的原因主要是由于银行的失误所造成的。于是，他根据这些资料向银行提出了抗议，银行对他的抗议显然有些措手不及，于是银行经理出面向该企业主道歉。当银行经理正担心该企业还要进一步问罪之际，该企业主提出了希望贷款的要求，银行经理当即同意贷款。过后不久，银行经理请这位企业家共进午餐，在几分酒意之下，该企业主把他为获取这笔贷款的战术全部说了出来。银行经理愤怒到了极点，最后断然取消了给这位企业主的贷款。

讨论：

1. 银行经理为什么会做出同意贷款的错误决策？

2. 商务谈判人员应如何完善自己的知识结构？商务谈判人员应如何运用商务谈判的工具去实现谈判的目标？

第二篇

策略技巧

第二篇

荣誉社区

第4章 商务谈判策略

🖊 **内容提要**

商务谈判具有很大的不确定性，如何在瞬息万变、错综复杂的谈判中实现己方的既定谈判目标，关键在于及时抓住有利时机，审时度势地制定并运用相应的谈判策略。谈判中的策略是谈判者为达到自己的目的，针对对手而采取的一些措施和方法，它是各种谈判方式的具体运用。本章在简述谈判策略种类及商务谈判策略内容的基础上，分别介绍了不同商务谈判目标下的不同策略，着重介绍商务谈判不同阶段可采用的不同策略。

4.1 策略概述

1. 策略及其特点

策略原是军事术语，有人称为计谋、谋略，是相对于战略而言的，一般是指谈判者为解决某一具体问题而采取的对策和行动方案。那么，什么是商务谈判策略呢？目前还没有一个统一的定义，从商务谈判的角度来看，商务谈判策略是谈判者在谈判过程中，为了达到己方某种预期目标所采取的比较具体的行动方案和对策。

策略具有如下一些特点：

1）策略具有超常性。策略往往超越普通的思维方式、行为方式，以与众不同的面貌出现。

2）策略具有合理性。表面上看，策略的表现往往不合常理，其实它往往符合更高层次的理论。

3）策略具有迷惑性。策略往往能掩盖其真实动机，使对手以假为真，决策错误。

4）策略具有高效性。策略和普通的做法相比，能多、快、好、省地解决问题。

5）策略是随着人类社会的发展而产生与发展的，谈判策略同样也是随着谈判的发展而产生与发展的。因为社会和人的因素比较单纯，早期的商务谈判过程、方法也比较简单。在今天复杂的社会条件之下，谈判变得更加复杂，不用策略的谈判已很难见到。在谈判中，某一方报价就会自然地用上报价策略，另一方还价也会自然地用上还价策略。即使一方不用策略，也难保另一方不用策略。因为，用策略和不用策略，其效果大不相同。即使你是一个不喜欢用策略的人，也应该善于识破对方的策略，以便应付对方的策略。在应付过程中，你很有可能就自然而然地用上了策略。

2. 谈判策略的种类

根据谈判过程，谈判策略可以分为探盘策略、开局策略、讨价还价策略、让步策略、终局策略等；从策略的特点来看，谈判策略可以分为心理战策略、满足需要策略、时间策略、空间策略、信息策略、客观标准策略等；而运用传统理论来衡量，谈判策略则又可以分为缓兵之计、激将法、反间计、反客为主、先发制人等。

3. 商务谈判策略的内容

商务谈判策略的内容十分广泛，它体现在商务谈判的不同环节和各个侧面。商务谈判目标的确定、程序的安排、方式的采用以及面对不同的谈判对手，都需要制订和采用不同的谈判策略。这里，仅就面对不同谈判对手，根据其态度、实力和作风的不同，商务谈判人员应采用的策略加以介绍。

（1）按对手的态度制订策略

谈判对手对谈判的态度主要有两种类型。下面分别讲述对这两种谈判对手的策略。

1）对不合作型谈判对手的策略。不合作型谈判对手的主要特征：一是不厌其烦地阐述自己的观点和立场，而不注重谈论实质问题；二是不断地抨击对方的建议，而不关心如何使双方的利益都得到维护；三是将谈判本身的问题与谈判者个人联系在一起，将抨击的矛头指向谈判对手本人，进行人身攻击。对待这类对手，只有采取恰当的对策，才能引导其从观点争论转向为双方共同谋利。具体策略如下：

① 迂回策略。实施迂回策略，要求避免与谈判对手直接进行正面冲突，要引导对方为双方的共同利益去设想多种选择方案，努力将谈判引向成功。首先，在谈判对手强硬地坚持其立场和观点时，不要抨击对方的观点，而要分析其真正的意图；其次，在对方指责己方谈判人员时，要倾听对方的批评，分析对方的动机，并从中吸取合理的成分，力争将谈判对手由对人员的攻击引向探求双方共同谋利上来；再次，在引导对方讨论实质问题的过程中，要采用启发式的提问法，不要用发表声明的口气和语调；最后，对于不合作型的对手，还可以运用沉默这一武器。

② 调停策略。在采取迂回策略不能奏效的情况下，可运用第三方调停策略，即请局外人来帮助解决双方的矛盾。在采用第三方调停策略时，关键在于选好调停者。作为调停者，其首要条件是能够得到双方的尊重，理想的调停者还应该是诚挚和有谋略的，能够恰当地处理各种棘手的问题。

2）对合作型谈判对手的策略。合作型谈判对手具有强烈的合作意识，很注重谈判双方的共同利益，渴求获得双方满意的结果。对于这类谈判对手的策略思想是因势利导，在互利互惠的基础上尽快达成协议。

① 满意感策略。针对合作型谈判对手实施满意感策略，通过创造诚挚和友好的氛围，在使对方感到温暖和受尊重的情况下，促使对方为双方共同利益尽早成交。

② 时间期限策略。商务谈判种类繁多，规模不一，但从时间发展进程上分析，却都具有某些共同之处。例如，不管谈判怎样曲折和困难，所有的谈判都会有个结局。又如，谈判双方常常是在谈判临近结束之前才做出实质性的让步。时间期限策略就是要抓住谈判双方在时间上的共性和特点，适时地明确谈判的结束时间，以促使双方在互利互让的前提下，及时而圆满地结束谈判。

（2）按对手的谈判作风制订策略

从作风上讲，可以将对手划分为两大类：法制观念较强、靠正当手段取胜、作风较好的谈判者；靠搞阴谋、玩诡计取胜的作风不正当的谈判者。对于前者，可以根据其各方面的特点分别采用上述各种策略；对于后者，则要倍加小心，及时识破其阴谋，采取恰当的对策。

1）对付以假乱真的策略。在商务谈判中，为了避免和防止上当受骗，谈判人员应做到：

① 事先认真了解和调查对手的资信、经营状况以及谈判人员的履历，切忌轻信对方所提供的有关信息和资料。

② 预谋对策，在对手制造假象、施加压力时，要及时揭露其诡计，不使谈判陷入僵局，迫使对方开诚布公地谈判。

③ 加强对商品的验收管理，派有关技术人员监督对手认真执行合同条款，严防以次充好的行为发生。

④ 在订立合同时，文字要严谨，条款要详尽，防止对手钻空子。

2）对付车轮战的策略。应付车轮战的主要方法包括：

① 不与对方进行立场和观点上的争论。

② 划清谈判本身问题与双方人员人际关系的区别，不对谈判人员进行抨击。如果对方对己方人员进行攻击，己方不与其论战，坚持将谈判的焦点集中到交易本身。

③ 在对方无故换人的情况下，可用拖延会谈的方法，给对方施加压力，直到原来的对手重新参加谈判为止。

④ 如果对方借换人的机会否认过去的协议，己方也可以借此理由否认过去的承诺，以迫使对方采取较现实的态度。

⑤ 可采用私下会谈、私下交往的方式与对方有关人员加强联系，旨在了解对方情况和分化对方人员。

⑥ 在必要时可以考虑退出谈判。

3）对付出假价的策略。所谓出假价，是指买方先用出高价的手段挤掉其他的竞争对手，成为卖方的唯一客户，然后再与卖方重新开始讨价还价，迫使卖方在买方市场条件下以低价出售商品或服务。为了对付这种不道德的行为，有关谈判人员应采取以下

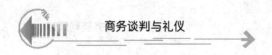

策略：

① 事先提出截止日期，逾期后果自负。

② 对于出价过于优惠的买方，要提高警惕，调查其资信状况。

③ 要求买方预付较大金额的定金，以便在其反悔时，己方可以中断交易，而又不至于遭受较大的损失。

④ 在正式成交之前，要与其他买方保持联系，以留有余地。

4.2　商务谈判的目标与策略

谈判目标是根据利益需求的满足程度来制定的。这就是说，通过谈判需要得到一个什么样的谈判结果，以及怎样才能达到所追求的那种结果，是为了长远的共同利益而侧重于合作，还是为了谋取己方的最大利益而侧重于竞争？这完全取决于己方的谈判目标。

现代谈判学认为：成功的谈判目标，应追求互利互惠的结局，双方都成为胜者，并追求长期合作，谋取长远利益。

1. 谋求一致

谋求一致是谋求双方共同利益，创造最大可能一致性的谈判目标。若把双方的共同利益比喻为蛋糕，那么，只有为双方制作更大的蛋糕，各自分享的蛋糕才会更多、更好。但在谈判中，双方存在的种种差异影响着谈判的成功。因此，为寻求双方最大可能的一致性，双方要共同努力，认识差异，消除障碍，为双方有效地相互沟通创造条件。

在谈判中，双方在客观上存在着种种差异和分歧，尤其在利益上的分歧是难以避免的。为了实现一致的目标，双方要求同存异，缩小分歧，寻求互惠互利的最佳结局。

（1）求大同，存小异

所谓求大同，是指谈判双方在总体上、原则上必须一致，即基本利益一致。这是谈判成功的基础，没有这一基础，谈判必然以失败告终。

所谓存小异，是指双方在大同的基础上，尽可能将分歧限制在最小的范围内。这就需要将分歧化小，或者采取回避的政策。当不得不面对分歧时，各方需做出适当的让步，能够容忍与自己的利益要求不符的小异存在于协议之中。

（2）欲取先予，互有所得

求同存异的关键是构思互有收获的解决方法，这往往是十分费脑筋的事。双方存在的共同利益是解决分歧的基础，同时注意发现对方利益要求中的合理部分，以此作为自己让步的根据，预先给予对方适当的利益，并借此推动对方做出同等程度甚至更大的让步。这样，双方互有所得，才能促使协议达成。

双方走到一起进行谈判，是由共同的利益所驱使。各方都可以从对方那里获得自己利益需求的满足。为了谋求己方的最大利益，首先给予对方利益补偿，以换取对方对自己的利益需求的更大满足。这就是欲取先予、互惠互利的策略。

那么，如何才能做到对己无损的让步呢？下面几条原则可供参考：

1）注意倾听对方讲话。

2）给对方以满足感。

3）让步要审时度势。

4）不要做无收获的让步。

根据以上让步的原则，谈判者就可以从容不迫了，既让对方得到满足，又让自己的利益没有受到损害。

2. 共同受益

共同受益是一种使谈判双方保持积极的关系并各得其所的谈判目标。提倡双方平等互利，达到双方满意的谈判结果，与谋求一致相比，不是把蛋糕做得尽可能大，而是根据不同的需要，分割既定的一块"蛋糕"。

（1）各有满足

谈判的目标是取得己方的最大利益。但是，这绝不意味着要去损害他人的利益，相反，还要让对方获得利益上的满足，这一点是十分重要的。

📝 **阅读材料**

琼斯想为他的女友买一枚戒指。他已经攒了大约 400 美元，并且每星期还继续攒 20 美元。一天，他在史密斯珠宝店被一枚 750 美元的戒指吸引住了。但是，他现在还买不起，琼斯很沮丧。不久，他偶然在布朗珠宝店看到了一枚与史密斯店里的那枚很相似的戒指，每枚标价 500 美元。他想买，但仍惦记着前者，希望数星期后，那枚戒指还没有卖出去。

很幸运，史密斯珠宝店的戒指不但没有卖出去，价格还降低了 20%，减少到 600 美元。琼斯很兴奋，但钱还是不够。他把情况向老板讲了，老板非常乐意帮助他，向他提供了 10% 的现金折扣，降低为 540 美元。琼斯当即付了 450 美元，并承诺月底付清 90 美元。然后，怀着喜悦的心情离开了。

这样，琼斯的女友很高兴能得到价值 750 美元的戒指。而令琼斯满意的事情更多，一是少花了钱，二是戒指得来不易。因为在到手前随时有可能被别人买走。因此，两人都满心欢喜。当然，史密斯珠宝店的老板也很满意，他和布朗珠宝店一样，以每枚 300 美元的价格从批发商那里购进同样的戒指，他获得了 240 美元的利润。

（2）公平对等

在一笔交易中，双方的满足不是绝对的，这要看各自对事物评价的方法。谈判高手常常在争取己方利益时，试图影响对方对事物的评价，以增强对方的满足感。因此，以"共同受益"为目标所应持有的态度，不是设法把"蛋糕"做得尽可能大，而是根据双方的利益需要分割这块"蛋糕"。但是，如果一方得到了半个以上的"蛋糕"，那是不公平的。如果一方得到了"蛋糕"中较多的果料，另一方得到了所喜欢的糖霜，则双方都觉得吃到了最可口的部分，从中获得了最大的满足。

总之，"共同受益"的谈判目标，不是为了损害别人的利益，而是要在不损害双方利益的前提下，寻找为双方提供最大满足的最好方式。

人们常提到的"分割-挑选法"，就是一种能够约束双方且又公平的标准。两个孩子为一只苹果争执不下，家长想出一个调解的方法：一个孩子先分割苹果，另一个孩子则先挑。

（3）利益均衡

使双方共同受益、皆大欢喜的关键，是实现双方的利益均衡。为了实现这个目标，必须十分清楚双方利益的所在。为了摸清对方的利益所在，初始建立合作的气氛仍很重要。需要双方友好地交谈，并以平等的地位打交道。

开场陈述是明确双方利益的关键阶段。通过开场陈述，就能充分探知双方的意图。因此，在对方做开场陈述时，要认真地倾听，搞懂意思并加以归纳。

明确了双方利益所在之后，为实现共同受益，就要寻求双方的利益均衡点。谈判双方争取各自利益的焦点，往往集中在双方的报价上。报价不单是价格问题，通常还包括交货条件、支付手段、质量标准和其他一系列内容。

（4）皆大欢喜

在谈判中，若使双方各有满足，共同受益，则能达到皆大欢喜的结局。使双方满足的因素有很多，并非只能从价格上得以实现。双方应灵活运用各种谈判方式和策略，实现双方共同受益，最终完满地达成协议。

优惠是一种很有价值的投资。一些小小的优惠，就可以给对方一定程度的满足，并能依此获取对方的让利。这不失为一种令双方都满意的好方法。

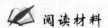 阅读材料

优惠诱导，以利换利

曾有一位商人向一位高级主管推销一种机械设备。历时数日的谈判之后，价格成了焦点。商人了解到对方并非很注重价格，而更关心设备的可靠性。因此，商人毅然将他的价格提高了 20%。同时，把强调的重点转向了使用总成本及设备的可靠性上，如设备

操作需要的人数少、占用的空间小、维修成本低、使用周期长等特点。他把所有这些因素用"使用总成本图"表示出来，以显示其价格的合理性。同时，允诺为对方提供免费安装和技术指导，允许试用三个月并提供定期维修服务。这些优惠政策吸引了主管，他认为多付 20% 的钱也很值得。于是，这笔交易令双方都获得了满足。

3. 长期合作

长期合作是一种与对方友好合作、建立长期合作关系的谈判目标。真正的谈判高手，不会只满足于眼前的一次性利益，更注重长期利益的获得。

（1）淡视眼前，注重长远

有的谈判者不重视双方长期关系的建立，只顾眼前的利益，与对方针锋相对，寸利必争，甚至运用种种手段和诡计来谋求一时的最大利益，这无疑是"杀鸡取卵"的"一锤子"买卖。一个优秀的谈判者在制订和选择谈判目标时，会把建立长期合作关系列入视野之内，并综合权衡自己的利益得失，而不会以长期的重大牺牲来换取短期的利益。

（2）尊重情感，"巧结良缘"

人是感情动物，这是无法回避的人类特点。感情好像一把双刃剑，它可以使人受益，也可以使人受损。现代市场经济的竞争，使得人们自由选择的机会增大。

一次谈判的成功，不仅有赖于双方利益的互补和均衡，也有赖于双方情感上的一致和融洽，更何况双方还要建立长期合作关系呢？没有人愿意与自己讨厌的人长期合作，就如同没有人愿意把一个自己不喜欢的人作为永久朋友一样，这都归因于一个因素——情感。

人所追求的不仅是利益上的满足，而且有情感的需求。谈判者应善于利用人性的这一特点，适时地给对方以情感上的满足，赢得对方的信任和好感，为双方长期合作奠定感情基础。

📖 阅读材料

美国约翰逊公司的研究开发部经理从一家有名的公司购买了一台分析仪器。数月后，一个价值 2.95 美元的零件坏了，可这家公司却召集了几名杰出的工程师，证明故障是约翰逊公司使用不当所造成的，双方为此争执了两个半小时。那些工程师们花了九牛二虎之力，才证明责任在约翰逊公司一方，他们胜利了。但此后的整整 20 年间，约翰逊公司的那位经理一直告诫公司的人不要买那家公司的产品。约翰逊公司的经理说："我也知道这不合理，太感情用事，但我还是这样做。"

优秀的谈判高手，常常运用短函来联络双方的感情，一纸便笺、一封电子邮件会寄去关心和安慰，也会由此换来对方的友情和信任，特别是当双方有过成功的交涉时，这种及时的感情联络无疑会加深对方对你的印象，深化双方的关系。

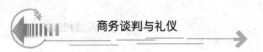

优秀的谈判高手在谈判中，还非常注重顾全双方的面子。对一桩交易，人们要从个人和公司两个方面进行商谈。一笔买卖，公司认为不佳，但千万不要伤了谈判者个人的和气，以后双方还会有合作的机会。若令对方失去面子，则会带来不良的后果。因此，双方在谈判时，无论怎样气愤或为自己的立场辩护，都不要直接攻击对方，要时常替对方着想，处处顾全其面子。

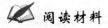 阅读材料

用 足 权 限

A先生与B先生为一笔黄豆的生意举行谈判。A先生是买方，出价每吨136美元；B先生是卖方，报价每吨150美元。经过认真、坦率的谈判，双方妥协。A先生表示愿出140美元买进，B先生表示愿以145美元的价格卖出。最后，双方因上司授权限制，这是最低（最高）价格，说了爱莫能助之类的话后分手告别。三天后，A先生接到B先生的电话，说愿以每吨140美元的价格卖出，不知三天前A先生的报价是否有效？原来，B先生的公司资金周转出了问题，急需现金。A先生约B先生面谈，B先生在介绍了情况后，A先生说："伙计，经过慎重考虑，我愿以每吨145美元的价格买进。"B先生喜出望外，紧紧握住A先生的手连声道谢。

事后，有人问A先生为什么这样做？他说："每吨差价5美元，3000吨，差额1.5万美元。实际上，上司授权我的买入价是140~145美元。当然，如果我以140美元的价格买进，上司会发给我一笔奖金，会拍我的肩膀称赞几句。而称赞和奖金对我今后的业务谈判无丝毫帮助。有5美元权限的机会不是很多的，我抓住这个机会这样做了，B先生会真正认识我这个人。"果然，从此以后，B先生总是找A先生做生意。在有人对A先生展开竞争时，B先生也实言相告："×先生出价××美元，如你也接受这个价格，我就卖给你。"感情就这样慢慢培养起来了。

（3）树立形象，培植信誉

在激烈竞争的市场经济条件下，企业的形象与信誉直接关系着企业的生存与发展。在商务谈判中也一样，双方的形象及信誉也直接影响着谈判的成败，尤其是在谋求长期合作时，往往起着更加关键的作用。

在谈判时，地点的选择、空间的布置以及谈判人员的态度，往往体现着东道主的诚意，影响谈判的气氛，并在一定程度上代表了企业的形象，进而在一定程度上决定着谈判的前途。

一个清洁、舒适、优雅的谈判环境，招待人员热情、诚恳、彬彬有礼的服务，会使人心情舒畅，气氛和谐。而在一个脏乱、嘈杂的环境中，面对毫无表情的接待人员或冷

冰冰的谈判对手，就会不自觉地产生一种抵触情绪，让人在心理上加强防范，从而容易形成对峙、冷淡的局面，不利于双方的合作及谈判的成功。

不仅如此，在谈判过程中，任何一点小小的无礼，都会有损一方的形象，给双方的合作造成不良的影响。

📖 阅读材料

我国某地方进出口公司在对外经济交流中，涉及到一桩数额不太大的索赔案。恰逢对方代表来我国走访用户，公司领导便指示某业务员接待。本来，这笔索赔数额不大，公司领导根据双方以往的关系，认为经过友好的协商可以圆满解决。但该业务员在接待时有失礼貌，外商刚抵达便不由分说要求外商全额赔偿我方损失。高高兴兴而来的外商被迎头浇了一盆冷水，因此讲话也很不客气，谈判气氛马上紧张起来。双方针锋相对，寸利必争，谈判效果很不理想。后来，我方做了大量工作，并更换了谈判代表，最后才取得了全部赔款。而外商对此事一直耿耿于怀，之后即中断了与该公司的友好关系，给公司造成了巨大的损失。

良好的企业信誉是双方建立长期合作关系的基础，而信誉的建立要靠诚实无欺获得，诚实是双方信任的首要条件。假如在一次谈判中处理不当，就会影响双方今后的关系，有损自己的声誉。这时，失掉的不仅是一个合作伙伴，还可能失去更多的业务上的朋友。因此，与谈判对手谈判时，一定要以诚相待。这大致包括两个含义：第一，介绍情况时要实事求是，不能夸大其词，欺骗对方。如果明知自己6个月才可以交货，就不要告诉对方3个月内就能交货；第二，要严守合同、维护信用，不能随意中途毁约或拖延执行。否则，就会有损自己的形象及声誉。

📖 阅读材料

创造信用，必要时用它来换取信任，正是新闻报创始人琼斯的成功之道。琼斯为了使自己具备良好的信用，在他还是通讯员时，就先从银行里借出不派什么用场的50美元。

琼斯这样解释自己的行为："我借这笔钱没有别的目的，只不过想借此树立卓著的信用。我绝不动用此项借款，等催款单一到，就立即送还。以后，我借款数额逐步增加，终于有一次增加到2000美元。当我决定自己发行商业新闻时，需要1万美元借款。于是，我到经常借款的银行出纳部和他们商议这个计划。他们愿意借给我1万美元，不过叫我去和经理商量。由于银行总裁对我的赏识，借款终于成功了。银行总裁是怎么想的呢？他说："我很高兴把钱借给琼斯。他这个人如何我不清楚，但是我知道他常从这里把钱借去，还钱时从来没有误过期。"琼斯的借钱是好借好还，再借就不难了。

别人觉得你有信用，才会信任你。谈判高手总是利用各种方式，像琼斯那样故意表示出自己是有信用的人。

4. 己利为本

己利为本，顾名思义，是指在谈判中以获取己方的最大利益为目的。一切策略和手段的运用，皆是围绕此目的来进行的。在一次谈判中，己方只要得到60%以上的利益，就算取得了胜利。

（1）争取优势，占据上风

这是以己利为本作为目标的谈判者最常见的表现。他们往往热衷于主动权的掌握及优势的取得，力图给对方先造成一种声势与压力，从而得以控制整个谈判局面。

1）火力侦察。有的人在谈判一开始就要占据主动。走进谈判大厅，与对手握手问候以后，便立即开始摸底，刺探对方的生产情况、感兴趣的产品和劳务以及属于对方个人的情况。比如，提出如下一系列问题："早上好。生意怎么样？""你们设法改进产品质量了吗？""你和老板的关系怎样？"如此等等。有的通过这样的"连番轰炸"，获取对方的情报，对对方有了全面的了解，特别是找出对方的薄弱环节。同时，确立了咄咄逼人的强者形象，给对方造成心理上的压力。

2）欲擒故纵。谈判开始时不露声色，并竭力创造一个良好的谈判气氛，以取得对方的信任与合作，使之放松警戒。在探知对方的利益需要及薄弱环节后，转而发起攻势，并准备随时离开谈判桌，而且说到做到。之后会再度回到谈判桌上，而且行情看涨。有一位叫吉恩的经销商，就是运用欲擒故纵手段的高手。有一次一个商人让他帮忙推销一批货物，提取5%作为佣金。吉恩表示很感兴趣。商人看其很有诚意，便将一些具体情况透露给他。当吉恩探知对方急于销出这批货物，而又没有合适的经销商时，立即一反常态，表示无能为力，说罢起身就走。第二天，吉恩接到这位万分着急的商人的电话，提出了10%的佣金，吉恩获得了胜利。但这种手段未免有些卑劣。

3）掌握议程。安排议程是掌握主动的好机会。能够控制议程的人，往往能够明确而系统地陈述问题，并且能够在适宜的时机做出决定。由议程还可以窥见谈判双方的利益和谈判过程中的每个阶段。一般说来，买方要比卖方容易控制议程。但如果买方漫不经心，且又碰上了高明的卖主的话，则卖主很可能取而代之，驾驭整个议程，取得主动地位。所以，买卖双方都必须警觉，议程是一种能够影响协商决议的力量。一个良好的议程可以阐明或隐藏原来的动机。它可以建立起公平的原则，也可以使情势倾向一方；它能够使会谈步入轨道，也可以使它远离正题；它可以使双方迅速完成交易，也可以使谈判变得冗长而无味。能够控制议程的人，实际上也就控制了会谈中的一言一行，或者更重要的是自己掌握了主动。所以，谋求己利的谈判者，在谈判之前就要记住：掌握议程之后再进行商谈，它将会帮助你站在主动的地位。需要注意的是，议程只是事前的计划，并不代表合同。如果你对它的形式不满意，要尽早提出修改，不要因忽视议程而给自己招致损失。

（2）以战取胜，牟取己利

1）疲劳战术。当人的身心处于正常状况时，判断力会很正常，能够适时地自我抑制；相反，当人的身体疲劳了，就会严重波及精神方面，影响判断力的正常发挥，理性水准会降低，甚至会做出违背心意的事，这是每个人都有过的经验。因此，谋求己利的谈判者在做最后决定时，选择对方身心都很疲倦的时刻最容易成功。有些人经常在傍晚时分令对方做最后决定，就是这个道理。

2）期限的力量。期限的力量不能忽视，最后期限的压力能迫使对方快速地做出决定，一些交易常常在最后时刻很快且顺利地达成协议。日本商人很会利用时间的限制来达到自己的目的。他们都是亲切的主人，只要踏上日本国土，他们就会以亲切的态度赢得你的赞赏。经过漫长的飞行，你很疲劳，而他们殷勤地把你送入一家豪华、舒适的旅馆。你很惬意，觉得他们真是体贴人。当一位年轻人彬彬有礼地问你，打算在日本待多久时，你随口就告诉了他。之后几天，你的日程被排得很满，你被领着不停息地参观、游览、赴宴。你几次提及谈判的事，他们都说不着急，而你也确实为日本的秀丽风光及主人的热情好客所打动，并暗自庆幸自己确实度过了一段非常美妙的时光，此时，归程的机票送到了你手中。只有半天的时间了，而你一项议题都没有谈。这时，一位口齿伶俐的年轻人坐到了你的对面，开始和你一项一项地讨价还价，你不甘于屈从，可又不想空手回去见上司。就在此时，你才明白上当了。因此，在谈判时，控制对方的期限是非常有利的武器。同时，更要谨防对方左右你的期限。

4.3 商务谈判的程序与策略

一般而言，商务谈判大致分为六个阶段，即准备阶段、始谈阶段、摸底阶段、僵持阶段、让步阶段和促成阶段。由于谈判对象的广泛性和不确定性及谈判双方企图的排斥性与对策的互引、互含性，谈判过程富有多变性和随机性。如何在极为复杂、多变的谈判交锋中，保证实现既定的谈判目标，这就需要在谈判的各个阶段制订并运用相应的谈判策略。由于商务谈判过程的不确定性，决定了策略制订和运用的复杂性。只有把这种或那种谈判策略恰当地置于某种特定的条件下并灵活地加以运用，才能在谈判过程中取得有效的成果。

4.3.1 开局的策略

谈判开局策略是谈判者谋求谈判开局中有利地位和实现对谈判开局的控制而采取的行动方式或手段。在正常情况下，谈判双方都是抱着实现自己合理利益而与对方坐在谈判桌前的，因而双方都希望能在一个轻松、愉快的气氛中进行谈判。

任何商务谈判都是在特定的气氛中开始的，因而，谈判开局策略的实施都要在特定的谈判开局气氛中进行，谈判开局的气氛会影响谈判开局的策略，与此同时，谈判开局的策略也会反作用于谈判的开局气氛，成为影响或改变谈判气氛的手段。所以，当对方营

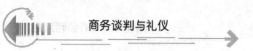

造了一个不利于己方的谈判开局气氛时，谈判者可以采用适当的开局策略来改变这种气氛。

在商务谈判策略体系中，涉及谈判开局的具体策略很多。谈判人员为了促使谈判成功，形成一个良好的谈判气氛，在开局阶段应该做到态度诚恳、真挚友好、务实灵活、求大同存小异、不纠缠枝节问题，努力适应双方的利益需要。下面介绍几种典型的、基本的谈判开局策略。

1. 商务谈判的开局策略

（1）一致式开局策略

所谓一致式开局策略，是指在谈判开始时，为使对方对自己产生好感，以"协商"、"肯定"的方式，创造或建立起对谈判的"一致"的感觉，从而使谈判双方在友好、愉快的气氛中不断将谈判引向深入的一种开局策略。

现代心理学研究表明，人们通常会对那些与其想法一致的人产生好感，并愿意将自己的想法按照那些人的观点进行调整。这一研究结论正是一致式开局策略的心理学基础。

一致式开局策略的目的在于创造取得谈判胜利的条件。运用一致式开局策略的具体方式有很多，比如，在谈判开始时，以一种协商的口吻来征求谈判对手的意见，然后对其意见表示赞同或认可，并按照其意见进行工作。运用这种方式应注意的是，拿来征求对方意见的问题应是无关紧要的，即对手对该问题的意见不会影响到本方的具体利益。另外，在赞成对方意见时，态度不要过于谦卑，要让对方感觉到自己是出于尊重，而不是奉承。

一致式开局策略的运用还有一种重要的途径，就是在谈判开始时以问询方式或补充方式诱使谈判对手走入你的既定安排，从而使双方达成共识。所谓问询方式，是指将答案设计成问题来询问对方，例如，"你看我们把价格及付款方式问题放到后面讨论怎么样？"所谓补充方式，是指借以对对方意见的补充，使自己的意见变成对方的意见。

一致式开局策略可以在高调气氛和自然气氛中运用，但尽量不要在低调气氛中使用。因为在低调气氛中使用这种策略容易使自己陷入被动。一致式开局策略如果运用得好，可以将自然气氛转变为高调气氛。

（2）保留式开局策略

保留式开局策略是指在谈判开局时，对谈判对手提出的关键性问题不做彻底、确切的回答，而是有所保留，从而给对手造成神秘感，以吸引对手步入谈判。

📖 阅读材料

　　江西省余江工艺雕刻厂原是一家濒临倒闭的小厂，经过几年的努力，发展成为年产值2000多万元的大厂，产品打入日本，并战胜了其他国家在日本经营多年的八家厂商，被誉为"天下第一雕刻"。有一年，日本三家株式会社的老板同一天接踵而来，到该厂订货。其中一家资本雄厚的大商社，要原价包销该厂的佛坛产品，这应该说是好消息。但该厂想到，这几家原来都是经销韩国等产品的商社，为什么不约而同、争先恐后地到本厂来订货？他们翻阅了日本市场的资料，得出的结论是：本厂的木材质量上乘、技艺高超是吸引外商订货的主要原因。于是该厂采取了"待价而沽"、"欲擒故纵"的谈判谋略。先不理那家大商社，而是积极抓住另两家小商社求货急切的心理，把佛坛的梁、榴、橡、柱分别与其他国家的产品做比较，"不怕不识货，只怕货比货"，该厂的产品确实技高一筹。在此基础上，该厂将产品争价钱、论成色，使其价格达到理想的高度。首先与小商社拍板成交，造成那家大商社的危机感，之后那家大商社不仅更急于订货，而且想垄断货源，于是大批订货，以致订货数量超过该厂现有生产能力的好几倍。

阅读材料中，江西省余江工艺雕刻厂谋略成功的关键在于该厂采用了保留式开局策略。首先，该厂产品确实好，而几家商社求货心切，在货比货后感到该产品货真价实；其次，该厂巧于审势布阵，先和小商社洽谈，并非疏远大客商，而是以此牵制大商社，促其产生失去货源的危机感，这样订货数量和价格才有了大幅的增加。

注意采用保留式开局策略时，不要违反商务谈判的道德原则，即以诚信为本，向对方传递的信息可以是模糊的，但不能是虚假信息。否则，会使自己陷入非常难堪的局面之中。

保留式开局策略适用于低调气氛和自然气氛，而不适用于高调气氛。保留式开局策略还可以将其他的谈判气氛转为低调气氛。

（3）坦诚式开局策略

坦诚式开局策略是指以开诚布公的方式向谈判对手陈述自己的观点或想法，从而为谈判打开局面。坦诚式开局策略比较适合于有长期的业务合作关系的双方，以往的合作双方比较满意，双方彼此又互相比较了解，不用太多的客套，节省了时间。直接坦率地提出己方的观点、要求，反而更能使对方对己方产生信任感。采用这种开局策略时，要综合考虑多种因素，例如，自己的身份、与对方的关系、当时的谈判形势等。

坦诚式开局策略有时也可用于谈判实力弱的一方。当本方的谈判实力明显不如谈判对手，并为双方所共知时，坦率地表明自己一方的弱点，让对方加以考虑，更表明己方对谈判的真诚，同时也表明对谈判的信心和能力。

某市一位党委书记在同外商谈判时，发现对方对自己的身份持有强烈的戒备心理，这种状态妨碍了谈判的进行。于是，这位党委书记当机立断，站起来向对方说道："我是党委书记，但也懂经济、搞经济，并且拥有决策权。我们摊子小，实力不大，但人实在，愿真诚与贵方合作。咱们谈得成也好，谈不成也好，至少您这个外来的'洋'先生可以交一个我这样的中国的'土'朋友。"寥寥几句肺腑之言，一下子就打消了对方的

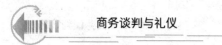

疑虑，使谈判顺利地向纵深发展。

坦诚式开局策略可以在各种谈判气氛中应用。这种开局方式通常可以把低调气氛和自然气氛引向高调气氛。

（4）进攻式开局策略

进攻式开局策略是指通过语言或行为来表达己方强硬的姿态，从而获得谈判对手必要的尊重，并借以制造心理优势，使得谈判顺利地进行下去。采用进攻式开局策略一定要谨慎，进攻式开局策略通常只在这种情况下使用，即发现谈判对手在刻意制造低调气氛，这种气氛对本方的讨价还价十分不利，如果不把这种气氛扭转过来，将损害本方的切实利益。

📖 **阅读材料**

日本一家著名的汽车公司在美国刚刚"登陆"时，急需找一个美国代理商来为其推销产品，以弥补他们不了解美国市场的缺陷。当日本公司准备同美国的一家公司就此问题进行谈判时，日本公司的谈判代表因路上塞车迟到了。美国公司的代表抓住这件事紧紧不放，想要以此为手段获取更多的优惠条件。日本公司的代表发现无路可退，于是站起来说："我们十分抱歉耽误了您的时间，但是这绝非我们的本意，我们对美国的交通状况了解不足，所以导致了这个不愉快的结果，我希望我们不要再因为这个无所谓的问题耽误宝贵的时间了，如果因为这件事怀疑到我们合作的诚意，那么，我们只好结束这次谈判，我认为，我们所提出的优惠代理条件是不会在美国找不到合作伙伴的。"

日本代表的一席话说得美国代理哑口无言，美国人也不想失去一次赚钱的机会，于是谈判顺利地进行下去了。

进攻式开局策略可以扭转不利于己方的低调气氛，使之走向自然气氛或高调气氛。但是，进攻式开局策略也可能使谈判陷入僵局。

（5）挑剔式开局策略

挑剔式开局策略是指在开局时，对对手的某项错误或礼仪失误严加指责，使其感到内疚，从而达到营造低调气氛，迫使对手让步的策略。

📖 **阅读材料**

巴西一家公司到美国去采购成套设备。巴西谈判小组的成员因上街购物，耽误了时间，当他们达到谈判地点时，比预定时间晚了 45 分钟。美方代表对此极为不满，花了很长时间来指责巴西代表不遵守时间，没有信用，如果老是这样的话，以后很多工作很难合作，浪费时间就是浪费资源、浪费金钱。对此巴西代表感到理亏，只好不停地向美方代表道歉。谈判开始以后，美方代表似乎还对巴西代表来迟一事耿耿于怀，一时间弄得巴西代表手足无措、说话处处被动，无心与美方代表讨价还价，对美方提出的诸多要求也没有静下心来认真考虑，匆匆忙忙就签订了合同。等到合同签订以后，巴西代表平静下来，头脑不再发热时才发现自己吃了大亏，上了美方的当，但已经晚了。

2. 策划开局策略时应考虑的因素

不同内容和类型的谈判，需要有不同的开局策略与之对应。谈判开局策略的选择要受到谈判双方的实力对比、谈判形势、谈判气氛营造等一系列因素的制约和影响，选择谈判开局策略时，必须全面考虑这些因素，并且在实施时还要依据谈判经验对其进行调整。

一般来说，确定恰当的开局策略需要考虑以下几个因素。

（1）考虑谈判双方之间的关系

谈判双方之间的关系主要有以下几种情况：

1）双方在过去有过业务往来，且关系很好。在这种情况下，开局阶段的气氛应是热烈、真诚、友好和轻松愉快的。谈判人员在结束寒暄之后，直接切入实质性谈判。

2）双方有过业务往来，但关系一般。在这种情况下，开局的目标是要争取创造一个比较友好、和谐的气氛。

3）双方过去有过一定的业务往来，但对对方的印象不好。在这种情况下，谈判人员在语言上要注意礼貌，在态度与对方保持一定距离，内容上希望通过磋商来改善以前的状况。

4）过去双方人员并没有业务往来，是第一次打交道。在这种情况下，应力争创造一个真诚、友好的气氛，以淡化和消除双方的陌生感以及由此带来的防备心理，为后面的实质性谈判奠定良好的基础。

（2）考虑双方的实力

就双方的实力而言，不外乎以下三种情况。

1）双方谈判实力相当。此时，要力求创造一个友好、轻松、和谐的气氛。本方谈判人员在语言和姿态上要做到轻松而不失严谨、礼貌而不失自信、热情而不失沉稳。

2）己方谈判实力明显强于对方。此时，在语言和姿态上，既要表现得礼貌、友好，又要充分显示出本方的自信和气势。

3）己方谈判实力弱于对方。此时，在语言和姿态上，一方面要表示出友好，积极合作；另一方面也要充满自信，举止沉稳，谈吐大方，使对方不至于轻视我方。

4.3.2　报价策略

商务谈判的报价是不可逾越的阶段，只有在报价的基础上，双方才能进行讨价还价。报价之所以重要，就是因为报价对讨价还价乃至整个谈判结果产生实质性的影响。

1. 报价时机策略

在价格谈判中，报价时机也是一个策略性很强的问题。有时，卖方的报价比较合理，但却并没有使买方产生交易的欲望，原因往往是买主首先关心的是此商品能否给他带来价值，带来多大的价值，其次才是带来的价值与价格的比较。所以，在价格谈判中，应当首先让对方充分了解商品的使用价值和能为对方带来多少收益，待对方对此发生兴趣后再谈价格问题。实践证明，提出报价的最佳时机，一般是对方询问价格时，因为这说明对方已对商品产生了购买欲望，此时报价往往水到渠成，比较自然。有时，在谈判开始的时候对方就询问价格，这时最好的策略应当是听而不闻。因为此时对方对商品或项目尚缺乏真正的兴趣，过早的报价会增加谈判的阻力。这时应当首先谈该商品或项目的功能、作用，能为交易者带来什么样的好处和利益，待对方对此商品或项目产生兴趣，且交易欲望已被调动起来时再报价才比较合适。当然，对方坚持即时报价，也不能故意拖延，否则就会使对方感到不被尊重甚至反感，此时应采取建设性的态度，把价格同对方可获得的好处和利益联系起来一起介绍，这样效果会较好。

2. 报价起点策略

价格谈判的报价起点策略，通常是卖方报价起点要高，即"开最高的价"；买方报价起点要低，即"出最低的价"。这种做法已成为商务谈判中的惯例。同时，从心理学的角度来看，谈判者都有一种要求得到比他们预期得到更多的心理倾向。实践证明，若卖方开价较高，则双方往往能在较高的价位成交；若买方出价较低，则双方可能在较低的价位成交。

3. 报价表达策略

报价无论采取口头或书面方式，表达都必须十分肯定、干脆，似乎不能再做任何变动和没有任何可以商量的余地。而"大概"、"大约"、"估计"一类含糊的词语都不适宜在报价时使用，因为这会使对方感到报价不实。另外，如果买方以第三方的出价低为由胁迫时，你应明确告诉他"一分钱，一分货"，并对第三方的低价毫不介意。只有在对方表现出真实的交易意图，为表明至诚相待，才可以在价格上开始让步。

4. 报价差别策略

由于购买数量、付款方式、交货期限、交货地点、客户性质等方面的不同，同一商品的购销价格也不同。这种价格差别体现了商品交易中的市场需求导向，在报价策略中应重视运用。例如，对老客户或大批量购买的客户，为巩固良好的客户关系或建立起稳定的交易联系，可适当地实行价格折扣；对新客户，有时为开拓新市场，也可适当地给予折让；对某些需求弹性较小的商品，可适当地实行高价策略等。

5. 价格解释策略

在谈判一方（通常是卖方）报价后，另一方（通常是买方）可要求其做价格解释。所谓价格解释，就是对报价的内容构成、价格的计算依据、价格的计算方式所做的介绍或解释。报价方在进行报价解释时，也应该注意遵守言简意赅的原则，即不问不答、有问必答、答其所问、简短明确、避虚就实、能言不书。

6. 价格分割策略

价格分割是一种心理策略。卖方报价时，采用这种技巧，能制造买方心理上的价格便宜感。价格分割包括如下两种形式。

1）用较小的单位报价。例如，茶叶每公斤 200 元报成每两 10 元；大米每吨 1000 元报成每公斤 1 元。国外某些厂商刊登的广告也采用这种技巧，如"淋浴 1 次 8 便士"、"油漆 1 平方米仅仅 5 便士"。巴黎地铁公司的广告是："每天只需付 30 法郎，就有 200 万旅客能看到你的广告。"用小单位报价比大单位报价会使人产生便宜的感觉，更容易使人接受。

2）用较小单位商品的价格进行比较。例如，"每天少抽一支烟，每天就可订一份××报纸。""使用这种电冰箱平均每天 0.5 元电费，0.5 元只够吃 1 根最便宜的冰棍。""一袋去污粉能把 1600 个碟子洗得干干净净。""××牌电热水器，洗一次澡，不到 1 元钱。"用小商品的价格去类比大商品，给人以亲近感，拉近了与消费者之间的距离。

7. 心理价格策略

人们在心理上一般认为 9.9 元比 10 元便宜，而且认为零头价格精确度高，给人以信任感，容易使人产生便宜的感觉。像这种在十进位以下而在心理上被人们认为较小的价格叫做心理价格。心理价格在国内外都已被广泛采用。

8. 中途变价策略

中途变价策略是指在报价的中途改变原来的报价趋势，从而争取谈判成功的报价方法。所谓改变原来的报价趋势，是指买方在一路上涨的报价过程中，突然报出一个下降的价格，或者卖方在一路下降的报价过程中，突然报出一个上升的价格，从而改变原来的报价趋势，促使对方考虑接受。大量的谈判实践告诉我们，许多谈判者为了争取更好的谈判结果，往往以极大的耐心，没完没了地要求、要求、再要求，争取、争取、再争取。碰到这样的对手实在让人头痛，尽管已经满足了他的许多要求，使他一次又一次地受益，可他似乎还有无数的要求。这时对付他的有效方法就是"中途变价法"，即改变原来的报价趋势，报出一个出乎对方意料的价格，从而遏制对方的无限要求，促使其尽早下决心进行交易。

4.3.3 讨价还价的策略

1. 投石问路策略

投石问路是了解对方情况的一种战略战术。与假设条件策略相比，运用此策略的一方主要是在价格条款中试探对方的虚实。一般来讲，任何一块"石头"都能使买方更进一步了解卖方的商业习惯和动机，而且对方难以拒绝。

如果对方使用投石问路策略，则应采取以下措施应对。

1）找出买方购买的真正意图，根据对方情况估计其购买规模。

2）如果买方投出一个"石头"，最好立刻向对方回敬一个。如果对方探询数量与价格之间的优惠比例，我方可立刻要求对方订货。

3）并不是提出的所有问题都要正面回答、马上回答，有些问题拖后回答，效果可能更好。

4）使对方投出的"石头"为己方探路。如对方询问订货数额为2000、5000、10000时的优惠价格，你可以反问："你希望优惠多少?""你是根据什么算出优惠比例的呢?"

2. 抬价压价策略

这种策略技巧是商务谈判中应用最为普遍、效果最为显著的方法。谈判中没有一方刚开价，另一方就马上同意，双方拍板成交的。一般都要经过多次的抬价、压价，才互相妥协，确定一个一致的价格标准。

由于谈判时抬价一方不清楚对方要求多少，在什么情况下妥协，所以这一策略运用的关键就是抬到多高才是对方能够接受的。一般来讲，抬价是建立在科学的计算、敏锐的观察、精确的分析和判断的基础上的。当然，忍耐力、经验、能力和信心也十分重要。事实证明，抬高价往往会有令人意想不到的收获。

压价可以说是对抬价的破解。如果是买方先报价格，可以低于预期目标进行报价，留出讨价还价的余地。如果是卖方先报价，买方压价，则可以采取如下方式。

1）揭穿对方的把戏，直接指出其实质。如算出对方产品的成本费用，挤出对方报价的水分。

2）制定一个不能超过预算的金额，或是一个价格的上、下限，然后围绕这些标准，进行讨价还价。

3）用反抬价来回击。如果在价格上迁就对方，必须在其他方面获得补偿。

4）要求对方在合同上签字，这样对方就难以改口。

一般而言，在讨价还价中，双方都不能确定对方能走多远，能得到什么。因此，时间越久，局势就会越有利于有信心、有耐力的一方。

3. 目标分解策略

讨价还价是最为复杂的谈判战术之一。是否善于讨价还价，反映了一个谈判者综合的能力与素质，高明的谈判者不会把讨价还价仅仅局限在要求降价的问题上。例如，一些技术交易项目或大型谈判项目涉及到许多方面，技术构成也比较复杂，包括专利权、专有技术、人员培训、技术资料、图纸交换等方面。因此，在对方报价时，价格水分较大。如果笼统地在价格上要求对方做出机械性的让步，既盲目，效果又不理想。比较好的做法是把对方报价的目标分解，从中寻找出哪些技术是需要的，价格应是多少，哪些是不需要的，哪一部分价格水分较大，这样讨价还价就有利得多。

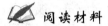 阅读材料

目标分解策略

我国一家公司与德国仪表行业的一家公司进行一项技术引进谈判。德方向我方转让时间继电器的生产技术，价格是 40 万美元。德方依靠技术实力与产品的品牌，在转让价格上坚持不让步，双方僵持下来，谈判难有进展。最后我方采取目标分解策略，要求德方就转让技术分项报价。结果，通过对德方分项报价的研究，我方发现德方提供的技术转让明细表上的一种时间继电器元件——石英振子技术，我国国内厂家已经引进并消化吸收，完全可以不再引进。以此为突破口，我方与德方协商，逐项讨论技术价格，将转让费由 40 万美元降至 25 万美元，取得了较为理想的谈判结果。

运用这一策略的另一种方式，就是将目标分解后，进行对比分析，非常有说服力。例如，一家药品公司向兽医们出售一种昂贵的兽药，价格比竞争产品贵很多，所以销售人员在向兽医们推销时，重点强调每头牛只需花 3 美分，这样价格就微不足道了，但如果他们介绍每一包要花 30 美元，显然就是一笔大款项了。

4. 价格诱惑策略

价格诱惑策略就是卖方利用买方担心市场价格上涨的心理，诱使对方迅速签订购买协议的策略。价格诱惑的实质，就是利用买方担心市场价格上涨的心理，把谈判对手的注意力吸引到价格问题上来，使其忽略对其他重要合同条款的讨价还价，进而在这些方面争得让步与优惠。对于买方来讲，尽管避免了可能由涨价带来的损失，但可能会在其他方面付出更大的价格，牺牲了更重要的实际利益。因此，买方一定要慎重对待价格诱惑。首先，计划和具体步骤一经研究确定，就要排除外界的各种干扰，坚定地执行，对所有列出的谈判要点，都要与对方认真磋商，决不能随意迁就；其次，买方要根据实际需要确定订货单，不要被卖方在价格上的诱惑所迷惑，买下一些并不需要的辅助产品和

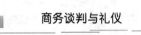

配件，切忌在时间上受对方期限的约束而匆忙做出决定；再次，买方要反复协商、推敲各种项目合同条款，充分考虑各种利弊关系，签订合同之前，还要再一次确认。为确保决策正确，请示上级、召集谈判小组会议都是十分必要的。

4.3.4 让步的策略

1. 互惠式的让步

互惠式的让步是指以本方的让步换取对方在某一问题上的让步，能否争取到互惠式的让步与双方在商谈谈判议题时所采取的方式有关。要争取互惠式的让步，需要谈判者有开阔的视野和思路，从谈判的实践来看，争取互惠式的让步有以下两种方式。

1）谈判人员在做出让步时，要向对方表明，做出这个让步是与公司政策，或者公司主管的指示相矛盾的，因此，对方也必须在某个问题上有所回报，这样，可以对公司有个交待。

2）把本方的让步和对方的让步直接联系起来。例如，本方谈判人员可以这样说："我们认为在这个问题上（对方要求本方让步的问题）没有多大的障碍，只要在那个问题上（本方要求对方让步的问题）我们能够取得一致就行。"

两种方式相比较，第一种方式更容易取得成功，因为不但言之有理，而且言中有情。第二种方式则显得直来直去，比较生硬。

2. 予之远利，取之近惠

谈判中的让步实际上是给对方一种满足。满足有两种：一种是现实的满足，比如某人肚子饿了，你给他一块饼，他就可以立刻用该饼充饥，从而现实地满足他对食物的需求和渴望；另一种是期待的满足，或者说是未来的满足，比如天气渐渐冷了，某人需要衣服御寒，你告诉他过几天你可以考虑送给他一件衣服，对他来讲，拿到衣服御寒不是在现在，而是在将来，但从心理上讲，他的需求已得到满足，或部分地得到满足。

在谈判中，直接给对方某一让步，这是一种现实的满足。而通过强调保持双方的业务关系将能给对方带来长期的利益，而本次交易是否成功对建立和发展双方之间的这种长期业务关系至关重要，以此向对方说明远利和近利之间的利害关系。如果对方是一个精明的商人，是会取远利而弃近惠的。对对方来讲，这是一种期待的满足或未来的满足，而对本方来讲，只是给对方一个期待的满足，并未付出什么现实的东西，却获得了近惠。

4.3.5 迫使对方让步的策略

对谈判人员来讲，谈判中的利益可以分为三个部分：一是可以放弃的利益；二是应该维护的利益；三是必须坚持的利益。对于第二、第三部分的利益，特别是第三部分的利益，在谈判中并非可以轻易获得，往往需要经过激烈的讨价还价，才能迫使对方让步。那么有哪些谈判策略可以帮助谈判者在这个问题上获得成功呢？

1. 情绪爆发策略

人们总是希望在一个和平、没有紧张对立的环境中工作和生活。当人们突然面临激烈的冲突时，在冲突的巨大压力下，往往惊慌失措，不知如何是好。在大多数情况下，人们会选择退却，以逃避冲突和压力。

人的上述弱点常常在谈判中被利用，从而产生了所谓的情绪爆发策略，作为逼迫对方让步的手段。

在谈判过程中，情绪的爆发有两种：一种是情不自禁的爆发，另一种是有目的的爆发。前者一般是因为在谈判过程中，一方的态度和行为引起了另一方的反感，或者一方提出的谈判条件过于苛刻而引起的，是一种自然的、真实的情绪发作。而后者则是谈判人员为了达到自己的谈判目的而有意识地进行的情绪发作，准确地说是情绪表演，是一种谈判的策略。这里说的情绪爆发是指后者。

在谈判过程中，当双方在某一个问题上相持不下时，或者对方的态度、行为欠妥或要求不太合理时，高明的谈判者会抓住这一时机，突然之间情绪爆发，大发脾气，严厉斥责对方无理，没有谈判的诚意，有意制造僵局。情绪爆发的力度应该视当时的谈判环境和气氛而定。

在运用情绪爆发策略迫使对方让步时，必须把握住时机和态度。无由而发会使对方一眼看穿；力度过小，起不到震撼、威慑对方的作用；力度过大，会让对方感到小题大做，失去真实感，或者使谈判陷入破裂而无法恢复。

当对方在利用情绪爆发向本方进攻时，本方最好的应付办法是：

1）泰然处之，冷静处理。尽量避免与对方进行情绪上的争执，同时应把话题尽量地引回到实际的问题上，一方面表示充分地了解对方的观点，另一方面要耐心解释不能接受其要求的理由。

2）宣布暂时休会，给对方冷静平息的时间，让其自己平息下来，然后再指出对方行为的无礼，重新进行实质性问题的谈判。

2. 吹毛求疵策略

吹毛求疵策略也称先苦后甜策略，它是一种先用苛刻的虚假条件使对方产生疑虑、压抑、无望等心态，以大幅度降低对手的期望值，然后在实际谈判中逐步给予优惠或让步；由于对方的心理得到了满足，便会做出相应的让步。该策略由于用"苦"降低了对方的期望值，用"甜"满足了对方的心理需要，因而很容易实现谈判目标，从而使对方满意地签订合同，己方从中获取较大利益。

📖 阅读材料

一次，某百货商场的采购员到一家服装厂采购一批冬季服装。采购员看中了一款皮茄克，问服装厂经理："多少钱一件？"经理说："500 元一件。"采购员说："400 元行不行？"经理说："不行，我们这是最低售价了，再也不能少。"采购员说："咱们商量商量，总不能要什么价就什么价，一点也不能降吧？"服装厂经理感到冬季马上到来，正是皮茄克的销售旺季，不能轻易让步。所以，很干脆地说："不能让价，没什么好商量的。"采购员见话说到这个地步，觉得没什么希望，扭头就走。过了两天，另外一家百货商场的采购员来到该厂，也看中了那款皮茄克，便问服装厂经理："多少钱一件？"回答依然是 500 元。采购员又说："我们会多要你的，采购一批，最低可多少钱一件？"回答说："我们只批发，不零卖。今年全市批发价都是 500 元一件。"这时，采购员不再还价，而是不慌不忙地检查产品。过了一会儿，采购员讲："贵厂是个大厂，信得过，所以我才到贵厂来采购。不过，贵厂这批皮茄克式样有些过时了，去年这个式样还可以，今年已经不行了。而且颜色也单调，只有黑色的，而今年皮茄克的流行色是棕色和天蓝色。"他边说边看其他的产品，突然看到有一件缝制得马虎，口袋有裂缝，马上对经理说："你看，贵厂的做工也不如其他厂精细。"他又边说边检查，又发现有件衣服后背的皮子不好，便说："你看，贵厂衣服的皮子质量也不好。现在顾客对皮子的质量要求特别讲究，这样的皮子和质量怎么能卖这么高的价钱呢？"这时，经理沉不住气了，并且自己也对产品的质量产生了怀疑。于是，经理用商量的口气说："你要真想买，而且要得多的话，价钱可以商量，你给个价吧！"采购员说："这样吧，我们也不能让你们吃亏，我们购 50件，400 元一件，怎么样？"经理说："价钱太低，而且你们买得也不多。"采购员说："那好吧，我们再多买点儿，买 100 件，每件再加 30 元，行了吧？"经理说："好，我看你也是个痛快人，就依你的意见办！"于是，双方在微笑中达成了协议。

在这个例子中，前一个采购员为什么没有成功，而后一个采购员却成功了呢？原因就是后者在谈判中采用了吹毛求疵的策略。后面这位采购员不急于找卖主讨价还价，而是百般挑剔，提出一大堆问题和要求，使卖主感到买主是很精明的，而且很内行，不会被人轻易欺蒙，从而被迫降价。

任何谈判策略的有效性都有一定的限度，吹毛求疵策略也是如此。为避免对方轻易识破你的战术，运用这一策略时应注意：首先，向对方提出的要求不能过于苛刻，漫无边际；要求得有分寸，不能与通行做法和惯例相距太远。否则，对方会觉得我方缺乏诚意，以致中断谈判。如果提出的要求比较苛刻，应尽量是对方所掌握的信息与资料较少的某些方面，尽量是双方难以用客观标准检验、证明的某些方面。

应对吹毛求疵策略的对策是：充分了解信息，尽可能掌握对方的真实意图；并可采取相同的策略对付对方。

3. 车轮战术策略

车轮战术是指在谈判桌上的一方遇到关键问题或与对方有无法解决的分歧时，借口自己不能决定或找其他理由，转由他人再进行谈判。这里的他人是指上级、领导，或者是同伴、合伙人、委托人、亲属、朋友。不断更换自己的谈判代表，有意延长谈判时间，消耗对方的精力，促使其做出较大的让步。

通过更换谈判的主体，侦察对手的虚实，耗费对手的精力以及削弱对手的议价能力，来为自己留有回旋余地，进退有序，从而掌握谈判的主动权。作为谈判的对方需要重复地向使用"走马换将"策略的这一方陈述情况，阐明观点。面对新更换的谈判对手，需要重新开始谈判。这样会付出加倍的精力、体力和投资，时间一长，难免会出现漏洞和差错。这正是运用车轮战术策略一方所期望的。

另外，这种策略能够补救己方的失误。前面的主谈人可能会有一些遗漏和失误，或谈判效果不如人意，这样就可由更换的主谈人来补救，并且顺势抓住对方的漏洞发起进攻，最终获得更好的谈判效果。

应对车轮战术策略的对策是：

1）无论对方是否准备采用该策略，都要做好充分的心理准备，以便有备无患。

2）新手上场后不要重复过去的争论，如果新的对手否定其前任做出的让步，自己也借此否定过去的让步，一切从头开始。

3）采用正当的借口使谈判搁浅，直到把原先的对手再换回来。

4. 分化对手，重点突破策略

在磋商阶段，谈判双方都逐渐地了解了彼此的交易条件和立场，这时每个谈判人员都会自觉或不自觉地就双方讨价还价的问题进行反思。例如，某个谈判人员认为，对方对本方提出的条件极力反对，只不过是一种"讹诈"，因此不应理睬他，而要坚持原则；而另一位谈判人员却认为。从对方的观点来看，其反对并非完全没有道理，甚至可以说是完全正确的。因此，本方应该修改原先提出的交易条件，做出适当的让步，以利于达成协议。这样一来，在一方内部就存在意见上的分歧。如果这一方的谈判小组组长不能有效地控制和约束这种分歧，而使之表面化、外在化的话，另一方就可以积极地开展"统战"工作，分化对方。其基本做法是：把对方谈判小组中持有利于本方意见的人员作为重点，以各种方式给予各种支持和鼓励，与之结成一种暂时的无形同盟。比如，对他的态度特别友善，对其意见多持肯定态度，有些意见如不能接受，则以温和、委婉的方式予以说明和拒绝。而对待不利于本方意见的对方谈判人员，则应采取强硬态度。本方的这一策略若运用得当，能使其本人毫无察觉。只要对方谈判小组中的某一个成员松口了，其内部就会乱了阵脚，争取对方让步也就大有希望了。此外，这种做法也容易导致对方谈判小组内部成员之间的相互猜疑，从而瓦解其战斗力。

5. 红白脸策略

红白脸策略又叫软硬兼施策略、好坏人策略或鸽派鹰派策略。在谈判初始阶段，先

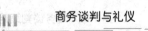

由唱"白脸"的人出场，他傲慢无理、苛刻无比、立场坚定、毫不妥协，让对手产生极大的反感。当谈判进入僵持状态时，"红脸"人出场，他表现出体谅对方的难处，以合情合理的态度，照顾对方的某些要求，放弃己方的某些苛刻条件和要求，做出一定的让步，扮演一个"红脸"的角色。实际上，做出这些让步之后，所剩下的那些条件和要求，恰恰是原来设计好的必须全力争取达到的目标。

使用该策略应注意的问题是：

1）扮演"白脸"的人既要表现得"凶"，又要保持良好的形象；既态度强硬，又要处处讲理，决不蛮横。

2）扮演"红脸"的人，应是主谈人，他一方面要善于把握谈判的条件，另一方面要把握好出场的火候。

红白脸策略往往在对手缺乏经验、对手很需要达成协议的情境下使用。

6. 利用竞争，坐收渔利策略

制造和利用竞争永远是谈判中逼迫对方让步的最有效的武器和策略。当谈判的一方存在竞争对手时，其谈判的实力就大为减弱。

该策略取自"鹬蚌相争，渔翁得利"，比喻双方争执，让第三者得利。其成功的基础是制造竞争，卖（买）者的竞争越激烈，买（卖）者的利益就越大。

在谈判中，应该有意识地制造和保持对方的竞争局面。有时对方实际上并没有竞争对手，但可以巧妙地制造假象来迷惑对方，以求逼迫对方让步。

比如，进行技术引进谈判，可以考察几家国外的厂商，同时邀请他们前来进行谈判，并且适当地透露一些有关对方竞争对手的情况，在与其中的某个厂商最终谈成之前，不能过早地结束与其他厂商的谈判。

📖 阅读材料

1980 年奥运会在莫斯科举行。为了提高奥运会转播权的售价，前苏联人采取了巧妙的坐收渔利的策略，并大获全胜。早在 1976 年蒙特利尔奥运会期间，前苏联人就邀请美国三大广播网——ABC、NBC、CBS 负责人到停泊在圣罗伦河的亚历山大·普希金号船上，给予了盛情招待，并单独接见每一个广播网的负责人，分别向他们报出了莫斯科奥运会转播权的起点价是 2100 万美元，意在引起三家的激烈竞争。经过拉锯式的谈判，结果 NBC 报价 7000 万美元，CBS 报价 7100 万美元，ABC 为 7300 万美元。眼看 ABC 以其较高报价在竞争中取胜，不料 CBS 却雇用了德国谈判高手洛萨。在洛萨的努力下，1976 年 11 月，前苏联谈判代表和 CBS 达成协议：CBS 以高出 ABC 的价格购买转播权。但到 1976 年 12 月，前苏联人又出人意料地将三家广播公司负责人请到莫斯科，宣布以前所谈的一切只不过是使他们每一家获得最后阶段谈判权资格，现在必须由三家重新出价。三家对此非常恼火，集体退出谈判而回国，以此来威胁前苏联。谁知前苏联人又抬出沙特拉公司作为第四个谈判对手。这个公司在全世界毫无名气，把奥运会转播权交给这样一个公司等于耻笑美国的三大公司。随后，前苏联人又利用沙特拉公司说服洛萨，让他与 NBC 重新联系。在洛萨的多次劝说、交涉下，终于使 NBC 广播网以 8700 万美元买下了莫斯科奥运会的转播权，洛萨本人也从 NBC 公司获得约 600 万美元的酬金。事实上，前苏联对最初的 2100 万美元高额要价从来没有认真过，他们原本打算以 6000 万～7000 万美元出售转播权。当 NBC 获知这一情况后，后悔莫及。前苏联人在这场谈判中取得了巨大胜利，其成功的原因是：

1）采用了强硬的谈判态度。因为举办奥运会只有莫斯科，没有别的国家竞争。而且，广播公司深知取得奥运转播权会给他们带来巨大的经济利益和社会效益，他们必然会争夺转播权。莫斯科恰恰利用了这一点，所以取得胜利。

2）有效地运用了制造竞争战术。当第一次莫斯科与 CBS 主席达成协议后，大致摸清了对方所能接受的价格，于是借故推翻协议，重新报价，成功地与几家周旋，进行讨价还价，迫使对方又做出新的让步。

7. 得寸进尺策略

得寸进尺策略是指一方在争取对方一定让步的基础上再进一步，提出更多的要求，以争取己方利益。其核心是：一点一点地要求，积少成多，以达到自己的目的。

这种战术的运用有一定的冒险性，如果一方压得太凶，或要求越来越高的方式不恰当，反而会激怒对方，使其固守原价，甚至加价，以进行报复，从而使谈判陷入僵局。因此，一般在具有一定条件的情况下，才采用这一策略，这些条件是：

1）出价较低的一方，有较为明显的议价倾向。

2）经过科学的估算，确信对方出价的"水分"较大。

3）弄清一些不需要的服务费用是否包括在价格之中。

4）熟悉市场行情，一般在对方产品市场疲软的情况下，回旋余地较大。

8. 先斩后奏策略

先斩后奏策略亦称"人质策略"，这在商务谈判活动中可以解释为"先成交，后谈判"，即实力较弱的一方往往通过一些巧妙的办法使交易已经成为事实，然后在举行的谈判中迫使对方让步。

先斩后奏策略的实质是让对方先付出代价，并以这些代价为"人质"，扭转自己实力弱的不利局面，让对方通过衡量已付出的代价和中止成交所受损失的程度，被动地接受既成交易的事实。

先斩后奏策略的做法主要有：

1）卖方先取得买方的预付金，然后寻找理由提价。

2）买方先获得了卖方的预交商品，然后提出推迟付款。

3）买方取得货物之后，突然又以堂而皇之的理由要求降价等。

当然，以上做法如无正当理由，可以视为缺乏商业道德，不宜采用。

如果对方使用这种策略，那么应对的对策是：

1）要尽量避免"人质"落入他人之手，让对方没有"先斩"的机会。

2）即使交易中必须先付定金或押金，也必须做好资信调查，并有在何种情况下退款的保证。

3）还可以采取"以其人之道，还治其人之身"的做法，尽可能掌握对方的"人质"，一旦对方使用此计，则可针锋相对。

9. 声东击西策略

在军事战术上，声东击西是指当敌我双方对阵时，我方为更有效地打击敌人，造成一种从某一面进攻的假象，借以迷惑对方，然后攻击其另一面，这种战术策略同样适用于谈判。

在谈判中，一方出于某种需要而有意识地将会谈的议题引到对方并不重要的问题上，借以分散对方的注意力，达到己方的目的。实际的谈判结果也证明，只有有效地隐藏真正的利益需要，才能更好地实现目标，尤其是在不能完全信任对方的情况下更是如此。

10. 最后通牒策略

在谈判双方争执不下，对方不愿做出让步以接受我方交易条件时，为了逼迫对方让步，可以向对方发出最后通牒。其通常做法是：给谈判规定最后的期限，如果对方在这个期限内不接受我方的交易条件达成协议，则我方就宣布谈判破裂而退出谈判。

最后通牒在多数情况下是一个非常有效的策略。在谈判中人们对时间是非常敏感的。特别是在谈判的最后关头，双方已经过长时间紧张激烈的讨价还价，在许多内容上已经达成一致或接近一致的意见，只是在最后的某一两个问题上相持不下，这时如果一方给谈判规定最后期限，另一方就必须考虑自己是否准备放弃这次盈利的机会，牺牲前面已投入的巨大谈判成本，权衡做出让步的利益牺牲与放弃整个交易的利益牺牲谁轻谁重，以及坚持不做让步、打破对方的最后通牒而争取达成协议的可能性。

运用最后通牒策略来逼迫对方让步必须注意以下几点。

1）本方的谈判实力应该强于对方，特别是该笔交易对对手来讲比对本方更为重要，这是运用这一策略的基础和必备条件。

2）最后通牒策略只能在谈判的最后阶段或最后关头使用，因为这时对方已在谈判中投入了大量的人力、物力、财力和时间，花费了很多成本。同时，只有在最后关头，对方才能完全看清楚自己通过这笔交易所能获得的利益，使其不能因小失大。这样，这一策略才会有效。

3）最后通牒的提出必须非常坚定、明确、毫不含糊，不让对方存留幻想。同时，本方也要做好对方真的不让步而退出谈判的思想准备，不致到时反使自己惊慌失措。

在谈判中，如何应对对方的最后通牒策略呢?

1）要认真分析和判断对方的最后通牒是真还是假。

2）可以置对方的最后通牒于一边，改变交易的方式以及其他的交易条件，试探对方的反应，在新的条件基础上与对方谈判。

3）如果分析判断对方的最后通牒可能是真的，那么，应该认真权衡一下做出让步达成协议与拒绝让步失去交易的利弊得失，然后再做决策。

4.3.6　阻止对方进攻的策略

1．限制策略

商务谈判中，经常运用的限制因素有以下几种。

（1）权力限制

上司的授权、国家的法律和公司的政策以及交易的惯例限制了谈判者所拥有的权力。一个谈判人员的权力受到限制后，可以很坦然地对对方的要求说"不"。己方可以这样说："该问题很棘手，它超出了我的工作范围。""听起来，贵方的道理似乎很令人信服，但主管部门的先生们是否与我感觉一样，我不能代替他们做主，只有等转告他们之后才知道。"因为未经授权，对方无法强迫己方超越权限做出决策，而只能根据己方的权限来考虑这笔交易。

（2）资料限制

在商务谈判过程中，当对方要求就某一问题做出进一步解释，或要求己方让步时，己方可以用抱歉的口气告诉对方："实在对不起，有关这方面的谈判资料我方手头暂时没有（或者没有备齐；或者这属于本公司方面的商业秘密或专利品资料，概不透露），因此暂时还不能做出答复。"这就是利用资料限制因素阻止对方进攻的常用策略。对方在听过这番话后，自然会暂时放下该问题，因而阻止了对方咄咄逼人的进攻。

（3）其他方面的限制

其他方面的限制，包括自然环境、人力资源、生产技术要求、时间等因素在内的其他方面的限制都可用来阻止对方的进攻。

这些限制对己方是大有帮助的。有些能使己方有充分的时间去思考，能使己方更坚定自己的立场，甚至迫使对方不得不让步。有些则能使己方有机会想出更好的解决办法，或者更有能力和对方周旋。也许最重要的是能够考验对方的决心，顾全自己的面子，同时也能使对方体面地做出让步。

值得注意的是，该策略使用的频率与效率是成反比的。限制策略运用过多，会使对方怀疑己方无谈判诚意，或者请己方具备一定条件后再谈，使己方处于被动的一面。

📖 阅读材料

　　尼尔伯格在《谈判的艺术与科学》中讲述了这么一件事：他的一位委托人安排了一次会谈，对方及其律师都到了，尼尔伯格作为代理人也到场了，可是委托人自己却失约了，等了好一会儿，也不见人影，这三位到场的人就先开始谈判了。随着谈判的进行，尼尔伯格发现自己正顺顺当当地迫使对方做出一个又一个的承诺，而每当对方要求他做出相应的承诺时，他却以委托人未到、权力有限为理由，委婉地拒绝了。结果，他以一个代理人的身份，为他的委托人争取了对方的许多让步，而他却不用向对方做出相应的让步。

　　从上例可以看出，一个受了限制的谈判者要比大权独揽的谈判者处于更有利的地位，因为他的立场可以更坚定些，可以更果断地对对方说"不"。经常观看记者招待会的人，可能不会忘记那些老练的政治家、外交家、恪守规则的新闻发言人，在遇到很敏感或他本人无法回答的问题时，总是会在脸上堆出微笑，双肩一耸，两手一摊："这个我无可奉告。"这是回避锋芒、保护自己不出问题的最常用方法。在谈判中也一样，当对方有力进攻，而己方却无充分理由驳斥时，应以某种客观因素或条件的制约而无法满足对方的要求为由，阻止对方进攻。

　　2. 不开先例策略

　　不开先例是谈判一方拒绝另一方要求而采取的策略方式。当一方向对方提出最优惠政策时，对方承担不起，这时对方就可以以"不开先例"为由挡回其过分要求。不开先例策略是对事不对人，一切不利因素都推诿于客观原因。运用这一策略既不伤面子，又不伤感情，可以说是两全其美的好办法。既然不开先例是一种策略，因此，提出的一方就不一定是真没开过先例，也不能保证以后不开先例，只能说明对应用者是不开先例。

　　运用这一战术时，必须要注意另一方是否能获得必要的情报和信息来证明不开先例的事实。如果对方有事实证明，你只是对他不开先例，那效果就适得其反。

　　3. 疲劳战术策略

　　在商务谈判中，有时会遇到一种锋芒毕露、咄咄逼人的谈判对手。他们以各种方式表现其居高临下、先声夺人的挑战姿态。对于这类谈判者，疲劳战术就是一个十分有效的策略。这种战术的目的在于通过许多回合的拉锯战，使这类谈判者疲劳生厌，以此来逐渐磨去锐气。同时，也扭转了己方在谈判中的不利地位，等到对手筋疲力尽时，己方即可反守为攻，促使对方接受己方的条件。当你确信对手比你还要急于达成协议时，那么运用疲劳战术会很奏效。

　　采用疲劳战术，要求己方事先要有足够的思想准备，并确定每一回的战略战术，以求更有效地击败对方的进攻，争取更大的进步。

4. 休会策略

休会是谈判人员比较熟悉并经常使用的基本策略，它是指在谈判进行到某一阶段或遇到某种障碍时，谈判双方或一方提出中断会议，休息一会儿的要求，以使谈判双方人员有机会恢复体力、精力和调整对策，以推动谈判的顺利进行。

从表面上来看，休会是满足人们生理上的要求，恢复体力和精力。但实际上，休会的作用已远远超出了这一含义。它已成为谈判人员调节、控制谈判过程，缓和谈判气氛，融洽双方关系的一种策略技巧。

在什么情况下比较适合采用休会策略呢？

1）在会谈接近某一阶段或尾声时，总结前段，预测下一阶段谈判的发展，提出新的对策。

2）谈判出现低潮时，若再会谈，会使谈判人员体力不支，头脑不清，最好休息一下再继续。

3）在会谈将要出现僵局时，如谈判中双方观点出现分歧，各持己见，互不相让，这时比较好的做法就是休会，使双方冷静下来，客观地分析形势，采取相应的对策。

4）在一方不满现状时，采取休会，进行私下磋商，以改变不利的谈判气氛。

5）在谈判出现疑难问题，一时无法解决时，会谈双方可提出休会，各自讨论协商，提出处理办法。

休会是一种内容简单、容易掌握、作用明显的策略技巧，能否发挥作用，关键要看怎样运用。

5. 以退为进策略

以退为进策略是谈判一方表面上退让、妥协或委曲求全，但实际上是为了以后更好地进攻，或实现更大的目标。在谈判中，运用这一策略较多的形式是谈判一方故意向对方提出两种不同的条件，然后迫使对方接受条件中的一种。如"我方出售产品享受优惠价的条件是批量购买2000件以上，或者是预付货款40%，货款分两次付清。"在一般情况下，对方要在两者之间选择其一。这种策略如果运用得当，效果十分理想。采用这一策略时，要认真考虑后果，既要考虑退一步后对自己是否有利，又要考虑对方的反应，如果没有十分的把握，不要轻易使用这一策略。

阅读材料

在比利时某画廊曾发生这样一件事，美国一位画商看中了印度人带来的三幅画，标价是25万美元。美国画商不愿出这个价，印度人不愿降价，双方谈判处于僵局，印度人被惹火了，拿起一幅画烧掉了。美国人看到画被烧了，感到十分可惜，问印度人剩下的两幅画卖多少，回答还是 25 万美元，美国人又拒绝了。印度人横下一条心，又烧掉了一幅，美国人急了，乞求印度人千万别再烧最后一幅画了。当美国人再问价时，印度人竟报价 60 万美元，而且拍板成交。这位印度人采取烧掉两幅画以吸引那位美国人的以退为进策略，是因为他出售的三幅画是出自名家，烧掉两幅只剩一幅，这就是"物以稀为贵"，他又知道美国人喜欢收藏古董名画，只要看中就不会轻易放手，因此印度人采用的这一招才奏效。

6. 以弱求怜策略

以弱求怜策略也称恻隐术，是一种装可怜相、为难相的做法，以求得到对方的同情，争取合作。

以弱求怜策略常见的表现形式有：装出一副可怜巴巴的样子，说可怜话进行乞求，如"这样决定下来，回去要被批评，无法交差"、"我已退到崖边了，再退就要掉下去了"、"求求你，高抬贵手"、"请你们不看僧面，看佛面，无论如何帮我一把"。例如，某卖方在二次降价之后坚守价格，为了打破僵局，邀请买方去其住的旅馆洽谈。买方人员走进房间，只见主谈人头上缠着毛巾，腰上围着毛毯，脸上挂着愁容，显示出一副病态。据他讲："头疼、胃疼、腰难受，被你们压得心里急。"心里急不假，头疼也可能是真的。这一招很有感染力。买方有的人以为"他实在是可怜"，真的动摇了买方部分人的谈判意志。

在使用这一方法请求合作时，一定注意不要丧失人格和尊严，直诉困难但要不卑不亢。

与此类似，有的谈判人员"以坦白求得宽容"。当在谈判中被对方逼得招架不住时，干脆把己方对本次谈判的真实希望和要求和盘托出，以求得对方的理解和宽容，从而阻止对方进攻。

7. 亮底牌策略

"亮底牌"是在谈判进入让步阶段后实行的策略。谈判一方一开始就拿出全部可让的利益，做一次性让步，以达到以诚制胜的目的。

这种让步策略一般在本方处于劣势或双方关系较为友好的情况下使用。在谈判中，处于劣势的一方虽然实力较弱，但并不等于无所作为、任人宰割。我们可以采用各种手段积极进攻，扭转局面。在采用这种让步策略时，应当充分表现出自己的积极坦率、以诚动人的态度，用一开始就做出最大让步的方式感动对方，促使对方也做出积极反应，拿出相应的诚意。在双方有过多次合作或者是关系比较友好的谈判中，双方更应以诚相待，维持友谊。

谈判人员在使用这种让步策略时，要语气坚定、态度诚恳、表述明确，显示出坦率，通过语言表述来使对方知道己方是在尽最大程度让步，而且只能让步一次。

4.3.7 促成签约的策略

1. 期限策略

期限策略即是规定出谈判截止日期，利用谈判期限的力量向对方施加无形压力，借以达到促成签约的目的。

谈判中的买方和卖方都可以采用这一策略。谈判中的买方采用期限策略的实例有："我方 12 月 31 日以后就无力购买了"；"如果你不同意，下星期一我们就要找别的卖主商谈了"；"我方要在 4 月 1 日之前完成全部订货"；"这是我们的生产计划书，假如你们不能如期完成，我们只好另找其他的供应商了"；等等。

谈判中的卖方采取期限策略的实例有："存货不多，欲购从速"；"如果你方不能在 9 月 1 日以前给我们订单，我们将无法在 10 月 30 日前交货"；"如果我方本星期收不到货款，这批货物就无法为你方保留了"；"从 5 月 1 日起价格就要上涨了"；"优惠价格将于 9 月 30 日截止"；等等。

2. 优惠劝导策略

优惠劝导策略即向对方提供某种特殊的优待，以促成尽快签订合同。例如，采用买几送一、折扣销售、附送零配件、提前送货、允许试用、免费安装（调试、培训）、实行"三包"等手段。

3. 行动策略

所谓行动策略，是谈判一方以一种主要问题已经基本谈妥的姿态采取行动，促进对方签订合约。比如，买方（卖方）可以着手草拟协议，边写边向对方询问喜欢哪一种付款方式，或愿意将货物送到哪个地方或仓库。

4. 主动征求签约细节方面的意见策略

谈判一方主动向对方提出协议或合同中的某一具体条款的签订问题，以敦促对方签约。例如，验收条款要共同商定验收的时间、地点、方式及技术要求等。

5. 采取一种表明结束的行动策略

谈判一方可以给对方一个购货单的号码、明信片或者和他握手祝贺谈判成功。这些行动有助于加强对方已经做出的承诺。

在采取以上策略时需要注意的是，不要轻易恭维对方。一旦谈判即将结束，如果你恭维对方："这是你所达成的最好协议，你不会感到遗憾的。"这很容易增加对方的怀疑。

复习思考题

1．谈判策略的种类有哪些？
2．商务谈判开局阶段的策略有哪些？确定恰当的开局策略要考虑哪些因素？
3．制定一个利用竞争，坐收渔利的策略。
4．在谈判中，如果对手采用吹毛求疵的策略，该如何应对？
5．正确运用商务谈判策略要注意哪些问题？

案 例 分 析

有一个做粮油贸易的商人，是一个大批发商。他经常从北方购进玉米，卖到南方小规模的饲料加工厂。每当他以较低的价格买进后，便分别拜访那些饲料加工厂的负责人，并且开出价格单给对方。他拜访的时间多选择在中午，并且很自然地或请对方吃饭，或被对方请。按习惯吃饭时喝一点儿酒是正常的，而他是有酒必喝，喝酒必醉。醉后失态，神志不清，结果把其他人给他的还价单也忘在饭桌上的公文包内，恍惚而返。到了晚上才打电话给对方，当然是索要他的文件包了，同时提及成交价格。通常，那些饲料加工厂的负责人以为他真的醉了，常常会以大大高于他的成交底价的价格与他达成最终协议。

思考：
1．在上述谈判中，粮油贸易商运用了什么技巧？
2．运用上述技巧时需要有哪些前提条件做保障？在商务谈判中，可使用哪些方法来破解它？

第 5 章　商务谈判的沟通技巧

📎 内容提要

本章主要介绍商务谈判沟通的含义、意义、特点和沟通的障碍；与公司制企业的沟通技巧；与合作制企业的沟通技巧；与个人业主制企业的沟通技巧；与外商沟通的技巧等。

在工作、生活、学习中，在与人的接触中，沟通无处不在、无时不有，它是人与人之间思想感情的交流，然而，能够意识到并处理好的人为数并不多。美国卡内基工业大学曾对 10000 个人的档案记录进行分析，发现"智慧"、"专业技术"、"经验"只占成功因素的 15%，其余 85%决定于人与人之间良好的相处和彼此的沟通。可见，在商业化社会中，懂得交朋友以及与别人友好相处和沟通是很重要的事，甚至是事业成功与否的关键。随着商务活动日益社会化，不同民族、不同语言、不同地位、不同性格、不同风俗习惯的营销谈判人员之间可通过沟通来达成协议，在谈判中怎样使双方都受益，这是谈判双方所关心的焦点。沟通在谈判中起着"穿针、引线、架桥、铺路"的作用，掌握好沟通技巧将有助于把握谈判局势，使谈判取得成功。

5.1　沟　通　概　述

沟通是两个或两个以上的人之间的一种分享信息的过程。商务谈判就是一种沟通，它是谈判双方之间为达成使双方均获得局部利益的一致协议，而进行的信息交换与信息共享过程。商务谈判沟通是一种说服性沟通，即谈判一方有意识地传播有说服力的信息，以期让对方唤起自己预期的意念（观点、期望、心理或行为倾向），从而试图有效地影响对方的行为与态度。一般地，商务谈判沟通采用交涉式的说服方式，谈判双方通过以利益为中心的观点进行交涉、磋商来改变彼此之间的相互关系，最终达成观点一致的协议。

1. 商务谈判沟通的意义

谈判成功的典范，主要取决于谈判的诚意。而诚意又来自彼此的了解和信赖，这其中又以了解为源。如果双方都不了解，甚至没有任何沟通，这样，不管产品有多么吸引人，对方都会产生怀疑，如果出现这种情况，不仅质次产品的推销谈判要失败，就是符合质量标准产品的推销谈判也难获得成功。因此，要使对方信赖你，首先得让对方了解你，这就需要沟通。

谈判前沟通的方式很多，如对客户进行私人访问，不定期地请客户游览名山大川，参加体育活动等。这些不同形式的交流是在双方无任何戒备的情况下进行的，具有很强的感染力，容易使双方找到共同语言，进而转化成对双方经济行为的信赖。

（1）良好氛围，成功一半

良好的氛围，主要是指良好的环境所形成的气氛，它是一种非语言形式的沟通。实践表明，选择谈判的场所、环境、内部的陈设及其颜色，都会影响谈判的气氛，继而影响双方的谈判心理。

1）颜色影响人的情绪。心理学家曾做过一次有趣的试验，邀请四个人在一个较长的时间内参加四次晚宴。同样的场合，同样的菜单，只是周围的色彩不同。在绿色环境里，客人们慢慢悠悠地吃着菜肴，谈话也懒洋洋的；在红色的环境里，碰坏了酒杯，吃喝鲁莽；在白色的环境里，席间交谈彬彬有礼，大家无聊地打起了呵欠；在黄色的环境里，客人们分手时彼此答应以后再见。可见，颜色是一种不出声的信息交流，对人的情绪产生着不可言状的影响。

2）合理布置谈判的场所。谈判桌以圆形为好，因为圆桌素有"八面为上"之说，充分体现谈判双方无等级上下之分，符合谈判双方地位平等、互惠互利的原则。同时，谈判场所可设休息室，将其作为一个缓冲场所，尤其是紧张的谈判，遇到僵持局面时，可以有退身之处。

（2）排除障碍，赢得胜利

谈判中的障碍是客观存在的，语言障碍、心理障碍、双方利益满足的障碍等都会直接或间接地影响谈判效果，而沟通便是排除这些障碍的有效手段之一。如谈判双方遇到僵局，在利益上彼此互不相让时，或是双方意见差距很大，潜伏着出现僵局的可能性时，文体活动这种沟通方式就显得更加重要，因为它可以缓解谈判中的紧张气氛，也可以增进彼此的信赖和友谊。实践表明，这种方式能够取得事半功倍的效果。

（3）长期合作，沟通伴行

一个企业如果打算与某些客户进行长期的合作，就要与这些客户保持长期的、持久的友好关系，而沟通就起着加深这种关系的作用。

1）交流信息，增进了解。企业可以定期或不定期地寄送产品说明书；邀请客户参加本企业举办的新产品新闻发布会，了解外界对本企业产品的评价；谋求客户、公众对本企业声誉、产品的了解等。所有这些，可为谈判打下良好的基础。

2）广交朋友，增加客源。企业可以采取各种沟通形式增加新闻媒介对本企业的销售会议及其他营销事务的注意力。如请新闻媒介人士参加本企业举办的各种销售会议，利用他们的力量使已进入市场的产品家喻户晓；或者当企业的产品在社会上出现问题而造成不良影响时，使公众了解本企业为解决这些问题而做的努力，以重新赢得公众的信任。企业一旦在社会上树立起良好的形象，就会争取到更多的客户和订单。

3）获得知识，灵活应变。在商务活动中，谈判双方进行经常性的沟通可形成一种良性的循环，即双方都可以从言谈话语中获得诸如社会科学、自然科学、文化艺术、体育比赛等方面的知识；在交际过程中，还可以提高每一位谈判者的交际能力，以及在特殊场合下选择应急方式的能力。这些能力的提高又会转化成谈判桌上的唇枪舌剑、步步为营，令对手心悦诚服。

2. 商务谈判沟通的特点

（1）沟通的外向性

商务谈判中的沟通，不同于一般意义的人与人、上下级之间、不同辈分之间的沟通。它是站在企业的角度，或者一个独立核算单位的角度，为达成双方贸易往来的协议而进行的必要的交际。因此，商务谈判沟通的全部工作都是和外部打交道，外向性是营销商务谈判的本质特征。

（2）沟通的预谋性

商务谈判沟通的预谋性是指这种沟通不是盲目的，而是经过精心策划，并带有明显的针对性和时效性。一般来说，沟通的产生过程，即沟通的形式、时间、地点、预期目的的确定，就是沟通的预谋过程。比如，为了促进产品销售，争取与更多的客户洽谈生意，就要做好新产品介绍会、展览会、展销会、表演会等的筹划，以加深谈判对象对本企业产品的了解；或者为提高谈判对手对本企业的信誉度，可采取组织谈判对手参观本企业设施和工作现场，举行新设施奠基典礼、新设施落成典礼，开业典礼、签字仪式、就职仪式等，以树立企业在客户心目中的良好形象。这些形式无不反映了沟通的预谋性。

（3）沟通的协同性

商务谈判沟通的协同性是指这种沟通不单是企业营销谈判人员个人的事，需要企业各部门与之配合，协同作战。因为任何谈判的成功都不完全取决于谈判的周密策划，它会受很多因素的影响，比如非正当渠道的传闻、企业的管理状况、财务管理状况、领导者的远见卓识等，最终都会直接或间接地影响谈判的效果。因此，与谈判对手真正达到相互了解、彼此沟通，绝非仅是营销部门所能完成的。

（4）沟通的灵活性

商务沟通的灵活性是指为了应付谈判中突如其来的情况而采取的沟通对策。也就是说，任何一种沟通虽然都是有目的、有计划的行为，但并不是僵化的。为了适应复杂多变的客观形势，沟通也必须具有随机应用的灵活特征。因此，沟通的产生与应用，是一个动态的并依赖时空变化而随机应变的过程。在洽谈生意的谈判中，一方为了赚钱要进货，另一方为了赚钱将货物脱手。当双方的利益互不让步、出现僵局的时候，聪明的

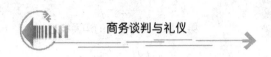

办法是利用休息这种沟通形式来转移话题，松弛一下过度紧张的状态。因为双方人员休息时不会分开而是融合在一起，双方辅助的谈判人员会自由结合成小群体聊天，这就有利于寻找解决双方在洽谈中所谈问题的方法。

3. 商务谈判沟通的障碍

在商务谈判中，面对的既有国内不同企业制度、营销人员的竞争与合作，也有与世界各地商人的贸易与洽谈。不同的企业制度、不同的经营机制、不同的观念、不同的人种以及不同的语言和风俗习惯，决定了营销商务谈判沟通在客观上存在着一定的障碍。

（1）习俗障碍

目前，我国已与世界上大多数国家建立了外交关系，每个国家都有自己的习俗和禁忌，这是与外商沟通的一个最大的障碍，它将阻碍着人们正常的信息交流。比如，中国人以握手表示友好，但如果与德国人握手，德国人就会惶惑不安；中国人吃饭用筷子，西方人用刀叉，等等。这些日常生活中的习惯，也会影响谈判的沟通。又如，西方人一般认为"13"这个数字不吉利，在任何场合都要尽力避开它，如果你将很在意这个数字的人约在有"13"数字的日期、时间、楼层或房间见面，就会使对方不快，即使再周密的沟通策划也会失败。因此，要想使沟通达到预期的目的，就必须很好地了解国外的各种习惯和风俗，学会在双方交际往来的场合下迁就对方，以排除商务谈判沟通中的习俗障碍。

（2）语言障碍

成功的谈判沟通是靠保持畅通无阻的信息交流来完成的，而语言正是人类互通信息的重要工具。如果谈判者彼此语言不通，又没有其他沟通渠道，彼此就无法沟通。因此，语言也是影响沟通的一个很重要的因素。

语言障碍主要来自如下四个方面。

1）语种不同，如汉语、英语、日语等。

2）同一语种的"南腔北调"，如南方人与北方人发音、语句结构有很大的不同，影响信息传递。

3）同一语言中的语词含义不同，如在天津，不管年龄多大的男人都称女子为"大姐"；在山东，"老爷们"如称少女为"姑娘"会挨耳光，因为那里的"姑娘"是妻子的谦称。可见，不同的称谓在不同的地区代表不同的含义，如果在沟通中使用不当，必然会造成一定的误会或引起麻烦，这就需要注意使用标准语，尽量保持词语概念的同一性。

4）语言能力，特别是口语能力，是一种非常重要的社会交际能力，重视口语能力的培养，将为沟通扫除信息交流的许多障碍。

（3）主观障碍

在现实经济生活中，存在着许许多多阻止人们信息交流、阻碍沟通的主观因素，主要表现如下：

1）认识上的障碍。一般指对事物认识的不同而导致一些人为的分歧，从而影响信息的交流，阻碍彼此间的合作与谈判。最典型的认识上的分歧是，无论采取何种沟通形式，沟通对象都会感到一种压抑，以至怀疑你在向他施展招术而随时提高警惕。为排除这些障碍，应该诚心诚意地与客户交朋友，应让他们感觉到，是否购买你的产品或服务完全无所谓，比起做生意，你更愿意与他做朋友，绝无不择手段之意。

2）理解上的障碍。有时，人们在认识上虽然一致，但由于对同一事物理解的不同，也会阻碍人们正常的信息交流。如中国人和美国人对"不"字的理解是不同的。中国人爱面子，也非常注意他人的面子，在与客人交流时，很少使用令人难堪的断然否定语"不"；美国人则不理会这一点，他们在得不到明确答复时，决不认为你对讨论的问题已经否定了。谈判者如果不清楚和不能有效克服这种障碍，同样会影响彼此的信息交流。

（4）心理障碍

营销商务谈判中的沟通，是一种建立在心理接触基础上的社会关系，所以在影响沟通的因素中，心理障碍产生的影响最大，而且也最直接。心理障碍主要表现在以下两个方面。

1）社会知觉与归因层次上的障碍。这种障碍表现为：第一印象、刻板印象和晕轮效应。第一印象是指企业在商务谈判沟通中第一次给人留下的印象。第一印象特别深刻，如果第一印象欠佳，以后要改变这种印象往往不太容易。这种现象显然不利于企业之间的交往。对某些企业的了解，不是通过一次或两次交往就能完成的，而第一印象先入为主，容易限制彼此之间的进一步了解。刻板印象是指谈判双方在沟通中对某一类人或事物进行的比较固定、简单地概括归类而形成的不正确印象。晕轮效应也称光环效应，它是指人们在认识逻辑上常出现的一种认识上的偏差。突出的表现是，如果一个企业或某人被标明是好的，他就被一种肯定的光环所笼罩而掩盖了在他身上表现出的消极的真相。相反，我们应该结识的一些客户却因为没有耀眼的光环而被忽略，失掉了广交的机会。

2）自我意识障碍。它主要是指沟通人员的心理品质所形成的障碍。如素不相识的甲乙两人在公园里相遇，通过沟通，甲得知乙是大学教授，乙知道甲是工厂工人。通过细致的沟通，甲相信乙确实是大学教授，因而肃然起敬；乙也认为甲确实是工厂工人，也有爱惜之意。初交之后本可进一步深谈，但此时由于职业的不同和层次的差距，出现自我意识障碍。甲可能觉得自己与大学教授相比显得渺小，难与乙产生共鸣；而乙可能自命不凡而拒绝与甲深谈。因此，甲乙虽然进行了接触，但未能产生深交。同样，参与营销商务谈判沟通的对象层次、水平不一，客观上也会存在交往的自我意识障碍。

克服上述心理障碍，从个人方面要树立正确的自我形象，加强个人修养，培养宽阔的胸怀，学会调整情绪，增强交往中的信任感。

5.2 与不同类型企业沟通的技巧

5.2.1 与公司制企业的沟通技巧

公司制企业具有产权关系明晰、融资能力较强、经营状况公开、工作效率高、决策较迅速以及职工队伍素质较高等特点。与公司制企业交往，不仅要具备良好的沟通艺术，还要有强烈的沟通意识、较高的沟通水平和灵活运用沟通技巧的能力，这样才能推动和实现营销商务谈判的进程及目标。

1. 建立档案

建立谈判对手档案，既是交流的一种重要形式，又是谈判准备的一个成功招术。建立谈判对手档案包括：

1）产品销售情报。主要包括：产品的销售状况与价格资料。

① 产品的销售状况。如果对手是卖方，需掌握卖方单位产品及其他企业的同类产品销售情况；如果对手是买方，需搞清对方所购产品的销售情况，包括该类产品过去几年的销售量、销售总值及价格变动情况，该类产品在当地生产与输入的发展趋势，拥有该类产品的家庭所占比例，消费者对该类产品的需求程度及潜在销售量、潜在的消费团体（即未来的谈判对象）、购买决策者、购买频率，消费者对本企业新老产品的评价及要求，最能影响顾客购买该产品的广告媒介等。

② 价格资料。取得充分准确的价格资料，是谈判前准备工作的核心部分。作为买方，要通过不同渠道取得多方面的价格资料，特别是要获取多方的"报价单"，然后才能"价比三家"；作为卖方，需要掌握所销售商品的市场状况，结合销售意图和产品成本，测算出一个随行就市的价格水平，以便在谈判中做到心中有数，同时这也有助于确定未来的谈判对手及产品销售（或购进）的数量。

2）产品竞争情报。它主要是指买卖同类产品竞争者的数目、规模与该类产品的种类，各种重要品牌的市场占有率及未来变动趋势；消费者偏爱的品牌与价格水平；各品牌推出的形式与售价水平；竞争者产品的品质、性能与设计；各主要竞争对手所提供的售后服务方式、顾客及中间商对此类产品服务的满意程度；当地经销该类产品批发商和零售商的毛利率与各种回扣、优待价格的行情；当地制造商与中间商的关系；各主要竞争者所使用的销售促进方式、规模与力量，竞争对手所使用的广告类型及其预算等。

3）科技情报。它主要包括：技术情报、技术条件资料和技术寿命资料。技术情报是指在技术市场上交换的技术商品情况；技术条件资料是指产品的品种、规格、产品等所提供的技术资料范围；技术寿命资料是指某项技术从投入市场至退出市场的时间。

4）政策法规情报。它主要指影响社会组织和个人行为的法令、条例、规章、章程等的制定、修改和废除，以及政党、公众团体在国家生活和国际关系方面的政策和活动。这些情况为企业营销活动设置了红灯和绿灯，所发出的信号有的对企业有利，有的对企业是个限制。如国家颁布并修改的《中华人民共和国合同法》《中华人民共和国广告法》《中华人民共和国商标法》《中华人民共和国消费者权益保护法》《中华人民共和国专利法》《中华人民共和国反不正当竞争法》，等等，均是企业营销商务谈判的准绳，不可疏忽。

上述四种情报档案，前两种为企业之间的沟通，后两种为企业与社会、企业与政府之间的沟通。获取上述情报资料的方式较多，可以有意识地索取，诸如阅读有关专业杂志、参加博览会、专业展览会；向国内有关协作关系的情报网、信息咨询机构了解情况；查阅专利，了解技术发展现状及其趋势；积累有关红头文件等。

2. 私人交往

在人们的私人交往中，可以利用的关系很多。为了叙述方便，我们概括为"血缘"关系、"志缘"关系、"业缘"关系、"地缘"关系和"趣缘"关系。

1）"血缘"关系。它是指因血缘而结成的人际关系。以血缘为纽带建立起来的人际关系，是一种非常亲密、非常牢固、非常持久的人际关系。在我国这样一个具有五千年文化传统的古老国度里，特别重视"血缘"关系。

2）"志缘"关系。它是指人与人之间因有共同的志向、信仰而结成的交往关系。"志缘"关系具有强大的感召力，它是一种高级精神生活关系，存在于人的头脑中并对人们的言行产生潜移默化的影响。这种关系一经建立就会激化人们共同为之努力奋斗。

3）"业缘"关系。它是指由工作和事业的联系而结成的人际关系。随着社会分工的日益发展，社会生产部门及行业的日益增多，"业缘"关系日趋多样化，范围日趋广泛。它大致包括职业关系、学业关系和行业关系。这种关系状态相对稳定，交往时间相对集中。当一个人变动专业工作时，"业缘"关系虽然也发生变动，但它们仍有利用的相对连续性。

4）"地缘"关系。它是指由于居住在共同地区的人们之间进行交往的一种人际关系，主要表现为邻里关系、同乡关系。自古道：远亲不如近邻；老乡见老乡两眼泪汪汪；亲不亲，故乡人；等等。由此可见"地缘"关系对沟通的影响之大。

5）"趣缘"关系。它是指由于共同的兴趣而结成的交往关系。一些年龄相仿、地位大体相同的人，由于家庭背景、情趣爱好、文化程度、道德修养等方面比较接近，认识比较一致，交往的频率也就较高。他们的活动主要靠情趣来调节。"趣缘"关系是社会发展的产物，随着社会生产力的发展，随着人们物质财富的增加，人们对精神生活的追求也越来越高，人们的"趣缘"关系也就越来越丰富。

上述种种关系是营销商务谈判沟通的重要纽带，充分利用这些关系，可以获得事半功倍的效果。例如，据《三国演义》记载，曹操派蒋干做说客前去江东劝说周瑜降曹，利用的是同窗学友的关系；周瑜派诸葛瑾说服诸葛亮归吴，利用的是血缘关系。改革开

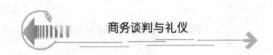

放以后，外商来华投资有多少是孤身而来？都是利用了一定的人际关系。可见，古今中外凡事都离不开一定的人际关系。

3. 酒席宴请

如今，请客户吃饭已经成为商务沟通中不可缺少的一种形式。中国是一个多民族、多信仰的国家，口味和饮食习惯差异很大，因此，要实现预期效果，需要注意以下几点。

1）看人下单。要了解客户的饮食习惯，喜欢喝酒还是吃菜；喜欢咸还是淡，甜还是辣；客户是南方口味还是北方口味等。一般来讲，南方人，像福建、广东人爱吃甜味饭菜；北方人口味较重；四川人则偏爱辣味，一顿饭没有辣的，会觉得不过瘾。因此，应根据客户的籍贯大体测出他们的口味，或者采取直接询问的方式由客户自报或自己来点菜。

2）酒量自便。在宴席上，不可强迫酒量小的人过量饮酒。中国人请人吃饭总要喝酒，而且要喝个一醉方休，劝酒、敬酒是酒席不可少的。但要注意的是，商务交往中不要以灌醉对方为目的，要因人而异。如果对方是很有地位、较注重礼节的人，切忌强迫对方喝酒，因为请客吃饭本来就是为了联络感情、增进了解，如果强迫对方喝酒，会使他自觉难堪，这样非但不能达到目的，还会引起对方的反感。同时，招待客人也要注意控制自己的酒量，切勿豪饮过量，以免先醉倒在客户面前出丑误事。

3）巧选店堂。在何种档次的饭店宴请，也是很值得斟酌的。请客不在于花钱多少，而是要很好地揣摩对方心理，只要吃出特点，照样能使客户满意。例如，一位南方企业的总裁到天津谈生意，好几家企业都是在大饭店里宴请招待，几天下来，可把这位总裁吃腻了。后来，一家规模不大的公司的经理没有请他到大饭店、大酒店去喝酒，而是很有心意地找了当地一家很有名气的担担面馆吃了一碗担担面，还有几样精致的小菜，这位总裁吃后赞不绝口，称赞这位经理想得周到。

4）礼貌待客。在进餐时，要照顾好每一位客人，不能有主次之分，冷落了某些人。以宴会作为交往的方式，不要过多地谈有关商务方面的事情，以免引起对方的不满或猜测。明智的做法是，在进餐中多谈谈家常、社会见闻和彼此工作情况等。如果是接风宴请，可谈论一些旅途劳累的问候语，对客人来此表示欢迎的寒暄等，以增进彼此的了解和相互信赖，在进餐快要结束时再把话题引向日程的安排。饭后一定要注意送客户回家（住宿地），即使对方客气，也一定要坚持送他们回去，在交通不太便利的地方更要如此。

4. 旅游观光

目前，越来越多的商务活动都会安排游览名山大川的日程，认为这是增进友谊的一种较好的形式。其依据是：它使双方接触的时间延长，白天游览、就餐、晚间休息都在一起，是深交的极好时机；从心理学角度来讲，到异地欣赏大自然的景色、名胜古迹、历史文物，既可以增长见识，又可以陶冶情操，可让人们忘记烦恼，使人心旷神怡，这时比较容易交往，容易接收信息。

观光旅游需要注意：了解谈判对手是经常出门还是很少出门，以便决定去何处游览；了解客户的工作日程安排，以决定游览的时间，否则会事与愿违；了解参加旅游人员的级别、年龄、身体状况及嗜好，以便做好旅游前的食、宿、游、娱的安排；安排好游览的陪同人员，最好安排对游览地点熟悉的人，以便随时讲解和介绍，若条件不具备，可聘请导游讲解，这样客户会更满意。

5. 家庭拜访

家庭拜访包括到客户家访问和参加客户中主要成员家庭的重要活动，如婚礼、丧事、过生日等，把沟通活动渗透到家庭，这种形式已被更多的企业所采用，可收到较好的效果。但是，家庭拜访不是简单的串门，因此也必须掌握一定的技巧。

1）要事先约好再去，突然登门拜访是不礼貌的；约好之后就一定要按时赴约（最好提前一两分钟到达目的地）；若估计不能按时赴约，必须事先用电话通知对方，说明原因并表示歉意。

2）初次拜访或尚未达到深交时的拜访，要注意穿着整洁，给人一种清洁感，并且带上一份小小的礼物（一盒点心、一束鲜花、一件小纪念品之类）以表心意；如果是参加婚礼、吊唁或庆祝生日，要遵照地方习俗，礼品要适当，语言要得体。

3）初次拜访，言语不要过多，只要说明来由并简单寒暄一阵即可，不要给人一种飘浮甚至油腔滑调的感觉。人们往往非常重视第一印象，而且对第一印象也很深刻。

4）访问辞别时，寒暄几句需马上离开，再三答谢、拖拖拉拉反而失礼。

5.2.2　与合作制企业的沟通技巧

合作制企业是劳动者自愿、自助、自治的经济组织，乡镇企业是这一企业制度的典型形式。合作制企业具有比公司制企业更灵活的机制，即产权分属于企业职工或合作社社员所有；企业职工既是劳动者又是所有者，是企业主人和老板；大多数企业在市场竞争中"自生自灭"。因此，职工参与企业经营管理意识较强、决策迅速、善于竞争，但合作制企业存在着职工文化素质大多不高、缺乏管理经验、信息不灵、技术设备比较落后等缺点。

合作制企业实为合伙制企业，它有不同于公司制企业的特点。与合作制企业沟通，除运用与公司制企业沟通的技巧外，还要针对其特点采用不同的沟通技巧。

1. 虚怀若谷

商品意识与市场观念使许多乡镇企业家成为一代新型的农民企业家，但是并没有因此改变农民直爽、朴实、真诚的性格和重情意、讲义气的处事哲学。你让他一寸，他会敬你一尺。一旦使他感到你"得寸进尺"，他就会针锋相对，寸利不让。上海某箱包公司是由香港某公司、上海某公司和清浦县凤溪乡共同出资250万元创办的，产品远销欧美、亚洲等十多个国家和地区。在对外买卖的洽谈中，朱总经理遇到了许多困难和磨难，但他始终保持着自信而谦诚、精明而友好的姿态，坚信平等互利方可携手并进。在一次与日本客商的谈判陷入了难堪的僵持中，日本客商主动邀请朱总经理到上海大厦就餐，想以此缓解一下紧张的气氛，借此迫使对方就范。在就餐之时，日本客商说了一番客套话之后，便进入正题："总经理，我们商量一下，从明天起，我每天请你吃中饭，你每只箱包减一分好吗？"朱总经理当时没有回答，他明白在这种场合该怎样显示中国乡镇企业家的风度和气质。每只箱包减去1分美金，75万只箱包是7500分美金，折合人民币就是近7万元。沉思了片刻，朱总经理放下筷子，站起来微笑地回答："好啊！从明天起，我也每天请你吃饭，你增加1分好吗？"落落大方、不卑不亢的有力回答，使日本客商无言以对，只好无可奈何地摇了摇头。

2. 热情待客

中国农民具有忠厚、老实、勤劳、坚韧的美德，凡事讲究实在。因此，热情待客的重要形式就是摆上一桌丰盛的酒宴，其档次可在"生猛海鲜"与家常便饭之间，酒水档次要高些。饭菜要实惠，决不能好看不好吃，饮酒是大多数农民的习惯，而且有"无酒不成宴"之说。

一般情况下，宴席上的气氛是友好协调的，尤其当几杯美酒下肚、越喝兴趣越大时，感情难以控制，相互倾吐真言，彼此感情拉近，这时就是我们发布信息，要求对方了解、同情、许诺的最好时机。任何人都不愿平白无故地接受别人的东西，接受了总会有报答，所以，这时最容易做出许诺。但是有心计的乡镇企业家或商人往往在被对方请吃饭后，一定要回请、招待，这是出于谁也不欠谁的心理，谈判桌上仍然据理力争、寸利不让。

3. 察言观色

大多数乡镇企业家性格开朗、言语豪爽、受教育程度相对较低，喜欢直来直去，常表现出动于内而行于外，因此，通过面目表情的观察，就能获得沟通对象对所谈及问题的反映。

1）若沟通对象姿势上缺乏反馈，是对我们缺乏关注的表示；过分的动作则表示厌烦、焦虑、嘲讽。这时，需很好地把握对方的情绪，要多谈论对方关心的一些问题，诸如乡镇企业的发展远景，目前的困境，从哪些方面来改进等。这样可以引起对方的兴趣、好感，使他感到在我们心中的重要性与价值，会更耐心地听取我们提供的各种信息。

2）身子向前倾斜并微微倾向说话人，说明他对我们的谈话极感兴趣，此时需要更仔细地观察对方提供的非言语的暗示，以便调整后面的沟通内容。事实上，在交往中被沟通一方作为听众学会倾听，是沟通中获取重要信息，取得沟通方好感以及信任的重要手段。

3）如果身子向后微倾，而且和我们面对面，表明他的注意力都集中在我们身上，没有走神；如果坐的时候手抱胸前却叠着双脚不看我们，说明他的精神状态和身体姿势一样，对我们是关闭的，信息的接收效果较差。这时需中止所谈及的内容，改换话题，采取提问、询问的方式。诸如贵公司情况如何，该地区是否也有类似的情况等，让对方的思绪转入我们的谈话之中。

4）使用积极的有反应的面部表情和头部动作时，微笑表示热情和接受；点头表示注意和赞成；打呵欠表明无精打采、漠不关心；对视对方表明重视所谈的信息，并且随时寻找机会对未听清的问题进行询问，这时需仔细观察对方的表情，了解信息发布的效果，为制定谈判策略奠定基础。

5）当对方坐或站的时候靠近说话的人，表明他的热情和理解都增强了。在我们谈兴越浓时，对方又重新寻找站或坐的位置，以便于更充分地倾听或观察，这时说明我们发布的信息有的放矢，接收效果较好，需乘胜追击。

5.2.3　与个人业主制企业的沟通技巧

个人业主制企业又称个体企业，它是指业主个人出资兴办，业主自己直接经营，业主享有全部经营所得，同时对企业债务负有完全责任的私营企业。在我国，个人业主制企业虽不占支配地位，但企业数量庞大、历史悠久，其经济行为已渗透到公司制企业和合作制企业，是一股不可忽视的力量，与这种企业沟通不仅必要，而且沟通技巧要有独到之处。

个人业主制企业与公司制企业和合作制企业相比，具有机制更加灵活的特点。即个人业主制企业一般规模较小，数量多且分散，内部管理机构简单，自己说了算；经营方式灵活，决策迅速、灵敏；经营者与所有者合一，产权能够自由转让。个体经营者多数性格豪爽、大度、粗而不俗、易于接近。但是，他们的贷款能力较差，难于从事需要大量投资的工商贸易活动，而且文化素质相对较低，不易接受较高技术层次的沟通形式。因此，在与个人业主制企业的沟通中，除可适当地运用与公司制、合作制企业沟通技巧外，还可针对其特点采取如下选择。

1. 投其所好

在我国，城市个体企业的经营者主要由三部分人构成：返城知青，企业不景气或办停薪留职的工人、干部，由于某种原因离职的职工、干部。这些人中很多人性格直爽，喜欢直来直去，肯于助人，愿为某些事打抱不平，又很容易接近。因此，与这些人交往无需温文尔雅、拘于小节。要靠拢这些人，应根据人都需要尊重的心理，选择对方关心、开心的话题作为开场白。如共叙当年上山下乡的辉煌，返城后就业之困难，创业之艰苦，今天的成果来之不易等；赞叹并羡慕他们在事业上做出的选择；畅谈国家对个体企业的宽松政策，以及个体企业发展的广阔前景等。这些谈话会使他们切实感到在社会上的重

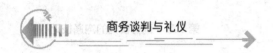

要地位及对社会的价值，增强自信感，同时对他们的理解和同情，又能拉近彼此的距离，使感情融洽。

2. 攻心至胜

个体经营者性格豪爽，与这些人沟通无需拖泥带水，过于讲求场合。但是，由于他们是小本经营，相对于大企业来讲，账算得比较细，从不大手大脚，而一旦他感到"够朋友"，就会当即做出购买决策。

3. 因人而异

与个体企业的谈判者进行沟通多为语言沟通，这也是由个体经营者的特点所决定的。个体经营者由于年龄、性别、性格、层次的不同，沟通的语言方式、语言内容也就不同。

与年长的个体经营者沟通，尊敬是最重要的。他们经验丰富，因此谈话要谦虚，切不可说"老生常谈"、"老掉牙了"等类似语言，即使认为所谈观点并不正确，也要认真听完，然后再提出自己的意见。对于年长的人最好不要轻易问他的年龄，有些人很忌讳这一点；要多称赞他老当益壮，所做贡献不减当年，这样会使他感到自己还很年轻、很健康，从而愿意与你共事。

与年纪相仿的个体经营者沟通，态度可以稍微随便些，谈些共同的处境、嗜好，不同的境遇，对未来美好的憧憬，等等。但也应该注意分寸，不可出言不逊，伤人自尊，尤其与自己年龄相仿的异性经营者交谈时更应注意，不可乱开玩笑，以免引起不必要的猜疑。

与年纪较小的个体经营者沟通，由于对方年纪小、涉世不深，有些思想可能太冒进，或知识面不广。与他们进行语言交流，注意不要对其随声附和，以免降低自己的身份，但也不要执意坚持自己的意见，以免形成不必要的隔阂。只需让他们知道，希望他们对你有适当的尊重，他们就会因此和你保持适当的态度和礼仪。但是，千万要注意不要夸夸其谈、卖弄经验，特别是不要在自己的知识范围之外信口开河，一旦他们发觉不对，就会降低对你的信任与尊重。总之，与年纪较轻的个体经营者沟通，应采取尊重与有礼的态度，同时注意自己的身份、年龄，不要忘乎所以。

男女之间的交往，性格不同是谈话的背景。一般说来，男性比较理智，女性侧重直觉；男性擅长讽刺与幽默，女性则更富机智。因此，在商务谈判中进行语言沟通，态度要庄重大方、温和自重，切勿太唠叨，声音太大。如果所谈内容令你过于厌烦和难以忍受，那么可巧妙地打断他（她）的话或干脆直截了当地告诉他（她）："对不起，我还有事。"另外，与女性经营者沟通，男性要先开头，询问一些女性感兴趣的话题，如穿着、家庭、小孩等，她就会接下去，然后很自然地转入正题，达到预期的目的。

4. 入乡随俗

我国个体企业的最显著特点是多而分散。因此，方言习俗各不相同，处理不好就会大伤感情而使合作失败。如西北地区某家公司的业务员与北京一个个体企业主谈生意。两个人认识后聊起天来，谈的正起劲，该家公司的业务员突然发现北京的这位业主头发有点长了，随口就说：“你头上毛长了，该理一理了。”对这句话，该家公司的业务员觉得非常正常，无可挑剔，不料，北京的这位业主听了勃然大怒，“你的毛才长了呢！”该公司的业务员很诧异，自己的“毛”并不长，昨天刚剪的，他怎么这么讲话呢？又见北京的这位业主气冲冲的样子，觉得自己的好心当成了“驴肝肺”，也生气了，结果两个人不欢而散。

这里的症结就在于一个“毛”字。西北地区的人把头发叫做“头毛”，而北京人却把“毛”看成是一种侮辱性的语言。因此，在与个体经营者的商务谈判沟通中，必须留心对方的忌讳语言，以免伤害彼此之间的感情而使交往中断。

5.3　与外商沟通的技巧

现在，人们在交往中面对的已经不仅是国内商人，而是与世界各地商人进行竞争与合作。不同的人种、不同的语言、不同的民族和风俗习惯，都加大了沟通的难度。因此，与国外商人沟通必须研究形形色色的外商习俗和特点，讲究沟通技巧，使营销商务谈判顺利进行，并取得圆满成功。

阅读材料

一位中国企业家在一家大饭店宴请各国商人。有人把先上来的开胃酒中放了一只死苍蝇。美国商人看见了，笑着把侍者招来说：“请你们以后把酒和苍蝇分开来放。”日本商人看见了，严肃地对侍者说：“请你把经理找来。”经理来了后，日本商人把他教训了一顿。阿拉伯商人看见了酒中的苍蝇，不客气地把侍者拉过来说：“请你把这杯酒喝下去。”说着，硬要拿酒灌到侍者的嘴里。英国商人看见了，一声不响地从口袋里摸出一些钱，然后拂袖而去。

5.3.1　与美国商人沟通的技巧

美国在国际贸易中的地位及美国的文化背景给商务沟通带来的特点，在世界上有很大的影响。

美国，从历史角度来讲，是个年轻的国家；从民族来讲，是个多民族的国家，从国民来讲，是一个移民国家。白种人大部分是欧洲各国移民的后裔，分布在全国各地。由于移民的社会等级变化无常，专制君主无法生存，也就没有世袭贵族。因此，在这块土地上生存的人比较自由，不受权威与传统观念的支配。这种社会文化历史背景，培养了美国人强烈的创新意识、竞争意识和进取精神。

与美国商人交往，"是"与"否"必须表示清楚。装作有意接受而含糊作答，或者口头随意答应以后又迟迟不作正式回答，都会导致纠纷的产生。一旦发生纠纷，需注意解决纠纷的态度，切忌不要笑，因为在美国人看来，出现纠纷双方心情都较恶劣，笑容必定是装出来的，这就使对方更为生气，甚至认为你自觉理亏了。

美国商人的商业文化特点是：性格外露、坦率、真挚、热情、自信；办事比较干净利落，喜欢很快进入交谈的主题；谈锋甚健，不断发表自己的见解，注重实际，追求物质上的实际利益；自信而不善于施展策略；欣赏精于讨价还价、为取得经济利益而施展手段的人；美国人工作节奏快，决策迅速、果断。

在谈判中，如果充分利用美国商人性格豪爽的特点，诚挚、热情地与他们交往，很容易创造和谐的气氛，加速谈判的进程，创造成功的机会。否则，会增加误会或导致失败。

利用美国商人自信、滔滔不绝的个性来了解情况。在其滔滔不绝的陈词中找到有价值的信息，搞清目标内容，探听对方虚实，谋划对策。另外，借"自信"可激将对方，诸如："既然决策如此高明，何不让我们尝试一下……"，促其向自己靠拢。但要注意美国商人的自尊心，在掌握火候上可破其自信，杀其锐气，避免让对方生气。

利用美国商人喜欢与"高手"交往的特点，即喜欢"棋逢对手"，他们对以计谋获得追求中的利益，感到有兴致。因此，与美国人交往就要针锋相对，这样不仅不会遭到对方的反感，反而会博得对方的赏识。

但是，并非所有美国人都有性格直爽、容易接近、好做生意的特点，由于民族不同，在性格和习惯上存在着很大差异。如在美国以纽约为中心的东部商业团体中，犹太人很多，除此之外就是盎格鲁—撒克逊人等。犹太人做生意一般头脑灵活，具有商人意识，精于讨价还价，精通国际贸易业务知识，故在与其进行的商务交往中要特别慎重。盎格鲁—撒克逊人则较保守，在谈判中喜欢设关卡，重视合同的签订，一旦签约，废约、改约的现象较少。

5.3.2 与英国商人沟通的技巧

英国是世界资本主义发展最早的国家之一，其经济实力、军事实力曾显赫一时，殖民地遍及世界各大洲。英国的国情和在世界中的地位，决定了英国商人有自己独特的习惯和特点。

英国商人高傲、保守，与人接触时，开始总保持一段距离，然后才慢慢地接近；偶尔有纠纷时，英国商人会毫不留情地起来争辩，即使是他们的错误，也不会轻易认错和道歉；他们除了讲英语之外很少讲其他语言；英国的一些旧习并不那么容易改变；英国人显得有些保守，对新鲜事物不积极接受。

英国人善于交往、讲究礼仪、对人友善，除受人之托外，一般不干涉他人私事或介入他人的生活。

英国是一个具有悠久历史的资本主义国家。首先要牢记联合王国由四部分组成。与英国人交谈，涉及女王时，正规的说法是"大不列颠及北爱尔兰联合王国女王"；交谈时比较安全保险的话题是天气、旅游；涉足英国国土，必须要研究英国历史及禁忌。其次，要善于和傲慢的人打交道。在选择与英国谈生意的人员时，要在形象、修养、气质、风度方面进行严格的筛选，在级别上注意对等。这样一方面表示尊重对方，另一方面也会削弱对方的傲慢，树立自己的形象，争取他们的信任，以增加成功的机会。

根据英国商人善于争辩、不轻易改变自己观点的特点，与英国人进行商务活动时，首先不能急躁，未对每一细节充分认可之前，他们是不会签字的，如果将你的意思强加于他，不但不能成功，反而会增加对方的反感，因此这时可耐心说服，并摆出有说服力的证明材料，促使他们快速决策。另外，进口商在与英国商人签订的合同上，应加上延期交货的罚款条例，订立索赔条款，这样不但可靠，而且还可逐步改变对方不遵守交货时间的习惯。

根据英国人很讲究绅士风度的特点，可选派高级官员出访英国，这样可以满足他们的自尊自傲心理，增进与客户之间的关系。我方官员若用流利的英语直接与英国官员谈话，更能博得对方的赏识，从而增进双方的情感。

5.3.3　与法国商人沟通的技巧

法国是一个工业发达的国家，生产和资本的集中程度很高。在近代史上，其社会科学、文学、科学技术等方面都有卓越的成就，有很强的民族自豪感。在大多数的商务谈判中，法国人往往坚持使用法语，即使法国的洽谈人员英语讲得很好，也不会用英语谈判，除非他们迫切需要和你成交，否则很少让步，在他们看来，法语是世界上最高贵的语言。

法国商人以爱国热情高昂而著称，尤其是法国政府代表着法国的最高利益，他们的商业机构也是如此。因此，同法国人进行贸易洽谈，不要指望法国的官方会照顾你的利益。

法国商人有同人握手的习惯，而且握手次数较多。有些法国商人的时间观念不是很强，他们迟到了常有理由；反之，如果对方迟到了，就要受到冷遇。在社交中，比如参加正式的宴会，有一个不成文的惯例，即主要客人的身份越重要，他来的就越晚。因此，如果有人请你和公司人员一起参加宴会，可以预料吃饭时间要比规定的晚 30 分钟；如果主要客人是内阁总理，至少要晚 50 分钟。

在商务交往中，法国商人很注重信誉和人际关系，在未成为朋友之前，是不会同你进行大宗贸易的，一旦有了深交，才进行大宗贸易。法国商人谈生意不习惯开始就进入正题，往往先聊一些社会新闻或文化生活的话题（切忌涉及法商家庭私事和生意秘密），以此来培养感情。只有当他们认为感情培养起来后，才逐渐转入正式话题，一旦到了决策阶段，就会精神高度集中，运用他们特有的才智来对付各种情形。

法国商人个人办事的权力很大，担任要职的人可以果断地做出决策；法国商人能通好几个专业，每个人所担任的工作范围很广。法国商人很注意劳逸结合，早起早睡，工作强度大，工作态度极为认真。他们很珍惜假期，会毫不吝惜地把一年辛辛苦苦赚来的钱全部花光。他们很注重穿着，在他们看来，衣着代表一个人的修养和身份。

针对法国商人自尊、自强这一特点，在商务谈判中首先要尊重该国礼仪，派去的商务活动人员要注重服装、外表，以体现我方人员的修养、身份和地位；见面礼仪是握手而不是拥抱；必须派懂法语的工作人员前往，或者配备法语翻译而不是英语翻译；去法国进行商务活动，除避开节假日外，还要避开每年的 8 月份，这个时期法国人都放下手中的工作去旅游度假；要特别注意宴请时间、场合的选择，并且切忌谈生意。

根据法国人谈生意注重友情胜于一切的特点，要利用各种场合、机会与法国人交朋友，有计划地安排出访、邀请。在这些社会活动中，切忌不要将我们的时间观念强加于对方，如在宴请中可依据主要客人的级别，打出后移的时间，做好充分的思想准备和物质准备。一旦和法国人交上朋友，建立起融洽的业务关系，就会在交易上一帆风顺。

5.3.4 与加拿大商人沟通的技巧

加拿大居民大多数是英国和法国移民的后裔。加拿大工业的 80%以上集中在安大略和魁北克两省，尤以蒙特利尔和多伦多两个城市的工商业最为发达。除此之外，温哥华的运输和贸易业也很发达，它不仅是加拿大距亚洲最近的海港，而且加拿大的国际贸易博览会每年定期在此举行，特别是该地华侨多，能为中国的商品在加拿大进一步扩大市场起桥梁作用。

英国系商人和法国系商人在性格与商业习惯上有较大的差别。英国系商人较保守，重信用，商谈时较为严谨，在尚未了解每一个细节以前，绝对不会答应要求；而且英国系商人商谈时好设关卡，所以从洽谈开始到价格确定这段时间的商谈是颇费脑筋的，对此要有耐心，急于求成往往办不好事情。但是，一旦签约，废约的事情很少出现。

法国系商人则是，开始接触时非常和蔼可亲，平易近人，款待也很客气大方。但坐下来谈到实际问题时就判若两人，讲话慢慢吞吞，难以捉摸。因此要谈出结果来，颇需耐心，即使签约后也仍然存在一种不安感。因为法国系商人对签约比较马虎，往往是主要条款谈妥后，就要求签字，他们认为次要的条款可以待签字后再谈，然而往往是由于当时不被重视的次要条款导致了日后的纠纷。

利用英国系商人重信用、处事较为严谨的特点，必须做好沟通前的准备工作，即设计出理想的沟通方案，包括确定主题，搜集各种信息资料，并提供足够的论据，以增强其信赖感。另外，无论采取何种沟通形式，都要让对方感到你的诚意，这对谈判的顺利进行将起到事半功倍的效果。

利用法国系商人容易接触、不拘小节等特点，沟通中应该先谈大的主要问题，一旦谈妥后，绝不忽视对小的一般问题的商讨，而且随时注意会场的气氛，防止离题甚远，使次要问题得不到妥善解决，以至最终成为毁约的隐患之一。

5.3.5　与德国商人沟通的技巧

德国是工业高度发达的国家。德国商人思维很有系统性和逻辑性。他们在交易商谈中往往准备得很充分、周到、具体，如果谈判对手事先准备不足或谈判中思维混乱，就会引起德国人的反感和不满。

有些德国商人性格倔强、自负，缺乏灵活性和妥协性。他们在交易中不喜欢漫无边际地闲聊，一开始就一本正经地进行商谈，并且把合同条款的每一个细节都搞清楚，才肯在合同上签字。合同一旦生效，他们则要求双方绝对遵守，容不得半点变更，也毫无通融可言。在价格上，德国人很善于讨价，一旦他们决定购买，就要压你让价。他们强调交货期，要求对方必须严格遵守交货许诺以便和他们的生产计划相适应。为了保护自己，他们甚至还要提出按照他们的要求确定交货期的优惠条件，如果对方不能满足这一点，就要加上赔偿的条款。德国商人比较注重形式，商务交往中特别强调个人才能，很喜欢显示自己的身份，重视以职衔相称。他们见面很讲究礼节，握手没完没了，特别是告别时，总喜欢将对方的手握了又握，以示致谢。

德国商人工作效率之高是人所共知的，他们有极大的技术创造力，有坚定不移必达目的的毅力，他们对买卖的产品质量要求很高。因此，要想与德国商人做生意，就必须让他们相信你的公司条件符合各项标准，同时他们也会通过各种途径观察你在洽谈中的表现，以确定你是否言而有信。

德国商人不喜欢请客吃饭，但喜欢送礼，以表示友谊。德国商人喜欢赠送礼品给个人而不是公司，故给德国商人送礼时，应直接送给个人而不是公司，若送给一个团体，礼物就等于白送了。

德国商人的个性突出，个人权力大。因此在与他们交往时，一定要突出其个人身份，见面要称呼职衔，尽量避免用"××先生"通称；商谈时要特别重视负责人的意见和行动；送礼时必须要关照某些权威人士或核心人物。由于德国商人的谈判风格，这就要注意所选拔的谈判人员不但是精兵，而且是强将，做到应付自如；要具有清醒的头脑，包括谈判前的准备、谈判中的利益之争、各种条款的商定以及最后的签约、违约条款的认可等，都要谨慎严格，不失礼、不失信，应避免事后更改条款而出现不快。有些德国商人的性格缺乏灵活性和妥协性，因此与他们打交道时，除了准备充分之外，还可在交谈中开门见山、先入为主，阐明自己的观点，在洽谈中争取主动，快速地把谈话内容直点要害，让对方无己见可坚持，也就不能不妥协了。

德国的经济实力决定了德国商人不会轻信任何贸易伙伴，不管你在本国的信誉有多好。为了取得对方的信赖，应经常向德国有关业务公司提供各种产品的信息资料，提供

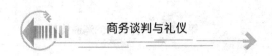

企业的业务咨询证明。为了说明产品质量和本国公司或企业的实力，可邀请对方来我国考察，对出口产品做生产操作示范，有条件的话，最好在买主所在国的工厂进行，还可派我方技术人员亲自接待，详细介绍产品的性能、特点，必要时可请已有买主现身说教。这些都会大大提高我方的信誉度，从而加速谈判的进程。

5.3.6　与俄罗斯商人沟通的技巧

由于受长期计划经济体制的影响，俄罗斯商人在谈判时，喜欢按计划行事，决策迟缓，商务交往需要经过有关部门安排，谈判进展可能相当缓慢。建立一家合资企业或做成一笔大生意，往往需要几年的时间。

俄罗斯人的地位意识很强，谈判人员通常只具有有限的权力，经常要向上级汇报谈判进程。对谈判对手的建议要间隔相当一段时间后才能有回音，拖延战术是经常可见的。俄罗斯人善于寻找新的合作与竞争伙伴，善于讨价还价，如果要引进一个项目，他们首先会对外招标，引来几家竞争者，然后从容不迫地加以选择，并采取各种手段，让争取合同的对手之间相互压价，由其坐收渔翁之利。俄罗斯人常用的压价策略，是强调谈判对方面临的激烈竞争，有时还会提出别的竞争者的看法，并从最好的竞争者那里得到让步后，再来迫使别的竞争者做出相应的让步。要求他们让步时，往往速度缓慢，并希望对方让步的幅度与他们原订目标相吻合。

俄罗斯人在引进项目时，为了保证技术的先进性和实用性，通常会挤掉对方报价的水分，并索要许多技术资料，重视技术的具体细节，在产品和技术问题上与谈判对手进行大量的反复磋商。俄罗斯缺乏外汇储备，贸易的货币支付会面临困难。如果采用易货贸易，则可采用转手贸易安排，以及补偿贸易、清算账户贸易等多种形式，从而使贸易洽谈活动变得非常复杂。

5.3.7　与日本商人沟通的技巧

日本商人是东方民族经商的代表，其谈判、交谈风格具有典型的东方特色。注重礼节和身份；重视集体智慧，强调集体决策；说话态度婉转；时间观念强，生活节奏快；注重和谐的人际关系；精于讨价还价，寸利必争；勇于进取，刻苦耐劳；决策在公司内部与所有有关人员进行彻底磋商后做出；获取情报，毫不吝啬。

与日本商人交往时，要注意服饰、言谈、姿态及举止风度的端庄和谦逊。日商非常重视对方的身份、地位、年龄以及性别。利用这一特点，中方商务活动人员与日方交往时必须彬彬有礼、举止有度；在交往之前，要搞清日方人员的身份，选派与对方年龄、性别、身份相适应的人员，以示对日本商人的尊重或对本次商务活动的重视。

日本商人很注意商务活动中的人际关系。在商谈过程中，有相当一部分精力和时间是花在人际关系中，他们不赞成也不习惯直接的、纯粹的商务活动。所以有人认为，参加日本人的交易谈判就像参加文化交流活动，如果有人想开门见山直接进入商务问题而不愿展开人际交往，那就会处处碰壁，欲速则不达。利用这一特点，应该投其所好，付出相当一部分精力和时间，与日商搞好人际关系，在谈判开始时先不直接涉及谈判内容。

日本商人精于讨价还价，并且笑容可掬，有地位的日本商人，如部长、会长、社长等人员十分注重这种还价方式，以显示其文化修养，这种笑脸式的讨价还价往往会掩盖其寸利必争的真相。实际上，日商报价很高，一般是在成交价格的基础上加 20%～30%，甚至有时高达 50%，还价时压价较狠，有时甚至会令你目瞪口呆。另外，日商在讨价还价时对数字较为敏感，日本人认为奇数表示吉祥，但也忌用"9"，不太喜欢偶数，尤其是偶数中的"4"更忌用。利用这一特点，在与日商谈判中，报价及商谈事宜时要留有较大的余地，以防日本商人压价或讨价过狠。"打折扣吃小亏，拉高价占大便宜"是日本商人商务谈判的典型特征之一。为了迎合买方心理，日本出口商善用"折扣"吸引对方，我方谈判人员绝不可以"折扣率"为谈判标准，应坚持"看货论价"，要善于比价，善于解析成本，绝不可形成"习惯性折扣率"；对于双方共同磋商所达成的协议，我方应保持"审视"态度，警惕协议条款中的某些微小变化，以免使我方吃亏。

日本商社认为，准确的情报能趋利避害，扩大业务；相反，情报不准确，就会坐失良机。因此，日本商社的工作人员都受过搜集情报的专门训练，每个驻外人员和临时出国人员都负有搜集情报的任务。对外办事人员每天上班后，首先要阅读总部发来的各项指示和各种资料，了解总部的要求和意图；接着便详细查阅当地的报纸、杂志、书籍，从中寻找有价值的情报和线索；然后与当地公司、企业和有关单位联系。利用这一特点，我方商务活动人员应持既积极又慎重的态度。积极是指应主动地向日本商人介绍我方生产经营以及经济发展前景等情况，增进日方对我国经济、企业状况的了解；慎重是指介绍情况要适度，否则无法在国际贸易中争取主动。

日本人的生活充满竞争，造成了其时间观念强、生活节奏快的特点。日本商人大多数性格急躁，办事讲究时效，走路匆匆忙忙，目不斜视，乘电梯时若遇人多，宁愿步行直接上楼也不愿等待，约定的时间一般都严格遵守，不会无故失约和延误。利用日本商人时间观念强而决策慢的特点，会谈的地点选在本国，可避免等候时间过长而影响工作。若会谈在日本，首先，不要有期限的压力，否则会使日方产生怀疑，猜测协议中有尚未注意到的东西，使决策更为缓慢；其次，可利用日本商人决策期间，进行参观、学习、访问等，待他们有了成熟的意见后再回到谈判桌上来。

5.3.8　与阿拉伯商人沟通的技巧

阿拉伯国家位处西亚和北非，主要有叙利亚、科威特、伊拉克、卡塔尔、约旦、黎巴嫩、埃及、利比亚、苏丹、突尼斯、巴勒斯坦、阿尔及利亚和摩洛哥等国家。这些国家的共同特点是：居民多为阿拉伯人，通用阿拉伯语，信仰伊斯兰教，经济形态较单一。绝大多数国家盛产石油，靠石油及其产品出口维持国民经济，进口多为粮食、运输工具、机器、肉类和纺织品等。主要贸易对象是欧美和日本等发达国家。

阿拉伯商人好客、重信誉、种族观念强。根据这一特点,沟通人员可派回族或懂伊斯兰教教义又会说阿拉伯语的人前去。彼此同宗同族会增加信任感,也易于创造沟通气氛,了解对方的意图,摸清对方的底盘。对阿拉伯人来说,大家庭是贸易的主导因素。在阿拉伯地区,一个人对其家庭和朋友的义务是不可等闲视之的,这些义务不但使人们寄希望于彼此的依赖和支援,而且本身也是这种希望的实际产物。亲热的血缘关系即使不能说主宰着人们的生活,至少也可说发挥着极重要的作用。在他们的国度里,如果你是一个外来人,并对其风土人情一无所知,就很难与他们交往,更谈不上做生意了。

阿拉伯商人好客,典型的表现就是,当有来访者时,不管自己在干什么,都要一律停下来热情接待客人。他们不喜欢一见面就谈生意,在访问客户时,第一、二次会面绝不可以谈生意,他们认为这样做会有失身份;与其打交道,必须先取得他们的信任与好感。

阿拉伯各国政府都坚持要通过本地代理商做生意。没有一个得力的阿拉伯中间商,你就做不成长久的生意。尤其是大宗交易时,中间商不但可以帮你从政府争来赚钱的项目,还可以为实施项目铺平道路;此外,还为你疏通关节,加快进度,解决劳工、材料、运输、储存以及贷款等一系列问题。这一政策也使阿拉伯国民生财有道,获利甚丰。

阿拉伯商人做生意精于讨价还价,并且尊重、赏识精明的对手。这一特点本身就是把自己看作是强者,事实上也是如此。阿拉伯语是阿拉伯各国通用语,许多阿拉伯人不但会讲英语、法语,而且相当一部分商人持有西方高等学府的毕业文凭和学位证书。因此与他们交谈时不要持"阿拉伯人简单、无知识、无教养"的鄙视态度,要有针对性地采取各种沟通形式,和他们做知心朋友,这样就能为谈判扫除障碍,因为他们非常珍惜友谊。

针对阿拉伯商人的特点,首先,要选择好约会的场所,如果约会的地点是在国内,无论是在本公司还是在公共场所,都要叮嘱你的部下,勿在沟通过程中进行不必要的干扰,以影响沟通气氛的情绪;如果约会的地点在对方国家,可主动要求到公共场所,以防亲朋好友的突然拜访而中断谈话。其次,即便遇到中途有客人来访,无论你觉得自己是何等重要,也无论你的时间安排的如何紧凑,对此你应该毫无怨言,因为对他们来讲,不停下来招待客人,这是没有礼貌的行为。这时如果在主人面前表示出急躁情绪,你就会前功尽弃。积极的办法是,事前采取相应的对策,或善于在短期内恢复中断的会谈气氛,把握住会谈的主题,以弥补逝去的时间。

5.3.9 与韩国商人沟通的技巧

韩国人同日本人一样,受到了中国儒家文化的影响。但是,由于美国的影响,韩国人的商业习惯多少有点西方文化的味道。因此,同韩国人谈判,既要考虑他们的传统文化,又要考虑他们西方文化的一面。另外,韩国曾受到日本文化较长时期的影响,因此,又打上了日本文化的印记,但是在研究其谈判风格时,应避免把两国作比较,因为在很多方面他们是不同的。

　　与韩国人谈判成功的关键在于与他们建立牢固的联系，高度重视建立起来的相互信赖关系和彼此间的尊重。

　　韩国人既爱面子，又独立性强，讲话比较直率。韩国人极不愿意说"不"来拒绝你。一个习惯于同外国人打交道的有礼貌的韩国人，他会一直听你讲话而不打断你。在他看来，是他正在"操纵"你，也就是说，正在控制局面，他占有上风。可是当他急于进入更深一层的会谈或者他忍不住要以自己的理解来阐述某个观点时，他也会打断你的话。这时候就不太注意面子，也不在意谁处于上风了。打断谈话时，你不要感到不快，因为这常常是一个好迹象，表明其心急，心急意味着真心希望谈判成功，达成交易。

　　韩国人不喜欢高声大笑和做过分的姿态，也不喜欢喧闹的行为。虽然他们直言不讳，但也不喜欢太鲁莽。他们珍视一种"内在"的气质。因此，派到韩国去的代表应当是一些有修养、说话温和的人，以利于谈判的成功。韩国人比较谦和，恭维话会被友好地拒绝。韩国人以韩国文化和国家的经济成就为荣，谈论这些，他们会感到高兴。

5.3.10　与非洲商人沟通的技巧

　　非洲商人的特点是性格倔强，自尊心强，热情好客，十分看重友情，任何交易都必须以深厚友谊为基础，否则无从入手。

　　非洲许多国家等级森严，从商者多为上层人士，所以十分讲究礼节。稍有失礼，就可能导致洽谈失败。

　　非洲人生活节奏缓慢，文化素质普遍不高，很少从事商务活动的人对有关业务知识并不熟悉。

　　坦桑尼亚、肯尼亚和乌干达三国位于非洲东部，形成经济共同市场，期望并合作以提高各国的经济实力，但除了铁路和通信的步调一致外，其他方面进行得并不顺利。三国除了资源贫乏以外，人口也少，因此产业很难成长，尽管近年来当地资本有所发展，但由于缺乏经验，推销网络也不可靠。因此，在与当地商人洽谈时，不能草率从事，否则会碰得焦头烂额。

　　尼日利亚位于非洲西部，其当权人物大都受过欧美教育。他们巧妙地运用关税政策，低价进口外国产品，以提供质优价廉的物品给国民使用。尼日利亚人口的大部分是农民，主要输出花生和棕榈油，该国石油储量丰富，工业发展很快。

　　在处理贸易问题上，南非一般派出有决定权的负责人担任谈判任务，商谈一般不会拖延时间，他们也希望对方出面谈判的人具有决定权。南非商人比较讲信誉，付款也很规矩。

复习思考题

1. 什么是商务谈判沟通？商务谈判沟通的意义是什么？
2. 商务谈判沟通的障碍有哪些？
3. 如何与公司制企业沟通？
4. 如何与合作制企业沟通？
5. 如何与个人业主制企业沟通？
6. 如何与美国、英国、加拿大商人沟通？
7. 如何与德国、俄罗斯商人沟通？
8. 如何与日本、韩国商人沟通？

案 例 分 析

以下是我国一家石油公司经理在与石油输出国组织的一位阿拉伯代表谈判后的自述："我会见石油输出国组织的一位阿拉伯代表，和他商谈协议书上的一些细节问题。谈话时，他渐渐地朝我靠拢过来，直到离我大约只有 15 厘米才停下来。当时我并没有意识到什么，因为我对中东地区的风俗习惯不太熟悉，我往后退了退。在我们两人之间保持着一个我认为适当的距离，大约 60 厘米左右。这时，只见他略略迟疑了一下，皱了皱眉头，随即又向我靠过来，我不安地又退了一步。突然，我发现我的助手正焦急地盯着我，并摇头向我示意。我终于明白了他的意思，我站住不动了，在一个我觉得最别扭、最不舒服的位置上竟然谈妥了这笔交易。"

思考：

请结合以上案例谈一谈阿拉伯国家进行商务谈判时的主要特点及与之谈判时应采取的对策。

第6章　商务谈判的语言技巧

🖊 **内容提要**

本章主要介绍谈判语言的类型、谈判语言的运用及其原则、陈述的技巧、发问的技巧、说服的技巧、答复的技巧等内容。

6.1　谈判语言概述

商务谈判的过程是语言交流的过程。谈判的技巧在很多场合可以说是运用语言的技巧。商务谈判的成功与否，在很大程度上取决于语言的正确表述。谈判中的思维活动要运用语言，谈判中的沟通、讨价还价也离不开语言。商务谈判的语言运用是解决谈判问题的主要工具，关系到谈判的成败。一个高明的谈判者，往往同时也是运用谈判语言的高手。正如谈判专家指出的那样：谈判技巧的最大秘诀之一，就是善于将自己要说服对方的观点一点一滴地渗进对方的头脑中去。

1. 谈判语言的类型

商务谈判的语言多种多样，从不同的角度或依照不同的标准，可以把它分成不同的类型。同时，每种类型的语言都有各自运用的条件，在商务谈判中必须相机而定。

（1）依据语言的表达形式不同分

依据语言的表达形式的不同，商务谈判语言可以分为有声语言和无声语言。在商务谈判中要巧妙地运用这两种语言，使其产生珠联璧合、相辅相成、默契的效果。

1）有声语言是指通过人的发音器官来表达的语言，一般理解为口头语言。这种语言是借助人的听觉传递信息、交流思想。

2）无声语言又称为行为语言或体态语言，是指通过人的形体、姿态等非发音器官来表达的语言，一般理解为身体语言。这种语言是借助人的视觉传递信息、表示态度、交流思想等。

（2）依据语言的表达特征不同分

依据语言的表达特征，商务谈判语言可分为专业语言、法律语言、外交语言、文学性语言、军事性语言等。

1）专业语言是指在商务谈判过程中使用的与业务内容有关的一些专用或专门术语。谈判业务不同，专业语言也有所不同。例如，在国际商务谈判中，有到岸价、离岸价等专业用语；在产品购销谈判中有供求市场价格、品质、包装、装运、保险等专业用语；在工程建筑谈判中有造价、工期、开工、竣工及交付使用等专业用语。这些专业语言的特征是简练、明确、专一。

2）法律语言是指商务谈判业务所涉及的有关法律规定的用语。商务谈判业务内容不同，要运用的法律语言也不同。每种法律语言及其术语都有特定的内涵，不能随意解释和使用。通过法律语言的运用，可以明确谈判双方各自的权利与义务、权限与责任等。

3）外交语言是一种具有模糊性、缓冲性和圆滑性特征的弹性语言。在商务谈判中使用外交语言，既可以满足对方自尊的需要，又可以避免己方失礼；既可以说明问题，又可以为谈判决策进退留有余地。例如，在商务谈判中常说"双方互惠"、"互利互惠"、"可以考虑"、"深表遗憾"、"有待研究"、"双赢"等语言，都属外交性语言。外交语言要运用得当，如果过分使用外交语言，容易让对方感到无诚意合作。

4）文学性语言是具有明显的文学特征的语言。这种语言的特征是生动、活泼、优雅、诙谐、富于想象、有情调、范围广。在商务谈判中运用文学性语言既可以生动、明快地说明问题，又可以调节谈判气氛。

5）军事性语言是指带有命令性特征的用语。这种语言的特征是干脆、利落、简洁、坚定、自信、铿锵有力。在商务谈判中，适时运用军事性语言可以起到提高信心、稳定情绪、稳住阵脚、加速谈判进程的作用。

（3）通过表情动作来传递情感的语言形式——体语

体语是一种无声语言，是指通过人的形体、表情和姿态等形式来表达情感、传递信息的语言形式。在谈判活动中，体语是一种广泛运用的重要沟通方式。体语主要有首语、手势语、目光语、微笑语、界域语、姿势语等六种表现形式。

1）首语是通过头部活动所传递的信息，分为点头语与摇头语，一般情况下，点头表示肯定，摇头表示否定。有人曾专门探讨过"点头语"的语义，认为有以下含义：表示歉意、表示同意、表示肯定、表示承认、表示感谢、表示应允、表示满意、表示理解、表示顺从。首语因文化习俗的差异在表义上也有所区别，在保加利亚和印度的某些地方，则与一般情况恰好相反，即"点头不算摇头算"。

2）手势语包括握手、招手、摇手和手指动作。手势语在谈判活动中的使用范围较广，使用频率很高。握手的次序、握手的方式都有一定的规范。握手的习俗为多数民族所具有，也有的民族用其他的方式来代替手语，如日本人就以鞠躬作为迎宾送客的礼节。手指动作受文化差异的影响，表义较为复杂。中国人之间在比较简单的个人交易中，常用手指表示数量，如将食指伸出向下弯曲表示的是数字"9"，可日本则用这种手势表示"偷窃"；用拇指和食指合成圆形，在美国表示"OK"，是赞许和承诺之意，但在法国一些地方，有时却解释为"毫无价值"。由此看来，在谈判过程中，使用手指动作，必须首先掌握在不同民族中所表示的特定含义，这样才能有效地发挥手势语的交际作用。

3）目光语也称为眼神。常言道："眼睛是心灵的窗户。"人的内心情感，如喜、怒、哀、乐都可以通过目光的微妙变化中反映出来。目光语可分为许多种，如逼视、窥视、凝视、注视等，每一种目光语都具有与其他目光语相区别的特征。但这种区别是细微的，因此，只有在具体的语言环境中，才能正确理解某一个目光的完整含义。视线接触的停留时间长短一般与感兴趣的程度成正比。除中东一些地区以相互凝视为正常的交往形式外，在许多民族中，往往把长时间的凝视、直视或上下打量，看成无礼的行为，会给对方造成心理上的防御感，从而影响谈判的效果。在谈判过程中，注意观察对方的目光，可以洞悉其心理，有针对性地表达自己的意愿，促使谈判成功。

4）微笑语。微笑所表达的含义在各民族中基本是一致的。微笑具有神奇的魅力，会使人感到亲切、可信、有诚意。微笑能使强硬的态度变得温柔，能使困难的议题变得容易，能使被动局势变为主动，能使敌对情绪变为友好。所以说，微笑是谈判人员可以采用的一种绝妙的策略和技巧。

5）界域语。在谈判过程中，界域语的媒介作用体现在位置和距离两个方面。谈判人员就座的位置不同，可表示出不同的含义。例如，甲、乙两人谈判，甲已坐定，那么乙座位的选择很有讲究。乙坐在甲的旁边，这是友好位置，体现了双方兴趣相投、亲切友好、彼此信赖的关系；乙坐在甲正对面，这是竞争位置，表示乙对甲有防范心理。距离远近的选择，因民族文化的影响而有所差异，与不同民族成员一起谈判，应事先了解对方的习惯。

6）姿势语。在谈判过程中，姿势语中的坐式比较重要，每一种坐式都毫不掩饰地反映谈判者的心理状态。如交叠双足而坐，是防范心理的一种表示；男性张开双腿而坐，表示自信、豁达；女性双膝并拢，表示庄重、矜持。在谈判的实践活动中，这种事例比比皆是。

2. 商务谈判语言运用的原则

商务谈判中要懂得利用表情、手势和抑扬顿挫的语调等种种技巧来表达和强调自己的思想和见解。那么，什么样的语言为成功的谈判语言呢？在商务谈判中运用语言艺术时需要遵循如下一些基本的原则。

（1）客观性原则

谈判语言的客观性是指在商务谈判中运用语言艺术交流思想、传递信息时，应该以客观事实为依据，并且运用恰当的语言向对方提供令其信服的证据。这一原则是其他原则的基础。一个谈判者的语言艺术水平无论有多么高，离开这一原则，他所讲的只能是谎言，商务谈判也就失去了进行的意义。

以产品购销谈判为例。作为产品销售方要遵循的客观原则就是，要对产品的情况做介绍，即对自己的产品性能、规格、质量等做客观介绍。为了使对方相信，必要时还可通过现场试用或演示的方式。如果采取华而不实的做法，一次可能侥幸取得成功，但长此以往，产品信誉下降，用户会越来越少，长远的利益将受到损失。作为产品的购买方，也要实事求是地评价对方产品的性能、质量等。讨论价格问题时，提出压价要有充分的根据。只有双方都能这样遵循客观原则，才能使谈判顺利地进行下去，并为以后长期合作打下良好的基础。

（2）针对性原则

谈判语言的针对性是指在商务谈判中运用语言艺术要有的放矢，对症下药。谈判要看对象，每一场谈判都有其特定的目标、谈判对手，谈判时间和地点等也不同。在谈判中必须针对这些特殊性来考虑语言的运用。不同谈判议题与不同的谈判场合都有不同的谈判对手，需要不同的谈判语言。即使是同一谈判议题，考虑到不同的谈判对手的接受能力、性格、知识水平以及需求的侧重不同，也要求应用不同的谈判语言。即使对同一谈判对手来说，随时间、场合的不同，其需要、价值观等也会有所不同，在谈判中都要有针对性地使用语言。

在商务谈判中，商品种类不同，谈判内容也会截然不同，这就要求语言的运用要有针对性。谈判的内容五花八门，仅就贸易谈判而言，就包括商品买卖谈判、劳务合同谈判、租赁谈判等。在每次谈判内容确定后，除了认真准备有关资料以外，还要考虑谈判时使用的语言，反映出以上提到的这些差异。从使用语言的角度看，如果能把这些差异透视得越细微，就越能在谈判中有针对性地使用语言，以保证每次洽谈的效果和整个谈判的顺利进行。

（3）逻辑性原则

逻辑性原则要求在商务谈判过程运用语言艺术要概念明确、判断恰当、证据确凿、推理符合逻辑规律、具有较强的说服力。要想提高谈判语言的逻辑性，既要求谈判人员具备一定的逻辑学知识，又要求在谈判前做充分的准备，占有大量详细的相关资料，并加以认真整理，然后在谈判席上以富有逻辑的语言表达出来，为对方所认识和理解。

在商务谈判中，逻辑性原则反映在问题的陈述、提问、回答、辩证、说服等各个语言运用方面。陈述问题时，要注意术语概念的同一性，问题或事件及其前因后果的衔接性、全面性、本质性和具体性。提问时要注意察言观色、有的放矢，要和谈判议题紧密结合。回答时要切题，除特殊策略的使用外，一般不要答非所问。说服对方时，语言、声调、表情等要恰如其分地反映自身的逻辑思维过程。此外，还要善于利用对手在语言逻辑上的混乱和漏洞，及时驳击对手，增加自己语言的说服力。

（4）说服性原则

说服性原则要求谈判人员在谈判沟通过程中无论语言表现形式如何，都应该具有令人信服的力量和力度。这是谈判语言的独特标志。

谈判语言的说服力，不仅是语言客观性、针对性、逻辑性的辩证统一，它还包括更广泛的内容。它要求声调、语气恰如其分，声调的抑扬顿挫，语气的轻重缓急，都要适时、适地、适人。谈判人员还要将丰富的面部表情和适当的手势，期待与询问的目光等无声语言，也作为语言说服力的重要组成部分。当然，谈判语言是否具有说服力，最终要用实际效果来检验。比如，语言是否引起对方共鸣，是否达成了协议，是否建立了谈判各方的长期友好合作关系，等等。

3．商务谈判语言的运用

谈判语言要根据谈判的目标、对象、时间、环境、内容等具体情况进行正确的选择。如根据谈判的不同阶段、不同任务可分别进行如下选择。

1）在谈判准备阶段，以商业法律和军事语言为主，主要是用最短的时间和最低的代价选择、试探合作伙伴，没有必要加强关系。

2）在谈判开始时，以文学、外交语言为宜，旨在创造良好的气氛、拉近距离、培养感情、消除陌生感等。

3）在谈判讨价还价阶段，以商业法律语言为主，文学、军事语言为辅，以明确谈判立场、方案，并适时调节谈判气氛和局面。

4）在谈判结束阶段，因为该讲的都讲了，只需要敦促对方作最后的让步了，所以往往选择军事性语言。如"不行，必须再降 2%"、"某条件必须满足才可成交"、"我方已无退路，也无新的意见好讲，贵方作决定吧"、"这是最后的机会，希望拿出最终价"，等等。由于处在即将结束谈判的时候，如果用别的语言，很容易造成误会。

6.2　陈述的技巧

陈述是双方基于自己的立场、观点等，通过述说来表达对各种问题的具体看法，或对客观事物的具体阐述，以便让对方有所了解。不受对方提出问题的方向和范围限制的主动性阐述，是商务谈判中传达大量信息、沟通感情及控制谈判进程的一种方法。谈判者能否正确、有效地运用述说的功能，把握陈述的要领，将会直接影响到谈判的效果。

1．陈述的原则

从谈判的角度考虑，叙述问题、表达意见应当态度诚恳、观点明确、层次清楚、语言通俗。通常在陈述中应该遵循以下原则。

（1）用语准确、明白

谈判人员无论提供书面资料，还是回答询问，都要力求表述准确、明白。倘若不甚清楚，应推迟答复或者实事求是讲明，切莫信口开河。在运用专业术语时，应因人而异、

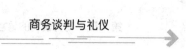

适当采用。

（2）主题应明确，语言要婉转

在陈述过程中，不要随便发表与主题无关的意见，最好能就所谈问题进行表述，不要东拉西扯，不着边际。此外，遣词造句要审慎斟酌、措辞得当。在谈话中，语言所带有的感情色彩将直接影响到陈述的效果，也不能太突兀而使对方难以接受。

（3）提出的数值要准确

谈判人员应避免使用含混的数字。一旦涉及如价格、赔偿额、日期和利率等的具体数字时，应提出一个确切的具体值，或者不要急于表态。

（4）重视会议结束时的发言

谈判人员应注意，不要以否定性话语结束谈判。因为这些话语将可能成为对方印象最为深刻的一件事，即使双方已在会谈中达成协议，但因不愉快的否定语有可能会使对方以后反悔甚至推翻原协议，因此在谈判终了时，要给对手正面的评价。因为无论结果如何，对参与谈判的人来说，每一种谈判都有某种程度的益处，对对方表示谢意和感激是极有必要的。

（5）必要时可重复

在叙述过程中，有时会遇到对方不理解、没听清或有疑问的情况，细心的谈判者会从对方的眼神、表情中觉察到，这就需要叙述者放慢速度、重复叙述。谈判者必须慎重对待任何可能引起对方误解的情况，否则，可能因此酿成谈判破裂的后果。

2. 注意的问题

在陈述的过程中，谈判者要注意以下几个方面的问题。

（1）不要拐弯抹角回不到主题

谈判语言一定要简明扼要。模糊、罗嗦的语言，会使对方疑惑、反感，降低己方的威信，就会成为谈判的障碍。

（2）第一次就要说对

当谈判对方要你提供资料，而你对资料的正确性不甚了解时，你应延迟答复，切莫冲口而出。一项本来对己方有利的资料，由于第一次没说对，可能反而导致对己方不利，因为事后修正的资料可能越描越黑，大大削弱了谈判力量。

（3）以肯定性措辞表示不同意

在谈判中，良好谈判气氛的建立是非常重要的。欠缺谈判经验的人往往直截了当地指出对手的错误，使对方尴尬，导致谈判气氛紧张；而富于谈判经验的人则通过强调对手所轻视或忽视的好处，委婉地表示自己的不同意，创造出一种和谐的谈判气氛。

（4）切莫以否定性话语结束会谈

已有著名的谈判家这样告诫我们：假如你以否定性话语结束会谈，则该否定性话语将可能成为谈判对手印象最深刻的事，可能会令他在一段时间之后反悔或推翻已达成的协议。

（5）避免使用含上限、下限的数值

在谈判过程中，一旦涉及数值，如价格、兑换率、赔偿额、增长率、日期等，则应提出一个确切的具体数值，避免提出介乎某一上限或某一下限之间的数值，因为谈判对手很自然地会选择有利于他的上限或下限作为讨价还价的基础。

3. 陈述的具体技巧

在谈判过程中，陈述的方式、技巧多种多样，概括起来有以下几种。

（1）情理法

性理法是一种有情有理、情理融合的陈述方式，能增加感情色彩，并伴之以理服人，从而达到以情感人，使倾听者深受感染并在内心产生共鸣。运用这种方式，常常会收到奇特的效果。

例如，正当"引滦入津"工程进入关键阶段，隧洞施工部队需用的炸药不够了。没有炸药，整个工程就要延期，部队派一位连长到某化工厂去买炸药。他喝了一口厂长秘书递过来的开水，说："厂长啊！你们这儿的水可真甜啊！你去过天津吗？天津人可没有这种口福啊！他们喝的是从海河槽和淀淀里收集起来的苦水，不用放茶叶就是黄的。可他们就是喝着这苦水搞生产，贡献多大啊！噢，你戴的表是海鸥表吗？这是天津生产的，天津有名的产品可不少，听说全国每 10 块手表中就有一块是天津的，每 10 台拖拉机里就有一台是天津的，每 4 个人里就有 1 个人用的是天津生产的碱。你是生产行家，比我懂得多。你说生产能离开水吗？天津人喝水都紧张，生产用水就更甭提了，引滦入津可是解燃眉之急啊！"

厂长听了这些话，很受感染，便问了一句："你是哪里人哪？"连长接过话头继续说："我是河南人，厂长，说句心里话吧，我和你一样，都喝不上滦河水！我是 10 年的老兵了，等滦河水进了天津，我可能已经脱了军装回老家去了。"

这位连长的陈述是以理为纬，以情为经，情理交织感人，致使在谈判中顺利地实现了谈判目的。

（2）实物法

实物法即谈判者在陈述过程中辅以实物（包括图表、模型等），以增加直观效果，从而增强陈述的真实感和说服力，以收到良好的效果。

例如，春秋时期，晋灵公花重金征用无数民夫建造九层高台，供自己享乐。他下令，如有敢于进谏之人，一律处死不赦。大夫荀息前去求见他，他命令左右张开了弓，只要荀息说半句劝谏的话，就把他射死。荀息上殿说道："我来表演一套小把戏给您看，我可以把十二个模子一个一个摞好，然后再往上堆鸡蛋。"灵公不觉大叫："太危险了！"荀息说："还有比这更危险的呢！九层之台，造了三年还未完成，男不耕，女不织，国家资财用光了，邻国马上要来侵犯，这样下去，国家就要亡了，你还有什么希望呀？"

晋灵公听了，便下令停止了建九层高台的工程。这就是历史上的"荀息累卵的故事"。荀息用实物向晋灵公说明了他所处的危险境地，促使晋灵公迅速醒悟。

实物陈述在商业谈判中经常运用到，谈判双方以陈列的商品为据，阐述各自的看法；还可以边述说边操作，演示给对方看。这样，说服力和真实感大大增强，自然能收到很好的效果。

（3）对比法

对比法是指把两种互相对立的事物放在一起，使二者相映相衬。在正与反的对比中使己方的观点更鲜明、突出，从而引起对方的注意，造成强烈的印象。这种述说方法是谈判中经常用到的，有很强的说服力。

例如，东汉末年，曹操占据兖州。袁绍正北攻公孙瓒，吕布占据徐州。曹操见袁绍地广兵多，势力强大，深感忧虑。他想讨伐袁绍，又担心力量不足，因此犹豫不决，举棋不定。他的谋士郭嘉为敦促曹操采取行动，便向他详述了战胜袁绍的有利条件，他对曹操说："过去刘邦、项羽力量之悬殊，想必你是知道的，但是最终汉高祖刘邦以智取胜，项羽虽然强大，却终于败北。据我看，袁绍有十败，您有十胜，即使他兵强马壮，也无济于事。袁绍为人繁礼多仪，而您任体自然，这是必胜的原因之一；袁绍以叛逆举事，而你奉天子以率天下，这是必胜的原因之二；汉末失政于宽，袁绍以宽济宽，而您好纠之以猛，上下知制，这是必胜的原因之三；袁绍外宽内忌，用人多疑，所信任的只有亲戚子弟，而你外简内明，用人无疑，惟才是举，不分远近，这是必胜的原因之四；袁绍多谋少决，失在后事，而你一旦决断，立即实行，应变无穷，这是必胜的原因之五；袁绍凭借前人的资望，高议揖让以收名誉，那些好言饰外的士人都归附于他，而您以至心待人，推诚而行，不事虚美，以俭率下，那些忠直之士都愿为您所用，这是必胜的原因之六；袁绍看见饥寒的人，十分体恤，并常常表露出来，而他看不见的就想不到该怎样做，这就是人们说的妇人之仁，而您对于小事虽然常常忽略，但大事却考虑得十分周到，这是必胜的原因之七；袁绍手下大臣争权，谗言惑乱，而您驾御群臣有方，上下团结一心，这是必胜的原因之八；袁绍不明是非曲直，而您对于正确的事情进之以礼，不正确的事情正之以法，这是必胜的原因之九；袁绍好虚张声势，不知用兵的关键，而您能以少克多，用兵如神，这是必胜的原因之十。现在袁绍如果不先取吕布，袁绍以后来犯，吕布为援，将后患无穷。"曹操听从了郭嘉的劝说，下令东征吕布。

郭嘉运用对比法，从十个方面比较了袁绍和曹操的不同，条分缕析，无懈可击，曹操听得心服口服，自然采纳了他的意见，最终取得了胜利。

（4）提炼法

提炼法是指把述说内容进行加工提炼后，总结成言简意赅的字句，以强化听者的记忆。

走街串巷的小贩很善于用这种方式来推销自己的产品。如卖老鼠药的小贩会这样唱："咬了箱，咬了柜，咬了你家大花被。你包饺子要过年，它把饺子偷吃完，你舍得花上两角钱，家里的老鼠全玩完。"卖调料的小贩会这样唱："胡椒面，小茴香，花椒、八角和生姜，不用香油不用酱，包的饺子喷喷香，两角钱一大两，买回家里尝一尝。鲜倒新女婿，乐坏丈母娘。"每当那些唱着这些顺口溜的小商贩出现，就立刻会招来大批的顾客解囊。

提炼使人感到新鲜，增加可听性和清晰度，增强人们的好奇心和注意力，好记难忘，重点突出，是一种颇有效果的方式。

（5）细节法

细节法是指在陈述过程中对人物、景物、事件、场面的某些细节做出具体描绘的述说。运用细节法，可以让对方如临其境，感受深切。

例如，某单位职工代表在深入走访了一些住房困难户以后，向单位领导提出要求尽快解决这些困难户的住房问题。在介绍情况时，他采用了细节法描述方式："我发现那间小屋的墙边还有一个低低的小门。我拉开门一看，里面是一间又低又矮的小房子，大约有一米宽，两米长，一张床板把屋子挤得死死的，在床头的墙上，有一个脸盆大小的墙洞，我很奇怪，便问他们那是做什么用的，原来是屋子太小，床不够长，睡觉伸不直脚，没有办法，只好在墙上开个洞，好把脚伸出去。"

虽然领导们早就掌握了住房困难户的情况，也了解人均居住面积等具体数字，但是，墙上挖洞这个细节深深地触动了他们，让他们深深感受到了住房困难户的困窘状态。于是领导们立即着手解决住房问题。

察微知著，细节描述能帮助谈判者真切、具体地表达思想感情，使听者深切理解谈判者的观点、立场。但采用这种形式时必须注意细节真实，如果任意夸大或编造，露出破绽，那就会产生恶劣的后果。

（6）递进法

递进法是指先提出问题，然后逐层分析问题最后得出结论的讲述方法。这种方式通过采用摆事实，讲道理，逐层深入，具有脉络层次清晰，逻辑严密，说服力强的优点。

例如，日本日铁公司按协议给上海宝山钢铁总厂寄来一箱资料。原来定好寄 6 份，随寄来的清单上也写明为 6 份，但上海方面打开箱子后，却发现只有 5 份，于是双方再度谈判。日方声称："我方提供给贵方的资料，装箱时要经过几关检查，绝不会漏装。"上海方面则表示了他们的看法："我方收到资料，开箱时有很多人在场，开箱后当众清点，发现少了 1 份。经过多次核实，我方才向贵方提出交涉。现在有三种可能：第一，日方漏装；第二，途中散失；第三，我方开箱后丢失。如果途中散失，则外面的木箱应当受到损坏，现在木箱完好无损，这一可能可以排除。如果我方丢失，那木箱上印净重应当大于现有资料净重，而事实是现有 5 份资料的净重与木箱所印净重正好相等，因此，我方丢失的可能性也应排除，剩下只有一个可能性，即日方漏装。"

上海方面采用递进法的方式，提出三种可能性，再逐层分析，一一排除，日方只好补齐资料。

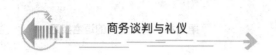

6.3　发问的技巧

发问也称提问，是商务谈判中经常运用的语言表达方法。首先问话要有一定的目的，然后通过一定的方式表达出来。谈判者若想组织一次讨论会，他邀请别人参加，谈话中很自然要问对方对某类问题有没有兴趣，愿不愿意参加等。有人想开办一个股份公司，需要征募股东，谈话中自然要问对方是否乐意参加某种联营，可否投放一定资金，等等，这都是和一定的目的联系在一起的。通过巧妙、适当的提问，可以摸清对方的需要，把握对方的心理状态。同时，发问还能准确地表达自己的思想。

1. 发问的类型

（1）澄清式提问

澄清式提问是针对发问人要求对方就某一观点和先前所做的答复做出更具体、更明确的解释和阐述。当谈判一方希望证实或要求对方补充原先所说的答复时，可采用此种问句形式。例如，"你说完成这项谈判任务有困难，现在有没有勇气承担这项任务？"这种问句不但可以确保谈判各方能在述说"同一语言"的基础上进行沟通，而且使对方对自己说的话进一步阐明态度。

（2）探索式提问

探索式提问是针对对方的答复，要求对方进行引申或举例说明的一种问句。当谈判的一方为了获得更深一层的信息时可采用此种问句形式。例如，"你谈到谈判上存在困难，你能不能告诉我主要存在哪些困难？""你刚才讲不适合做这项工作，你能不能做进一步的说明？""你说小李有才华，可以重用，你能不能进一步谈谈理由？"等等。探索式问句，不但可以发掘比较充分的信息，而且可以引起回答者对所谈问题的重视。

（3）间接式提问

间接式提问是借助第三者的意见以影响对手意见的一种问句。当谈判一方为了影响对手的意见，使其赞同己方观点时，可采用这种问句形式。例如，"经理说，今年把营业额提高 10%，大伙认为怎么样？"第三者意见的问句中的第三者，如果是对手所熟悉而且也是他所尊重的人，则该问句对对手将产生较大的影响；反之，该问句可能引起对方的反感。所以，在使用该问句之前，必须提前做好调查。

（4）选择式提问

选择式提问是一种以自己的意志强加给对手，并迫使对手在限制的范围内从事选择的问句。当谈判一方有某些特定的需要，希望对方在表达时做出适当的考虑或让步时，可采用此种问句形式。这种咄咄逼人的方式如果运用不当，则很易引起谈判僵局的出现。例如，"你方是愿意按现有价格实行分期付款，还是愿意支付现金，享受优惠价格？"

（5）诱导式提问

诱导式提问是指对答案具有强烈暗示性的问句，问句本身已包含我方观点，且问句所暗含的判断常是双方都认同的道理，使对方毫无选择余地地按发问者所设计的问句作答。例如，"经销这种商品，我方利润很少，如果不给 5% 的折扣，我方难以成交。你方的意见呢？"这一类问题几乎令对手毫无选择余地，只能按发问者所设计的答案作答。

（6）延伸式提问

延伸式提问是针对对方某些表态，通过发问进一步深入探索，以求获得更多信息，巩固并扩大谈判成果的提问方式。例如，"贵方已表示如果我方承销 3000 吨货物的话，可按定价的 20% 的折扣批货；如果我方答应承销 5000 吨，是否可以按更大的折扣批货？"

（7）证实式提问

证实式提问是要求对对方问题与观点做出进一步具体的说明与解释。例如，"你刚才说这宗交易可以尽快交货，这是不是说可以在 6 月 1 日以前交货？"这种发问方式一般用于己方需要对方就某一意见或先前所述的事实做出更加明确、具体的证实与确认，以使谈判在某方面获得可靠的结论。

（8）多种式提问

多种式提问或称多层次提问，是指在一个问句中包含了多种主题。例如，"那里的水质、电力、运输和资源的情况怎么样？""请您把这个协议产生的背景、履约情况、违约责任以及双方的态度谈一谈，好吗？"这类问句由于包含多个主题而使对方难以全部把握。不少心理学家认为，一个问题最好含一个主题，最多不超过两个主题，这样才能使对方有效地掌握。

2. 发问的具体技巧

为了获得良好的提问效果，需掌握以下发问要诀。

1）引起对方的注意，为其思考提供既定的方向。提问是为了要从对方那里得到有用的信息，因而提出的问题必须能引起对方注意，使对方认真思考。应该预先准备好问题，最好是一些对方不能够迅速想出适当答案的问题，以期收到意想不到的效果。同时，预先有所准备也可预防对方的发问。

2）为了取得有利的商务谈判条件，提问的时机必须把握好，既不能太早，也不能太晚。太早容易过早地将谈判意图暴露给对方，太晚又影响商务谈判的进程。在对方发言时，如果我们脑中闪现出疑问，千万不要中止倾听对方的谈话而急于提问题。这时我们可先把问题记录下来，等待对方读完后，有合适的时机再提出问题。通过总结对方的发言，可以了解对方的心态，掌握对方的背景，这样发问才有针对性。此外，不要在对某一话题的讨论兴致正浓时提出新的问题，而要先转移话题的方向，然后再提出新的问题，这样做有利于对方集中精力构思答案。

3）因人而异，抓住关键。由于商务谈判对手的年龄、职务、职业、性格、文化程度、商务谈判经验等的差异，要想取得理想的提问效果，提问时就必须因人而异。对于文化水平低的商务谈判对手，提问时不能使用过多的专业名词；对于年龄大、职位高的商务谈判对手，提问的问题要婉转，不能过于直接。

4）如果对方的答案不够完整，甚至回避不答，这时不要强迫地问，而是要有耐心和毅力等待时机的到来时再继续追问，这样做以示对对方的尊重。同时，在追问时就要注意变换一个角度，以激发对方回答问题的兴趣。只要转换的角度合适，时机也合适，对方一般总会给出一个回答。

5）适当的时候，我们可以将一个已经发生，并且答案也是我们知道的问题提出来，验证一下对方的诚实程度，及其处理事物的态度。同时，这样做也可给对方一个暗示，即我们对整个交易的行情是了解的，有关对方的情况我们也是掌握很充分的。这样做可以帮助我们进行下一步的合作决策。

6）避免提出那些可能会阻止对方让步的问题，这些问题会明显影响谈判效果。

7）不要以法官的态度来询问对方，也不要问起问题来接连不断。

8）要以诚恳的态度来提出问题。这有利于谈判者彼此感情上的沟通，有利于谈判的顺利进行。

9）注意提出问题的句式应尽量简短。

10）提出问题后应保持沉默，专心致志地等待对方做出回答。

3. 发问的要领

在谈判过程中，发问技巧的适用，除了可对发问类型进行选择以外，还要注意如下发问要领。

1）发问时机。注意对手的心境，在对方最适宜答复问题的时机发问。在谈判刚开始或者是初次接触谈判对手时，要先取得对方的同意再提问。当要提出一些敏感性问题时，最好说明提问的理由，以免造成麻烦和窘境。

2）发问速度。按平常说话的速度发问。太急速的发问易令对手认为你不耐烦或抱有审问的态度；太缓慢的发问易令对手感到沉闷。

3）发问准备。注意事先对主题、范围以及可能的答复进行构思，不要问得漫无边际，引起对手的误解。

4）发问次序。发问的先后次序要有逻辑性，不要跳跃。有时变换一下问题的顺序，会有意想不到的效果。

5）发问主题。所有的问题都必须围绕一个中心主题。如果事先考虑直接涉及中心主题会遇到抵制，可以由广至专，有些问题不妨先打外围战，逐步缩小包围圈，这有助于缩短沟通的距离。

4. 发问的障碍

（1）缺乏充分准备

有些人对于在谈判中应了解的问题，应怎样表达，有哪些关键问题，事先没有充分的准备，尤其是在激烈辩论时，往往把重要问题遗忘了，使谈判中没有主次，难以抓住解决问题的关键，令谈判出现尴尬的局面，有时会给对方以可乘之机，使己方在谈判中失去主动地位。

（2）目的性不强

有的人提问常常与谈判的目的缺少联系，或漫天提问，或纠缠细节，对于不够完整的答案缺乏继续追问的毅力。

（3）自卑心理

怕被人认为提出的问题可笑，怕被人认为观察力太差，怕提出的问题令人窘迫而影响关系和友谊，怕显露自己的无知等，于是往往会觉得少问为佳甚至不问。实际上在谈判中这种情况往往令人扫兴。没有信息反馈的谈话是难以持续的。对方在陈述完后，你却没有反应，或面无表情，或低头不语，或面红出汗，对方很可能自觉冒失、幼稚或不投机，严重时甚至使谈判冷场、中止。

（4）强烈的表现欲

有些人为了在谈判中获得别人的尊重，喜欢显露自己的各种优势。他们对于对方的问题不想关心，自己只想说而不愿意听，故而谈话的主题总是以"自我表现"为中心，这样往往会使对方产生反感，出现敌对情绪。

（5）不善于将问题与人恰当分开

低水平的谈判者常常把问题与对方的个人纠缠在一起，当遇到困难时，他提出的问题往往偏离讨论的轨道，而带有强烈的对对方人格的攻击色彩。

（6）未理解问题的实质

在未理解问题的实质的情况下，谈判者提出的问题由于与原问题相去甚远，往往令对方无从回答，甚至显得滑稽可笑。这在谈判者注意力分散或调换人员的时候最易出现。

（7）面子观念的影响

因双方现存关系或自身的面子观念的作用而难以提出好问题。人格心理学家的研究表明，人们对待某一事物的面子观念越重，提问就越偏离事物的核心，而提问的暗示性就越强，拿最简单的例子来说，有个人借给他的好朋友一笔钱，他这位好朋友恰巧又忘记了还钱，这时这个人（作为谈判者）若要向其好朋友谈及还钱的问题，他就很可能陷入面子的苦恼之中。有时则因为第三方在场调停未果，谈判者会看在第三方的面子上而不再提问刁难对方。

（8）外行

谈判者在对非本专业问题进行讨论时，往往提不出好问题。

6.4 说服的技巧

说服就是指设法使他人改变初衷并接受你的意见。说服是谈判中最艰巨、最复杂，也是最富有技巧性的工作。当你试图说服谈判对手时，你会遇到种种有形或无形的障碍。一个老练的谈判者很懂得如何去化解这些障碍，使谈判的道路平坦，从而走向谈判的成功。化解障碍的方法很多，诸如直接指出对方的错误，用提问的方式引导对方说服自己或重复其异议以削弱异议等。为了使说服的效果更理想，你可以借助逻辑和情感的力量来进行。逻辑使人思考，情感使人感动。比如，你可以提出一些具体数字（运用逻辑），向对方描绘一幅美妙的前景和图画（借助情感），并显示一下你对整个交易的估价来进行说服，打动对方的心，使谈判走向成功。借助于情感时要注意分寸，若过于夸张，对方在冷静下来以后会感到后悔，甚至推翻原来已达成的协议。

1. 说服的原则

运用说服技巧，应遵循以下原则。

（1）先易后难原则

先把对方容易接受的、分歧性小的内容放在前面，把困难较重、分歧较大的内容放在后面。

（2）难易结合原则

将容易的、一致性大的内容同困难的、分歧性大的内容以某种方式联系起来进行说服，要比单纯进行说服困难较重、分歧较大的内容容易些。

（3）重复性原则

一再地重复自己的信息、观点，引起对方的注意，从而增进对这些信息和观点的了解和接纳。

（4）先好后坏原则

说服时先谈些好的消息、事情，然后再谈坏的一面，效果比较好。

（5）一致性原则

强调一致性比强调差异性更容易提高对方接受说服的程度。

（6）首尾原则

通常情况下，听者对听到内容的前、后两部分记得比较牢，对中间部分记忆一般。因此，说服时要精心准备开头和结尾。

（7）证据原则

提供能满足对方需要的资料、信息，可增强说服性。

（8）结论原则

结论要由你明确地提出，不宜让对方去揣摸或自行下结论，否则可能会背离你说服的目标。

（9）对方性原则

充分了解对方，以对方习惯的、能够接受的思维方式和逻辑去展开说服工作。

2. 说服的具体技巧

实际生活中往往会遇到这样的情况：同样的问题，让不同的人去做说服工作，会收到不同的效果，可见说服工作是一种艺术。在谈判中间，说服工作十分重要，往往贯穿谈判的始终。那么谈判者应当如何说服对方呢？下面介绍一些比较普遍、常用的说服技巧。

（1）取得他人的信任

信任是人际沟通的基石，也是成功谈判所必备的基本要素。一般来说，当一个人考虑是否接受他人的说法前，总先要衡量一下他与说话人之间的熟悉程度和亲密程度，如果双方很熟又很信任，则很容易接受对方的意见。因此，如果想要在谈判中说服对方，首先要与对方建立互相信任的人际关系。谈判者应该学会利用谈判桌外的时间来增进人际关系，与对方建立友好、熟悉、相互尊重的关系，积极进行公关活动取得对方信任，无形中化解对方的心理警戒，从而在谈判中掌握主动权。

（2）先易后难，步步为营

谈判中需要讨论的问题应该按照先易后难的原则去安排，先谈容易达成协议的问题，这样，由于双方利害冲突不大而比较容易取得初步的成效，使双方从一开始就显示了合作的诚意和彼此的信任、理解，从而为谈判的进展创造了更加热情友好的气氛，减少了双方的戒备心理，增强了双方对交易成功的愿望与信心。这样，在谈判深入发展中要说服对方理解我方的意见与方案，就比较容易获得成功。而双方意向差距较大的问题，可以放在较后的位置和安排较多的时间去讨论。这时由于前面的谈判成果已增强了双方的合作意向，谈判的困难会相对减少。

（3）先直言利，后婉言弊

一般来说，被劝说者接受你的意见都会有利有弊，你应从这两方面来做出分析和说明。要动之以情，晓之以理，更应言之以利。一方面，你要向对方指出，倘若他接受了你的意见会得到什么利益，并可指出他看法的荒谬性、片面性或错误性。另一方面，还应将不利的方面讲出，把坏的信息传递给对方，因为什么事情都不可能全是好的一面。陈述的原则一般是先讲利，后言弊，并在陈述过程中进行得失比较，指出你的意见利大于弊，从而说服别人接受你的意见。进行这样的阐述分析，不但会赢得对方的信任，给对方留下真诚坦率的印象，同时还会激发起对方的兴趣和热情，使谈判顺利地进行下去。

（4）强调互利，激发认同

谈判中既有合作，又有冲突。没有合作，就无法圆满结束谈判；没有冲突，就没有谈判的必要。谈判是在双方互利的基础上达成协议的，所以也有人用法国的一句关于爱情的定义来形容谈判为"合作的利己主义"。在谈判中，不要掩饰所提意见对自己有利的一面，因为谈判中强调利益的一致性比强调利益的差异性更容易提高对方的认知程度和接纳的可能性。

（5）抓住时机，实例举证

谈判成功的一个重要方面在于把握时机，抓住有利的时机，会给谈判者的说服工作增加成功的可能性。这里所讲的时机包括两个主要含义：一是己方要把握说服工作的关键时刻要趁热打铁，重点突破；二是向对方说明，这正是表达意见的最佳时机。人往往由于未能很好地听取别人的意见而失去了机会，把道理讲透，对方就会做出抉择。在抓住时机的同时运用实例举证，对实例的具体情节进行讲述以帮助己方证明自己观点的正确。比如，在证明自己是否能够如期履约的问题时，只靠下保证或表决心是不能说明问题的，对方也不会信服。这时可在适当的时候，列举己方过去与某客商如期履约的实例，特别是如果能够举出自己在比较艰难的情况下仍如期履约的实例，这对说服对方相信自己是非常有效果的。

（6）尽量简化接纳提议的手续

为使对手接纳你的提议，避免中途变卦，应设法使接纳提议的手续成为一件轻而易举的事情。例如，在需要订立书面协议的场合中，你可以先准备一份原则性的初步协议书，并且这样告诉对方："你只需在这份原则性的协议草案上签名即可，至于正式协议书，我会在一周之内准备妥当，到时再送你斟酌。"这样就可以当即取得对方的承诺，免除细节方面的周折。精明的谈判人员经常对有意接纳他的提议的人做追踪式的服务。经常说的话是："如果您有空，请给我打电话，我立即派车来接您，让您亲自考察。"或者说："我们明天早上八点到府上接您去实地考察，您看如何？"这种方式的运用，常常有助于说服效果的发挥。

（7）耐心说理，变换角度

说服必须耐心，不厌其烦地动之以情，晓之以理，把对方接受你的建议的好处和不接受建议的害处讲深讲透，不怕挫折，一直坚持到对方能够接受你的建议为止。在谈判实践中，往往会遇到对方的工作已经做通，但对方基于面子或其他原因，一时还下不了台。这时谈判者不能心急，要给对方时间，直到瓜熟蒂落。说服工作要耐心，但耐心不等于谈判者反复唠叨已经陈旧和令人厌烦的问题，这样只能增加对方的抵触情绪，而不会收到什么好的效果。当说服的角度不对路时，谈判者应及时更换新的角度，寻找新的方法，再把说服工作有效地进行下去。

（8）多言事实，少说空话

事实是人们可以凭借感官和经验予以验证的东西，"事实胜于雄辩"。研究证明，人的一切行为均与一定事实的经历和存储有关。在谈判中，有的人喜欢用空话、大话来炫耀自己的产品，什么"质量上乘"、"人见人爱"、"领导时代新潮流"，这除了给人以自吹自擂的感觉外，是不能说服对方的。为了说服对方，我们应力戒"肥皂泡"式的空话，注意多用确凿的事实、有代表性的典型事实说话，让对方凭借自己的实践经验和独立思考来获取结论。

（9）投人至好，取己急需

谈判的任何一方都必然是以满足自己的需要为主要目标，但任何一方都往往不可能全面满足自己的所有需求，而任何一方的各种需求也不是没有主次之分的。谈判者在谈判中往往着重就自己的第一需求去千方百计地说服对方，同时不得不以降低自己的其他次要需求，作出适当的退让为代价来达到满足主要需求的目标。因此，需要在说服过程中尽量去发现对方的迫切需要或第一需要。如果我们发现了对方的迫切需要与我方的第一需求并不重合，那么我们就可以比较容易地提出一个"投人至好，取己急需"的方案来，达到吸引和说服对方，甚至一拍即合的良好效果。而如果万一双方的第一需要重合的话，那么要求双方在第一需要的问题上做出相应的退让，找出一个合适的接合点，或辅以对第二、第三需要的相应调整，这样的提议，也是有可能说服对方的。

（10）及时总结，作出结论

说服到了一定程度，该对问题下结论之时，就不要推辞。与其让对方作结论，不如先由己方简单明了、准确无误地陈述出来。这对于那些经过双方反复讨论和修正的问题，及时作出结论是十分关键的。

3. 说服的条件

说服不同于压服，也不同于欺骗，成功的说服结果必须要体现双方的真实意见。采取胁迫或欺诈的方法使对方接受己方的意见，会给谈判埋下危机，因为没有不透风的墙，也没有纸能包得住的火，因此，切忌用胁迫或欺诈的手法进行说服。事实上，这样做也根本达不到真正说服对方的目的。

谈判中说服对方，要做到有理、有力、有节。有理是指在说服时要以理服人，而不是以力压人；有力是指说服的证据、材料等有较强的力量，不是轻描淡写；有节是指在说服对方时要适可而止，不能得理不让人。要说服对方，不仅要有高超的说服技巧，还必须运用自己的态度、理智、情怀来征服对方，这就需要掌握说服对方的基本条件。

（1）要有良好的动机

说服对方的前提是不损害对方的利益。这就要求说服者的动机端正，既要考虑双方的共同利益，更要考虑被说服者的利益要求，以便使被说服者认识到服从说服者的观点和利益不会给自己带来什么损失，从而在心理上接受对方的观点。否则，即使暂时迫于环境或对方的压力接受了说服者的观点，也会"口服心不服"，并且还会作为以后谈判中的武器向你开火，使你防不胜防。

（2）要有真诚的态度

真诚的态度是指在说服对方时尊重对方的人格和观点，应站在朋友的角度与对方进行坦诚的交谈。因此对被说服者来说，相同的语言从朋友嘴里说出来他认为是善意的，很容易接受；从对立一方的口中说出来则认为是恶意的，是不能接受的。因此，要说服对方，必须从与对方建立信任做起。

（3）要有友善的开端

谈判者要说服对方，首先必须给人以良好的第一印象，以使双方在一致的基础上探讨问题，这就是友善的开端。要有友善的开端，一是要善意地提出问题，使对方认识到这是在为他自己解决困难，这就要求说服者不是随心所欲地谈自己的看法，而要经过周密的思考，提出成熟的建议。二是要有友善的行为，即在说服中待人礼貌，晓之以理，动之以情，使对方自愿接受说服。

（4）要有灵活的方式

要说服对方，方式是重要的条件，而不同的人所能接受的方式是不相同的。只有能够针对不同的人采用不同的方式，才能取得理想的效果。

📖 **阅读材料**

美国著名学者霍华曾经提出别人说"是"的 30 条方式，现在摘录如下，供谈判者参考。

1）寻找对方注意的东西。

2）让对方知道你很感激他的帮助。

3）如对方有重大困难，应帮助解决。

4）让他想到这个计划的惊险和兴奋。

5）与计划一样，自身必须具有足够的魅力。

6）答应给予报酬尽量多一些。

7）告诉他这个方案的成果和效益。

8）自始至终清楚地展现魅力。

9）告诉对方对其协助绝不吝惜支持。

10）给他将来必定成功的承诺。

11）采取有自信的态度。

12）让对方知道这计划非他不可。

13）将对方置于最具吸引力的位置。

14）绝不对计划做类似辩解的事。

15）对对方打心底保持兴趣。

16）给对方制造快乐的气氛。

17）采取要得到首肯答案的行动。

18）把拒绝当成重新尝试的机会。

19）让其看出你的亲切。

20）给对方承诺，这计划马上就有收获。

21）打动对方喜欢新事物的心理。

22）让对方了解，不光是取得，同时也要给予。

23）让对方自由地发表意见。

24）不要给对方强迫。

25）自始至终站在对方立场着想。

26）自然地行动。

27）态度不要生硬。

28）证明你的赞成，是因为它是最好的决策。

29）让对方知道，你愿意与他建立长期关系。

30）让对方认为，你并非是"取"，而是在"给"。

6.5　答复的技巧

谈判中的回答同日常的问答不同。在谈判过程中，谈判者每回答一个问题，必须字斟句酌，即使那些可以立即回答的问题，也不能脱口而出。因为在谈判桌上的提问的动机非常复杂，如果谈判者没弄清对方的问话动机，按常规回答，有时会进入对方预先设置的圈套，结果反受其害。所以，高明的回答者必须善于揣摩对方的用意，并加以精彩地发挥。

1．答复的类型

要想更好地运用答复技巧出奇制胜，首先要了解问题的回答分为哪几种。商务谈判中的回答有三种类型，即正面回答、迂回回答和避而不答。在商务谈判过程中，这三种类型又演变成多种具体回答方式。常用的商务谈判回答方式如下：

（1）含混式答复

含混式答复既可以避免把自己的真实意图暴露给对方，又可给对方造成判断上的混乱和困难。这种答复由于没有作出准确的说明，因而可以作多种解释，从而为以后的国际商务谈判留下了回旋的余地。

（2）针对式答复

针对式答复针对提问人心理假设的答案回答问题。这种回答方式的前提是要弄清对方提问的真实意图，否则答复的答案很难满足对方的要求，而且免不了要泄露自己的秘密。

（3）局限式答复

局限式答复即将对方所提问题的范围缩小后再作回答。在商务谈判中并不是所有问题的回答对自己都有利，因而在回答时必须有所限制，选择有利的内容回答对方。例如，

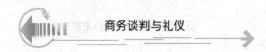

当对方提问产品的质量时，只回答几个有特色的指标，利用这些指标给对方留下质量好的印象。

（4）转换式答复

转换式答复即在答复对方的问题时把商务谈判的话题引到其他方向去。这种方式也就是我们说的"答非所问"。但这种答非所问必须是在前一问题的基础上自然转来的，没有什么雕琢的痕迹。例如，当对方提问价格时可以这样答复："我想你是会提这一问题的，关于价格，我相信一定会使您满意，不过在答复这一问题之前，请让我先把产品的几种特殊功能说明一下。"这样就自然地把价格问题转到了产品的功能上，使对方在听完自己的讲话后，把价格建立在新的产品质量基础上，这对己方无疑是有利的。

（5）反问式答复

反问式答复即用提问对方其他问题来答复对方的提问。这是一种以问代答的方式，它既可以为自己以后回答问题留下了喘息的机会，对于一些不便答复的问题也可以用这一方法解围。

（6）拒绝式答复

拒绝式答复即对那些棘手和无法答复的问题，寻找借口拒绝答复。运用借口拒绝回答对方的问题，可以减轻对方提问的压力。

2. 答复的注意事项

谈判中的答复有其自身的特点，它不同于学术研究或知识考试中的回答，一般不以正确与否来论之。其要决应该是：基于谈判效果的需要，准确把握住该说什么，不该说什么，以及应该怎样说，为此，答复时必须注意以下几点。

（1）答复问题之前，要给自己留有思考的时间

为了使答复问题的结果对自己更有利，在答复对方的问题前要做好准备，以便构思好问题的答案。有人喜欢将生活的习惯带到谈判桌上去，即对方提问的声音刚落，这边就急着马上回答问题。在谈判过程中，绝不是答复问题的速度越快越好，因为它与竞争抢答是性质截然不同的两回事。

答复的准备工作包括以下三项内容。

1）心理准备。即在对方提问后，要利用喝水、翻笔记本等动作来延缓时间，以稳定情绪，而不是急于答复。

2）了解问题。即要弄清对方所提问题的真实含义，以免把不该答复的问题也答了出来。

3）准备答案。答案只应包括那些该答复的部分。人们通常有这样一种心理，如果对方问话与我方答复之前所空的时间越长，就会让对方感觉我们对此问题欠准备，或以为我们几乎被问住了；如果回答得很迅速，就显示出我们已有充分的准备，也显示了我方的实力。其实不然，谈判经验告诉我们，在对方提出问题之后，我们可通过点支香烟

或喝一口茶，或调整一下自己坐的姿势和椅子，或整理一下桌子上的资料文件，或翻一翻笔记本等动作来延缓时间，考虑一下对方的问题。这样做既显得很自然、得体，又可以让对方看得见，从而减轻和消除对方的上述那种心理感觉。

（2）把握对方提问的目的和动机

谈判者在谈判桌上提出问题的目的是多种多样的，动机也是复杂的。如果我们没有深思熟虑，弄清对方的动机，就按照常规来做出回答，往往效果不佳。如果我们经过周密思考，准确判断对方的用意，便可做出一个独辟蹊径、高水准的回答。比如，人们常常用这样一个实例来说明：建立在准确地把握对方提问动机和目的基础上的回答，是精彩而绝妙的。

美国的一个著名诗人，一次在宴会上向一个中国作家提出一个怪谜，并请中国作家回答。这个怪谜是："把一只五斤重的鸡装进一个只能装一斤水的瓶子里，用什么方法把它拿出来？"中国作家回答道："您怎么装进去的，我就会怎么拿出来，您凭嘴就把鸡装进了瓶子，那么我就用语言这个工具再把鸡拿出来。"谈判人员如果能在谈判桌上发挥出这种水平，就是出色的谈判人员。

（3）答复时把握回答问题的分寸

谈判中有一种"投石问路"的策略，即谈判方借助一连串的发问来获得己方所需要的信息和资料，此时不应对其所有问题都进行答复，以免使其获得我方许多重要的情报而使我方谈判处于不利地位。这时可只作局部的答复，使对方不了解我方的底牌。

商务谈判中并非任何问题都要答复，要知道有些问题并不值得答复。在商务谈判中，对方提出问题或是想了解我方的观点、立场和态度，或是想确认某些事情。对此，我们应视情况而定。对于应该让对方了解，或者需要表明我方态度的问题要认真答复，而对于那些可能会有损己方形象、泄密或一些无聊的问题，谈判者也不必为难，不予理睬是最好的答复。当然，用外交活动中的"无可奉告"一语来拒绝答复，也是答复这类问题的好办法。总之，我们答问题时可以自己对回答的前提加以修饰和说明，以缩小答复范围。当没有弄清楚问题的确切含义时，不要随便作答，可以要求对方再具体说明一下。当有些问题不好答复时，回避答复的方法之一是"答非所问"，即似乎在答复该问题，而实际上并未对这个问题表态。答方谈论的是与原题相关的另一个问题的看法，目的是避开对方锋芒，使谈判能顺利进行下去。如果在一些特殊场合，必须答复一些难以答复或挑衅性的问题时，也可以以某种巧妙的非逻辑方式做出解答，从而摆脱困境。

3. 答复的具体技巧

谈判中同样的问题，会有不同的答复，不同的回答能产生不同的效果。有时，对方会故意提出一些尖刻的问题，旨在把对手问倒，这时的一个绝好的应答，往往会有妙手回春之效。因此，掌握一些应答技巧是十分必要的。

（1）分项答复

分项答复是指提问具有包容性，不作"是"与"否"的笼统回答，而是听清话意，

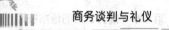

分解一问为几问，分别给予正确的回答。

（2）正面直接答复

在谈判中己方的某些信息是对方必须了解的，如果对方的提问是为了获得这些必不可少的信息，答话者可以采用此法，忠实地按问题实质给出答复，问什么答什么，直截了当，清楚明确，以保证双方的正常沟通。

例如，问："你们厂今年上半年的效益如何？"答："很好。上半年完成全年计划产量的 60%，人均创产值 12000 元，比去年同期增长了 10%，上缴利税 3200 万元，创历史同期最高记录。"这种答问，是友好、坦诚、直率的。

此外，在正面直接答复时需要注意的是，答复时说话要适度，该说的说，不该说的不说，既不可凡话留三分，闪烁其词，给正常的信息交流制造障碍；也不可以过于坦白，本来只需局部答复，却全盘托出，不加保留，让对方摸清底牌。

（3）反诘答复

所谓反诘答复，是按照发问者的提问话题，反口诘问，以提问的方式作为对对方提问的回答。这是答复的一种常用手法。这种手法可以争取主动，还可回避难题。

例如，1960 年 4 月，中国政府代团在新德里举行记者招待会，团长周恩来回答各国记者提出的问题。北美新闻联盟和妇女新闻社女记者谢马德提出："你可否考虑邀请艾森豪威尔总统访问北京，但并不要求美国必须承认红色中国呢？"周总理以问代答说："你的好意却被你提出的条件打消了。因为既然美国不承认新中国，中国怎么能够邀请美国元首艾森豪威尔总统访问北京呢？"周总理用反诘答复委婉地指出了提问的不合理性。

（4）变通答复

变通答复是指既不回避对方语言表面上的问题，以示礼貌，又不回答对方实质性问题，以免自己陷入困境。

（5）不确切答复

当答问者处于某种特殊语言环境中，既不能作否定式回答，又不愿作肯定式回答，更不能不予以回答时，便可采用不着边际式的回答进行搪塞。

例如，春秋战国时，楚国庄伯叫他父亲出去看太阳在哪儿，以便确定什么时辰了。他父亲不乐意出去，答道："太阳在天上。"再叫他出去看看太阳怎么样了。答："正圆着呢！"庄伯急了，明确地说："我问的是什么时辰了？"他父亲答道："就是现在这个时辰。"这种回答看似愚蠢，实际上充满了智慧。因为，如果一声不吭，会显得无礼，对方会被激怒。而用这种空而不假，信息度为零的废话去答复，就会让对方无可奈何，扫兴作罢。

（6）狙击式答复

谈判者的主动权被对方抢夺，自己处于极为不利的被动地位时，要争取通过回答问题迅速易位，变被动为主动，以免对方步步逼近，使自己处于前有追兵，后无退路的困难境地。这种方法适用于对进攻型提问的反击。

美国前总统卡特竞选时，有位女记者找到了卡特的母亲，下面是女记者和卡特母亲之间的问答。

女记者问："您儿子向选民们说，他如果说谎话，大家就不要投他的票，您敢说卡特从来没说过谎吗？"卡特母亲说："也许我儿子说过谎，但都是善意的。"女记者问："什么是善意的谎话？"卡特母亲说："你不记得几分钟前，当你跨进我的门槛时，我对你说你非常漂亮，我见到你很高兴。"

卡特母亲的应答可谓针锋相对，使得问话者非常尴尬，但这不能责备卡特母亲不友善、不礼貌、不厚道。她的应答是对方不友好挑起的，是对方步步"逼问"逼出来的。就内容来说，其恰当、巧妙、简洁都是无懈可击的，起到了反击进攻型提问的目的。

（7）附加条件式答复

如果问话中含有侵犯性的内容，就不要直接回答，而应首先设定条件来抵御侵犯，从而保证己方的利益不受损害。

例如，《新约·约翰福音》有一个故事是这样的：

法利赛人带来一个在通奸时被抓到的女人，当众问耶稣：

按摩西的法律，这犯奸淫罪的女人应该用石头打死，你说怎么办？

耶稣回答说：你们中有谁没有犯过错误，谁就拿石头砸死她吧！

这是法利赛人设下的圈套，耶稣倘若不同意，就违反了摩西的法令；倘若同意，救世主就要对打死人负责。众人反躬自问，都觉得自己并不干净，一个个走开了，女人得救了。耶稣巧妙地提出附加条件，使问题解决得十分圆满，无懈可击。

（8）否定前提式答复

这种答法主要是用来对付限制型提问的，是"是"与"否"以外的第三种答复。在谈判中提问者经常会使用限制提问诱人上钩，答问者应当格外注意，特别在一些涉及国家利益和重要的外交场合，对提问更要谨慎提防，用否定前提的方法，打破提问者的圈套。

例如，1843年，林肯与卡特莱特共同竞选伊利诺伊州议员，二人因此成了冤家。一次，他们一同到当地教堂做礼拜。卡特莱特是一名牧师，他一上台就利用机会转弯抹角地把林肯挖苦一番。在布道的最后，他说：

"女士们，先生们，凡愿意去天堂的人，请你们站起来吧！"全场的人都站起来了，只有林肯仍然坐在最后一排，对他的话不予理睬。过了一会儿，卡特莱特又向大家说：

"凡不愿意去地狱的人，请你们站起来。"全场的人又全都站起来，林肯还是依旧坐着不动。卡特莱特以为奚落林肯的机会来了，就大声说道：

"林肯先生，那么你打算去哪儿呢？"

林肯不慌不忙地说：

"卡特莱特先生，我本来不准备发言的，但现在你一定要我回答，那么，我只能告诉你了：我打算去国会。"

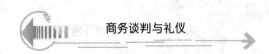

全场的人都笑了，卡特莱特被窘住了。

卡特莱特本来想使林肯进退两难，因为林肯如果站起来，就意味着林肯将去地狱。不料，林肯却没上他的圈套，回答"我打算去国会"，一方面解脱了自己的困境，另一方面也向大家表明了自己的志向，既表现了自己的智慧，又羞臊了卡特莱特，真是不可多得的妙答。

又如在谈判中当提问者问："你们是三月交货还是四月交货？"应该回答说："我们根本就不打算在三四月交货。"这样，对方就占不到便宜了。

（9）牵连式答复

有时面对故意刁难甚至侮辱的提问，如果从正面回答，显得无力，即使答得再好，也只是一种为自己开脱、辩解的防卫语言。这时，就可用牵连式应答的技巧。

采用牵连式答复的技巧，就是抓住事物之间的对应、连带关系，提出一个关涉答者与问答的命题，造成一荣俱荣、一损俱损的态势，以抵消对方的攻势，使自己立于不败之地。比如我国历史上有这样一个故事：

晏子出使楚国时，楚王向晏子提出一个侮辱性的问题："齐国为什么派你这样一个矮小无德的人作使臣？"晏子说："齐国派使臣有一个规定，不同的人朝见不同的国王。贤德的人朝见贤德的国王，不贤德的人朝见不贤德的国王。我最不贤德，就派来朝见您楚王。"

楚王本想侮辱晏子，没想到反而受到了晏子的侮辱。晏子的回答，把自己的荣辱与楚王牵连在一起，使得楚王无法反驳，自找没趣。

牵连式应答的表达奥妙，就是用话将自己与问话者牵在一起，不可分开，使对方不能处于优势的攻击地位。但牵连式应答要注意分寸，因为"利害相连，荣辱与共"，所以对自己和对方都不要过分贬损，一般是答话中应有"两可"的意思，即我这样，你也这样；我那样，你也那样。

（10）引证式答复

引证式答复，就是引用名人名言、俗语、谚语等来作回答，以表明自己的意思，或佐证自己的观点。这种应答的好处是很明显的，既增加了说话的权威性与可信度，又省去了许多解释和说明，还能增添口语的生动性与感染力。

例如，有人问一位家长："听说你的孩子寄养在刘教授家以后，也能遵守纪律了，成绩也上升了，是真的吗？"家长答："有人说'近朱者赤'，一点也不错。"

"近朱者赤"四个字是成语，引用在这里作答，非常准确、简练、生动。

📖 阅读材料

汉光武帝刘秀的姐姐——湖阳公主的丈夫死去后，看中了朝中品貌兼优的宋弘。一次，刘秀召来宋弘，以言相探："俗话说，人地位高了，就改换自己结交的朋友；人富贵了，就改换自己的妻子，这是人之常情吗？"宋弘说："我听说'人在生活贫困、地位低下时候的朋友不能忘记，最初的结发妻子不能让她离开身边'。"

刘秀用俗语来发问，比较含蓄而得体。宋弘也深知问话之意，应允吧，有悖自己的人品，也对不起贫贱相扶的妻子；含糊其辞吧，还会招来麻烦；直言相告吧，既不得体，又有冒犯龙颜之患。所以他也引用古语来"表态"，委婉而又直截了当地表明了自己的态度。

引证式答复需注意的要点：一是引证的语言要有一定的权威性，又要为听话的人所理解；二是不必在引证后进行冗长的说明。

（11）拈连式答复

拈连式答复是紧承问话的词句，利用拈连手法，在原话的基础上稍作变动，作出准确、鲜明、生动的回答的一种口语表达技巧。这种应答如果运用得好，可以取得很好的效果。

拈连式应答技巧，是拈连修辞格在答话中的运用。首先，要懂得拈连的知识和用法。其次，这种答问离不开上下文语境的语言条件，不能勉强凑合，要在条件允许的情况下才能运用，要用得贴切、自然。

（12）比喻式答复

比喻式答复，就是对某些棘手的问题，采用比喻的方式来回答，既形象生动，又明白透彻。如果摆开架势直接说理，不但费力费事，还不见得有好的效果。

例如，楚宣王重用大将昭奚恤。昭后来大权在握，拥兵自重，邻国畏惧，同僚侧目，楚宣王也感到了他对自己的威胁，但是又想通过仁义手段使他对自己尽忠。朝廷有识之士，心明而不敢言。一日，宣王在朝，突然问群臣道：

"吾闻北方之畏昭奚恤也，果诚何如？"

群臣一听宣王问及此事，个个战战兢兢，强履薄冰，如临深渊，良久无人敢言语。宣王看看群臣这副模样，心中也明白了一半。宣王要罢朝离去时，客楚为安的魏国人江乙出班奏曰："虎求百兽而食之，得狐曰：'子无敢食我也！天帝使我长百兽，今子食我，是逆天地命也。子以我为不言，吾为子先行，子随我后，观百兽之见我而敢不走乎？'虎以为然，故遂与之行，兽见之皆走。虎不知兽畏己而走也，以为畏狐也。"

说到这里，江乙看看宣王，又瞧瞧众位同僚，只见他们都出现一副莫名其妙的神情。于是，江乙接着说："今大王之地五千里，带甲百万，而专属之昭奚恤。故北方之畏奚恤也，其实畏王之甲兵也——犹百兽之畏虎。"

至此，宣王方明白江乙谏说这番话前部分的用意，群臣这也才如梦初醒，原来江乙巧妙地说出了他们想说而不敢说的话，想进谏言。从此以后，楚宣王便渐渐削弱了昭奚恤的兵权，楚国避免了可能出现的武装政变。宣王执政期内，国家一直太平。

总之，回答问题的要诀在于知道该说什么，不该说什么，回答到什么程度，不必过多地考虑所回答的是否对题。谈判毕竟不是做题，很少有"对"或"错"那么确定而简单的回答。

复习思考题

1. 商务谈判语言运用应遵循哪些原则？
2. 陈述过程中应注意的问题有哪些？
3. 发问有哪几种类型？为获得良好的提问效果，需掌握哪些要求？
4. 运用说服技巧应遵循哪些原则？
5. 常用的商务谈判的答复方式是什么？

案 例 分 析

引导客户接近目标范围——接受贵的好

不同的人会运用不同的方法去推销，曾经有这样一个推销员成功地让客户接受更贵的产品，他是用如下对话让客户改变了主意的。

推销员："你们需要的卡车，我们有。"

客户："多少吨位的？"

推销员："4吨的。"

客户："我们需要的是2吨的。"

推销员："你们运的货每次平均多重？"

客户："一般来说，大概是2吨左右。"

推销员："有时多些，有时少些，是吗？"

客户："是的。"

推销员："到底需要哪种型号的车，一方面需看你的货是什么，另一方面要看汽车在什么路上行驶，是吗？"

客户："是的，不过……"

推销员："如果你的车在丘陵地区行驶，而且你们那里冬季较长，这时汽车所承受的压力是不是比正常的情况下大一些？"

客户："是的。"

推销员："你们冬天出车的次数比夏天多，是吧？"

客户："是的,多得多。"

推销员："有时货物太多,又是在冬天的丘陵地区行驶,汽车是不是经常处于超负荷状态?"

客户："是的,你说的不错。"

推销员："你在决定购车型号时,是不是应该留有余地?"

客户："你的意思是……"

推销员："从长远的眼光来看,是什么因素决定买一辆车是否值得?"

客户："当然是看它的使用寿命啦。"

推销员："一辆车总是满负荷,另一辆车却从不过载,你认为哪辆车的寿命长?"

客户："当然是马力大、载货量多的那一辆。"

最后,客户因推销员的引导改变了当初的主意,多花了4000元买下了那辆4吨车。这是运用引导方法的成功案例,整个谈判过程是采取循序渐进的方式引导客户了解自己的需要,也使得客户满意这样的方式来选择自己最合适的产品,最终目的是使客户自觉产生认同心理,愿意与你合作。这个案例说明,运用引导方式进行谈判要注意抓住客户的需求,表达要简洁明了,更重要的是结论要让对方自己得出。

思考:

1. 结合案例说明使用引导技巧的有效方法,体会恰当使用引导技巧的效果。

2. 通过这个案例说明在谈判中强调运用引导技巧的目的是什么。

第 7 章　商务谈判的价格技巧

🖋 **内容提要**

　　本章主要介绍影响价格的因素、价格谈判中的价格关系及价格谈判的合理范围；报价的依据与技巧；价格解释和评论的技巧；讨价还价的技巧等。

7.1　价格谈判概述

　　价格高低事关商务谈判双方的切身利益，同时价格又是在诸多因素的共同作用下最终形成的，因此价格是商务谈判中最重要、最复杂的问题之一。为此，我们必须全面了解商务谈判中影响价格的因素，做好报价的各项准备工作，努力掌握并恰当运用报价、价格解释和价格评论以及讨价还价的技巧，以实现谈判目标。

7.1.1　影响价格的因素

　　商品价格是商品价值的货币表现，是在市场交换过程中实现的。对于每个具体商品的价格来说，影响其形成的直接因素主要有：商品本身的价值、货币的价值以及市场供求状况。上述每一种因素本身又是由许多因素决定的，这些因素又都处于相互联系、相互制约和不断变化之中，这就造成价格形成的复杂多变和具体把握价格问题的困难。了解商务谈判中影响价格因素的重要性正在于此，它可以使我们在处理价格问题时考虑得更全面、更周到，也便于我们在通盘分析各个因素的基础上抓住主要矛盾，采取正确方法实施重点突破，掌握价格谈判的主动权。从商务谈判的角度看，至少有这样一些影响价格的因素需要认真考虑。

　　1. 主顾的评价

　　某一商品是好是差，价钱是贵还是便宜，不同的主顾有不同的评价标准。例如，一件款式新颖的时装，年轻人或以年轻人为主要销售对象的经营者认为，穿上这样的衣服潇洒、气派、与众不同，价格高一点也可以接受；而老年人则偏重考虑面料质地如何，是否结实耐穿，并以此来评判价格是否合理。

第 7 章 商务谈判的价格技巧

2. 需求的急切程度

如果对方带着迫切需要某种原材料、零配件、产品、技术或工程项目的心情来进行谈判，他首先考虑的可能是交货期、供货数量以及能否尽快签约，而不是价格高低，就像一杯水对于一个干渴多时的人，一块面包对于一个饥饿的人，其使用价值往往会与正常情况下的使用价值有惊人的差别。

3. 产品的复杂程度

产品越复杂、越高级，价格问题就越不突出。因为产品结构、性能越复杂，档次越高级，其制作技术就越复杂，生产工艺就越精细，核算成本和估算价值就较为困难。另外，可以参照的同类产品也较少，因而在价格上做文章的余地就比较大。

4. 交易的性质

在大宗交易中，几万元可能只是个零头，而小本买卖则容易"斤斤计较"；在一揽子交易中，商品贵贱不同，质量高低不等，买者难以在价格上一一核算准确。所以，大宗交易或一揽子交易比那些小笔生意或单一买卖更能减少价格水平在谈判中的阻力。

5. 买者是否作为投资或进行转卖

当对方购买产品是为了投资需要时，他对产品质量、效用的关心可能就要超过对价格的关心。当买方可以通过转卖给第三者而赚取利润时，那卖方将力求提高出售价格，希望与买方分享这部分利润。

6. 销售时机

旺季畅销，淡季滞销。畅销时可卖个好价钱，滞销时则往往不得不削价贱卖，以免造成积压，影响资金周转。

7. 产品或企业的声誉

一般来说，人们宁肯花钱买好货，或宁愿与重合同、守信誉的企业打交道，因而对优质名牌产品的价格或声誉良好企业的报价有信任感。因此，企业的声誉、产品的声誉以及谈判者的名声、信誉都会对产品价格产生影响。

8. 购买方所得到的安全感

在科学技术高度发达的今天，人们对能以假乱真的伪造、仿造产品很难识别，故而购物时宁肯多花点钱，也要买质量性能可靠以及维修服务有保证的商品。销售方向对方显示产品的可靠性或向对方承诺提供某种保证或服务时，如能给对方一种安全感，则可

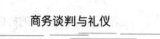

以降低或冲淡价格问题在其心目中的重要性。比如负责安装调试、免费保修、送货上门等安全保证，在现代社会的购物中变得越来越重要。

9. 货款支付方式

商品买卖或其他经济往来是用现金结算，还是使用支票、信用卡结算或用产品抵偿；是一次性结清货款，还是赊账、分期付款、延期付款，这些都会对价格产生重要的影响。

10. 竞争者价格

从卖方角度看，如果竞争者的价格比较低，买方就会拿这个价格作为参照和讨价还价的条件，逼迫卖方降价；反之，如果买方竞争者出价较高，则使卖方在价格谈判中处于有利地位。

7.1.2 价格谈判中的价格关系

商务谈判中的价格谈判，除应了解影响价格的诸多因素，还要善于正确认识和处理各种价格关系。

1. 主观价格与客观价格

在价格谈判中，人们往往追求"物美价廉"，总希望货物越优越好，而价格越低越好；或者同等的货物，价格越低越好，似乎这样才占了便宜，才赢得了价格谈判的胜利。其实，这种主观价格，往往是买者的一厢情愿。因为，如果真的"物美"，势必"价高"，否则卖者就要亏本，连简单的再生产也无法维持。所以，通常情况下，"物美价廉"是没有的，或是少有的。现实交易的结果往往是：作为买方，一味地追求"物美价廉"，必然要与卖方的"物美价高"发生冲突，于是卖方为表面迎合买方的"价廉"心理，便会采取偷梁换柱的戏法，暗地里偷工减料或以次充好，把"物美"变成了与"价廉"对应的"物劣"。这种"物劣价廉"的粉墨登场，正是价值规律使然。可见，一味追求主观价格，常常是精明而不高明。

与主观价格相对立的是客观价格，即能够客观反映商品价值的价格。应当懂得，价值规律是不能违背的。在现代市场经济的条件下，商品交易的正常规则应当是：遵循客观价格，恪守货真价实。只有这样，才能实现公平交易和互惠互利。

2. 绝对价格与相对价格

商品具有二因素：价值与使用价值。这里，我们把反映商品价值的价格，称为绝对价格，而把反映商品使用价值的价格，称为相对价格。

商务谈判中，人们往往比较强调反映商品价值的绝对价格，而忽视反映商品使用价值的相对价格。其实，商品的价格，既要反映价值，又要反映供求关系。而反映使用价值的相对价格,实质上反映着一种对有用性的需求。因此,相对价格在谈判中应当受到重视。在价格谈判中,作为卖方,应注重启发买方关注交易商品的有用性和能为其带来的实际利益,从而把买方的注意力吸引到相对价格上来,这就容易使谈判取得成功;而作为买方,在尽量争取降低绝对价格的同时,也要善于运用相对价格的原理,通过谈判设法增加一系列附带条件,来增加自己一方的实际利益。可见,运用相对价格进行谈判,对于卖方和买方都有重要意义。而价格谈判成功的关键往往在于:正确运用绝对价格与相对价格的原理及其谈判技巧。

3. 消极价格与积极价格

日常生活中可以发现,一位老教授不肯花 30 元买件新衬衣,但愿意花 50 元买两本书;一位年轻人不肯花 50 元买两本书,但请朋友吃饭花了 100 元却不以为然。这两个例子中,前面的"不肯",说明对价格的反应及行为消极,属于消极价格;后面的"愿意",表明对价格的反应及行为积极,是积极价格。其实,价格的高低,很难一概而论。同一价格,不同的人由于需求不同,会有不同的态度。这里,心理转变或观念转变有时起决定作用。对于那位老教授,如果商店的营业员向他宣传,穿上这件新衬衣会改善形象,有利于社会交往,从而获得许多书本上没有的东西,也许那位老教授可能会改变态度,决定买原来不想买的衬衣。对于那位年轻人,如果他的师长向他忠告,知识是不可缺少的精神食粮,只有不断地学习新知识,充实自己、提高自己,才利于成长和发展,才能更好地适应社会的需要,也许那位年轻人就可能转变认识,培养起买书和学习的兴趣。因此,营业员的宣传、师长的忠告,都是在做消极价格向积极价格的转化工作。

运用积极价格进行商务谈判,是一种十分有效的谈判技巧。谈判中常常会有这种情形,如果对方迫切需要某种商品,他就会把价格因素放在次要地位,而着重考虑交货期、数量、品质等。因此,商务谈判中尽管价格是核心,但绝对不能只盯住价格,就价格谈价格。要善于针对对方的利益需求,开展消极价格向积极价格的转化工作,从而赢得谈判的成功。

4. 固定价格与浮动价格

商务谈判中的价格谈判,多数是按照固定价格计算的。其实,并不是所有的价格谈判都应当采用固定价格,尤其是大型项目的价格确定,采用固定价格与浮动价格相结合的方式很有必要。大型项目工程的工期一般持续时间较长,短则一两年,长则五六年甚至十年以上,有些原材料、设备到工程接近尾声才需要用,如果在项目谈判时就预先确定所有价格,显然是不合理的。一般而言,许多原材料的价格是随时间而变化的,工资通常也是一项不断增长的费用,此外有时还要受到汇率变动的影响等。因此,在项目投资比较大、建设周期比较长的情况下,分清哪些按照固定价格计算,哪些采用浮动价格,对交易双方都可以避免由于不确定因素带来的风险;也可以避免由于单纯采用固定价

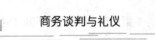

格，交易一方将风险因素全部转移到价格中去，而致使整个价格上扬。

采用浮动价格，其涉及的有关参数不是任意的，而多由有关权威机构确定，因而，可以成为谈判各方都能接受的客观依据。这样，虽不能完全避免某些风险因素，但比单纯采用固定价格公平、合理得多。就浮动价格进行谈判，主要是讨论有关权威机构及有关公式的选用。

5. 综合价格与单项价格

商务谈判中，特别是综合性交易的谈判，双方往往比较注重综合价格，即进行整体性的讨价还价，有时还常常出现互不相让的僵局，甚至导致谈判的失败。其实，此时可以改变一下谈判方式：将整个交易进行分解，对各单项交易进行一一分析，并在此基础上进行单项价格的磋商。这样，不仅可以通过对某些单项交易的调整，使综合交易更加符合实际需要，而且可以通过单项价格的进一步磋商，达到综合价格的合理化。例如，一综合性的技术引进项目，其综合价格较高，在采用单项价格谈判后，可以发现，其中的先进技术应予引进，但有些则不必一味追求先进。某些适用的中间技术引进效果反而更好，其价格也低得多；同时，其中关键设备应予引进，但一些附属设备不必引进便可自行配套，其单项费用又可节省。这样，一个综合性的技术引进项目，通过单项价格谈判，不仅使综合项目得到优化，而且综合价格大幅度降低。实践表明，当谈判在综合价格上出现僵局时，采用单项价格谈判，常常会取得意想不到的效果。

6. 主要商品价格与辅助商品价格

某些商品，不仅要考虑主要商品的价格，还要考虑其配件等辅助商品的价格。许多厂商的定价策略采用组合定价，对主要商品定价低，但对辅助商品却定价高，并由此增加盈利。例如，某些机器、车辆，整机、新车价格相对较低，但零部件的价格却较高。使用这种机器或车辆，几年之后当维修和更换配件时，就要支付昂贵的费用。20 世纪70 年代初，美国柯达公司生产的彩色胶卷价格较高，因此销售量较低。此时，柯达公司研制出一种低成本的"傻瓜相机"，使摄影变得"你只管按快门"这样简单。柯达公司的经营战略正是：给你一盏灯，让你去点油。结果，人们真的纷纷购买这种廉价相机，于是大大促进了高价格彩色胶卷的销售。这都说明，对于价格包括价格谈判，不仅要关注主要商品价格，也要关注辅助商品及其相关商品的价格。

7.1.3 价格谈判的合理范围

商务谈判中的价格谈判，尽管影响价格的因素很多，各种价格关系的运用为谈判者提供了余地，但是，价格谈判毕竟有它的限度，即有它的合理范围。假设谈判为买卖双方，我们用图 7.1 予以说明。

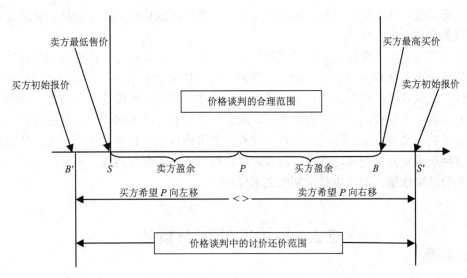

图 7.1　价格谈判的合理范围

在图 7.1 中，S 为卖方的最低售价，这是卖方在谈判中的保留价格或临界点。因为，卖方出售其商品，受其成本和其他因素的影响，不可能多低的价格都出售，不可能没有一个最低的下限。当然，作为卖方，售价越高越好，不过这会受到买方最高买价的限制。图中，B 为买方的最高买价，这是买方在谈判中的保留价格或临界点。显然，买方购买卖方的商品，受其价值和其他因素的影响，不可能多高的价格都购买，不可能没有一个最高的上限。当然，作为买方，总希望买价越低越好，而这又会受到卖方最低售价的限制。在图中有一个前提：$B>S$，即买方的最高买价必须高于卖方的最低售价，只有在这种情况下，价格谈判才有可能进行。否则，如果 $B<S$，即买方的最高买价低于卖方的最低售价，价格谈判就无法进行。因此，在 $B>S$ 的条件下，我们把 S、B 这两个临界点所形成的区间，称为价格谈判的合理范围。这是交易双方价格谈判策略运用的客观依据和基础。

然而，在价格谈判中，双方的保留价格是不会向对方宣告的。交易双方只能根据各种因素和信息，自行确定自己的价格临界点 S 或 B，同时估算对方的价格临界点 B 或 S。而价格谈判的现实依据，只能是双方的初始报价。所谓初始报价，是指交易双方向对方第一次报出的最高售价或是最低买价。一般来说，卖方的最初报价总是较高，不但要高于其最低售价，往往高于买方的最高买价；同样，买方的初始报价总是较低，不但会低于其最高买价，往往也低于卖方的最低售价。于是，交易双方相继报出初始价格即提出开盘价格后，便在此基础上展开了价格谈判的讨价还价。图 7.1 中，S' 表示卖方的初始报价，B' 表示买方的初始报价，B'、S' 区间，我们称为价格谈判中的讨价还价范围。

在图 7.1 中，P 表示买卖双方达成协议的成交价格。由于 P 处在 S、B 区间，亦即 $S<P<B$，所以能够为买卖双方共同接受。否则，如果 $P<S$，或 $P<B$，卖方或买

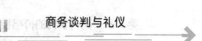

方就不会接受，并会退出谈判。因此，交易双方能够达成协议的成交价格，必须处在价格谈判的合理范围之内。

还要强调指出，交易双方共同接受的成交价格，尽管必须处在价格谈判的合理范围内，但这并不意味双方的利益分割是均等的，成交价格 P 往往不会在 S、B 区间的中点上，我们把这种情况称为价格谈判中盈余分割的非对称性。造成这种非对称性的因素是很多的，其中主要有：双方需求的不同，双方地位和实力的不同，尤其是双方价格谈判策略运用的不同等。所有影响因素将导致双方在价格谈判中让步的不平衡性，从而最终形成谈判中盈余分割的非对称性。现实表明，价格谈判的合理范围，不仅是交易双方价格谈判的策略依据，而且也是谈判的艺术舞台。

7.2 报价的依据与技巧

7.2.1 报价的形式

1. 书面报价

书面报价通常是谈判一方事先提供了较详尽的文字材料、数据和图表等，将本企业愿意承担的义务，以书面形式表达清楚，使对方有时间针对报价作充分的准备，使谈判进程更为紧凑。但书面报价的白纸黑字，客观上成为该企业承担责任的记录，限制了企业在谈判后期的让步和变化。因此，对实力强大的谈判者是有利的，至少双方实力相当时，可使用书面报价；实力较弱者就不宜采用书面报价法，而应尽量安排一些非正规的谈判。

2. 口头报价

口头报价具有很大的灵活性，谈判者可根据谈判的进程来调整变更自己的谈判战术，先磋商，后承担义务，没有义务约束感。口头报价可充分利用个人沟通技巧，利用情感因素，促成交易的达成。察言观色，见机行事，建立某种个人关系，来寻求谈判气氛，是这种方式的最大长处。当然，如果谈判人没有娴熟的沟通技巧和经验，会很容易失去议题的头绪而转向枝节问题；容易因没有真正的理解而产生误会；也容易使对方进行反击。一些复杂的要求，如统计数字、计划图表等，难以用口头阐述清楚。此外，由于对方事先对情况一无所知，他就有可能一开始很有礼貌地聆听企业的交易条件，然后就退出谈判，直到他准备好了如何回答才回来谈判，因而影响谈判进度。为了克服口头报价的不足，在谈判前可以准备一份印有本企业交易重点、某些特殊要求、各种具体数字的简介等，以供临时所需。

7.2.2 报价应遵循的一般原则

由于报价的高低对整个谈判进程将产生实质性影响，因此，要成功地进行报价，谈判人员必需遵守一定的原则。

1. 关于报价的最低可接纳水平

报价之前为自己设定一个最低可接纳水平，这是报价的首要原则。所谓最低可接纳水平，是指最差的但却可以勉强接纳的谈判终极结果。例如，卖方可将他即将出售的某种商品的最低可接纳水平定为 1000 元。这就是说，假如售价等于或高于 1000 元，他将愿意成交。

2. 开盘报价要明确、清晰而完整

商务谈判中，为了使对方能够准确了解我方的期望，开盘报价必须明确、清晰，以免产生不必要的误解。一个可行的办法是：一方面以口头报价，另一方面在对方可以看清楚的距离内将要点用笔写出。

3. 关于开盘价

对卖方来说，开盘价必须是最高的；对买方来讲，开盘价必须是最低的。开盘价高到哪一步才算明智呢？当然，如果你的报价高到被对方认为荒谬的程度，则不但谈判会因此告吹，而且你的可信性也会随之受到损失。一个可供参考的报价原则是：只要能够找到理由加以解释说明，则报出的价格应尽量提高。这是因为：

1）卖方的初始报价，事实上对谈判的最后结果设立了一个无法逾越的上限，因此报价一定要高。

2）报价的高低影响着对方潜力的评价。

3）报价越高，则报价者为自己留的让步余地就越大。

4）报价是给予对方的期望值，期望的水平越高，谈判成功的可能性也就越大。

当然，尽管卖方最初的报价要尽可能高，但在实际掌握中仍有较大的伸缩性，因而谈判者在报价时，还应把报价的高低同对方的各种因素综合起来考虑。如对方是老客户，双方有较真诚的友谊和长久的合作关系，则可不必把价格报得很高。

4. 报价时的态度

报价时的态度要坚定、果断、毫不犹豫。只有这样才能显示出报价者的信心，并给对方留下我方认真而诚实的好印象。

5. 关于报价的说明

报价时不要对我方报价作过多的解释、说明，因为对方不管我方报价的水分有多少，都会提出质疑。如果在对方还没有提出问题时，我们就主动加以说明，会提醒对方意识到我方最关心的问题，而这些问题有可能是对方尚未考虑的问题。因此，过多的说明和解释，会使对方从中找出破绽或突破口，这对我方是极为不利的。也就是说，只有对方对你的报价表示不满或要求你对它进行解释时，你才能对自己的报价进行解释。在对报价进行解释时，应该遵循如下原则。

1）不问不答，指对方不主动问及的问题不要回答，以免造成言多有失。

2）有问必答，指对方提出的问题，都要一一做出回答，并且要很流畅、很痛快地予以回答，因为任何吞吞吐吐、欲言又止的回答，都极易引起对方的怀疑。

3）避虚就实，指对本方报价中比较实质的部分，应多讲一些；对于比较次要的部分，或者水分含量较大的部分，应该少讲，甚至不讲。

4）能言不书，指能用口头表达的，就不要用文字来书写。

7.2.3 先报价的利弊与技巧

1. 先报价的有利之处

在价格谈判中，不管是出于自愿、主动，还是应对方的要求，总有一方要先报价。其有利之处在于：

1）先报价比反应性报价显得更有力量，更有信心。这种建立在谈判人员详尽地调查了解、报价准备比较充分的基础上的力量和信心，可以使己方首先在气势上压倒对方，同时也首先表明欲达到的目标。

2）先报价的价格将为以后的讨价还价树立起一个界碑。这个界碑把对手的期望限制在一个特定的范围内。一旦起始报价摆到了桌面，对方讨价还价就只能以此为起点，不可能要求报价一方在更优惠的条件下后退。

3）先报价可以占据主动，先施影响，并对谈判全过程的所有磋商持续起作用。

2. 先报价的不利之处

1）当己方对市场行情及对手的意图没有足够了解时，贸然先报价往往会限制自身的期望值。对方可根据己方提供的数据、材料和所掌握的各种信息自由调整期望值，从而获得本来不曾想、不敢想或估计很难得到的一些好处。

2）先报价的一方由于过早地暴露了自己手中的牌，处于明处，为对方暗中组织进攻，逼迫先报价一方沿着他们设定的道路走下去提供了方便。

3. 视特定环境和条件决定是否先报价

既然先报价有利有弊，而且"利"与"弊"都和一定的条件相联系，实际谈判中"先入为主"与"后必制人"都有不乏成功的范例，因此在谈判中，某一方是否先报价，要视特定条件和具体情况灵活掌握。

1）在自己掌握信息不足、把握不大的情况下，让对方先开口反而于己有利，至少可以从中了解对方的想法。实际谈判中常常会遇到这种情况，对方先开口报出的价格往往比自己预料的要高出许多。

2）如果预计到谈判一定会十分激烈，甚至可能出现互不相让的局面，在做好充分准备的基础上，通过先报价来确定谈判过程的起点，并由此影响以后的谈判进程，使己方从一开始就占据主动，于己是有利的。

3）如果谈判对方是自己的老客户，而且双方的合作一直不错，"报价先后"的问题就不重要，双方往往无需经历任何艰苦的报价和磋商就能协商前进，达成理想的协议。

美国加利福尼亚州一家机械厂的老板哈罗德准备出售他更新下来的三台数控机床，有一家公司闻讯前来洽购。哈罗德先生十分高兴，准备开价 360 万美元，即每台 120 万美元。当谈判进入实质性阶段时，哈罗德先生正欲报价，却又突然停住，暗想："可否先听听对方的想法？"结果，对方在对这几台机床的磨损与故障做了一系列的分析评价后，说："我公司最多只能以每台 140 万美元买下这三台机床，多一分钱也不行。"哈罗德先生大为惊喜，竭力掩饰内心的喜悦，还装着不满意的样子，讨价还价了一番。最后自然是顺利成交。

7.3　价格解评的技巧

价格解评包括价格解释和价格评论。价格解释是报价之后的必要补充，价格评论则是讨价之前的必要铺垫。价格解评是价格谈判过程承前启后的重要环节，因此也是价格谈判技巧的用武之地。

7.3.1　价格解释

1．价格解释的含义

价格解释是指卖方就其商品特点及其报价的价值基础、行情依据、计算方式等所做的介绍、说明或解答。它是买卖双方就价格问题进行交锋的开始，对双方都具有重要的意义。对卖方来说，可以充分利用价格解释的机会表白自己所报价格的真实性、合理性，增强其说服力，软化买方要求，迫使买方接受自己的价格或尽量缩小买方压价的期望值。为此卖方应做好充分准备，备齐多种实质性的、外围性的、掩护性的材料，并对买方可能提出的问题进行研究，以做到有问必答，而且所做的回答有助于巩固自己的价格主动地位。对买方来说，通过对方所做的价格解释，可以了解卖方报价的实质与可信程度，掌握卖方的薄弱之处，估量出自己讨价还价的余地，进而确定价格评论的着重点。为此，

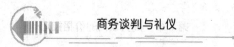

买方必须"善于提问"，即不论卖方怎么躲闪回避，买方总能变通多种话题与其交谈，并且把交谈引导到卖方有意躲避的问题或买方最为关心的问题上，让对方解答，以达到自己的目的。

价格解释的内容一般包括货物价格的解释、技术费的解释、技术服务费的解释、技术资料费的解释、商品流通费的解释等。解释应层次清楚，并最好按报价内容次序逐一解释。

2. 价格解释的技巧

价格解释的原则是有理、有利、有节。具体技巧有以下几种。

（1）不问不答

不问不答是指买主不主动发问也不回答，买方未问到的不回答，买方不直接点明的不回答，以免言多语失，让买方看轻自己，削弱自己在谈判中的地位。

（2）有问必答

买方郑重提出的问题要回答，而且要令提问人有痛快之感。既然要回答，却又吞吞吐吐，躲躲闪闪，本身就给人以"不实"之感，授人以降价的把柄。为此，卖方应在报价前，充分掌握各种相关资料、信息，并对买方可能提出的问题进行周密的分析、研究和准备，以通过价格解释表明报价的真实、可信。

（3）避实就虚

回答问题，提供资料，要以好讲的为主，不好讲的部分和利润大的部分次之。买方提出了自己不好讲的问题时，应尽量避其要害，多强调自己产品、技术或服务的特点，多讲自己不成问题的内容，以此来消磨时间，渲染气氛，转移买方的视线。对有的问题，则采取拖延的办法，不立即做出肯定或明确的回答，而是态度诚恳地记下对方提出的问题，承诺过几天再答复。

（4）能言勿书

可以用口头解释的不用文字写，实在要写就写在黑板上；非落到纸上不可时，写粗不写细。这样，使己方总是有否定、修改、解释的退步，从而总是处于主动地位；否则，白纸黑字，具体详尽，想修改、想解释就很困难了。

价格解释中，作为买方，其应对策略应当是善于提问，即不论卖方怎样闪烁其词，也要善于提出各种问题，设法把问题引导到卖方有意躲避或买方最为关心之处，迫使卖方解答，以达到买方的目的。

7.3.2 价格评论

1. 价格评论的含义

价格评论是指买方针对卖方的价格解释以及通过解释了解到的卖方价格的贵贱性

质与合理程度所做的评析和论述。它的目的在于通过对卖方所作解释的研究，寻找其漏洞，指出其价格上的不合理之处，并在讨价还价之前先压一压"虚头"，挤一挤"水分"，为之后的谈判创造有利的条件。价格评论的内容与价格解释的内容基本上是对应一致的。同时，也应注意根据价格解释的内容，一一予以评论。

2. 价格评论的技巧

价格评论的原则是针锋相对，以理服人。其具体技巧有以下几点。

（1）评论既要猛烈，又要掌握节奏

猛烈即准中求狠。抓住对方的短处，猛攻一点，着力渲染，使其不降价就下不了台；卖方不承诺降价，买方就不松口。有节奏就是在评论时不要一下子把话都讲完，不要像"竹筒倒豆子"一下子把所有问题都摆出来，而要均匀地、有停顿地、一步一步地、一个问题一个问题地发问评论。

（2）既要自由发言，又要严密组织

买方参加谈判的人员虽然都可以针对卖方缺点加以评论，但鉴于卖方也在窥测买方意图，因此每个发言者必须事先分配台词，而且在主谈人员暗示下，适时、适度发言，不是个人想什么时候发言就可以发言。这样，表面上看大家自由发言，实际上是高度集中，严密组织。"自由发言"是为了表明买方内部立场一致，也是为了加大卖方的心理压力。"高度集中、严密组织"则是为了巩固自己的防线，保住机密，不给卖方以可乘之机。

（3）重在说明，以理服人

对于买方的评论，卖方往往会以各种"辩解"进行抵挡，不会轻易就范认输，认输就意味着必须降价，而且还会损害自己的名声，所以买方想让卖方降价，必须充分说明，以理服人。也就是说，评论无论多么猛烈，有多少人发言，均要围绕"说理"，据理压价。你手中的"价格分析材料"以及"卖方解释中的含混不清之处"，都是买方手中的"理"。既然是说理，评论时的态度、语气就要平和、坦诚，轻易不要话中带刺，更不要动辄就威胁，只有在卖方不认输，"无理搅三分"时，方可以严厉的口吻对其施加压力。由于卖方一般都注重维护自己的商业形象，谋求长期贸易的利益，故而在评论阶段不会太过分；相反，只要你抓住了他的破绽，他会借此台阶修改价格，表示"成交诚意"，而买方也应"见好就收"，不要因谋求更大的降价而一味地"穷追猛打"，过早地把气氛搞僵。

（4）评论中再侦察，侦察后再评论

卖方可以在买方评论后为自己辩解，但不一定能够阻挡住买方的进攻。买方通过卖方的辩解，可以了解更多的情况，对于组织下面的进攻有好处，虽然不能马上迫使卖方降价，但晚一点也没关系。相反，不耐心听卖方解释，往下再谈就会缺乏针对性，搞不好转来转去就是那么几句话："我给你解释过了"，"你该降价不降价，没有道理"。使谈

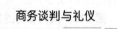
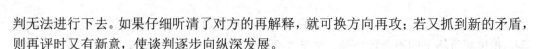

判无法进行下去。如果仔细听清了对方的再解释，就可换方向再攻；若又抓到新的矛盾，则再评时又有新意，使谈判逐步向纵深发展。

价格评论中，作为卖方，其应对策略应当是沉着解答，即不论买方如何评论、怎样提问甚至发难，都要保持沉着，始终以有理、有利、有节为原则，并注意运用答问技巧，不能乱了方寸。

7.4 讨价还价的技巧

讨价是指在买方对卖方的报价及其所作的解释予以评论后，提出"重新报价"或"改善报价"要求的行为，也称为"再询盘"。还价则是指卖方应在买方计价作出新的报价后，向买方要求给出价格的意见，也称为"还盘"。还价之后有时还会有再次"讨价"、"还价"……所以，人们所讲的"讨价还价"包含了"讨价"与"还价"的多次重复的概念和价格谈判的阶段性概念，即有反复几次的价格意见的往来，而且它标志着谈判的一定阶段。

讨价还价是谈判双方价格交锋中的一个必经阶段，它可能很快，在几分钟、十几分钟内就结束；也可能很慢，需要几个月甚至几年的时间。但不论时间长短，它总是跌宕起伏、动人心魄的，其间交织着双方的喜怒哀乐和攻防转换，是谈判双方力量、意志和智慧的较量。

7.4.1 讨价的技巧

讨价是指谈判中的一方首先报价之后，另一方认为离自己的期望目标太远，而要求报价方改善报价的行为。这种讨价要求既是实质性的，也是技巧性的。其技巧性作用是误导对方对己方的判断，改变对方的期望值，并为己方的还价作准备。

1. 讨价的方式

讨价的方式可以分为全面讨价、分别讨价和针对性讨价三种。

1）全面讨价。一般用于价格评论之后对于较复杂的交易的首次讨价。

2）分别讨价。一般用于较复杂交易对方第一次改善报价之后，或不便采用全面讨价方式的讨价。

3）针对性讨价。一般用于在全面讨价和分别讨价的基础上，针对价格仍明显不合理和水分较大的个别部分的进一步讨价。

讨价一般分为三个阶段，不同的阶段采用不同的讨价方式。

1）第一阶段，由于讨价刚开始，对卖方价格的具体情况尚欠了解，因而讨价的技巧是全面讨价，即要求对方从总体上改善报价。

2）第二阶段，讨价进入具体内容，这时的讨价技巧是针对性讨价，即在对方报价的基础上，找出明显不合理、虚头、含水分大的项目，针对这些明显不合理的部分要求把水分挤出去以改善报价。

3）第三阶段，是讨价的最后阶段，讨价方在做出讨价表示并得到对方反应之后，必须对此进行技巧性分析。

若第一次讨价就能得到对方改善报价的反应，这就说明对方报价中的技巧性虚报部分可能较大，价格中所含的水分较多，或者表明对方急于促成交易的心理。但是一般来说，报价者开始都会固守自己的价格立场，不会轻易还价。另外，即使报价方做出了改善报价的反应，还要分析其让步是否具有实质性的内容。

2. 讨价的技巧

（1）以理服人

讨价是伴随着价格评论进行的，所以讨价应本着尊重对方和说理的方式进行；又因为不是卖方的还价，而是启发、诱导卖方降价，为还价做准备，所以，如果在此时"硬压"对方降价，则可能使谈判过早地陷于僵局，对己方不利。在初期、中期讨价即对方还价前讨价时，应保持"平和信赖"的气氛，充分说理，以求最大的效益，即使碰到"漫天要价"者，也不应为其所动。

一般来说，在报价太离谱的情况下，报价者在价格解释中总会存在这样那样的漏洞，只要你留心，总是能够觉察到的。当你以适当的方式指出其报价的不合理之处时，报价者大都会有所机动。例如，他们会以"可能是我们算错了"、"我们再核算一下"、"我们与生产厂家再商量一下"或"这项费用可以不要了"等为遁词，对价格做部分调整。不管他的理由是否合乎逻辑，作为买方都应表示欢迎，尽管此时调整价格的幅度不是很大，但对你也总是有利的。另外，还可以把对方调整幅度的大小作为估算对方保留价格的依据。即使对方没有任何松动，也可以从他的态度来判断其是否有诚意，以及你所面对的是什么类型的讨价还价者，从而调整自己的策略与技巧。

（2）相机行事

讨价可以分为"笼统讨价"与"具体讨价"两种方法，分别用于不同的时机与条件。"笼统讨价"即从总体价格和内容的各个方面要求重新报价；"具体讨价"则就分项价格和具体的报价内容要求重新报价。根据不同情况采用不同的讨价方法，是运用讨价技巧的一个重要方面。

1）笼统讨价常用于评论之后的第一次要价，或者于较复杂交易的第一次要价时用，因为买方总喜欢从宏观的角度先去压价。笼统地提要求，不暴露掌握的准确材料，对方为了表示"良好态度"，也可能调整价格，这样就可以循序渐进。例如，"请就我方刚才提出的意见报出贵方改善的价格"，"贵方已听到了我们的意见，若不能重新报出具有成交诚意的价格，我们之间是很难达成交易的"，"我方的评价意见说到此，待贵方做出了新的报价后再谈"。这三种说法均是笼统讨价方法的运用，只是程度一个比一个更严厉，但目的只有一个，就是促使对方做出新的报价。

2）具体讨价常用于对方第一次改善报价之后，或不易采用笼统讨价方式的报价。如水分较少、内容简单的报价，在评论完后即进入有针对性的、要求明确的讨价。在第一次改善价格后的讨价时，"具体"的要求在于准确与针对性，而不在于"全部"将自己的材料都端出来。在做法上是将具体的讨价内容分成几块，可按内容分为技术费、设备备件费、资料费、技术服务费、培训费等；也可按评论结果，将各项内容按水分大小归类，水分大的放在一类，中等的放在一类，水分小的放在一类。分块、分类的目的是要体现"具体性"，即具体问题具体分析。只有分块、分类，才好进行不同程度、不同理由的讨价。

具体讨价的操作是有讲究的，不能任意从哪一块讨价。一般规律是从水分最大的那一块或那一类入手讨价，然后再对水分中等的那块或那类进行讨价，最后谈水分最小的那块或那类的讨价问题。

（3）投石问路

要想在谈判中掌握主动权，就要尽可能地了解对方的情况，尽可能地了解和掌握当我方采取某一步骤时，对方的反应、意图或打算。投石问路就是了解对方情况的一种战略战术。例如，"如果我方与贵方签订为期一年的合同，你们的价格能优惠多少？""如果我方对原产品做如此改动，价格上有何变化？""如果我方买下你方的全部存货，报价是多少？""如果我方为贵方提供生产产品所需的原材料，那么，成品价又是多少呢？""如果我方有意购买贵方其他系列的产品，能否价格上再优惠些？""如果货物运输由我方解决，价格多少？"等等。一般来说，任何一块"石头"都能使讨价者进一步了解对方，而且使对方难以拒绝。

7.4.2 还价的技巧

买方对卖方的报价及其解释，一般不会立即全部接受，也不会完全推翻，而是对卖方的报价打折扣；反过来，卖方对买方的讨价，既不会轻易允诺，也不会断然否定，而是部分地予以接受。这些都是"还价"，即谈判双方针对对方的报价或讨价而使用的价格竞争方式和反提议措施。这一措施运用得当，将有助于推动谈判朝着对己方有利的方向发展，使自己拟定的交易条件得到对方的承认，欲得的经济利益得以实现。这就需要做好还价前的筹划工作，掌握还价的技巧。

1．还价前的筹划

如果说报价为讨价还价树立了一条边界的话，那么还价将树立起与其对应的另一条边界，从而形成讨价还价者双方之间的对峙竞争局面。由于报价具有试探性质，即报出一个价格，看看对方的反应如何，然后报价者再调整自己的讨价还价技巧。因而还价者的第一次反应是十分重要的，它将给对方以某种信息，同时也将表明自己在这种对峙格局中的智慧和力量。

在多数情况下，当一方报价以后，另一方不马上予以回复，而是根据对方报价的内容，检查、调整或修改自己原来确定的还价总设想，构思新的方案。根据一般谈判经验，还价前的筹划主要是做好计算、看阵、列表、研究确定还价方式和确定还价起点等技巧性工作。

1）计算，即己方根据对方报价的内容和自己所掌握的商品价格资料，推算出对方所报价格虚头的大小，并尽力揣摩对方的真实意图。如有可能，应把对方报价中虚价最大、我方反驳论据最充分的内容择定为说服对方的主要攻击点。或者与此不同，以对方报价内容计算的结果为基础，进而考虑我方采用怎样的方法，提供哪些方便对方的条件，以促使双方尽快达成互利性的协议。

2）看阵，本意是指我国古代交战双方，在摆开阵势以后并不急于向对方出击，而是举目眺望，分辨敌方所用阵法的行为。在此借用"看阵"一词，是想表达当一方报价之后，另一方运用口问、耳闻、目察等手段，了解报价一方谈判动向的活动。"看阵"与"计算"不同，"计算"依据的是死板的数据资料，"看阵"则要依托对方谈判者活生生的表现；"计算"的工具是数字和数学公式，"看阵"的工具是人体的器官，运用口、眼、耳所进行的感知和大脑的分辨。当然，"看阵"也并不是光看不问，而是又看又问。比如，前面已经讲过了，报价一方要遵循报价态度严肃、坚决、果断，表达明确、清楚，对方没要求时尽可能不解释、不说明的三原则。但听价一方则不应被这三条原则束缚住手脚。恰恰相反，应在向报价方逐项核对各条款的基础上，以自然、巧妙的询问，弄清对方报价的依据。如果报价方在还价方的仔细询问之下，通过主动压低某些价格来表示合作的诚意（报价方又在以攻为守），还价方则应继续要求对方做出详尽的解释，以便具体分清报价方的哪一项是诱人让步之"牌"，哪一项有实在意义。

还价方的"计算"和"看阵"殊途同归，都是为了使谈判者从中把握交易条件的回旋余地，并择定主攻方向及相应的策略、方法和技巧。

3）列表。还价前筹划工作的主要目的是通过对所面临的问题分门别类，以及分清问题的主次、先后和轻重缓急，设计出相应的对策，以保证谈判者在还价过程中的总设想和意图得到贯彻。为此，谈判人员通常的做法是列出两张表，并以此为依据同对方交涉。

① 提问表。列此表是便于会谈中掌握所提问题的顺序。提问通常是在对方对各项条款作了解释之后进行的，这时双方将从实力出发进行讨价还价，面对面地展开竞争。对方在作价格解释时会端出他的多种优惠条件，同时也会暴露出他相对薄弱的环节。针对其薄弱环节适时、适当地提问，可以给对方造成较大的压力，为公平合理的交易与让步创造条件。

② 实施要点表。这是一种谈判双方把将质询对方的主要问题一一列出，然后加以交换的做法。通常包括两部分内容：一是对报价方各项条款中不能让步的交易条款；二是可以优惠对方或可以让步的条款和幅度。高明的还价设想，一般能使双方每回合的交

锋都避免出现僵局，创造出一种新的气氛或提出一个新的解决方案。也就是说，还价的筹划工作应做到不怕出现僵局，但也不希望出现僵局，应以避免或打破僵局、促进谈判顺利达成协议为根本目的。

4）研究确定还价方式。归纳目前商务活动中的价格谈判做法，还价从性质上讲分为两类：一是按比价还；二是按分析的成本价还。这两类性质的还价又可具体分为以下做法。

① 逐项还价，即对主要设备或商品逐台、逐类还价，对技术费、培训费、技术指导费、工程设计费、安装费、资料费分项还价。

② 分组还价，根据价格分析时划出的价格差距的档次分别还价，即价格高的还价时压得多，价格低的还价时压得少，区别对待，实事求是。

③ 总体还价，把货物与软件分别集中，还两个不同的价，或仅还一个总价。

以上三种具体还价方式怎样选取应用，应本着哪种方式对"讲理"有利就用哪种。强调"讲理"并不排斥技巧性，况且怎么能做到"讲理"本身就包括技巧在内。

具体来讲，两种性质还价的选取决定于手中掌握的比价材料。如果比价材料丰富且准确，自然应选按比价还，这对于买方来讲简便、容易操作，对卖方来讲容易接受；反之，就用分析成本价还。在选定了还价的性质之后，再来结合具体情况选用具体的技巧。

如果卖方价格解释清楚，买方手中比价材料丰富，卖方成交心切，且有耐心和时间时，采用逐项还价对买方有利，对卖方也充分体现了"理"字，卖方也不会拒绝，他可以逐项防守。

如果卖方价格解释不足，买方掌握的价格材料少，但卖方有成交的信心，然而双方性急、时间紧张时，采用分组还价的方式对双方都有利。

如果卖方报价粗，而且态度强硬，或双方相持时间较长，但都有成交愿望，在卖方已做一两次调价后，买方也可采用以"货物"和"软件或技术费"两大块还价。不过，该价应还得巧。所谓"巧"就是既考虑对方改善过报价的态度，又抓住了他们理亏的地方；既考虑到买方自己的支付能力，又注意掌握卖方的情绪，留有合理的妥协余地，做到在保护买方利益的同时，使卖方还能感到有获利的希望而不丧失成交的信心。

如果不是单项采购，所有大系统、成套项目的交易谈判中，第一次还价不宜以"总体价"还价。当然，不是绝对不可能，只是这样做难度大，不易做好，不易说理，容易伤感情。还总价犹如抡大刀，一下子砍下去，过大，显得无知，无诚意；过小，自己吃亏。即便砍对了，还有个对方面子问题，不一定能马上奏效。而左一项，右一项，一点一点砍，对方慢慢地疼，也许就能忍受住，而且还保全了对方的面子和自尊心，等到最后回头看时，虽有疼处，但合同总算到手了。此外，对价格差距较大的商务谈判，卖方往往急于知道买方总的价格态度，以决定其最终立场，这时若买方过早地甩总价，也许会在重砍之下把卖方吓跑，使谈判夭折；卖方不会轻率走掉，否则就没有完成使命，回去也不好交代，所以有经验的卖主一般不会干这种"失礼又失策"的傻事。当然，在经过几个回合的讨价还价，经过评论—解释—讨价还价的几个周期的相持以后，就可以适时还总价了。

5）确定还价起点。一旦买方选定了还价的性质和方式以后，还价筹划最关键的环节就是确定还价起点，即以什么条件作为第一次还价。这第一锤子敲得好坏，对双方以后都有很大影响。若能敲出双方讨价还价的兴趣和热情，说明第一次还价得当，成交前景看好；若能使卖方跟着买方的还价走，则更是高明，因为它有利于按照买方所希望的价格成交。倘若敲不好，则不是苦恼卖方，破坏谈判气氛，就是使自己陷于被动。所以，确定还价起点，必须十分慎重。

① 应分析卖方在买方价格评论和讨价后，其价格改善了多少。

② 看卖方改善后的报价与买方拟定的成交方案之间还有多大差距。

③ 买主是否准备在还价后让步。

这三条是确定还价起点的基本因素。

2．还价的技巧

（1）"含而不露"的技巧

还价中的"含而不露"策略是指，如果你对对方的某一建议或提案很有兴趣，只能在心里盘算怎样抓住机会，获取好处，而不能在表面上显露出来。这是因为，在谈判的每一阶段，双方都在窥视对方的弱点，并提出一些建议、提案来试探对方的虚实，从而寻找自己的攻击目标和切入点。又因为人们对尚不拥有的东西总是渴望得到，为了得到又总是不愿意付出较大的代价而不愿轻易舍弃，所以如果你对对方的某种建议表现出强烈的兴趣，那恰恰是暴露了你的弱点。对方觉察了这一点，就会趁机抬高要价，附加条件或索要较高的回报，总之要大做文章，使己方陷入进退两难的境地。那么，怎样才能巧妙有效地运用"含而不露"这一策略，应注意以下几点：

1）当你听到了对你很有利的建议或提案时，不要马上表示同意或赞许，而是要如常回应，内心里加紧盘算，待考虑成熟后再将自己的意见向对方提出。

2）为防止对方洞察自己的用心，提高警惕或收回提议，可在暗中思考对方提议的同时，提出别的问题与对方磋商，以麻痹对方。

3）要注意和自己在整个谈判过程中表现出来的态度保持一致，不可让对方觉得自己的态度反常而引起警觉。

（2）"感情投资"的技巧

在讨价还价过程中，双方的争论辨析几乎常常是以纯逻辑的方式进行，成交价格似乎也是双方实力较量的结果，好像没有什么感情色彩，也没有关系因素加入所起的作用。其实不然，许多谈判的顺利推进，以至于一些棘手问题的最终解决，都是凭借了当事人双方之间业已存在的感情基础。所以，你想影响对方，那么你首先就应该是一个受对方欢迎、为双方认可的人；如果你有时想靠强硬的态度来得到你预想的结果，或想使用你的力量来压服对方，这些做法都是不对的。最有效的做法是唤起对方的好感，增进彼此的理解、信任和友情。这样，当你需要坚持自己的立场或使用强硬态度时，就可以放心地去做，而不必担心把关系搞僵。这就是谈判中的"感情投资"策略。要有效地实施这一策略，可运用以下技巧。

1）在一些较为次要的问题上，主动地迎合对方的想法，使对方觉得你能站在他的角度上考虑问题，从而产生好感。

2）谈论业务范围以外对方感兴趣的话题，如足球比赛、时装表演、当地的土特产等，在相互交流中扩大沟通，找到共同语言，增进友情。

3）对于彼此之间有过交往的，要常叙谈，回忆以往合作的经历和取得的成功。

（3）"针锋相对"的技巧

谈判中采用"针锋相对"策略，既是出于自身利益的需要，也是基于自身实力的条件，故而在讨价还价中，"针锋相对"策略经常被派上用场。那么，怎样有效地施用这一策略呢？主要是用"以其人之道，还治其人之身"的技巧。这一技巧具体又体现在手法和内容两个方面。

1）针对有的卖方为引起买方兴趣，促使买方下决心做成交易而且不在价格上认真计较，常用强调做成生意将给买方带来诸多好处的手法。对此，己方也应采用同样的手法，以站在对方角度考虑问题的方式，大力宣扬如能成交卖方将得到更大的利益，没有理由只要求买方做出价格让步。

2）针对卖方描绘买方所得到的好处，也将卖方所能得到的利益编织罗列起来向对方灌输，以抵消卖方隐含在描绘买方所得好处后面的价格要求。例如，可以向对方指明，现在按一定价格销出存货可以避免日后的削价处理；同时还可以排除其他卖主的竞争，改善库存结构，加速资金周转，节约利息支出；扩大市场份额，巩固销售地位，提高企业资信等。

（4）"诱'敌'就范"的技巧

在还价中，运用"诱'敌'就范"策略常常借助"假如……，那么……"或是"如果……，那么……"的问话技巧来施行。例如，"假如我再将订货增加一倍，那么你将给我怎样的价格优惠？""如果我预先付款或削减服务项目，那么你的价格折扣将扩大多少？""假如我与你签订长期合同，那么你是否让我享受最优惠的价格待遇？"上述问话实际上是以己方首先做出的让步为诱饵，启发、引导对方做出相应的或更大的让步的技巧。这种技巧运用得当，可以打破讨价还价的僵持状态，使谈判继续下去；可以使自己由"被动防御"转为"主动进攻"；可以打乱对方原有部署，使其在不堪追问和担心错过机会的情况下及早做出让步；可以使己方以较小的代价换取较大的利益。在运用这种技巧时要注意以下几点。

1）让步的内容要能引起对方的兴趣。

2）以相对抽象的让步内容换取对方具体实在的降价比例和折扣幅度。

3）让步条件和索要的回报之间要有一定的内在联系。

（5）"积少成多"的技巧

"积少成多"作为还价时使用的一种策略，是在向对方索取东西时，要一项一项、一点儿一点儿地取，最后达到聚少成多之效果。怎样实现这一策略呢，应注意以下几点。

1）针对人们对"一点儿"不太在乎和不愿为一点儿利益把关系搞紧张的心理，将总体价格分解划细，每项还一点儿，一项一项地还，逐步实现自己的目标。

2）多方寻找要求对方降价或接受较低价格的理由，将自己提出的每一点降价要求都建立在特定的依据之上。

（6）"吹毛求疵"的技巧

在价格谈判中，还价者为了给自己的要求制造理由，提供依据，同时也为了让对方知道买主是精明的内行，不会轻易被人欺蒙，常常使用"吹毛求疵"的策略。从技巧角度看，使用"吹毛求疵"策略通常有这样一些做法。

1）在不好直接或正面要求对方降价的情况下，转而对对方产品一而再、再而三地挑毛病，迫使对方让步。如一个商谈买彩电的买主，说是非要名牌不可，拿来名牌样机后，说式样太旧、机壳颜色灰暗，又说屏幕亮度不够、没有录音插孔、电视机线路图印刷不清等，要求对方降价。

2）在挑毛病时，将真的（实际当中确实存在的问题）和假的（不好认定的或与价格没有关系的问题）混在一起向对方提出，使对方不好反驳。

3）在挑对方产品毛病的同时，还可抓住对方建议或意见中的缺点，加以夸大，提出指责，以加强自己还价的理由和力量。

（7）"最后通牒"的技巧

"最后通牒"作为谈判中一方向另一方施加强大压力的一种策略，经常被还价者所使用。但要达到将矛盾引向对方一边，使自己由被动变主动的目的，也要讲究技巧，主要有：

1）给对方最后通牒的时机要恰当。一般是在买主处于有利地位或买方已将价格提到无法再提的程度时，发出最后通牒。

2）在发出最后通牒前，要想法让对方先在你身上做些"投资"。等到对方的"投资"达到一定程度时，再结合其他情况抛出最后通牒，使对方由于难以抽身而不得不接受"最后通牒"。

3）给对方最后通牒时言词不要太锋利，否则会伤害对方的自尊，到最后是对方不成使自己也受损失。例如，"就是这个价钱，不然没什么可谈的了！"而"软"的最后通牒则不然。例如，"你说的完全有道理，可惜我们只能出这个条件，你看能否通融通融。"这种说法虽然堵死了对方纠缠我方让步的可能性，但由于言词比较委婉，相比之下容易为对方考虑和接受。

4）给对方最后通牒的根据要过硬，即要有较强的客观性和不可违抗性。例如，你可以援引有关的法律规定、政策条文、商业惯例、通行的价目表或自己公司的财务制度来支持自己的立场，使对方不好反驳。

5）给对方最后通牒的内容要有弹性或缝隙。因为运用"最后通牒"战术不是要将对方"逼上梁山"，而是压对方让步的一种手段。因此，要在最后通牒中给对方留出一条路。例如，可以说："请贵方考虑一下这个价格，或者最多再加 5%的手续费，否则其他问题就很难再谈下去了。"

（8）"积极让步"的技巧

实践表明，在谈判中打破僵局最有效的方法莫过于让步，因此在讨价还价的过程中，一方向另一方做出让步是常有的事。然而让步却有消极让步与积极让步之分。消极让步是以单纯的自我牺牲来打破僵局，这是下策，也是不得已而为之；"积极让步"作为还价中的一种成功策略，包含着让步要争取主动，要选择时机，让步有条件、有限度的这样一些丰富的含义。实施这一策略，要在许多方面讲究技巧，主要是：

1）决不作无谓的让步。每一让步都应该是为了获取对方在某些方面的相应让步或优惠，体现出对我方有利的宗旨。如果不能换回什么优惠，就不要把自己的东西轻易给人。

2）根据问题的重要性决定让步的先后。在你认为重要的问题上力求使对方先让步，而在较次要的问题上你可以考虑先做让步，并记下已做出的每一让步，经常说给对方，以抵御对方以后的要求。

3）要选择好让步时机。让步应在最必要和最有利的情况下才能做出。如不让步就不能打破僵局，不让步己方的损失就会更大，或者是对方马上能够接受，没有犹豫不决的余地时做出让步。

4）让步要讲究分寸、步幅。让步的大小，既要能引起对方的兴趣，又不要让对方觉得反常；既要符合以较小的让步换得对方较大回报的让步原则，又要尽可能不让对方觉察出来。

5）不要承诺做同等幅度的让步。例如，对方在某一条款上让你 40%，他也要求你在另一条款上让他 40%。因为条款不同，同样是 40%，但其所代表的实际利益可能是不等值的，所以你应该以"我方无法承受在某某条款上做 40%的让步"来婉言拒绝。

6）一次让步的幅度不宜过大。因为一次让步，特别是第一次让步幅度过大，会让对方觉得你缺少谈判经验或者是你的价格"虚头"太大，是软弱的表现，会建立起对方的自信心，并使其在以后的谈判中占据主动地位。在这种情况下，要让对方回报以相应大小的让步是很困难的。

7）以我方让步的许诺来诱导对方做出让步。例如，我们想以松动价格折扣来换取对方在交货期上的让步，不妨可以说："要让我们在价格上再通融一下，那实在是让我方感到为难了。不过，如果你方在交货期问题上还有进一步商量的余地，我想大概会有助于我方对价格问题做某些新的考虑。"

8）找借口撤回让步。如发现己方做出的让步失当，在协议尚未正式签字生效之前，可采用巧妙办法收回。比如，可借对方对我方提出的条件坚持不让步的时机或借对方有出尔反尔现象的情况下，乘机收回我方先前做出的让步，重新提出谈判条件。

9）让步的表达要讲求技巧。如对自己表示做出的让步要说得含糊一些，要求对方做出让步要尽量说得明确、具体。再如，当一方想以较小的让步给对方较大的满足，以求得较大的回报时，一定要说得轻松和有伸缩性，以免被对方发觉你占了便宜，从而提高自己的要价。

10）要轻重有别，即对对方在让步中得到的好处可浓墨重彩地描绘；而对对方所付出的代价则轻描淡写、一带而过。

（9）"最大预算"的技巧

"最大预算"的技巧就是一方面对对方某方案表示感兴趣，但又以自己的最大授权或最高预算不允许为由，逼迫对方再对方案进行修改的策略。这一策略的有效实施也需要讲究技巧。如卖方将某项目报价从 6 万元降至 5 万元，买方说："你的方案内容不错，我也感兴趣，但我只有 4.5 万元的预算"。或买方给出 4.5 万元，相对卖方要价 6 万元还有不小差距，卖方会说："你的还价很有意义，但我无权做这么大的让步"。这两例都是"最大预算"技巧的运用。一个讲买方的资金预算，一个讲卖方的权限范围，都是以自身以外的理由来限制和回绝对手提出的要求。这一技巧的运用要注意以下几点：

1）注意有回转、变通的余地。万一在对方不管你"最大"真假与否，坚持原立场时，可以有后手挽救局面。

2）使用该技巧应有"保密"意识。因为使用这一技巧容易将"底牌"暴露给对方。

3）掌握好时机。在已进行多次价格交锋，卖方报价中的水分已经不多，并使之向买方要求靠拢之后才可施行。同时，还要考虑卖方是否急于成交。

复习思考题

1. 价格谈判中影响价格的具体因素是什么？
2. 价格谈判中应当注意研究哪些价格关系？
3. 价格解释有何意义？主要技巧是什么？
4. 价格评论有何意义？主要技巧是什么？
5. 讨价策略的运用包括哪些方面？
6. 还价策略的运用包括哪些方面？

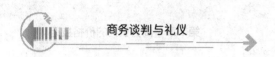

案例分析

买　裤　子

有一次，思琪和同学一起到××镇买服装。当时思琪手头有些拮据，她决定去街头买。小商贩在吆喝着，热情地拉过往的行人买衣物。思琪对衣服、裤子等服装的高档或低档并没有概念，对面料的质地、做工的精细粗糙等也没有什么经验。

思琪在一个摊前停住，选了其中的一条裤子，问："多少钱？"老板回答："98元。"思琪对价格上的小伎俩有些反感，尽管囊中羞涩，但觉得裤子样式还可以，想买它。她听说现在喊价一般都要高出成本一倍，也就是说，成本为49元的裤子，小贩会出价98元，然后再讨价还价。思琪心想，让他赚一点，大概会在60元成交。思琪的心里真的没有底，对这条裤子的价值有些茫然，她心里嘀咕着，大概也就60元吧，50元的话就买了。

思考：

你如何看待思琪的定价方法？

租　房　子

公司委托林海尽快找到一处办公地点，月租金8000元以下。林海找到一个合适的地方。该房产属于一个科研机构，多年闲置。由于该单位财政紧张，现欲出租该房产，但目前尚无人问津。林海找到这个科研单位的负责人李园，说明了自己的来意。

林海："那您开个价吧！"

李园："我们研究决定，租金每月6000元。"

林海："哟，这个价可是超出了我的想象。你看这房子，地理位置较偏，交通又不大方便，一般人谁也不上这儿来呀！咱们按市价，4500元怎么样？"。

李园："不行，不行！这房子是偏了点，可别的条件都挺好。4500元可太少了，起码5500元。"

林海："我呢，是真心想租您这房子。我找了一些地方，就您这还不错。这样吧，4800元。"

李园微笑着摇头。

林海："得，5000元行了吧！这可是我们领导给的最高限了，再多，我也做不了主了。"

李园："就 5500 元，不能再少了。要不，你再跟你们领导商量商量，明天再给我个信吧！"

林海："那我再争取一下，这事不成，我还得再受累另去别处找。你呢，每月 5000 元的进账也泡汤了！"

第二天，林海没有和李园联系。第三天，由于领导定的期限快到了，林海决定接受李园的条件，以 5500 元的月租金租下那房子。正在此时，李园打来电话，急切询问进展情况。

林海："我在领导那儿磨了两天，领导只同意每月 5200 元，我是无能为力了。"

李园："既然如此，那就 5200 元吧……"

思考：
林海是否应该在电话中答应李园的条件，以 5200 元的月租金租下房子？

第8章 商务谈判障碍的排除

内容提要

本章主要介绍商务谈判僵局产生的原因、商务谈判僵局处理的原则、商务谈判僵局的利用与制造、打破谈判僵局的方法、变被动为主动的方法、反对意见的处理等内容。

8.1 商务谈判障碍概述

在商务谈判过程中,时常会因为各种原因,使谈判僵持不下,如意见分歧、相互猜疑、争论不止、气氛紧张等,我们把诸于上述阻碍和影响谈判顺利进行的各种问题和因素称为商务谈判障碍。这些障碍的出现虽属正常,但如果处理不当,就会严重影响谈判协议的达成。因此,如何打破僵局、恰当地处理反对意见、有效地变被动为主动以及控制谈判的气氛等是每个谈判者都会面临的问题。

商务谈判僵局是指在商务谈判过程中,由于双方对所谈问题的利益要求差距较大,各方又都不肯做出让步,导致双方因暂时不可调和的矛盾而形成的对峙,从而使谈判呈现出一种不进不退的僵持局面。谈判僵局之所以经常出现,其原因就在于来自不同的企业、不同的国家或地区的谈判者在商务谈判中,双方观点、立场的交锋是持续不断的,当利益冲突变得不可调和时,僵局便出现了。出现僵局不等于谈判破裂,但它严重影响谈判的进程,如不能很好地解决,就会导致谈判破裂。要突破僵局,必须对僵局的性质、产生原因等问题进行透彻的了解和分析,才能正确地加以判断,从而进一步采取相应的策略和技巧,选择有效的方案,重回谈判桌,使谈判顺利地进行下去。

8.1.1 商务谈判僵局产生的原因

在谈判进行过程中,僵局无论何时都有可能发生,任何主题都有可能形成分歧与对立。表面上看,僵局出现的时机与表现的形式、对峙程度的高低是很复杂的。然而,谈判陷入危机往往是由于双方感到在多方面谈判中期望相差甚远,并且在各个主题上这些差异相互交织在一起,难以出现缓解的迹象。造成谈判僵局的原因可能是多方面的,僵局并不总是由大事或者重大的经济问题才出现。根据一些谈判者的经验,许多谈判僵局和破裂是由于细微的事情引起的，诸如谈判双方性格的差异、个人的权力限制、环境的改变、公司内部纠纷、与上司的工作关系、缺乏决断的能力、谈判一方利用己方优势强迫另一方接纳己方的意图等。僵局的产生是由其中一个或几个因素共同作用而形成的。归纳起来，主要有以下几个方面。

1. 谈判一方故意制造谈判僵局

这是一种带有高度冒险性和危险性的谈判战略，即谈判的一方为了试探出对方的决心和实力而有意给对方出难题，搅乱视听甚至引起争吵，迫使对方放弃自己的谈判目标而向己方目标靠近，使谈判陷入僵局，其目的是使对方屈服，从而达成有利于己方的交易。

故意制造谈判僵局的原因可能是过去在商务谈判中上过当、吃过亏，现在要给对方报复；或者自己处在十分不利的地位，通过给对方制造麻烦来改变自己的谈判地位，并认为即使自己改变了不利地位也不会有什么损失。这样就会导致商务谈判出现僵局。

通常情况下，谈判者往往不愿意冒使谈判陷入僵局的风险，因为制造僵局往往会改变谈判者在谈判中的处境。如果运用得当，会获得意外的成功；反之，若运用不当，其后果也是不堪设想的。因此，除非谈判人员有较大的把握和能力来控制僵局，否则最好不要轻易采用。

2. 双方立场观点对立导致僵局

在讨价还价的谈判过程中，如果双方对某一问题各持自己的看法和主张，那么，越是坚持各自的立场，双方之间的分歧就会越大。这时，双方真正的利益被这种表面的立场所掩盖，于是谈判变成了一种意志力的较量。当冲突和争执激化、互不相让时，便会出现僵局。

纠缠于立场性争执是低效率的谈判方式，它撇开了双方各自的潜在利益，不容易达成明智的协议，而且由于久争不下，它还会直接损害双方的感情，谈判者要为此付出巨大的代价。

经验证明，谈判双方在立场上关注越多，就越不能注意调和双方的利益，也就越不可能达成协议，甚至谈判双方都不想做出让步，或以退出谈判相要挟，这就更增加了达成协议的困难，因为人们最容易在谈判中犯立场观点性争执的错误，这也是形成僵局的主要原因。

3. 沟通障碍导致僵局

沟通障碍就是谈判双方在交流彼此情况、观点，洽谈合作意向、交易的条件等的过程中，可能遇到的由于主观与客观的原因所造成的理解障碍。

由于双方文化背景的差异，一方语言中的某些特别表述难以用另一种语言准确地表述出来而造成误解。例如，某跨国公司总裁访问一家中国著名的制造企业，商讨合作发展事宜。中方总经理很自豪地向客人介绍说："我公司是中国二级企业……"此时，翻译人员很自然地用 Second-Class Enterprise 来表述。不料，该跨国公司总裁闻此，原本很高的兴致突然冷淡下来，敷衍了几句立即起身告辞。在归途中，他抱怨道："我怎么能同一个中国的二流企业合作？"可见，一个小小的沟通障碍，会直接影响到合作的可能与否。美国商人谈及与日本人打交道的经历时说："日本人在会谈过程中不停地'Hi'、'Hi'，原以为日本人完全赞同我的观点，后来才知道日本人只不过表示听明白了我的意见而已，除此之外别无他意。"

4. 谈判人员的偏见或成见导致僵局

偏见或成见是指由感情原因所产生的对对方及谈判议题的一些不正确的看法。由于产生偏见或成见的原因是对问题认识的片面性，即用以偏概全的办法对待别人，因而很容易引起僵局。

由于谈判人员对信息的理解受其职业习惯、受教育的程度及为某些领域内的专业知识所制约，表面上看来，谈判人对对方所讲的内容似乎已完全理解了，但实际上这种理解却常是主观、片面的，甚至往往与信息内容的实质情况完全相反。

比如，一次关于成套设备引进的谈判中，某市的谈判班子对外方所提供的资料进行了研究，认为对方提供的报价是附带维修配件的，于是按此思路与外方进行了一系列的洽谈，然而在草拟合同时，发现对方所说的附带维修配件，其实是指一些附属设备的配件，而主机配件并不包括在内，需要另行订购。这样，我方指责对方出尔反尔，而对方认为我们是故意作梗。事后中方仔细核对原文，发现所提及的"附带维修配件"只是在谈判附属设备时出现过，而中方误以为对所有设备提供配件。其实，这种僵局是完全由于我方未能正确理解对方的意见，做了错误的判断所造成的。

又比如，我国曾获得一笔世界银行某国际金融组织的贷款，用以建设一条二级公路。按理说，这对于我国现有筑路工艺技术和管理水平来说是一件比较简单的事情。然而，负责这个项目的某国际金融组织官员，却坚持要求我方聘请外国专家参与管理，这就意味着我方要大大增加在这个项目上的开支，于是我方表示不能同意。我方在谈判中向该官员详细介绍了我们的筑路水平，并提供了有关的资料，这位官员虽然提不出疑义，但由于以往缺乏对中国的了解，或是受偏见支配，他不愿放弃原来的要求，这时谈判似乎已经陷入了僵局。为此，我方就特地请他去看了我国自行设计建造的几条高水准的公路，并由有关专家做了详细的说明和介绍。正所谓"百闻不如一见"，心存疑虑的国际金融组织官员这才总算彻底信服了。

5. 环境的改变导致僵局

当谈判的外部环境，如价格、通货膨胀等因素发生变化时，谈判的一方不愿按原有的承诺签约，也会导致僵局的产生。

6. 谈判双方用语不当导致僵局

谈判双方因用语不当，造成感情上的强烈对立，双方都感到自尊心受到伤害，因而不肯做丝毫的让步，谈判便会陷入僵局。

7. 谈判中形成"一言堂"导致僵局

谈判中的任何一方，不管出自何种目的，如果过分地、滔滔不绝地论述自己的观点而忽略了对方的反应和陈述的机会，必然会使对方感到不满与反感，造成了潜在的僵局。

8. 谈判人员的失误导致僵局

有些谈判者想通过表现自我来显示实力，从而使谈判偏离主题；或者争强好胜，提出独特的见解令人诧异；或者设置圈套，迷惑对方，使谈判的天平向着己方倾斜，以实现在平等条件下难以实现的谈判目标。但是，在使用一些策略时，因时机掌握不好或运用不当，也往往会导致谈判过程受阻及僵局的出现。

9. 谈判人员的强迫手段导致僵局

谈判中，人们常常有意或无意地采取强迫手段而使谈判陷入僵局。特别是涉外商务谈判，由于不仅存在经济利益上的相争，还有维护国家、企业及自身尊严的需要。因此，某一方越是受到逼迫，就越是不会退让，谈判的僵局也就越容易出现。

10. 谈判人员素质低下导致僵局

俗话说："事在人为"，谈判人员素质的高低往往成为谈判顺利与否的决定性因素。无论是谈判人员工作作风方面的原因，还是谈判人员知识经验、策略技巧方面的不足或失误，都可能导致谈判陷入僵局。

11. 利益合理要求的差距导致僵局

许多商务谈判中，即使双方都表现出十分友好、坦诚与积极的态度，但是如果双方对各自所期望的收益存在很大的差距，那么谈判也会搁浅。当这种差距难以弥合时，那么合作必然走向"流产"，僵局便会产生。

比如，世界橡胶业某跨国公司自恃拥有世界上最先进的技术，它在全世界各地设立合资企业，都要求占有 51%以上的股份，否则就不转让技术。近百年来，它的这种方针一直没有改变。20 世纪 90 年代初，该公司对来华投资很有兴趣，并选择我国某主要轮胎公司作为合作对象，拟在中国设立合资企业。但当中方根据自己在国内市场的地位，提出中方必须占 51%以上股份时，该跨国公司宁愿放弃中国这位最好的合作伙伴，退而求其次。当然，这种合理要求的差异也不一定不可通过谈判来弥合。另一家跨国公司是世界电气领域的领导者，它同中国企业谈判建立合资企业时，原本也坚持这种控股政策，

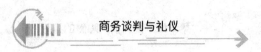

后来通过反复沟通，不断增进彼此了解，双方认识趋于一致，即要致力于长期合作，着眼于长期利益。于是，外方最终同意在合资企业中只拥有 30%的股权，而不影响其先进技术向合资企业的转移。

8.1.2　打破商务谈判僵局的原则

1．冷静地理性思考

在谈判实践中，有些谈判者会脱离客观实际，盲目地坚持主观立场，甚至忘记了自己的出发点是什么，由此可形成僵局。谈判者在打破僵局时，必须头脑冷静，心平气和，防止和克服过激情绪所带来的干扰。面对僵局，只有冷静思考，才能理清头绪，正确分析问题。一般来讲，谈判者要设法建立一项客观的准则，即让双方都认为是公平的、又易于实行的办事原则、程序或衡量事物的标准，充分考虑双方潜在的利益到底是什么，从而理智地克服一味地希望通过坚持自己的立场来赢得谈判的做法。这样才能有效地解决问题，打破僵局。相反，靠"拍桌子、踢椅子"来打破僵局是于事无补的，反而会带来负面效应。

2．协调好双方的利益

当双方在同一问题上发生尖锐对立，并且各自理由充足，无法说服对方，又不能接受对方的条件时，应认真分析双方的利益所在，只有平衡好双方的利益才有可能打破僵局。这就需要双方从各自的目前利益和长远利益两个方面来看问题，寻找双方都能接受的平衡点，双方都做出让步，协调好关系，才能保证双方的利益都能得到实现，最终达成谈判协议。因为，如果都追求眼前利益，可能都会失去长远利益，这对双方都是不利的。

3．欢迎不同意见

不同意见既是谈判顺利进行的障碍，也是一种信号，它表明实质性的谈判已开始。如果谈判双方就不同意见互相沟通，最终达成一致意见，谈判就会成功在望。因此，作为一名谈判者，对不同意见不应持拒绝和反对的态度，而应持欢迎和尊重的态度。这种态度，一方面体现了一名谈判者的宽广胸怀，另一方面则能使谈判者更加平心静气地倾听对方的意见，从而掌握更多的信息和资料。

4．避免争吵

争吵无助于矛盾的解决，只能使矛盾激化。如果谈判双方出现争吵，就会使双方的对立情绪加重，从而很难打破僵局，达成协议。即使一方在争吵中获胜，另一方无论从感情上还是心理上都很难持相同的意见，谈判仍有重重障碍。所以，谈判高手总是通过据理力争，而不是通过同别人大吵大嚷来解决问题的。

5. 正确认识谈判的僵局

许多谈判人员把僵局视为谈判失败，试图竭力避免它，在这种思想的指导下，不是采取积极的措施加以缓和，而是消极躲避。在谈判开始之前，就祈求能顺利地与对方达成协议，完成交易，特别是当他负有与对方签约的使命时，这种心情就更为迫切。这样就事事处处迁就对方，一旦陷入僵局，就会很快地失去信心和耐心，甚至怀疑起自己的判断力，对预先制定的计划产生了动摇。这种思想明显阻碍了谈判人员更好地运用谈判策略，结果可能会达成一个对己不利的协议。

应该看到，僵局的出现对双方都不利。如果能正确认识，恰当处理，就会变不利为有利。我们不赞成那种把僵局视为一种策略，运用它胁迫对手妥协的办法，但也不能一味地妥协退让。这样，不但僵局避免不了，还会使自己十分被动。只要具备勇气和耐心，在保全对方面子的前提下，灵活地运用各种策略、技巧，僵局就不是攻克不了的堡垒。

6. 语言适度

语言适度是指谈判者要向对方传播一些必要的信息，但又不透露己方的一些重要信息，同时也要积极倾听。这样，不但和谈判对方进行了必要的沟通，而且可探听出对方的动机和目的，形成对等的谈判气氛。

8.1.3　商务谈判僵局的利用与制造

1. 僵局的利用

（1）僵局能够促成双方的理性合作

在谈判实践中，很多谈判人员害怕僵局的出现，担心由于僵局而导致谈判暂停乃至最终破裂。谈判暂停可以使双方都有机会重新审慎地回顾各自谈判的出发点，既能维护各自的合理利益，又能注意挖掘双方的共同利益。如果双方都逐渐认识到弥补存在的差距是值得的，并愿意采取相应的措施，包括做出必要的妥协，那么，这样的谈判结果也符合谈判原本的目的。即使出现了谈判破裂，也可以避免非理性的合作。双方通过谈判，即使没有成交，但彼此之间加深了了解，增进了信任，并为日后的有效合作打下了良好的基础。

（2）僵局可以改变谈判均势

有些谈判者的要求，在势均力敌的情况下是无法达到的。为了取得更有利的谈判条件，便利用制造僵局的办法来提高自己的地位，使对方在僵局的压力下不断降低其期望值。当自己的地位提高和对方的期望值降低以后，最后采用折中方式结束谈判时，自己已取得了更有利的条件。谈判者在谈判过程中利用谈判僵局，可以改变己有的谈判均势，提高自己在谈判中的地位。这是那些处于不利地位的谈判者利用僵局的动机所在。谈判

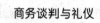

的弱者在整个谈判过程中处于不利地位，他们没有力量与对方抗衡，为了提高自己的谈判地位，便采用制造僵局的办法来拖延谈判时间，以便利用时间的力量来达到自己的目标，这是可以理解的。

2. 僵局的制造

谈判者要利用僵局，首先需要制造僵局。制造僵局的基本原则是，利用自己所制造的僵局给自己带来更大的利益。谈判僵局出现以后会有两种结果：打破僵局继续谈判或谈判破裂。

（1）制造僵局的一般方法

制造僵局的一般方法是，向对方提出较高的要求，要对方全面接受自己的条件。对方可能只接受己方的部分条件，即做出少量让步后便要求己方做出让步。己方此时如果坚持自己的条件，以等待更有利的时机的到来，而对方又不能再进一步做出更大让步时，谈判便陷入僵局。

（2）制造僵局的基本要求

谈判者制造僵局的基本做法是向对方提出较高的要求，但这一高要求绝不能高不可攀，因为要求太高，对方会认为是没有谈判诚意而退出谈判。因此，目标的高度应以略高于对方所能接受的最不利的条件为宜，以便最终通过自己的让步，仍以较高的目标取得谈判成功。同时，对自己要求的条件，要提出充分的理由说明其合理性，以促使对方接受自己提出的要求。

8.2　打破谈判僵局的方法

谈判出现僵局，就会影响谈判协议的达成。因此，在双方都有诚意的谈判中，尽量避免出现僵局。但是，谈判本身是双方利益的分配，因此僵局的出现也就不可避免。所以，仅从主观上不愿出现谈判僵局是不现实的，必须正确认识、慎重对待，掌握处理谈判僵局的策略与技巧，从而更好地争取主动，为谈判协议的签订铺平道路。

1. 用语言鼓励对方打破僵局

当谈判出现僵局时，你可以用话语鼓励对方："看，许多问题都已解决了，现在就剩这一点了。如果不一并解决的话，那不就可惜了吗？"这种说法，看似很平常，实际上却能鼓动人，发挥很好的作用。

对于牵涉多项讨论议题的谈判，更要注意打破存在的僵局。比如，在一场包含六项议题的谈判中，有四项是重要议题，其余两项是次要议题。现在假设四项重要议题中已有三项达成协议，剩下一项重要议题和两项次要议题，那么针对僵局，你可以告诉对方：

"四个难题已解决了三个了，剩下一个如果也能一并解决的话，其他的小问题就好办了，让我们再继续努力，好好讨论唯一的难题吧！如果就这样放弃了，前面的工作就都白做了，大家都会觉得遗憾的。"听你这么说，对方多半会同意继续谈判，这样僵局就自然化解了。

叙述旧情，强调双方的共同点。就是通过回顾双方以往的合作历史，强调和突出共同点和合作的成果，以此来削弱彼此的对立情绪，以达到打破僵局的目的。

2. 采取横向式的谈判打破僵局

当谈判陷入僵局，经过协商而毫无进展，双方的情绪均处于低潮时，可以采用避开该话题的办法，换一个新的话题与对方谈判，以等待高潮的到来。横向谈判是回避低潮的常用方法。由于话题和利益间的关联性，当其他话题取得成功时，再回来谈陷入僵局的话题，就会比以前容易得多。

先撇开争议的问题，谈另一个问题，而不是盯住一个问题不放，不谈妥誓不罢休。例如，在价格问题上双方互不相让，僵住了，可以先暂时搁置一旁，改谈交货期、付款方式等其他问题。如果在这些议题上对方感到满意了，再重新回过头来讨论价格问题，阻力就会小一些，商量的余地也就更大些，从而起到弥合分歧的作用，使谈判出现新的转机。

3. 寻找替代的方法打破僵局

俗话说得好"条条大路通罗马"，在商务谈判上也是如此。谈判中一般存在多种可以满足双方利益的方案，而谈判人员经常简单地采用某一方案，而当这种方案不能为双方同时接受时，僵局就会形成。

商务谈判不可能总是一帆风顺的，双方磕磕碰碰是很正常的事，这时，谁能创造性地提出可供选择的方案，谁就掌握了谈判的主动权。不过，要试图在谈判开始就确定什么是唯一的最佳方案，往往阻止了许多其他可供选择的方案的产生。相反，在谈判准备时期，若能构思彼此有利的更多方案，往往会使谈判如顺水行舟，一旦遇有障碍，只要及时"调转船头"，就能顺畅无误地到达目的地。

打破谈判僵局也可以对一个方案中的某一部分采用不同的替代方法，可选择以下几种方案。

1）另选商议的时间。例如，彼此再约定好重新商议的时间，以便讨论较难解决的问题。因为到那时也许会有更多的资料和更充分的理由。

2）改变售后服务的方式。例如，建议减少某些繁琐的手续，以保证日后的服务。

3）改变承担风险的方式、时限和程度。在交易的所得所失不明确的情况下，不应该讨论分担的问题，否则只会导致争论不休。同时，如何分享未来的利益或承担未来的损失，可能会使双方找到利益的平衡点。

4）改变交易的形态，使互相争利的双方改变为同心协力、共同努力的团体。让交易双方的老板、工程师、技工彼此联系，互相影响，共同谋求解决的办法。

5）改变付款的方式和时限。在成交的总金额不变的情况下，增加定金，缩短付款时限，或者采用其他不同的付款方式。

4. 运用休会策略打破僵局

休会策略是谈判人员为控制、调节谈判进程，缓和谈判气氛，打破谈判僵局而经常采用的一种基本策略。它不仅是谈判人员为了恢复体力、精力的一种生理需求，而且也是谈判人员调节情绪、控制谈判过程、缓和谈判气氛、融洽双方关系的一种策略与技巧。在谈判中，双方因观点产生差异而出现分歧是常有的事，如果各持己见、互不妥协，往往会出现僵持严重以至谈判无法继续的局面。这时，如果继续进行谈判，双方的思想还沉浸在刚才的紧张气氛中，结果往往是徒劳无获，有时甚至适得其反，导致以前的成果付诸东流。因此，比较好的做法就是休会，因为这时双方都需要时间进行思索，使双方有机会冷静下来，客观地分析形势、统一认识、商量对策。

谈判的一方把休会作为一种积极的策略加以利用，可以达到以下目的。

1）仔细考虑争议的问题，构思重要的问题。

2）可进一步对市场形势进行研究，以证实自己原来观点的正确性，思考新的论点与自卫方法。

3）可以召集各自谈判小组成员，集思广益，探索变通途径。

4）检查原定的策略及战术。

5）研究讨论可能的让步。

6）决定如何对付对手的要求。

7）分析价格、规格、时间与条件的变动。

8）阻止对手提出尴尬的问题。

9）排斥讨厌的谈判对手。

10）缓解体力不支或情绪紧张。

11）应付谈判出现的新情况。

12）缓和谈判一方的不满情绪，商量具体的解决办法。

谈判的任何一方都可以把休会作为一种战术，采用拖延的手段，走出房间。当你再回到谈判桌时，你可以说原来说过要在某一特殊问题上让步是不可能的，但是你的上级现在指示你可以有一种途径，比如……这样让对方感到你改变观点是合理的。但是，在休会之前务必向对方重申一下己方的提议，以引起对方的注意，使对方在头脑冷静的情况下，利用休会的时间去认真思考。例如，休会期间双方应集中考虑的问题为：贸易洽谈的议题取得了哪些进展？还有哪些方面有待深谈？双方态度有何变化?己方是否调整一下策略？下一步谈些什么？己方有什么新建议？等等。

　　此外，谈判双方可暂时停止会谈或者双方人员去游览、观光、出席宴会、观看文艺节目，也可以到游艺室、俱乐部等地方消遣，把绷紧的神经松弛一下，缓和一下双方的对立情绪。这样，在轻松愉快的环境中，大家的心情自然也就放松了。更重要的是，通过游玩、休息、私下接触，双方可以进一步熟悉、了解，消除彼此间的隔阂；也可以不拘形式地就僵持的问题继续交换意见，使严肃的讨论和谈判在轻松活泼、融洽愉快的气氛之中进行，谈判桌上争论了几个小时无法解决的问题、障碍，在这里也许会迎刃而解。

　　休会的策略一般在下述情况下采用：

　　1）当谈判出现低潮时。人们的精力往往呈周期性变化，经过较长时间的谈判后，谈判人员就会精神涣散、工作效率低下，这时最好提议休会，双方都休息一下，养精蓄锐，以利后面的谈判。

　　2）在会谈出现新情况时。谈判中难免出现新的或意外的情况和问题，使谈判局势无法控制。这时可建议休息几分钟，以研究对策。

　　3）当谈判出现僵局时。在谈判双方进行激烈交锋时，往往会出现各持己见、互不相让的局面，使谈判陷入僵局。明智的做法是休会，让双方冷静下来，客观地分析形势。等重开谈判时，会谈气氛就会焕然一新，谈判就能继续进行。谈判各方应借休会之机，抓紧时间研究一下，自己一方提出的方案，对方是否可以承受？自己在哪些方面应继续坚持？哪些问题可以暂时放在一边再谈？我方准备提出哪些新的方案？等等。等重开谈判会时，会谈气氛就会焕然一新，谈判就能继续进行。

　　4）当谈判一方出现不满时。有时，谈判进展缓慢、效率很低、拖拖拉拉，谈判一方对此不满。这时，可提出休会，经过短暂休整后，重新谈判，可改善谈判气氛。

　　5）当谈判进入某一阶段的尾声时。这时双方可借休会之机，分析研究这一阶段所取得的成果，预测下一阶段谈判的发展趋势，谋划下一阶段进程，提出新的对策。

　　休会一般先由一方提出，只有经过双方同意，这种策略才能发挥作用。怎样取得对方同意呢？首先，提建议的一方应把握好时机，看准对方态度的变化，讲清休会时间。其次，要清楚并委婉地讲清需要，并要让对方明白无误地知道。再次，提出休会建议后，不要再提出其他新问题来谈，先把眼前的问题解决了再说。

　　如果谈判的一方遇到对方采用休会缓解策略，而己方又不想休会时，破解的方法有：

　　1）当对方因谈判时间拖得过长、精力不济要求休会时，应设法留住对方或劝对方再多谈一会儿，或再谈一个问题。

　　2）当己方提出关键性问题，对方措手不及、不知如何应付、怀疑紧张时，应设法拖延，对其有关休会的暗示、提示佯作不知。

　　3）当己方处于强有力的地位，正在使用极端情绪化的手段去激怒对手，摧毁其抵抗力，对手已显得难以承受时，对对手的休会提议佯作不知、故意不理，直至对方让步，同意己方要求。

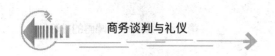

5. 利用调节人调停打破僵局

在政治事务中,特别是国家间、地区间冲突中,由第三者出面做中间人进行斡旋,往往会获得意想不到的效果。商务谈判也可以运用这一方法来帮助双方有效地消除谈判中的分歧,特别是当谈判双方进入立场严重对峙、谁也不愿让步的状态时,找位中间人来帮助调解,有时能很快使双方立场出现松动。

当谈判双方严重对峙而陷入僵局时,双方信息沟通就会受到严重的阻碍,互不信任,存在偏见甚至敌意,而又不能以中止或破裂结束谈判,如索赔谈判,这时由第三者出面斡旋,可以为双方保全面子,使双方感到公平,信息交流可以变得畅通起来。中间人在充分听取各方解释、申辩的基础上,能很快了解双方冲突的焦点,分析其背后所隐含的利益分歧,据此寻求弥合这种分歧的途径。

商务谈判中的中间人主要是由谈判者自己挑选的。不论是哪一方,它所确定的斡旋者应该是对对方所熟识,为对方所接受的,否则就很难发挥其应有的作用。在选择中间人时,不仅要考虑其能否体现公正性,而且还要考虑其是否具有权威性。这种权威性是使对方逐步受中间人影响,最终转变强硬立场的重要力量。而主动运用这一策略的谈判者就是希望通过中间人的作用,将自己的意志转化为中间人的意志来达到自己的目的。

利用中间人调解常用的方法有两种:调解和仲裁。调解是请调解人拿出一个新的方案让双方接受。由于该方案照顾了双方的利益,顾全了双方的面子,并且以旁观者的立场对方案进行分析,因而很容易被双方接受。但调解只是一种说服双方接受的方法,其结果没有必须认同的法律效力。当调解无效时可请求仲裁。仲裁的结果具有法律效力,谈判者必须执行。但当发现仲裁人有偏见时,应及时提出,必要时也可以对他们的行为提起诉讼,以保护自己的利益不受损失。需要说明的是,由法院判决也是处理僵局的一种办法,但很少使用。这是由于:一是法院判决拖延的时间太长,这对双方都不利;二是通过法院判决容易伤害双方的感情,不利于以后的交往。因此,除非不得已,谈判各方均不愿把处理僵局的问题提交法院审理。

6. 更换谈判人员或者由领导出面打破僵局

谈判中出现了僵局,并非都是双方利益的冲突,有时可能是谈判人员本身的因素造成的。双方谈判人员如果互相产生成见,特别是主要谈判人员,在争议问题时,对他方人格进行攻击,伤害了一方或双方人员的自尊心,必然引起对方的怒气,会谈就很难继续进行下去,使谈判陷入僵局。即使是改变谈判场所,或采取其他缓和措施,也难以从根本上解决问题。形成这种局面的主要原因,是由于在谈判中不能很好地区别对待人与事的问题,由对问题的分歧发展为双方个人之间的矛盾。

类似这种由于谈判人员的性格、年龄、知识水平、生活背景、民族习惯、对专业问题缺乏认识等因素造成的僵局,虽经多方努力仍无效果时,可以征得对方同意,及时更换谈判人员，消除不和谐因素，就可能轻而易举地打破僵局，保持与对方的友好合作关系。这是一种迫不得已的、被动的做法。

然而，有时在谈判陷入僵局时调换谈判人员倒并非出于他们的失职，而可能是一种自我否定的策略，用调换人员来表示以前我方提出的某些条件不能算数，原来谈判人员的主张欠妥，因而在这种情况下调换人员也常蕴含了向谈判对方致歉的意思。

把自己一方对僵局的责任归咎于原来的谈判人员，不管他们是否确实应该担负这种责任，还是莫名其妙地充当了替罪羊的角色，这种策略为自己主动回到谈判桌前找到了一个借口，缓和了谈判场上对峙的气氛。不仅如此，这种策略还含有准备与对手握手言和的暗示，成为我方调整、改变谈判条件的一种标志，同时这也向对方发出新的邀请信号：我方已做好了妥协、退让的准备，对方是否也能作出相应的灵活表示呢？

谈判双方通过谈判暂停期间的冷静思考，若发现双方合作的潜在利益要远远大于既有的立场差距，那么调换人员就成了不失体面、重新谈判的有效策略，而且在新的谈判氛围中，双方都会更积极、更迅速地找到一致点，消除分歧，甚至做出必要的、灵活的妥协，僵局由此而可能得到突破。但是，必须注意以下两点。

1）换人时要向对方作婉转的说明，使对方能够予以理解。

2）不要随便换人，即使出于迫不得已而换，事后也要向换下来的谈判人员做一番工作，不能挫伤他们的积极性。

在有些情况下，如协议的大部分条款都已商定，却因一两个关键问题尚未解决而无法签订合同。这时，我方也可由地位较高的负责人出来参与谈判，表示对僵持问题的关心和重视。同时，也向对方施加一定的心理压力，迫使对方放弃原先较高的要求，做出一些妥协，以利协议的达成。

7. 从对方的漏洞中借题发挥打破僵局

谈判实践告诉我们，在一些特定的形势下，抓住对方的漏洞，小题大做，会给对方一个措手不及。这对于打破谈判僵局会起到意想不到的效果，这就是所谓的从对方的漏洞中借题发挥。这种做法有时虽被看成是一种无事生非、有伤感情的做法，但是对于谈判对方某些人的不合作态度或试图恃强欺弱的做法，借题发挥反击，往往可以有效地使对方有所收敛。相反，不这样做反而会招致对方变本加厉的进攻，从而使我们在谈判中进一步陷入被动局面。事实上，当对方不是故意在刁难，而己方又不便直截了当地提出来时，采用这种旁敲侧击的做法，往往可以使对方知错就改、主动合作。

8. 利用"一揽子"交易打破僵局

所谓"一揽子"交易，即向对方提出谈判方案时，好坏条件搭配在一起。

往往有这种情况，卖方在报价里包含了可让与不可让的条件。所以向其还价时，可采用把高档与低档的价夹在一起还的做法。比如把设备、备件、配套件三类价均分出 A、B、C 三个方案，即把对方货物分成三档价，还价时取设备 A 档价、备件 B 档价、配套

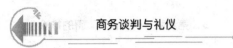

C 档价，而不是都为 A 档价或 B 档价，这样报价时即可获得不同的利润指标。这样做的优点是有吸引力，具有平衡性，对方易于接受，可以起打破僵局的作用。

9. 有效退让打破僵局

达到谈判目的的途径是多种多样的，谈判结果所体现的利益也是多方面的。有时谈判双方对某一方面的利益分割僵持不下，搞不好就会让谈判破裂，这实在是不明智的。他们没有想到，其实，只要一方在某些问题上稍作让步，而在另一些方面就能争取到更好的条件。这种辩证的思路是一个成熟的商务谈判者应该具备的。

就拿从国外购买设备的合作谈判来看，有些谈判者常常因价格分歧而不欢而散，诸如设备功能、交货时间、运输条件、付款方式等尚未涉及，就匆匆退出了谈判。事实上，购货一方有时可以考虑接受稍高的价格，然而在购货条件方面，就更有理由向对方提出更多的要求，如增加若干功能，或缩短交货期，或除在规定的年限内提供免费维修外，还要保证在更长时间内免费提供易耗品或分期付款等。

谈判犹如一个天平，每当我们找到了一个可以妥协之处，就等于找到一个可以加重自己谈判的砝码。在商务谈判中，当谈判陷入僵局时，如果对国内外情况有全面了解，对双方的利益所在又把握得准确、恰当，那么，就应以灵活的方式在某些方面采取退让的策略，去换取另外一些方面的利益，以挽回看来已经失败的谈判，达成双方都能接受的合同。

因此，当谈判陷入僵局时，谈判者应有这样的认识，即如果促使合作成功所带来的利益大于坚守原有立场而让谈判破裂所带来的好处，那么有效退让就是应该采取的策略。

10. 适当馈赠打破僵局

谈判者在相互交往的过程中，适当地互赠礼品，会对增进双方的友谊、沟通双方的感情起到一定的作用，也是普通的社交礼仪。西方学者幽默地称之为"润滑策略"。每一个精明的谈判者都知道：给予对方热情的接待、良好的照顾和服务，往往会对谈判产生重大的影响。这对于防止谈判出现僵局是一个行之有效的途径，也就等于直接明确地向对手表示"友情第一"。

所谓适当馈赠，就是说馈赠要讲究艺术，一是注意对方的习俗，二是防止贿赂之嫌。有些企业为了达到自身的利益乃至企业领导人、业务人员自己的利益，在谈判中把送礼这一社交礼仪改变了性质，使之等同于贿赂，不惜触犯法律，这是错误的。所以，馈赠礼物要是在社交范围之内的普通礼物，突出"礼轻情义重"。谈判时，招待对方吃一顿地方风味的午餐，赠送一些小小的礼物，并不是贿赂，提供这些平常的招待也不算是道德败坏。如果对方馈赠的礼品比较贵重，通常意味着对方要在谈判中"索取"较大的利益。对此，要婉转地暗示对方礼物"过重"，予以推辞，并要传达出自己不会因礼物的价值而改变谈判态度的信息。

11. 场外沟通打破僵局

谈判会场外沟通亦称"场外交易"、"会下交易"等。它是一种非正式谈判，双方可以无拘无束地交换意见，达到消除障碍、避免出现僵局的目的。对于正式谈判出现的僵局，同样可以用场外沟通的途径直接进行解释，消除隔阂。

（1）采用场外沟通策略的时机

采用场外沟通策略的方法，有如下几种情况。

1）谈判双方在正式会谈中，相持不下，即将陷入僵局，彼此虽有求和之心，但在谈判桌上碍于面子，难以启齿。

2）当谈判陷入僵局，谈判双方或一方的幕后主持人希望借助非正式的场合进行私下商谈，从而缓解僵局。

3）谈判双方的代表因为身份问题，不宜在谈判桌上让步以打破僵局，但是可以借助私下交谈打破僵局，这样又可不牵扯到身份问题。例如，谈判的领导者不是专家，但实际做决定的却是专家。这样，非正式场合下，专家就可以不因为身份问题而出面从容商谈，打破僵局。

4）如果谈判对手在正式场合严肃、固执、傲慢、自负、喜好奉承。这样，在非正式场合给予其恰当的恭维（因为恭维别人不宜在谈判桌上进行），就有可能使其做出较大的让步，以打破僵局。

5）如果谈判对手喜好郊游、娱乐，那么，在谈判桌上谈不成的东西，在郊游和娱乐的场合就有可能谈成，从而打破僵局，达成有利于己方的协议。

（2）运用场外沟通应注意的问题

运用场外沟通策略，应注意以下问题。

1）谈判者必须明确，在一场谈判中用于正式谈判的时间是不多的，大部分时间都是在场外度过的，必须把场外活动看成是谈判的一部分，场外谈判往往能得到正式谈判得不到的东西。

2）不要把所有的事情都放在谈判桌上讨论，而是要通过一连串的社交活动讨论和研究问题的细节。

3）当谈判陷入僵局，就应该离开谈判桌，举办多种娱乐活动，使双方无拘无束地交谈，促进相互了解，沟通感情，建立友谊。

4）借助社交场合，主动和非谈判代表的有关人员（如工程师、会计师、工作人员等）交谈，借以了解对方更多的情况，往往会得到意想不到的收获。

5）在非正式场合，可由非正式代表提出建议、发表意见，以促使对方思考，因为即使这些建议和意见很不利于对方，对方也不会追究，毕竟讲这些话的不是谈判代表。

12. 以"硬碰硬"打破僵局

当对方通过制造僵局给你施加太大压力时，妥协退让已无法满足对方的欲望，应采用以硬碰硬的办法向对方反击，让对方自动放弃过高要求。比如，揭露对方制造僵局的用心，让对方自己放弃所要求的条件。有些谈判对手便会自动降低自己的要求，使谈判得以进行下去。也可以离开谈判桌，以显示自己的强硬立场。如果对方想与你谈成这笔生意，他们会再来找你。这时，他们的要求就会改变，谈判的主动权就掌握在你的手里。如果对方不来找你也不可惜，因为如果自己继续同对方谈判，只能使自己的利益降到最低点，这样，谈成还不如谈不成。

谈判陷入僵局时，如果双方的利益差距在合理限度内，即可明确地表明自己已无退路，希望对方能让步，否则情愿接受谈判破裂的结局。其前提是双方利益要求的差距不超过合理的限度。只有在这种情况下，对方才有可能委曲求全，使谈判继续进行下去。相反，如果双方利益的差距太大，只靠对方单方面的努力与让步根本无法弥补差距时，就不能采用此策略，否则就只能使谈判破裂。当谈判陷入僵局而又实在无计可施时，以"硬碰硬"策略往往成为最后一个可供选择的策略。在做出这一选择时，必须做最坏的打算，否则就会显得茫然失措。切忌在毫无准备的条件下盲目滥用这一做法，因为这样只会吓跑对手，结果将是一无所获。另外，如果由于运用这一策略而使僵局得以突破，就要兑现承诺，与对方签订协议，并在日后的执行中充分合作，保证谈判协议的顺利执行。

对于谈判的任何一方而言，坐在谈判桌前的目的是为了成功地达成协议，而绝没有抱着失败的目的前来谈判的。因此，在谈判中，面对僵持不下的局面，不能轻易地使谈判破裂，而要采取积极有效的对策打破僵局，使谈判顺利进行。

能否成功打破商务谈判僵局，从根本上来讲取决于谈判人员的经验、直觉、应变能力等综合素质。从这个意义上讲，打破僵局是谈判的科学性与艺术性结合的产物。在分析、研究及策略的制定方面，谈判的科学成分大一些，而在具体运用上，谈判的艺术成分大一些。

在具体谈判中，最终采用何种策略应该由谈判人员根据当时当地的谈判背景与形势来决定。一种策略可以有效地运用于不同的谈判僵局之中，但一种策略在某次打破僵局中运用成功，并不意味着在其他同样类型的谈判僵局中也适用。只要僵局构成因素稍有差异，各种策略的使用效果都有可能是迥然不同的。关键还在于谈判人员的素质、谈判能力和谈判实力，以及实际谈判中的个人及小组的力量发挥情况如何。那些应变能力强、谈判实力强，又知道灵活运用各种策略与技巧的谈判者一定能够成功打破谈判僵局，从而实现谈判目标。

8.3 变被动为主动的方法

谈判是一场双方实力的竞争。如果一方在谈判中处于劣势地位，那么就难以进行势均力敌的较量，至少失去了与对方抗衡的筹码，难以达成令双方都满意的协议。

8.3.1 正视谈判中的劣势

在谈判中，某一方处于劣势既可能是由于对方有优势，使己方处于劣势，也可能是由于己方自身有不利因素，主要出于以下几方面原因。

1）对方实力雄厚，企业规模大，资金来源充足，能够从各个方面提供较优惠的条件，或者是公司经营状况良好，知名度较高。

2）市场货源紧缺，对方具有垄断的优势。在这种情况下，卖方会利用产品在市场上占有较大比例，提高产品售价，迫使买方接受不利条件。

3）产品具有较强的竞争力。这里指产品的性能、质量及新颖性等都比较好，也许是名优产品，这些都会成为谈判桌上讨价还价的筹码。

4）能够提供独特的技术或服务，没有竞争对手，使得卖方能够从各方面迫使买方做出让步。

5）市场供过于求，买方可以从容选择卖主，并以此要求卖主提供各种优惠条件。

6）一方急于达成协议也会使自己处于劣势。如急于推销存货，迫切需要资金贷款等。

此外，公司的信誉，谈判者所掌握的知识、信息，也会影响双方的地位、实力。

8.3.2 改变谈判中的劣势的方法

出现上述情况，都可能造成某方在谈判中的劣势，进而影响双方的利益分配。那么，能否改变在谈判中的不利地位，掌握谈判的主动权呢？答案是肯定的。

当然，我们这里讲的劣势，是指在某一方面或某一条件下的劣势，并非是双方实力相差极为悬殊的优劣对比。如果所有的优势都掌握在对方手中，那就别指望靠谈判技巧来取得平等的利益。这就如同一位顾客要到商店去买价格上万元的珠宝，而他兜里只有100元钱一样，是不可能实现的。在任何谈判中都存在着难以改变的事实。我们这里讲的是在可能的条件下，怎样改变在谈判中的劣势地位。

1. 维护自己的利益，提出最佳选择

谈判处于劣势，最常见的一种情况是担心不能成交，过于迁就对方，从而达成了一个自己不满意的协议。为了避免出现这种情况，许多谈判人员习惯于事先制定一个所能接受的最低限度标准，也就是最坏的结果。一般来讲，如果买东西，最低限度就是所能出的最高价格；如果卖东西，最低限度就是你所能接受的最低价格。

运用这种方法对于改变劣势地位有一定作用，它可以使你保持比较清醒的头脑，当出现较大压力或诱惑时，能够随时考虑原先规定的标准，决不轻易动摇或妥协。

使用最低限度标准也有不利的一面，从某种意义上说，它限制了谈判策略与技巧的灵活运用，因为最低限度是不能轻易变更的要求，只有你下定决心，坚持规定的标准，才会避免屈服于对方的压力。

最低限度也限制了人们的想象力，不能启发谈判人员去思考，提出特别变通的解决办法。例如，引进某种机器设备，你可能预先定出不能以高于 10 万元的价格买进，但是，在谈判中可能有许多新情况出现，促使你考虑一些其他的变通办法。你可能发现对方在维修、服务、运输、付款等方面能提供较优惠的条件，这样，就使你能从其他方面得到补偿。在价格上让步，整体利益并没有受到损失，这也是值得考虑的方案。如果事先预定的标准过高或过低，也会造成不良的后果。

由此可见，应用最低限度标准并不是一个万全之策，它可以使你避免接受一个不利的协议，也可以使你无法提出和接受有利的方案。

我们认为，要避免谈判中处于劣势地位可能带来的不利后果，比较好的方法是根据实际情况，提出多种选择方案，从中确定一个最佳方案，作为达成协议的标准。在这些方案中，至少要包括：对谈判结果的设想，对方根据什么向我方提出条件？不利于我方的因素有哪些？怎样克服？在什么样的情况下中断谈判？我们所能达到的目的是什么？在哪些方面进行最佳选择等。

在谈判中，对讨论协议有多种应付方案，就会大大增强你的实力，使你有选择进退的余地。有时，能否在谈判中达成协议，取决于你所提出的最佳选择的吸引力，你的最佳选择越可行，越切合实际，你改变谈判结果的可能性就越大。因为你充分了解和掌握达成协议与不达成协议的各种利弊关系，进而就比较好地掌握了谈判的主动权，掌握了维护自己利益的方法，就会迫使对方在你所希望的基础上谈判。

2. 尽量利用自己的优势

谈判对方有优势，并不是说在所有的方面都有优势，因为所有的优势都掌握在对方手中，仅靠谈判技巧达成一个双方都满意的协议恐怕是不可能的。当谈判双方实力相差较大，我方处于劣势时，在谈判之前的准备工作中，就应包括对双方优劣的分析，摆出对方的优势，再看看我方的优势是什么，如何利用我方的优势。这样，你就能够对双方的实力进行对比，做到心中有数。例如，我方要购买一批产品，谈判的对手是实力雄厚的大公司，产品很有竞争力，生产批量大、周期短、交货迅速，这些都是它的优势。但是，它急于出售产品以加速资金周转，这就是它的短处，也恰恰是我方的优势。

双方在谈判中的优势、劣势并不是绝对的。在谈判初期，就双方的实力对比来看，你可能处于劣势。但是，随着多种方案的提出，增加了你的实力，也增加了你的优势。

有时你的优势可能被掩盖了，也可能对方没有认识到你的优势的重要意义。因此，在谈判中如何利用自己的优势,发挥自己的长处,攻击对方的短处,也是谈判人员应掌握的策略技巧之一。

总之,要改变谈判中的劣势,在坚持上述原则的基础上应采取的具体步骤有以下三个。

1)制定达成协议所必需的措施。如果双方不能达成协议,是否还存在着与其他公司洽谈的可能?如果按照对方的条件,是自己生产合算,还是购买合算?

2)改进自己的最佳设想,把这些变为实际的选择。如果认为与对方谈判达成协议比不达成协议要有利,就应努力把这种可能变为现实,最主要的是在谈判中不断地充实、修改自己的最佳方案、计划,使之更加切合实际。

3)在确定最佳方案的同时,也应明确达不成协议所应采取的行动。

3. 要掌握更多的信息情报

企业具有一定规模,产品具有一定的知名度,确实是企业本身具有的优势。但如果不具备这方面的优势,而对方又恰恰具有这样的优势,要改变的办法之一就是广泛收集信息情报,可以有效地避免谈判中的被动,并发现更多的机会。比如,交易双方就价格问题反复磋商,对方凭借商品质量一流,不提供优惠价。但购买一方的企业如果掌握了市场行情、变化的走向趋势,如产品价格可能下降,或有更新的产品出现,那么,就可以据此向企业施加压力,利用卖方急于出售产品的心理,掌握谈判的主动权。

有这样一个事例:英国一家颇有实力的公司,希望在东南亚寻找一个代理商,准备全权委托代理商处理这一地区的业务。他们找到华籍商人张先生,希望与他谈成此事。为有实力的厂商作代理人,这对许多商人来说是求之不得的事,但张先生却没有轻易应允,而是进行了认真、详细的调查,了解到英方在向张先生发出邀请之前,已经对所有可能的候选人做了充分的调查分析,结果认为张先生本人及他所领导的公司最为理想,从而排除了其他候选人。据此,张先生认为:第一,英方具有十分诚意与我洽商代理一事;第二,自己是唯一理想的候选人;第三,英方公司资信、实力均属一流。由此,他确立了有理、有利、有节的谈判对策,使双方都满意地达成了代理协议。

4. 要有耐心

耐心就是力量,耐心就是实力。如果你不具有其他方面的优势,那么,一定要有耐心或寻找没有耐心的对手。这样,你就有了防卫的筹码,在必要时打乱对方的部署,争取胜利。

8.4　反对意见的处理

任何一项谈判协议的达成都不是一帆风顺的,要不断克服困难与障碍。每一条款的提出，都可能会遭到这样或那样的反对意见，经过反复不断的磋商才能确定下来。因此，学会处理各种反对意见的方法与技巧，也是克服谈判障碍的一个重要内容。

一般来讲，每一笔交易都是妥协让步的产物，交易条件也都有好与不好两个侧面，对于当事人双方总是既有利又有弊的。所以，任何一项建议，不论其条件多么优越，总会遇到这样或那样的不同意见，以至于现在人们已经形成一种观念，不经过反对的提议，不是不成熟、不适用，就是根本没有考虑的余地。有些时候，由于我们不能正确对待、处理各种不同的反对意见，往往失去达成交易的机会。

要学会处理不同的反对意见，我们必须清楚地了解谈判中可能出现哪些类型的反对意见。

8.4.1　不同类型的反对意见

1. 一般性的不同意见

一般性的不同意见是谈判中最常见的反对意见。每当一项提议拿到谈判桌上来，另一方就可能会提出不同意见或疑问。有些带有明显偏颇性的提议，甚至是对双方都有利的提议，也会遭到反对。这是由于提出的问题越多，越能发现问题的逆反心理的产生。所以，有时会出现一方把提议的好处介绍得越多，越容易引起对方的疑心，遭到对方的反对的情况。

2. 偏见与成见

偏见与成见是带有较强感情色彩的主观性反对意见，也是最难处理的反对意见。对方可能出于先入为主的印象，片面强调某一点。如购进机器设备，必须包括零配件；产品包装，只能统一规格；交易一定是强者胜、弱者败；通过中间商做生意不好等。那么，你用摆事实、讲道理，则很难改变他的看法，因为对方的看法带有一定的感情成分，有些则是由于不同文化背景形成的根深蒂固的观念。要在不影响磋商合同条款的前提下，尽可能避免讨论由偏见引起的分歧。

3. 借口

借口不是真正的反对意见。它是对方出于某种原因不想说明，但又拒绝对方要求的理由。在有些情况下，对方代表受有限权力的约束，可能对商品价格、购买数量或支付能力不能进行最后决策，但又不便公开申明，便寻找种种借口。这时，我方不必过多地周旋于这一问题，因为即使你消除了这些借口，对方也不会与你达成最终协议，弄不好反倒使他感到有必要对他的借口进行辩护，使借口转化为真正的反对意见。比较好的处理方法是采取回避的方式，可装作没听见，也可建议对方回头再讨论，随业务洽谈的进展，对方很可能就不再坚持了。

4. 了解情况的要求

提出这种反对意见的目的是要了解更多的详细情况，一般是以问话的形式提出的，如"这种材料的质量为什么比价格贵的还好呢?""我们不能同意你们更换这部分材料的做法，除非你们能做出恰当的解释"。这类反对意见是建立在对方诚意或善意的基础上，比较容易处理。反驳这种意见一定要举出令人信服的、以事实为根据的证据，表达也应婉转客气，要让对方明白我方不同意的理由。有时对方的要求不太高，但却需要我方付出很大的代价，这样，对方也不会过于坚持自己的意见。

5. 自我表现式的不同意见

谈判一方为表明自己掌握某些情况，或说明他有独立见解，不易被对方说服，喜欢找机会表达他自己的某些看法，提出不同意见，并列举他认为是正确的、有说服力的事例。遇到这种情况，我方最好不要急于驳斥，要让对方把意见讲完，必要时也应予以肯定，并注意一定不能伤其自尊心，但也不能怕失去交易而盲目迎合，可以用事实去说服，间接指出或暗示他讲的不正确、不全面。

6. 恶意的反对意见

提出恶意反对意见的目的是给对方出难题，有意搅乱视听，甚至对个人进行人身攻击。处理这类反对意见，一定要冷静、清醒，不要鲁莽行事、大动肝火，也可以假装没听见，也可以义正词严地指出其错误，也可以根据当时具体的情况，采取积极灵活的各种方法消除对方的火气。这样，恶意的攻击就会变成一般的意见，事情就简单化了。

8.4.2 处理反对意见的技巧

处理反对意见，有如下一些技巧。

1）当对方提出反对意见时，要辨析他提出反对意见属于哪一种形式。如果是从偏见或成见出发，就不要急于去驳斥，要尽量寻找其偏见形成的根源，然后，以此为突破口，证明他的见解不符合客观实际。如果对方只是一般性地反对你的提议，或者在找借口，那么，你不必过于认真，只要恰如其分地解释说明就可以了。

区别对方反对意见最简单的办法就是提问，"你这样讲的根据是什么呢?" "为什么会这样想呢?"对方提出反对意见的理由越不充分，他就越会觉得你的问题难以回答；你从他的讲话里了解的情况越多，你就越可能发现他提出意见的真正目的，并及早对症下药，予以消除。

2）回答对方反对意见的时机也很重要。这不仅有利于避免矛盾冲突，还会增加说服效果。当你观察到对方在仔细审议某一项条款，可能提出某种意见时，可以抢先把问题指出来。这样，你可以争取主动，先发制人，避免由于纠正对方看法时可能发生的争论，并引导对方按你的想法、思路去理解问题。有时对方提出的问题有一定难度，或是当场回答不合适，你可以把问题岔开，当你准备好了或是感到时机成熟时，再予以回答。否则，匆忙反驳对方的意见，会给对方造成再提出意见的机会。此外，还有些意见会随着业务洽谈的进展逐渐消失，你可以不必回答。

3）保持冷静、清醒的头脑，以谨慎平和的态度回答对方的反对意见是十分必要的。如果你带着愤怒的口吻回答对方的问题，对方会认为你讨厌他的意见，对他有看法。这样，要想说服他也就更困难了，甚至还会遇到对方更强烈的反对。所以，态度平和、友好，措辞得当是十分必要的。有时，运用幽默也具有很好的效果。

4）回答对方的问题，要简明扼要，不要离题太远。如果你的回答长篇大论、非常罗嗦，很可能会引起对方的反感，也使对方有进一步反驳的口实。一般来讲，你只要回答对方提出疑问的疑点就可以了，必要时再加以适当的解释和说明。例如，对方问："你们的交货时间难道不能提前一点吗？"你可以说："前面我们在讨论产品的规格、质量时已经讲产品的生产周期问题了，这里我们是根据这一点来推算交货期限的，恐怕不能提前了。"这就避免重复双方已经明确了的内容。

5）间接地反驳对方的意见是一种较好的处理方法。有时直截了当地驳斥对方，容易伤害对方，使他丢面子，所以间接地反驳、提示、暗示都比较好。在任何情况下，避免正面冲突，采取迂回前进的办法都是可取的。

8.5　谈判气氛的控制

任何谈判都是在一定的气氛中进行的。谈判气氛的发展变化直接影响着整个谈判的前途，谁能够控制谈判气氛，谁就能在谈判中占据主动。

谈判气氛伴随着谈判的始终。在谈判的不同发展阶段上，谈判气氛是温和、友好，还是紧张、强硬，是沉闷冗长，还是活跃、顺畅，这都会影响谈判双方人员的情绪，甚至改变双方在谈判中的地位。所以，良好的谈判气氛是使谈判顺利进行的保障。

一些谈判专家把谈判气氛分为以下四种类型：

1）洽谈气氛的表现是冷淡、对立、紧张。在这种气氛中，谈判双方人员的关系并不融洽、亲密，互相表现出的不是信任、合作，而是较多的猜疑与对立。

2）松松垮垮、慢慢腾腾、旷日持久，谈判人员在谈判中表现出漫不经心、东张西望、私下交谈、打瞌睡、吃东西等。这种谈判进展缓慢，效率低下，会谈也常常因故中断。

3）热烈、积极、友好，谈判双方互相信任、谅解、精诚合作，谈判人员心情愉快，交谈融洽，会谈有效率、有成果。

4）平静、严肃、谨慎、认真。意义重大、内容重要的谈判，双方态度都极其认真严肃，有时甚至拘谨。每一方讲话、表态都再三思考，决不盲从，会谈有秩序、有效率。

显然，上述第三种会谈气氛是最有益，也是最为大家所欢迎的。怎样才能创造一个热烈、轻松、和谐的谈判气氛，并利用谈判气氛有效地促进会谈呢？我们认为主要有以下三个方面。

8.5.1　积极主动地创造和谐的谈判气氛

谈判气氛在双方开始会谈的一瞬间就形成了，并影响以后会谈气氛的发展。因此，在谈判初始阶段形成的气氛十分重要，双方都应重视，力图有一个良好的开端。

会谈伊始，双方见面，彼此寒暄，互相正式介绍，然后大家围坐在谈判桌前开始洽谈。这时的会谈气氛还是客气、友好的，彼此可能聊一些谈判以外的话题，借以使气氛更加活跃、轻松，消除互相间的生疏感、拘束感，为正式谈判打下基础。在这一期间能否争取主动，赢得对方对你的好感，很大程度上取决于对方对你的第一印象。第一印象在人们的相互交往中十分重要，如果对方在与你初次交往中，对你的言行举止、风度、气质反映良好，就会对你产生好感、信任，并愿意继续保持交往；反之，就会疏远你，而且这种印象一旦形成，就很难改变。因此，要创造相互信任的谈判气氛就要争取给对方留下良好的第一印象。

创造和谐、融洽的谈判气氛，开局阶段是很重要的，这就是双方都重视"开场白"的原因。但是，并不是说有良好的开端，会谈气氛就永远是融洽、和谐。随着谈判的不断深入发展，分歧也会随之出现，如果不注意维护，不采取积极的措施，会谈气氛也会发生变化，良好的会谈气氛也会转向其反面，形成唇枪舌剑的紧张对立气氛，这无疑会阻碍谈判的进行。因此，还应随谈判的深入发展，密切注意会谈的气氛，有意识地约束和控制谈判人员的言行，使每个人自觉地维护谈判的气氛，积极地促进谈判的顺利进行。

当然，维护和谐的谈判气氛，并不是要我方一味迁就、忍让、迎合、讨好对方，这样，只会无端增加对方的无理要求，破坏谈判气氛。和谐的谈判气氛是建立在互相尊重、互相信任、互相谅解的基础上的，我方在谈判中应本着"有理、有利、有节"的原则，该坚持的一定要坚持，该争取的一定要争取，该让步时也要让步，只有这样才能赢得对方的理解、尊重和信任。如果对方是见利忘义之徒，毫无谈判诚意，只想趁机钻空子，那么就必须揭露其诡计，并考虑必要时退出谈判。

8.5.2　随着谈判的进展调节不同的谈判气氛

会谈一般应在紧张、严肃、热烈、和谐的气氛中进行。但是，在实际谈判活动中，谈判气氛并不能完全随人所愿。这是由于：

1）人是生命的有机体，要受其生理机能的制约，长时间的紧张严肃，会使人丧失其承受能力，不利于会谈的进行。

2）谈判的结果随机性特别大，当双方关系融洽时，会谈气氛既热烈又和谐；当双方关系僵化时，会谈气氛就紧张。这种情况如果持续下去，会严重影响会谈的进行，应想法调节会谈气氛，利用幽默是最好的形式。

例如，美国前总统里根到加拿大访问时，双方的会谈时常受到外面反美抗议示威者的干扰。加拿大前总理特鲁多感到十分尴尬和不安。此时，里根却幽默地说："这种情况在美国时有发生，我想这些人一定是特意从美国来到贵国的，他们想使我有一种宾至如归的感觉。"几句话使得在场的人都轻松下来。幽默对缓和谈判双方的僵局也十分有效。在卡普尔任美国电话电报公司负责人的初期，在一次董事会议上，众人对他的领导方式提出许多批评和责问，会议充满了紧张的气氛，人们似乎都无法控制自己的激动情绪。有位女董事质问："过去的一年中，公司用于福利方面的钱有多少？"她认为应该多花些。当她听说有几百万美元时，说："我真要晕倒了！"卡普尔诙谐地回答："我看那样倒好！"会场上爆发一阵难得的笑声，气氛也随之缓和下来。

8.5.3　利用谈判气氛调节谈判人员的情绪

气氛是在谈判双方人员相互接触中形成的，又对谈判人员的情绪影响甚大。在紧张、严肃的谈判气氛中，有的人冷静、沉着；有的人拘谨、恐慌；有的人振奋、激昂；有的人则沮丧、消沉。为什么人们会产生各种各样的情绪体验呢？根据心理学所阐述的理论，这是人的大脑对外界刺激信号的接收反应不同造成的。

随着正式谈判的开始，谈判人员大脑的运动加快了。大脑的运动轨迹有两条：首先是对外部刺激信号的接收，如谈判各方人员进入会谈室的方式、姿态、动作、表情、目光、谈吐的声调变化等都对人的大脑产生影响；其次是大脑对这些信号的反映，反映的方式取决于信号的强弱。有的人会积极反映外部信号，有的人会消极反映外部信号。如内容重要或分歧较大的谈判，会谈气氛是紧张严肃的。积极反映者则情绪振奋，对谈判充满信心，消极反映者则情绪沮丧，信心不足，疑虑重重，这会直接影响双方在谈判中应采取的行动。

人的情绪的形成及变化，受环境的影响极大。心理学家通过实验证明，如果把一个人关进一个与外界隔绝、听不到任何声音的屋子里时，那么，用不了多久，他就会情绪烦躁，难受至极，甚至有发病的感觉。人的情绪，如喜、怒、哀、乐，都是随外界条件变化产生的种种心理感受。在谈判过程中，双方人员的心理压力较大，如果会谈的气氛过于紧张、严肃，就会使一些人难以承受。如有的谈判人员会歇斯底里地爆发情绪，就是承受不了心理压力的表现。因此，谈判人员应考虑谈判气氛不能过于严肃、紧张，至少不能长时间如此。注意随时采用各种灵活的形式调节会谈的气氛，如休会，查询有关资料，插入一些轻松愉快的话题，提供水果、饮料、点心，改变谈判座位等。相反，如果谈判气氛松松垮垮，慢慢腾腾，谈判人员的情绪也振奋不起来，会出现漫不经心、沮丧消极、无所谓等现象。这会严重影响谈判效率，应当避免。

由于情绪具有感染性，因此，在某种气氛下，某个人的情绪表现也会影响其他人，这个人越有威望、越有地位，影响力也就越大。在谈判活动中，如果谈判小组负责人在困难面前沉着坚定，充满必胜的信心，也会给其成员带来极大的鼓舞；反之，他若表现出惊慌失措，就容易使其成员动摇、沮丧，乃至丧失信心。

复习思考题

1. 试论商务谈判中产生僵局的原因。
2. 在谈判中出现严重僵局该如何处理？
3. 运用事例论述直接处理潜在僵局的技巧。

案例分析

20 世纪 90 年代，上海华实制鞋厂与日本一家株式会社做成一笔布鞋生意。因日方预测失误，加之海上运期长，布鞋运到日本后错过了销售的黄金季节，大量积压。日方提出退货，按惯例这显然是行不通的，但中方原则上却同意了。此事一传开，中方有关部门及一些国际上的朋友立即哗然，认为这是自找麻烦。因为那是价值 260 万日元的大笔生意呀！但华实制鞋厂还是坚持退货。

后来，中方在出口替代的一批货时，不但保质保量，而且迅速按时发货，使日方大赚一笔，当然，中方也相应地获利不少，而且名声大振，信誉大增。此事在日本见报后，马上就有几家大公司来人来函要求与华实制鞋厂合作。华实制鞋厂不但没有赔钱，反而由此身价百倍，产品供不应求，而日方某株式会社，经过这次风浪后愈发感到华实是个忠实的合作伙伴，提出愿当中方在日销售的总代理，华实制鞋厂的产品全部包销，一订就是 10 年合同，而且还积极向中方提供国际市场上的有关信息，两家的竞争伙伴关系更加稳固。

思考：

1. 在上述案例中，华实制鞋厂运用什么技巧避免了与日本株式会社之间出现的谈判僵局？
2. 在商务谈判中，如何灵活地运用对抗术和迂回术来达到谈判的目的？

第三篇

组　　织

第9章　商务谈判的心理

📡**内容提要**

　　本章主要介绍谈判心理学的应用、谈判需要、谈判动机、谈判心理特征、行为举止、情绪波动分析、谈判人员的心理素质等内容。

9.1　谈判心理概述

　　商务谈判心理是指围绕商务谈判活动而形成的各种心理现象及其心态反应。它不仅影响谈判当事人的行为活动，也直接关系到交易协议的达成和合同的履行，包括谈判前、谈判中和谈判签约以及合约履行的谈判双方当事人的心理活动与心态效应。了解谈判对手的心理状况，有益于接收正确的信息反馈；分析谈判对手的行为动机，有助于判断双方的主观意向，以便更恰当地运用谈判的基本策略与技巧，从而取得理想的谈判结果。

　　商务谈判是一种特定的人与人之间的交流行为。心理因素对谈判行为产生着强烈的影响，谈判者对谈判方针、谈判作风、谈判策略、谈判技巧和谈判结果的认定都包含着心理因素的作用。谈判行为是一个复杂的过程，这个过程涉及谈判者的心埋活动。

9.1.1　谈判心理学

　　谈判心理学是心理学理论在谈判中的应用，是普通心理学的一个分支。在营销商务谈判过程中，从心理学观点讲，同样会经常发生感觉、知觉、记忆、想象、思维、注意等心理活动。通过思维活动，在人的头脑中会经常产生对当前的印象以及印象之间的联系，并会推想出将来可能发生的事件的情景，从而对谈判方法、谈判技巧、谈判组织的谈判气氛产生直接的影响。

1. 感觉

　　感觉是人脑对直接作用于感官的事物的个别属性的反映。例如，对眼前的一个苹果，我们可以看到它的大小、形状、颜色，能闻到它的水果香味，咬一口能尝到它的味道，用手触摸能知道它的表面是光滑冰凉的。当然，假如它能发出响声，我们也能听到它的声音。这"看到"、"听到"、"尝到"、"闻到"、"触摸到",就是视觉、听觉、味觉、嗅觉、肤觉等的各种感觉。

2. 知觉

知觉是人脑对作用于我们感觉器官的事物的整体属性的反映。知觉比感觉要更复杂一些。知觉是在各种感觉的基础上产生的,如当我们对苹果的颜色、大小、形状、味道、香味等的属性都了解以后,我们也就获得了对这个苹果的整体的、全面的认识,这就是对苹果有了知觉。知觉因反映的事物的性质不同而分为空间知觉、时间知觉和运动知觉三大类。普通心理学除了对这些知觉进行研究外,还对错觉、幻觉等一些特殊的知觉进行研究、分析。

3. 记忆

记忆是人脑对过去知觉过的事物、经验的反映。它是一种比感觉和知觉更为复杂的心理过程。例如,我们过去看过的一部电影、电视或一本书,过了一些时候再观看或阅读它们时,我们就能够认出,这是我们以前看过的或者不用看也能在脑海中将它们的主要内容或情节回忆出来,这就是记忆现象。记忆对我们的学习、工作、生活的意义非常重大,因为一个人一生的所有知识经验的积累几乎都是靠记忆来实现的。

4. 想象

想象和思维一样,也是一种高级的心理过程,它是人脑对已有的表象进行加工改造而创造出新形象的过程。例如,我们没有到过大草原,但读到"天苍苍、野茫茫,风吹草低见牛羊"的诗句时,我们的头脑中就会立即浮现出一幅在蓝蓝的天空下面是一望无际的大草原、茂密的牧草在微风下波浪起伏、成群的牛羊在牧草中时隐时现的草原牧区景象。又如"孙悟空"、"猪八戒"等艺术形象的塑造过程等,就是想象。想象不是凭空进行的,它总是在以前知觉过的事物,并通过记忆存留在头脑中的表象的基础上进行的。想象,实际就是对记忆表象的一种加工改造和重新组合,它是创造活动的一个重要的必要因素。可以说,一个科学发明创造、一切文学艺术形式的创造,都无不是想象与思维的结果。想象有无意想象、有意想象、再造想象、创造想象以及幻想等种类。

5. 思维

思维是一种更高级的心理过程,是人脑对事物的本质属性进行概括与间接地反映。在实践活动中,我们肯定都要去解决所遇到的种种问题或难题,如求证一道几何题、写一篇文章、进行某项技术革新、设计某项工程方案等,这些主要都是通过思维来完成的。思维也就是我们平时所说的思考。思维的过程是通过分析、综合、比较、抽象、概括以及具体化等环节而进行的。思维的形式通过概念、判断、推理而体现出来。思维的种类主要分为动作思维、形象思维、抽象思维以及非形式逻辑思维、形式逻辑思维。

6. 注意

当我们在感觉、知觉、记忆、想象以及思维的时候，都必须全神贯注、聚精会神，这样才能看得见东西，听得清声音，才能牢记在心、经久不忘，才能迅速正确地解答问题和进行创造活动。这种聚精会神、全神贯注的状态，普通心理学称为注意现象。注意，是心理活动对一定事物的指向与集中，不是一种独特的心理过程，它总是附属于其他心理过程，如感觉、知觉、记忆、思维、想象而存在的，如果没有注意，心理过程就会处于一种无目标的涣散状态而使人无法有效地去认识世界和改造世界。

谈判心理学研究的内容，主要是谈判双方在谈判全过程的思想认识活动，通过认识活动而形成有意识的倾向性以及它们在谈判人员身上所具有的个性特点。谈判心理学研究的基本任务是探讨客观事物如何引起谈判人员的心理活动；各种心理活动是怎样进行的；心理活动是怎样发展的；谈判人员的个性特征是如何形成、发展的；谈判人员的心理活动同他的社会实践有什么关系等。这些知识对谈判目标、方案的确定以及谈判策略的选择，都是必不可少的。营销商务谈判人员只有掌握双方心理活动的规律，才有可能卓有成效的进行磋商洽谈，才有可能创造性地完成谈判任务。许多优秀的谈判人员正是由于掌握了对方的心理发展特点，准确地了解其心理动向，预见到谈判发展的前景，采取有针对性的措施，才能收到良好的谈判效果。

9.1.2　谈判心理学的应用

谈判心理学具有实践性。也就是说，只有在实际的谈判中对这门学科的内容加以应用，这门学科才具有意义和价值。在商务谈判中这一应用有以下几点。

1. 发现需要

需要是谈判的动力，谈判是满足各方需要的过程。无论个人、组织、团体、企业、国家，只要是进行谈判，必定是建立在双方有某些需要而又有期望得以实现的基础之上。因此，在谈判过程中要设法发现对方的需要，必须弄清对方有哪些需要、对方在想什么、谋求什么。在谈判过程中，通过信息的交流去发现对方的需要；仔细倾听对方的发言，注意观察对方的每一个细微动作，对方的仪态举止、神情姿态、重复语气等，都可以反映出对方的思想、愿望、隐藏的需要，此外，还可以通过提问来发现对方的需要。

2. 掩饰自己心理

在商务谈判中，如果暴露出自己的心理活动和想法，就会被对方利用，从而造成对自己不利的局面。因此，在谈判中掩饰自己的心理和想法是很重要的。也就是说，在谈判中要善于控制和掩饰自己的心理变化和外表言行。

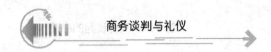

3. 摸透对方心理

摸透对方心理就是谈判人员在谈判过程中要去观察对方在谈判过程中的心理活动，利用其心理活动的规律推测对方的想法和下一步可能采取的活动，或利用各种谈判策略和方法去诱发、刺激对方心理的变化，由此来决定自己的谈判策略和战术，从而更有成效地以最佳方案去解决每个谈判细节。

4. 心理诱导

实施心理诱导，要十分注意因势利导。它是从谈判对方的心理倾向出发，选择适当方法，将对方向符合自己意图的方向引导。经验丰富的谈判者，常常在意见不一致或是出现僵局时提出一些启发性的具体建议，使问题得到缓和或者解决，特别是当对方对问题犹豫不决时，一项好的建议常常能打动对方，诱导对方的心理。常用的诱导方法，如提建议，是采用心理诱导解决谈判分歧意见；摆事实、讲道理，只要事实有说服力，道理很充分，就会产生巨大的诱导力量。

9.2 商务谈判的动力

需要、动机、态度是人最典型的心理现象，它们时刻支配和统治着人们的行为活动。那么，了解谈判的需要心理，探索谈判的具体动机，改变影响态度的消极因素，就有助于我们更好地了解与掌握谈判者的行为活动，取得谈判中的主动。下面主要阐述谈判需要和谈判动机。

9.2.1 谈判需要

1. 需要的含义

需要是人对客观事物的某种欲望。人的一切行为都是从需要开始的，而行动的目的又总是反映某种需要。所以，我们认为谈判活动也是建立在人们需要的基础之上的。每一次谈判就是需要在支配、在控制、在活动。谈判开始、谈判深入、谈判暂停、谈判僵持、谈判成功与失败，都是需要主宰的结果。处在不同国度、不同文化背景下的人或团体进行商务谈判，就是为了实现各自不同的需要，而这些不同的需要可通过谈判双方达成某种商业化目标的方式得以实现。一旦这种需要得到满足，谈判者便获得了某种利益。从表面上看，谈判所涉及的可能是一宗地产、一项合同或合作计划，但最终都要归结为谈判者的需要。因此，需要是商务谈判的基础和动力。

要研究需要对行为的支配作用，有必要了解需要的一般特点。

1）需要具有对象性。这是指需要总是包含具体的内容，如想要购买一批价格适宜、性能良好的多媒体教学设备，以及市场价出售一批配件等。

2）需要具有选择性。人们形成的需要是多种多样的，已经获得满足需要的经验，使人们能够对需要的内容进行选择。如要购买上述设备，既可以通过函电洽商，也可以通过采购人员面谈洽商；既可以把销售者请到企业来，也可以走出去上门购买。当然要购买哪一家的产品，可供选择的对象就更多了。

3）需要具有连续性。这是指人的需要不断地出现，满足，再出现，再满足，周而复始，不断上升。如交易双方出于合作的需要，坐到谈判桌边，准备洽谈合作的事宜。而反复磋商的结果，达成了双方都满意的协议。当合同顺利执行后，双方可能还要产生合作的欲望，也许交易的规模就更大了。

4）需要具有相对满足性。这是指人的需要在某一具体情况下所达到的满足标准。人的行为活动要达到一定的目的，但目标的满足只是相对的。比如，一个企业在一次交易中能签约售出数百件滞销产品是值得庆贺的事，但对于一个产品畅销的企业来讲，很可能是微不足道的。

5）需要具有发展性。人的需要出现与满足，不是简单的重复，而是在不断发展、不断上升。这一方面表现为标准的不断提高；另一方面表现为需要的内容不断变化。

2. 需要层次论

从需要的种类上讲，需要是无穷无尽的，因此人的需要是多种多样、不断发展的。这正是推动人类不断进化的根源。人的需要的产生是有层次的，研究需要的层次性，可以从根本上揭示需要对人行为的支配作用。人们的需要按照马斯洛需要层次理论可划分为以下几方面。

1）生理需要。这是人类对维持和发展生命所必需的对外部物质条件的需求。如人要维持生存对食物、阳光、住房、空气和水产生的需要，平衡正常的生理过程所需要的保暖、御寒、睡眠、避暑等生活必需品。在人类的各种需要中，生理的需要是最基本的、第一位的，在人们的生存需求没有得到满足之前，不会去追求其他更高层次的需要。联系到谈判，企业也是个大的生命的存在，人是它的细胞。它也需要新陈代谢，需要投入资金，购买原料，生产产品，销售产品，养活员工，这样循环往复，维持生存。谈判中有关商品的价格、质量、支付条件、就业要求、销售便利等都是企业的生理需要。

2）安全需要。这是人类希望保护自己的身体和精神不受威胁、伤害、保证安全的要求。例如，防御自然灾害、盗窃掠夺，免受战争动乱、社会解体的危害，摆脱瘟疫和病痛等。当生理需求一旦得到最基本的满足以后，人们接着就要考虑安全和稳定，寻求保障的机制。这不仅包括人身的安全，还包括物质的稳定供应等其他方面的意义。例如，在激烈的社会竞争中，人们还需要就业保障，退休养老保险等。在谈判中保护自己商业机密的行为，拼命把风险推给对方的行为，都是为了安全的需要。

3）社会需要。爱和归宿感的需要，这是人类渴求与他人建立亲密关系的情感交往的欲求。例如，希望归属于某个团体，给予或接受友谊、关怀和爱护，亲密往来、交流情怀，异性之间的爱慕等。他（她）渴望同人们建立一种充满友情的关系，渴望成为组织群体中的一员。他（她）既要从那里赢得情感上的满足，也希望给予别人友情的温暖。在谈判中，希望通过坦诚相见，通过愉快的合作，能建立企业之间的密切关系，建立谈判人员之间的友谊，也是这种需要的体现。

4）尊重需要。这是人类希望实现自己的潜在能力，取得事业成就，对社会有较大贡献，能够得到别人尊重的欲求。其包括自尊、自重、威信和成功，具体表现为希望自己有能力、有成就，能胜任工作，渴望得到别人的赏识和高度评价，得到名誉和荣耀。这种心理需要在谈判活动中最典型的表现就是，有的人喜欢显示自己的身份、地位、权威，有的人特别要面子，有的人喜欢听别人的恭维话，也有的人喜欢排场、阔气与豪华。人们在谈判时可能会为了维护面子与尊严愤而退出谈判，放弃他原打算进行的交易，也可能为了取得令人钦佩的谈判业绩，废寝忘食、夜以继日地工作。

5）自我实现的需要。当上述种种需要都已得到充分的满足以后，人们最重要的需要就演变成自我实现的需求了，即每个人都处在最适合于他的工作岗位，充分发挥每个人的能力，都希望从事自己能够做而且乐于做的工作。所以这一层次的需求有时也被称作"创造性的需求"。自我实现的需要是人类希望从事与自己的能力相适应的工作，实现自身的价值，成为一个与自己能力相称之人的高层次的愿望与追求。在谈判活动中，对于项目负责人、专业人员、辅助人员，每个人所具备的能力与应发挥的作用是不一样的。领导者不但要能够把谈判小组中每个职员协调在一起，充分发挥集体的智慧，还要使谈判小组的成员明确各自承担的具体工作，使其各司其责，使谈判活动取得理想的结果。

一般来说，人们的需求有次序先后，首先要求满足生理和安全需要，其次才是满足其他需要，但不意味着一个层次得到百分之百的满足后，才可能产生下一层次的需要。人们的需求可以交叉出现。在同一时刻，大多数人的各种基本需求，都是部分得到满足，部分尚未得到满足，谈判人员不仅要重视己方需要，而且要注意对方的需要。作为一名高明的谈判者，在寻求满足己方需要的同时，也要设法满足对方的需要，并努力使谈判顺利地通过需要的较低层次，达到较高层次的需要。只有在这种情况下，谈判才有成功的希望；否则，必然会使谈判在不和谐的气氛中草草收场。

3. 需要与谈判

需要是谈判行为的基础和动力。谈判的目的就是满足谈判双方的需要。马斯洛的需要层次学说揭示了一般情况下人类的需求情况。掌握需要理论能使我们找出与谈判双方都相联系的需要，而且这一理论还能进一步引导我们对驱动着双方的各种需要加以分析和重视，使我们懂得如何选择不同的方法去顺应、抵制或改变对方的动机。在商务谈判这种充满竞争性的活动中，谁能更全面、更准确、更清楚地了解谈判对方的需要，谁就可能在竞争和谈判中获得胜利。

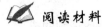 **阅读材料**

　　曾经有一个名不见经传的商人正是凭借需要层次论打败了许多远比他强大得多、看上去占尽优势的竞争对手而获得了谈判的成功。

　　这个商人叫图拉德。20世纪60年代中期，他只是一家玻璃制造公司的老板。但是，作为自学成才的石油工程师，他希望能做石油生意。一天，他从一个朋友那里得知，阿根廷即将在市场上购买2000万美元的丁烷气体，他就去那里看看是否能谈成这笔生意。

　　当他到达阿根廷时，由于在石油界既没有老关系，也没有经验，只能凭着一股勇气硬闯。而当时他的竞争对手是非常强大的英国石油公司和壳牌石油公司。

　　但是，在进行了一番摸底以后，他发现了一件事：阿根廷的牛肉供应过剩，正想不顾一切地卖掉牛肉。单凭知道这一事实，他就已经获得了竞争的第一个优势。于是，他告诉阿根廷政府："如果你们向我买2000万美元的丁烷气体，我一定向你们购买2000万美元的牛肉。"他以买牛肉为条件，争取到阿根廷政府的石油合同。

　　图拉德随即飞往西班牙，因为那里有一家主要的造船厂因缺少订货而濒临关闭。他又告诉西班牙人："如果你们向我购买2000万美元的牛肉，我就在你们造船厂订购一艘造价2000万美元的超级油轮。"西班牙人不胜欢喜，通过他们的大使传话给阿根廷，将图拉德的2000万美元牛肉直接运到西班牙。图拉德的最后一站是美国费城的太阳石油公司。他对他们说："如果你们租用我正在西班牙建造的价值2000万美元的超级油轮，我将向你们购买2000万美元的丁烷气体。"太阳石油公司同意了。就这样，一个玻璃制造商成功地做成了2000万美元的石油交易，而他的竞争对手只能自叹不如。

　　需要理论与实际的商务谈判业务的密切关系，主要表现在以下几个方面。

　　1）为了达到马斯洛提出的最高层次的需要，谈判人员必须注重满足前四个层次的需要。例如，在贸易洽谈的各个阶段，应该让谈判人员之间容易相处，相互间不感到拘束，在物质需要上创造一个良好的使双方都有安全感的环境，如谈判室、饮料、办公用具，来满足前两个最低层次的需要。

　　在谈判开始之时，双方应进入良好的沟通气氛之中。在为谈判等程序协商统一意见阶段，更要增强社交活动来满足谈判者个人的需要。比较理想的方式是以轻松、自然和愉快的气氛商谈双方容易达成一致意见的话题。如"我希望先和您商量一下议题，您看是否可以？"这些话表面看来无足轻重，但容易取得对方的同意，也显得对对方表示尊重。

　　在谈判中自我尊严需要的满足，主要取决于一个人长期形成的和固有的价值观念。试图通过某种手段改变对方的价值观念是不容易做到的。这就要求在谈判中要注意态度诚恳，共同协商，求同存异，努力适应彼此的需要。

　　这其中无疑要用一些策略才能与对方达成协议。但是，在谈判中要经常检查是否正在成功地由低级阶段向高级阶段攀登。必须保证不能因为未能满足某一个需要层次，而损害了通向成交的道路。

2）提供物质利益和给予尊重，以迎合谈判者对自我需要的满足，促成谈判的成功。如果某个谈判者注重开诚布公、坦率、友好，并具有创造性，那么双方都会乐于谋求一致，谈判双方无疑会登上马斯洛最高一级阶梯。然而，在谈判中也会遇到另外一种情况，即尽管生存、安全和社会需要都得到了满足，仍然难以达成共识，主要是由于谈判对手的价值观念不同寻常。这种谈判对手一心寻求的是从这笔交易中能得到最大的好处，获取最大的商业利益。一般来说，这种谈判对手对自我尊重需要的满足主要是从以下三个方面得到的。

① 需要从其同事那里得到尊敬。他来到谈判桌前，若带着明确规定下来的目标，则他最大的希望就是能够带着实现了的目标离开谈判桌。因此，追求这些目标的实现，就是他从谈判中得到的最基本的满足。

② 希望得到对方的尊重。当他非常注意自己一方获得物质利益时，他会认为对方对他的尊重程度是由他获得多少物质利益来衡量的。

③ 他极为注重自我尊崇。这又与他取得物质利益的成功息息相关。

上述谈判者，显然其所追求的是想方设法取得自己的利益，为此目的而求得"自我尊严"需要的满足。所以，这种谈判者在谈判中很讲效率。如果遇到了这种谈判者，就必须从两个方面予以注意：一是在保证自己获得利益的同时，设法给他以满足，即进行必要的让步、妥协；二是必须提高他对我方让步项目的评价，降低他对我方不能让步项目的评价。采取这种方式，就是为了求得双方在谈判中的"皆大欢喜"。

3）重视谈判的准备工作和基础工作。一个缺少谈判经验的谈判人员，往往匆匆忙忙开始谈判，并且要求很快进入实质性阶段。他没有提供基本的生存条件和安全条件，更不注重社交需要，不注重言词和礼仪、举止。这种咄咄逼人的形势，时常引起对方的反感，甚至一开始就会引起对方不快。这恰恰是形成对立性谈判的隐患。

9.2.2　谈判动机

动机是促成人们去满足需要的一种驱使和冲动。在商务活动过程中，人们通过谈判达成交易的愿望是由人的需要引起的，它总是指向能够满足未来的某种对象，如商品、货币、劳务。当愿望所指向的对象促使人们要通过谈判来达成交易时，反映这种需要对象的形象或现象客体，就构成谈判动机。动机的形成有赖于需要受到强烈的吸引和刺激。如果对方没有需要的动机，就应该给予某种刺激使之产生需要，并付之以积极的行动，努力使谈判达成协议。因此，谈判双方在谈判过程中要注意寻找彼此需要的共同点，促使预期交易的达成，并扩大合作的领域。

建立在不同心理动机基础上的谈判者的思维活动会有很大差别，表现为以下几种类型。

1）经济型。这类谈判者以追求交易中最低成交价格为目标，竭尽全力地讨价还价，迫使对方让步。因为在他们看来，只要能以最低价格成交或获取最大利润就是胜利。经济型的谈判者对进行交易的经济利益很看重，只有有利可图，他才考虑交易的可能性。为达到这一目的，他们也愿意在其他方面做出让步，比如付款条件、购买期限、数量、包装、运输方式、交货时间、地点等，但在价格上、利润分配的比例上或费用分摊上态度强硬，不轻易让步。

2）冒险型。这类谈判者的动机类型是追求冒险。喜欢冒险的谈判者，一般自信心较好，期望水平也比较高，自我实现欲望强烈。他们喜欢通过制造别人不敢冒险的事来证明自己的能力，满足自我的成就感心理。因此，这类谈判者比较适合洽商项目风险大、利润高、复杂的，富有挑战性的谈判项目。

3）疑虑型。这种人的动机特点与冒险型正好相反。疑虑心理动机者考虑事物多看到的是问题，凡事都往失败、困难处想，他们体验或知觉到的风险比一般人要大得多。冒险者虽也觉察到谈判的风险，但一般都往成功处想，更多考虑的是怎样克服困难，达到最终目的。受疑虑动机支配的人，在谈判中不大放得开，他们缺乏创造性、灵活性，习惯于按既定计划行事，每当对方提出新问题或新建议，他们都是持怀疑态度，不轻易表示自己的意见，处事谨慎，因此，他们成功的概率高但开拓性差。同时，他们为了减少产品的购买风险，还喜欢选择自己熟悉或习惯的牌号的商品。

4）速度型。这类人心理动机的特点是注重效率和速度，雷厉风行。不喜欢无效率的谈判方式。他们看问题尖锐，提问题一针见血，分析问题切中要害，解决问题干净利落，不喜欢烦琐的交易方式，讨厌长时间、无结果的磋商。追求高效率的洽商，只要双方都认为合理、合适，就是理想的结果。

5）创造型。创造型动机占主导的谈判者，喜欢标新立异、与众不同。思维较活跃，喜欢创造性地解决问题，处理冲突，缓和僵局。对在谈判中出现的问题，按常规方式也能解决，但他们更欣赏与众不同、独出心裁的处理方法。

9.3 谈判心理分析

谈判是一个错综复杂的较量过程，所涉及的心理过程，可以从心理特征、行为举止、情绪波动三方面分析。

9.3.1 心理特征分析

心理特征分析在心理学中也称为心理定势分析。它以人为对象，首先要了解谈判对手的背景和心理特征。谈判人员的心理特征主要包括性格、兴趣、脾气、工作风格等，这是人们在长期的生活、工作中形成的。在谈判中，不同的谈判对手，由于所处的地位、权力不同，其业务能力、谈判知识、个性、风格也往往不同，因此在谈判时就会产生不同的心理活动。例如，公司总裁享有很大的权限，能够不拘细节、敢于"拍板"，销售经理抱着争取到一个好价格的心理，往往会在价格、风险、权利等问题上与你周旋；律师则出于受聘于人的心理，往往在法律细节上逐字推敲，以显示自己的法律学识。在谈判过程中我们应该针对不同的谈判对手，认真研究、区别对待。

实践证明，任何一项谈判都可能遇到挫折或出现不同意见，甚至反对意见，还可能被拒绝。当这类客观情形使主观感受处在受挫折状态时，必将自觉或不自觉地产生不同类型的心理反应，即产生"挫折反应"，大致可归为以下几类。

1）产生攻击心理和行动。具体表现在对受挫的起源点直接进行攻击，或转向攻击迁怒于第三者，或产生自责、自悔等心理。

2）固执心理。谈判人员明知实现既定的谈判目标会遇挫折，但仍然执意坚持按原动机继续行动。

3）无所适从。某些谈判人员面对挫折茫然失措，产生无能为力的心理反应。

4）合理化。遇到阻碍后积极调整自己的动机，使之更符合客观实际。

5）升华心理。受到挫折后将动机和行动引向更高方向，力求冲破障碍、战胜挫折。

我们只要掌握了谈判人员受挫时的心理活动的变化规律，就可以判断出对方在受挫时可能产生的心理变化和即将采取的行动。

9.3.2　行为举止分析

在心理学上，外在的行为举止分析称为动态因素分析，也就是分析研究人对于客观事物所引起的心理反应和变化。在谈判过程中，双方都希望按照自己的目标和愿望去成交，一旦遇到分歧就会产生复杂的心理活动，并通过其外在的举止表露出来。我们只要仔细观察对方的一举一动，就可以窥透谈判对手的内心世界及其动向，发现他们的思路，掌握谈判的主动权。

心理学家认为，以下行为举止往往传达谈判人员心理的某种含义和暗示。

1. 眼神

眼睛被称为"心灵的窗户"，它是人与人沟通中最清楚、最正确的信号。在面部表情中，眼睛最能传神。因为，人的瞳孔是根据感情、态度和情绪自动发生变化的，人不能自主控制。在商务谈判中，眼睛的作用是不能忽视的。

在交谈中，只有注视对方的眼睛，彼此的沟通才能建立。如果对方目光东移西移，表示他已经心不在焉；沉默时眼睛时开时合，表示他对你已产生厌倦；斜着眼睛，表示有了一种消极的思维，并开始藐视你。眼睛除了表达感情以外，还是了解对方兴趣所在和关注点所在的主要线索。当人们见到害怕的、厌恶的、不愉快的事物时，就会突然扭转视线不看；要是对方中止谈话，把眼光凝住他的同伴，这就是已经把话说完了的信号；如果中止以后并不望向同伴，意思是说他尚未讲完；一个人正跟对方讲话，对方没有听完就看旁边的地方，则表示不完全满意己方所说的话；当对方说话时看别的地方，可能表示对自己所说的话并没有什么把握；当对方听到己方的谈话而望向己方，这就是对自己所说的话很有把握；对方不望着己方而看到别的地方，表示他有隐匿的成分；如果他在己方说话时看别的地方，是表示不想让己方知道自己的感想。

2. 握手

握手的力量、姿势、时间长短，能够表达出握手人的不同态度和思想感情。初次见面，通过握手能解除防范心理，加强感情交流，很容易反映出心理变化，对人们将来关系的发展有着非常特殊而重要的意义。

（1）支配性握手

通常是对方掌心向下地把手伸给你。这种握手方式是告诉你，他在此时处于高人一等的地位；而且表示在未来的接触里，他希望掌握控制权、支配你。事实证明，这种握手很难与被握手者建立平等友好的关系。

（2）顺从性握手

对方手心朝上伸出手，而且大多力量弱。由此可以看出他是一个懦弱而且缺乏个性的人。通过握手传达出对你的谦恭、顺从。在某些情况下，采取这种握手方式，往往会产生良好的效果。

（3）平等式握手

对方的手掌直向你伸出，整个握手过程中手掌保持垂直，手指微用力，这表达了彼此间的尊重和默契，说明他是一个好动而且信心十足的人，你可以和这类人处得很好。

（4）抓指尖握手

有些人握手时不是用手亲切地握住你的手掌，而是伸手握住你的指尖。这是一种不标准的握手形式，是为了和你保持一段空间距离。

3. 手势

手势是表情达意的有效方式，它能表达出比表情更复杂的意思。一般情况下，摊开手掌表示真切、诚恳、忠贞和顺从。当某人向你表示真诚时，他会暴露部分或是整只手掌在你面前，这种姿势给你一种说实话的感觉。有人习惯十指交错两手钳在一起，心理学家认为这是一种"沮丧心情"的手势，表示此人正在压制某种感情。比如，失去一笔好生意或失去一个"千载难逢"的好机会。

4. 姿态

1）双臂交叉于胸前，往往表示防备、疑惑的心理，或表示对于对方的意见持否定态度；若同时还攥紧拳头，则表示否定程度更加强烈。

2）两腿经常挪动或不时地来回交叉，表示不耐烦或有抵触，不过有时仅仅是一种习惯，能让人感到舒服一点。

3）揉眼睛、捏鼻子的动作同时出现，则在更大的程度上表明其防备、抵触或否定的心理活动。

4）向后仰靠在椅背上，可以看作是不信任、抵触、不需要继续深谈的迹象；如果再伴以两臂叠于胸前的姿势，上述含义的可能性更大。

5）摊开手掌，解开衣扣，手腿都自然放松，不交叠，这些动作和姿态都表明愿意开诚布公，乐于倾听对方的意见。

6）抚摸下巴、捋胡子等无意识的动作，往往表示正在对所提出的问题和材料进行认真的思索和考虑；此外，坐在椅座的前边缘上，或身体前倾，俯在桌子上也可能有类似的含义，或表示对所讨论的问题发生兴趣。

7）两手的手指顶端对贴在一起，掌心则分开，形似尖塔，挺胸前视，这通常表示高傲自信、踌躇满志的心情；有时这种姿势是故意用来显示与谈判对手地位不同，暗示自己是降贵纡尊来同对手谈判的。

8）两手交叉，托住后脑勺，身体往后仰。当一个人感到自己驾驭着谈判局势，居于支配地位，往往会情不自禁地做出这种姿态。

9）清清嗓音，变换声调，有可能是不安、紧张、焦虑的征兆。

10）谈话时不自觉地用手掌或手指蒙在嘴前轻声吹口哨，把手扭来扭去，不时变换坐的姿势和位置，这些都意味着紧张、担心、受挫、束手无策的心理状况，其中第一种动作还可能表明此人不坦率、留一手。

11）掐灭香烟或任其自燃。在谈判中，点燃香烟并不意味着情绪紧张，然而神情紧张、焦躁不安或过分拘谨的谈判者往往会无意识地掐灭尚未吸完的香烟，或者忘了继续吸下去，任其自燃。

12）凑近对方。当问题逐渐接近解决，隔阂或障碍进一步消除时，双方谈判者就会自然地坐得靠拢一点；或者东道主起身离开座位，绕过谈判桌，同坐在客席上的对手凑近面谈。

13）拍拍对方的肩膀或手臂，这是希望能快点达成协议或解决问题。当然，这时达成协议或解决问题的时机和条件都已成熟。

9.3.3 情绪波动分析

心理学认为，能满足或符合人的需要的事物，必会引起人的积极态度，使人产生一种肯定的情感，如愉快、满意、喜爱等；不能满足人的需要或与人的需要相抵触的事物，就会引起人的消极的态度，使人产生一种否定的情感，如厌恶、愤怒、憎恨等。在谈判中，谈判人员的情绪是否积极，对于达到既定谈判目标具有重要的作用。积极的情绪可以提高、增强人的活动能力，促进谈判；消极的情绪则会降低人的活动能力，影响谈判，甚至导致谈判失败。

可以肯定，每一个谈判人员都在为实现自己预期的目标而努力工作。但在整个奋斗过程中，有时充满信心，有时信心不足；有时积极主动，有时消极被动。

营销商务谈判人员情绪上下波动的原因不仅来自个人的内在因素，而且还来自一定的外部条件，这些条件可以分为以下六个方面。

1）社会因素，主要包括国家政策法令的颁布、物价的涨落、社会风气的好坏等。

2）组织的因素，主要包括谈判团体成员之间的关系好坏、谈判团体成员的健康状况、谈判团体的人员变动等。

3）领导的因素，主要包括上级领导的信任程度、谈判组长（或团长）的能力与水平等。

4）同事的因素，主要包括全体成员在谈判目标、策略、方法、技巧上的意见同异，工作上的协调配合，经济利益的差异，团结互助的精神等。

5）遭遇和偶发性的因素，主要包括谈判目标的难易、成功和失败的影响、意外遭遇的影响等。

6）自身健康的因素，主要是体格的影响，病人和正常人的情绪是大不相同的。

在谈判中，通过分析谈判对手在长期生活、工作中形成的心理素质和特点，可以揭示谈判对手的心理发展趋势。通过分析研究人对于客观事物引起的心理反映和变化，可以判断对方的心理变化和可能采取的下一步行动；通过分析研究谈判人员的情绪变化，可以因势利导，促进谈判的成功。

9.4　成功谈判者的心理素质

9.4.1　谈判者的信心

信心是谈判者最重要的心理素质。坚定的信念是人们从事一切谈判活动必备的心理要素。只有具备必胜的信念，潜能得到充分的释放，才能使谈判者的能力得到充分的发挥。

信心是人的精神支柱，它是人们信仰的具体体现，持有什么样的信念，往往决定了人的行为活动方式。谈判的信心是谈判者相信自己企业的实力和优势，相信集体的智慧和力量，相信谈判双方的合作意愿和光明前景，说服对方及把握谈判的主动，以达到自己拟定的目标。谈判的求胜信念就是为实现自身利益，从而灵活运用谈判策略，以实现预定的谈判目标的心理过程。信念决定了谈判者在谈判活动中所坚持的谈判原则、方针，运用的谈判策略与方法。我们坚持谈判者必须具备必胜的信念，不是仅仅指求胜心理，它有着更广泛的内涵和更深的层次。求胜心理是所有谈判者所具有的必然的心理状态。求胜心理的强弱与自身的能力和谈判环境有关，又与谈判双方参与人员的心理状态有关。在实务谈判活动中，将其区分为强制性求胜心理和依附性求胜心理两种。

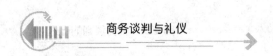

1. 强制性求胜心理

所谓强制性求胜心理，是指强迫对方服从于自己的求胜心理。例如，假设 A 是经济实力雄厚、技术能力强、市场销路好且具有竞争优势的企业，B 是因产品滞销、技术力量落后、正处于危机阶段的企业。A 企业为扩大规模增强竞争力，B 企业为了生存和求发展而进行经济互助谈判。这样就容易出现 A 企业利用 B 企业求生存的心理需要，提出过于苛刻的要求和各种超量的条件，而 B 企业为了生存只好忍痛应诺，以求得喘息的机会。这种乘人之危的强制性求胜心理是谈判中不能提倡的，是一种不道德的行为。

2. 依附性求胜心理

所谓依附性求胜心理，是指一方依附于另一方或互相依赖的求胜心理。这种求胜心理一般表现在弱者对强者进行的谈判。如一些因生产技术薄弱、设备简陋的企业，在单靠自己的力量无法获得转机时，通过谈判找到"靠山"。目前许多乡镇企业、中小企业与实力雄厚的大型企业之间联营，就是一方依附于另一方的谈判现象，这类谈判通常都是以扩大自身的利益为基本出发点的。

具有高度理性的自信心，这是每一个谈判人员要想取胜的心理基础。没有自信心，就不可能在极其困难的条件下坚持不懈地努力，为企业争取最佳的谈判成果。只有满怀信心，在充分调查研究和对谈判双方实力的科学分析的基础上，才能达到既定目标，赢得对方信任，取得合作的成功。

9.4.2 谈判者的诚心

诚心是谈判的动力，是谈判的心理准备，更是双方合作的基础。谈判没有诚心是不行的，诚心应贯穿谈判的整个过程，而且受诚心支配的谈判心理是通过体现合作的诚意来保证谈判目标实现的必要条件。因此，诚心不仅能够保证谈判人员有良好的心理准备，而且也使谈判人员心理活动始终处于最佳状态中，只有在双方致力于合作的基础上，才会全心全意地考虑双方合作的可能性和必要性，才会合乎情理地提出自己的要求和认真地考虑对方的要求。

诚心是双方面的，而不是单方面的。只有谈判双方都具有诚意时，诚意才能转化为谈判的动力。在谈判开始之前，诚心能促使人们为谈判做大量细致周密的准备工作。在谈判过程中，诚意能保证谈判人员的心理活动始终处于最佳状态之中，提高谈判效率，加快谈判进程，赢得谈判时间；诚意还能强化谈判双方的心理沟通，保证谈判气氛的融洽稳定。因为在谈判各方都有诚意合作的前提下，他们才不至于为一些细小枝节的事互不让步而延误谈判，在双方基本目标和原则立场不受影响时，双方求大同、存小异，建立彼此之间互相合作、友好往来的关系。

诚心是谈判的心理前提，好比体育比赛，在双方运动员都没有诚意竞技时，是毫无意义和价值的，没有诚心的谈判是无法获得圆满成功的。只有在以诚心为基础的良好心理素质的基础上，谈判者才能在保证共同的利益不受损害时，根据谈判的实际情况，灵活应对。

9.4.3　谈判者的耐心

耐心是在心理上战胜谈判对手的一种战术与谋略，也是成功谈判的心理基础。在谈判中，耐心表现为不急于取得谈判结果，能够很好地控制自己的情绪，掌握谈判的主动权。耐心是通过自己有意识的言论和行动，使对方知晓合作的诚意与可能。耐心是提高谈判效率、赢得谈判主动权的一种手段，可让对方了解自己，又使自己详细地了解对手。

耐心可以使人们更多地倾听对方，了解掌握更多的信息；耐心也使人们更好地克服自身的弱点，增强自控能力，有效地控制谈判局面。有关统计资料表明：人们说话的速度是每分钟 120～180 个字，而大脑思维的速度却是它的 4～5 倍。这就是为什么常常对方还没讲完，人们却早已明白了。但如果这种情况表现在谈判中，就会直接影响谈判者倾听，会使思想溜号的一方错过极有价值的信息，甚至失去谈判的主动权，所以保持耐心是十分重要的。

耐心还可以作为谈判中的一种战术与谋略。耐心使谈判者认真地倾听对方的讲话，冷静、客观地谈判，分析谈判的形势，恰当地运用谈判策略与方法；耐心使谈判都避免了意气用事，融洽谈判气氛，缓和谈判僵局；耐心使谈判者正确区分人与事的问题，学会采取对人软、对事硬的态度；耐心也是对付脾气暴躁、性格鲁莽、咄咄逼人的谈判对手的有效方法，是实施以软制硬、以柔克刚的最为理想的策略方法。

具有耐心也是谈判者心理成熟的标志，它有助于谈判人员对客观事实现象做出全面的分析和理性的思考，有助于谈判者做出科学的决策。

需要指出的是，耐心不同于拖延。在谈判中，人们常常运用拖延战术打乱对方的战术运用，或借以实施己方的策略。耐心主要是指人的心理素质，从心理上战胜对方。从心理学上看，人是否具有耐心，与人的气质有直接的联系。黏液质气质型的人，天生性格稳重、平和，而胆汁质气质类型的人则脾气暴躁，缺乏耐性。因此，黏液质气质类型的谈判者，运用耐心得心应手，而胆汁质气质类型的谈判者，则需要克服较大的心理障碍。

在谈判活动中，谈判者要自始至终地保持耐心，其动力来源于人对利益目标的追求；但人们的意志、对谈判的信心以及对追求目标的勇气，都是影响耐心的重要因素。耐心既是一种心理战术，也是一种心理素质。

复习思考题

1. 简述谈判与需要的关系。
2. 眼神、握手传达了谈判人员心理的什么含义和暗示？

3．谈判人员应具备哪些心理素质？

案 例 分 析

冷静对付，巧妙做成空调生意

推销员 T 为推销一套可供一座 40 层办公大楼用的空调设备，费了几个月时间与某公司周旋，还没最后谈成，因为最后的命运取决于买方董事会的讨论结果。一天，董事会通知 T，要他到董事会上向全体董事介绍这套空调系统的详细情况。事实上，这套设备的详情，T 几个月来不知向这家公司的有关人员介绍过多少次了。T 来到会场，把不知讲过多少次的话又再重复了一遍。但在场的几位董事却不以为然，对 T 的话毫不感兴趣，认为 T 介绍的情况是"夸大其词"，有的还向 T 提出了一大堆尖锐的问题刁难他。T 没有直接回答董事们提出的问题，而是很自然地说："今天天气很热，请允许我脱掉外衣，好吗？"刚说完这句话，他就掏出手帕，多次来回擦着前额上因热渗出的汗珠。此举立刻引起了在场的全体董事们的条件反射，他们都有一种感觉：这间房子闷热难熬。于是，一个接一个地脱下外衣，又一个接一个地拿出手帕擦脸，其中有一位还抱怨说："怎么搞的，这房子还不装空调，真闷死人啦！"这时候，需要购买并安装空调设备，并非是推销员强加给董事们的负担，而是与会者们的自发的要求。为了自身的舒适，董事们觉得的确应该购置空调设备了。20 分钟后，这笔大宗生意就拍板成交了。

此案例中，倘若推销员 T 没有耐心，是谈不成这笔生意的。这位推销员不愧是一位老练的谈判能手，他面对火爆的场面从容镇定，冷静对付，通过脱衣服、擦汗等动作，巧妙地引起同处一室的董事们的连锁反应，用无声的语言促使他们达成了这笔大买卖。

思考：
如果是你，你会如何来谈成这笔生意？

第 10 章　商务谈判的组织

内容提要

本章主要介绍谈判者的资格审查、谈判人员的基本素养、谈判人员的选拔与培训、谈判团体组成的原则和业务构成等内容。

在任何谈判中，人的作用都是第一位的。商务谈判是一种以一定的人员构成和一定的组织形式进行活动的，而不是简单的个人之间的活动。商务谈判以一定的组织形式做保证，利用谈判组织进行谈判，可以在谈判中运用那些只有群体才能使用的谈判策略；可以通过分工协作共同完成谈判任务；可以使谈判人员在体力、精力与技能上相互补充，从而利用谈判班子的整体优势去争取有利的谈判结果。本章从谈判组织的角度，对参与谈判人员的资格、选拔、培训等进行论述。

10.1　谈判者的资格审定

商务谈判是谈判双方为获得经济利益而进行的较量。这种较量的前提，必须建立在参与谈判者有义务也有能力对自己在谈判中的言行负完全法律责任的基础上。失去这一基础，将直接导致谈判无法进行，或者使已经完成的谈判归于无效。因此，谈判者首先必须是有资格参加谈判并承担谈判后果的国家、组织、自然人及其他能够在谈判或履约中享有权利和承担义务的各种实体，这种意义上的谈判者被称为谈判的关系主体。而实际参加谈判的自然人，通过自身的行为直接完成谈判事项磋商的行为者，被称为谈判的行为主体。

1. 关系主体与行为主体的联系与区别

谈判关系主体与行为主体的联系在于：

1）任何谈判关系主体的意志和行为，必须借助于谈判的行为主体来表示或进行，仅有谈判关系主体而无行为主体的谈判是无法进行的。

2）只有当谈判的关系主体是自然人并亲自出席谈判时，谈判的关系主体和行为主体才是完全吻合一致的。

3）当谈判的关系主体与行为主体不一致时，即谈判的关系主体不能亲临谈判现场，而委托行为主体代表时，谈判的行为主体只有正确反映谈判关系主体的意志，在谈判关系主体授权范围内所发生的谈判行为才是有效的，由此而产生的谈判后果，谈判的关系主体才能承担。

谈判关系主体与行为主体的区别在于：

1）谈判的行为主体必须是有意识、有行为能力的自然人；而谈判的关系主体则不然，它可以是自然人，也可以是国家、组织或其他社会实体。

2）承担谈判后果的是谈判的关系主体，在谈判关系主体与行为主体不一致的情况下，谈判的行为主体只出席谈判活动，不承担谈判后果。

正是由于谈判关系主体与行为主体有严格区别，因此在审定谈判者资格时，也必须对关系主体和行为主体分别进行甄别。

2. 谈判关系主体的资格审查

谈判关系主体是指有资格参加谈判，并能承担谈判后果的国家、组织、自然人及其能够在谈判或在履约中享有权利、承担义务的各种实体等。其主要条件为：

1）关系主体必须是谈判关系的构成者，谈判的代理人不能成为谈判主体的构成者。

2）关系主体必须具有谈判资格和行为能力。

3）关系主体必须能够直接承担谈判的后果，谈判的代理人不承担谈判的后果。

3. 谈判行为主体的资格审查

谈判的行为主体是指通过自己的行为完成谈判任务的人，其条件是：

1）行为主体是以自然人的身份亲自参加谈判，经济组织或法人实体若不是自然人，则不能成为行为主体。

2）行为主体必须通过自己的行为来直接完成谈判任务。谈判的关系主体是自然人又亲自参加谈判，才是行为主体。如果谈判的关系主体委托别人参加谈判，而自己不亲自参加谈判，也不是谈判的行为主体。

3）行为主体受关系主体的委托参加谈判时，必须正确反映关系主体的意愿，并在关系主体授权的范围内行事，由此产生的谈判后果，关系主体才能承担。谈判的关系主体与行为主体有时是同一个人，有时是分离的。

10.2　谈判人员的基本素养

素养是素质与修养的合称。素质主要指先天的禀赋和资质，而修养则指后天的学习与锻炼。高标准素养的形成，不仅要有优良的素质作基础，还要以严格的修养作为条件，两者缺一不可。素养是一个人德、识、才、学、行的综合和集中表现。在风云变幻的经济谈判中，只有凭借高超的智慧、能力，过人的胆识，才能应付压力、抵御诱惑、捕捉机会、迎接挑战，因此对谈判人员的素养要求必须严格。判断一个人的素质一般可从外表上判断其身体素质，从言行、态度上可判断其心理素质和业务能力。一个合格的谈判者所应具备的基本素质包括道德品质、业务能力和心理素质。

1．道德品质

一个人的道德品质是其素质的核心和精华，不讲道德、品质恶劣的人算不上是高素质的人。正直无私、忠于职守、遵纪守法、克己奉公是谈判人员首先必须具备的条件。谈判双方在谈判中的利益，在很大程度上取决于谈判者的谈判行为。面对谈判中的种种压力与诱惑，能否把握自己，牢记使命，忠于自己所代表的一方是至关重要的。谈判者必须具有明确的团队意识和主动的团结合作精神。如果谈判者利欲熏心，损公肥私，出卖自己一方，得到的谈判结果势必非常不利于己方，这种谈判必然是失败的谈判。良好的道德素质是谈判者抵御各种压力、诱惑的基础，也是获取有利谈判结果的保证。对商务谈判人员道德素质的要求主要表现在以下几个方面。

（1）忠于职守、遵纪守法

商务谈判人员不论是代表国有单位、集体企业、民营企业与国内其他单位或个人进行谈判，还是参加国际经贸谈判，都必须忠于职守，遵守党纪国法和职业道德，贯彻执行党和国家的方针政策。在当前市场经济条件下，谈判人员在国内谈判中常常会遇到形形色色的对手，有的会用金钱等进行诱惑。所以，谈判人员必须要有良好的思想品质，灵敏的政治嗅觉，自觉抵制各种腐败思想作风的侵蚀。至于在国际商务谈判中，情况往往更为复杂。据报道，某些企业每年要开支上千万美元，用于请客送礼、拉关系。有的企业对客户馈赠礼品种类繁多，大的如汽车、住房、摩托车、珍贵首饰等，有的干脆以各种名目付给津贴、回扣等。因此，以清醒的头脑分清贿赂与礼节性馈赠的界线，这对于商务谈判人员至关重要。只有奉公守法、道德高尚的人才能自觉遵守组织纪律，严格保守商业机密，维护国家和民族的利益与尊严；才能无私无畏、专心致志地施展才能，在各种复杂的情况下，为国家争取更大的利益。否则，经不起外界的诱惑，为个人获得蝇头小利而牺牲国家和民族的利益，最后自己也落得身败名裂的下场。这方面的教训实在太深刻了。

（2）百折不挠，意志坚定

要在一场重要谈判中取得预期的结果，无异于赢得一场战斗，需要耗费许多心血。商务谈判人员从接受任务开始，就要用心掌握自己和对方的情况，做好一切谈判的准备，随时应付谈判过程中的风云变幻，克服种种困难和障碍。谈判人员一定要有坚定的事业心和高度的责任心，发挥自己的智慧和能力，百折不挠地去克服一个又一个困难，尽心尽力地完成自己承担的任务。尼克松曾经这样评论过周恩来总理："他是矢志不移的理想家，也是精于筹划的现实主义者；是政治斗士，也是高明的调停者。""周的身上既有儒家君子的特色，又有列宁主义革命者的政治本色，这两者结合的个性对于他但任的政治角色十分理想。犹如几种金属熔成的合金那样，他的个性的各种成分熔合起来比任何一种单独成分都更坚强有力。"周总理的崇高思想品德和坚忍不拔的意志，值得每个谈判人员学习。

（3）谦虚谨慎，团结协作

商务谈判需要掌握大量的情况和资料，运用多方面的知识和技能。一个人的知识和能力总是有限的，必须依靠谈判班子的每一个成员以及幕后顾问班子的协作和支持，才能把事情办好。所以，无论个人的经验有多丰富，能力有多强，在过去谈判中所起的作用如何卓著，都要虚怀若谷，懂得尊重别人，既尊重领导，又尊重左右和下属；既尊重己方人员，也要尊重对方成员。谦虚谨慎，宽厚仁爱，把自己真正置于组织之下、群众之中，认真听取有利于实现谈判目标的各种意见和建议，把谈判组织中各类人员的积极性和主动性充分地调动起来，这样才能克服谈判中面临的各种困难，不断地创造出良好的业绩。

（4）诚实无欺，讲求信誉

诚实无欺是每一个企业经营的基本原则，是每个谈判者应具备的道德风范，也是树立国家和企业良好信誉的基本前提。企业与企业之间的关系，既是竞争的关系，又是相互协作、相互配合的关系，不择手段、尔虞我诈的种种做法，在法制健全的市场经济当中是绝对行不通的，也是没有前途的。当然，商场如战场，诚实无欺不等于毫无心机，把自己的底数全盘托出，把谈判的主动权拱手让人。在商务谈判中，为使交易顺利达成，使用暗示、夸大、假动作、声东击西等策略和技巧还是必需的，但前提是无害人之心。不懂得运用谈判策略的所谓诚实，等于是傻子。"老实是无能的别名"，在国际商务活动中尤其如此，谈判中如拘谨于实打实，将不可避免地受人宰割。反过来说，如果只知道运用策略和技巧，抛弃了基本道德规范，无异于欺诈，这样的人不可能使谈判获得成功，最多也只是"一锤子买卖"，使国家、集体和个人的信誉扫地。所以，谈判策略与技巧的运用要在坚持信誉的范围之内，一旦协议达成，必须按质、按量、按时履行协议条款，以信誉赢得顾客，赢得未来。

2. 业务能力

谈判者的业务能力是指谈判者掌握、驾驭商务谈判进程，并能取胜的能力。它包括谈判者的知识水平、观察能力、判断分析能力、表达能力、控制能力和应变能力。

（1）知识结构与水平

广博的知识是谈判取得成功的坚实基础。商务谈判是一种复杂的经济活动，它涉及多个领域与层面的知识，主要包括管理学、预测与决策科学、法律、国际贸易、金融、会计、公共关系学、心理学、社会学、政治学、历史学、社交礼仪知识等。所以，谈判者要广泛了解和掌握社会科学与自然科学知识，特别是要了解和掌握所从事的行业，相关行业的行业特点，相应的技术特点、市场动向、运作过程与规律及其相应的国际惯例。作为一个谈判者，不仅要广泛猎取一些科学知识和自然常识，还要熟悉和了解一些社会科学方面的知识，如哲学理论、历史事件、文化思潮、国内外动态、文学艺术、民俗风情、趣闻轶事以及自然科学等方面的知识等。只有具有广博的知识储备，在谈判活动中才能信手拈来，左右逢源，游刃有余地化解谈判中的矛盾，取得谈判的成功。

（2）观察能力

观察能力是指谈判者对谈判对方进行观察并善于发现和抓住其典型特征和内在实质的能力。谈判者要有敏锐的洞察力，在蛛丝马迹中明察秋毫，通过对方的种种细微活动，来获取自己所需要的信息，进而判断出对方的真实意图，以便采取相应的对策。

（3）判断分析能力

判断分析能力是谈判者观察能力的进一步深化。判断分析能力是指谈判者将观察中得到的信息加以归纳、分析，进而推断出谈判对方的真实意图的能力。它与观察能力既相联系，又相区别。观察是谈判者通过感官得到的直接印象，为判断分析提供素材；判断分析是观察的进一步延伸，通过分析表象信息之间的联系，判断出对方的真实意图。具有良好判断分析能力的谈判者能从一系列的观察表象中发现对方的典型特征和内在本质，从而有针对性地采取对策。

（4）表达能力

表达能力是谈判人员在商务谈判中运用语言和非语言形式传达有关信息的能力。谈判的整个过程就是谈判者的信息交换过程，因此，表达能力是谈判者的基本素质要求。在商务谈判中，谈判者的语言或非语言的信息表达，要具有表现力、吸引力、感染力和说服力，要能以恰当的语言运用创造有利于己方的谈判气氛或局势。谈判人员也是一位出色的语言艺术家，在谈判桌上为了尽力避免对抗，谈判语言必须讲究策略。沙特阿拉伯的石油大亨亚马尼深谙这种谈判艺术。有一位美国石油商曾经这样描述亚马尼："亚马尼在谈判时总是低声细语，绝不高声恫吓。他最厉害的一招是心平气和地重复一个又一个的问题，最后把你搞得筋疲力尽，不得不把自己的老底都拱手让出去。他是我打过交道最难对付的谈判对手。"

（5）控制能力

控制能力是指谈判人员有目的地运用各种谈判策略和技巧，使谈判的发展变化保持在既定的目标内的能力。谈判是谈判的双方抱着各自的目的，由两极经过相互的磨合走向相互交叉点的过程。由于这一过程中会受到诸多不确定因素的影响，因此，谈判形势变化莫测，稍有不慎就会迷失方向。有控制能力的谈判者能运用各种手段和方法把握住谈判局面的发展变化方向，善于捕捉转瞬即逝的机会，让谈判按预定的轨道向前发展。

（6）应变能力

应变能力是指谈判者根据形势的变化，审时度势，随机应变，采取相应对策，调整

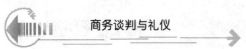

目标与策略，推动谈判发展的能力。谈判者具有应变能力，才能在谈判中应付自如。当然，知识的渊博是随机应变的前提，它能使谈判者以不变应万变，临危不乱，镇定自若。

3. 心理素质

心理素质是指谈判者在谈判中应具有良好的心理品质。成熟而稳定的心理品质是谈判者在利益角逐和智慧较量中，对付压力、处置僵局，正常甚至超常发挥自身能力的精神保障，它能够赋予谈判者以力量、智慧和灵感，使其临危不惧、遇事不惊，顺利不自满，挫折不气馁。商务谈判者成熟而稳定的心理品质表明了强烈的责任心、高度的自制力、良好的协调力和坚强的意志力。

（1）责任心

商务谈判者代表要确保己方的经济利益和目标要求，因此，认真负责是谈判者心理素质的最基本要求。谈判者只有具备较强的事业心、责任心，才会在谈判中不管遇到何种情况，始终坚持自己的立场，发挥自己的智慧和能力，使谈判取得成功。

（2）自制力

自制力是谈判者在环境发生巨大变化时克服心理障碍的能力。由于商务谈判会涉及双方的经济利益，谈判双方在心理上处于对立，故而僵持、紧张、激烈的局面不可避免，这会引致谈判者情绪的波动。如果是明显的情绪波动，如发怒、沮丧，可能会造成疏漏，从而给对方制造击败己方的机会。所以，谈判者应善于在激烈变化的局势中控制自身的情绪和行为。具体来说，就是在谈判顺利时，不会沾沾自喜，冲昏头脑；在遇到挫折时，也不会心灰意懒，委靡不振；遇到气恼的事，能够不发脾气，心平气和。

（3）协调力

协调力是指谈判者善于与他人相处，具有良好的人际关系，并能调动其他谈判人员的积极性，协调他们的意志，统一其行动的心理素质。商务谈判是一种涉及人与领域比较多的复杂活动，而且协作性强。因此，在谈判过程中，谈判一方人员的协调行动是非常重要的。一个好的谈判者，既能尊重他人，虚心地听取一切有利于谈判进行和谈判目标实现的正确建议和合理意见，又要善于解决矛盾冲突，善于沟通情况，善于调动他人，使己方谈判成员为实现谈判目标密切配合，统一行动。

（4）意志力

意志力是指谈判者具有坚韧的意志品质，不为困难所屈服，不为诱惑所动摇。

阅读材料

有个日本公司要招聘一个营销人员，经过业务考试、面试等招聘环节，对数百名应试者进行挑选，最后从中挑出三位，准备接受总经理的面试。这三位优秀者，分别被请到总经理办公室，总经理给他们每人都布置了一个相同的任务：在总经理出差的三天时间内，把总经理买的一双有一个毫不起眼的疵点的皮鞋，退还给某个商店。显然，谁能出色地闯过这最后一关，谁就能从三人中胜出。

三天后，总经理分别把三人请到办公室。A 先生汇报说："我第一天找到这家鞋店，一位年轻漂亮的小姐很有礼貌地接待了我，当她明白了我的意图后，她表示我的退鞋要求完全合理，但很抱歉她做不了主，因为她老板不在，请我明天再去。第二天我到了店里，那位小姐很热情地招待我，请坐奉茶，但满怀歉意地对我说，老板还没有来过，不知道什么时候会来。我等了好长时间，不见老板的踪影，只好告辞。回到家里，我仔细检查那双皮鞋，发现那双鞋的疵点在鞋后跟，不仔细看不会发现，而且这鞋的尺寸我正合适，所以我决定买下了。"说完他把钱递给了总经理。

B 先生的汇报和 A 先生的差不多，不同的是他第三天去的时候，碰到了老板，他终于把鞋退了。

C 先生的表现看来最差了，他一连去了三天，但还是没有把鞋退掉。他向老板请求，允许他明天再去退鞋。

最后，老板宣布 C 先生被公司录取了。A 先生和 B 先生对此表示不满，总经理对他们说："三个鞋店的老板是我的朋友，是我要求他们帮我的忙。"B 先生听后，红着脸走掉了。"A 先生去了两次，人家对他越来越热情，他没能坚持再去，而是找了个容易解决问题的办法。这种办法以后遇到困难时都可以用吗？"A 先生听后无言以对。"至于我们录取 C 先生，是因为他有诚实、坚定、不怕挫折的品质，这正是营销员所需要的品质。"

10.3　谈判人员的选拔与培训

没有人生来就是谈判专家，但是有些人具有成为高级谈判人员的潜质，经过培养塑造，便可以在谈判场上大显身手。怎样识别选拔谈判人才，如何培训人才，是企业面临的一个重要课题。

1. 谈判人员的选拔

选拔谈判人员的方法有很多，常用的有以下四种。

（1）经历跟踪法

经历跟踪法也称业绩考核法，这种方法尤其适用于有过谈判经历或近似经历的人员的评选。对备选者在以前较长一段时期内的情况进行全面了解，收集他的工作情况、受教育程度、个人经历、社会地位、性格特点、个人专长等信息。尤其是掌握以往谈判或类似工作中的表现情况，可以据此判断此人的智商、专业技能、心理特点、工作态度、思想品德等。

（2）观察法

在备选者没有刻意准备的情况下，通过对其行动、语言、表情等有计划、有目的、有系统的观察，推断他的各种能力和心理特征，判定他是否可以成为谈判人选。应该注意的是，这种观察必须要有计划、有目的，要有明确的推断标准。全面的观察应当包括：动作的速度、准确性和协调性；记忆力的速度、持久性、准确性、备用性；思维的深度、广度、灵活性和创造性；想象力的生动性、丰富性和新颖性；情绪状态、理智感、道德感；兴趣、意志、气质；语言表达能力、面部表情等。

（3）谈话法

谈话法即通过与备选者进行语言交流，通过有准备的事先设计好的提问方式，考察备选者的各种能力和心理特点。

（4）谈判能力测验法

谈判能力测验法，即以问卷的方式了解备选者的知识、能力、心理等。这种方式可以在很短的时间内对备选者进行多方面的了解，然而其不利的一面也是显而易见的，因为备选者在答案里写上的往往都是经过理性选择的答案，在现实生活中的行为很有可能与写在纸上的答案大相径庭。因此，这种方法比较适合在较大范围内对谈判人员进行筛选，而不以此作为最后确定谈判人员的选择依据。

为了选拔到合适的谈判人员，应注意做好以下基础工作。

1）建立人才档案库。对谁进行经历跟踪，对谁进行言行观察，找谁来谈话，对哪些人进行问卷考核，任何一种选拔方法本身都已包含了重要的选拔过程在内。要使人员选拔工作富于成效，离不开平日对人才资料档案信息的积累，任何一级用人单位都应将广泛网罗人才信息作为日常管理工作的一项重要内容。无论是应聘者自荐、他人推荐，还是新闻媒介对出色谈判人员业绩的报道，都应分档归类，列入人才资源信息库，形成较大的候选阵容。

2）严格谈判人员选拔制度。在谈判人员选拔上应本着任人唯贤的原则，不能论资排辈，更不能搞裙带关系。尤其是在涉外营销谈判中，严禁将出国考察谈判变相为公费观光旅游的机会，应严格谈判人员选拔与业绩考核纪律，以确保谈判班子的谈判能力。

2. 谈判人员的培训

优秀谈判人员的形成关键在于培养，培训专业谈判人员应从以下两个方面入手。

（1）在岗人员的培训

已经从事过谈判工作的人员，从以往实践中获得的临场经验是非常难得的，因此在岗人员是宝贵的谈判人才资源，为使他们能够在日后的谈判中更好地发挥作用，应该重视在岗人员的岗位培训。通过企业文化建设，通过对谈判中不法行为的严惩来提高谈判人员的道德水准；还要为在岗的技术、经济、法律人员创造进修机会，不仅巩固他们的专业知识，而且培养他们成为一专多能的人才。

（2）新选拔人员的上岗培训

从高等学府新选拔的谈判人员，在专业技术知识方面可谓是一流的，但由于缺乏实践的机会，上岗前的培训是必不可少的。请富于经验的谈判人员来讲课，确定题目让受训人员进行模拟谈判训练等，都是切实有效的培训方式。

10.4　谈判人员的组织

谈判的规模大小不一，小到单枪匹马，大到成团组队，应视不同情况而定。推销员上门推销是典型的单兵作战，由此引发的多为"一对一"的谈判行为。在这种情况下，个人素养的高低是谈判成败的决定性因素。因不涉及合作、信息交流、性格冲突、角色充当等矛盾，推销员可以充分依据个人对谈判对手的判断，施才展智，推动谈判顺利进行。然而，正所谓"智者千虑，必有一失"，如果谈判者对谈判局势的估计发生误差，势必造成无法挽回的缺憾。

许多谈判尤其是正式的大型谈判，都是由两个以上谈判人员组成的谈判小组甚至团体进行的。在这种情况下，谈判人员的选拔与组织便成为决定谈判胜败的重要因素。中国有句俗语"三个臭皮匠，赛过诸葛亮"，尽管每个谈判人员不一定都是智慧过人的谈判老手，但众人集思广益、合理分工、密切配合、扬长避短，仍有可能在风云变幻的谈判中稳操胜券。相反，如果谈判团体中每个人都是能人高手，但整个团体缺乏组织领导，谈判人员各展其才，相互之间没有沟通、理解、配合，甚至发生内部冲突摩擦，最后的结果很有可能是三个"诸葛亮"反倒输给一个"臭皮匠"。

1. 谈判团体组成的原则

在谈判人员班子的选配上，应遵循以下三项基本原则。

（1）知识互补

商务谈判是一项涉及商业、法律、金融、专业技术等多种知识的经济活动，而任何一个个体，其所拥有和掌握的知识总是有限的，而且存在着个体差异。因此，在组建谈判组织时，必须做到知识互补，使谈判组织的成员都是处理不同问题的专家。这样，通过谈判人员在知识方面的相互补充，才可以形成整体优势。学历的高低标志着一个人接受教育的程度。一般情况下，学历高的人较学历低的人有更为丰富和全面的知识，具有很大的潜能。但是，如果只有书本知识却从未参与过任何谈判实践，那么，初登谈判场时不宜直接充当主要角色，只有经过一段时间的旁听观察，才能将书本知识灵活运用于实践。也有一些人虽然没有接受高等教育的机会，但在实践中摸索出一些谈判的经验，在谈判桌上的临场发挥相当优秀。因此，在组织谈判团体时应将学历与经验并重，不能一味强调其中的一项，只有将有学历的和有经验的人员结合在一起，相互补充，扬长避短，才能提高谈判班子的总体能力。

（2）性格协调

在一个较为合理而完整的谈判组织中，谈判人员的性格必须互补协调，即一个谈判集体要由多种性格的人员组成，通过"性格的补偿作用"使每个人的才能得到充分发挥，弥补自身的不足。

谈判人员的个体性格，按行为类型基本上可以分为外向型与内向型两种类型。外向型的人性格活泼开朗、善于表达、反应敏捷、处事果断，但是性情可能比较急躁，看待问题也可能不够深刻甚至会疏忽大意。对外向型的谈判人，或安排为主谈，或分派其了解情况或搜集信息等交际性强的工作。内向型的人性格稳重沉静，办事认真细致，说话比较谨慎，原则性较强，看问题比较深刻，善于观察和思考，理性思维也比较明显，但是他们不够热情，不善于表达，反应相对比较迟钝，处理问题不够果断，灵活性较差。对于内向型的谈判人，或安排为陪谈，或安排其从事内务性工作，如对资料、信息进行处理和加工等工作。在谈判组织构成中，只要将这两类性格的人组合在一起，分别担任不同的角色，就可以发挥出各自的性格特长，优势互补、协调合作。

（3）规模适当

谈判组织配备人员的多少，取决于谈判的规模和复杂程度，谈判人员的自身素质以及谈判时间和效率的要求等因素。例如，谈判的规模越大，复杂程度越高，则谈判人员越多；谈判复杂程度越低，谈判人员自身素质越高，则所需谈判人员就越少。英国谈判专家比尔·斯科特提出，谈判班子以四个人为最佳，最多不能超过 12 个人，这是由谈判效率、谈判组织的管理、谈判所需专业知识的范围和对谈判组织成员调换的要求所决定的。这一原则要求谈判组织的规模不能太大，也不能太小，规模要适当。

每一次经济谈判不仅是针对某一问题进行的利益交锋，也是培训新人的绝好机会。因此，谈判团体中既要有训练有素的"沙场老将"，也要有初出茅庐的"新兵"。在一般谈判中，让"新手"出场演练，有"老将"坐镇指挥，这样才能在保证谈判顺利进行的情况下，完成梯队建设，使谈判精兵层出不穷。

2. 谈判团体的组织构成

一个正规的谈判团体从组织构成上分为主谈和陪谈两部分。主谈通常是谈判团体的主要负责人，在有的情况下，主谈又分为技术主谈和经济主谈。主谈是谈判团体的核心，他不仅要有一般谈判人员应具备的素养，还应具有增效能力，即通过有效地指挥与协调谈判团体中每个成员的活动，使谈判团体的群体效应得到最大程度的发挥。在许多情况下，主谈一职均由副职干部出任，这是由于：一方面，他对下属各专业人员具有指挥权；另一方面，万一谈判陷入僵局，正职干部可再出场缓冲周旋。主谈在谈判团体中的具体职责主要有以下几个方面。

1）监督谈判程序，掌握谈判进程，保证谈判按计划顺利进行。如遇特殊情况，及时修改谈判方案，确保谈判工作的总体计划性。

2）听取专业人员的建议、说明，协调谈判团体内部人员的意见，调动全体成员的积极性。主谈人既是首席代表，又是一线指挥员，内部分工是否恰当，如何处理主谈与陪谈的关系，是调动谈判人员积极性的关键。尤其是作为领导又兼主谈，在与陪谈人员产生意见分歧时，不能以权压人，应耐心听取他人的意见，容忍他人的激烈言辞，创造一个良好的环境，吸取众人的智慧，找出解决问题的最佳方式。

3）决定谈判中的重要事项。主谈在谈判中拥有最终决定权，在进行决策之前，应与陪谈人员讨论、商议，不能无视他人，自作主张。但是，当谈判团体内部人员意见分歧并难以达成一致时，主谈应果敢决断，不能瞻前顾后，举棋不定，贻误时机。

4）代表单位签约，并在谈判结束后向有关方面汇报谈判结果。

3. 谈判团体的业务构成

谈判团体的业务构成是指团体内各类专业人员应具有的合理的比例结构。大型经济谈判往往涉及多种专业，必须由各类技能的人员密切合作来完成。因此，在组成谈判团体时，必须从专业入手进行选拔。一般来讲，一个谈判团体应包括下列几方面的专业人才。

（1）技术人员

技术人员负责有关技术性能、技术资料和验收办法等问题的谈判，并熟知此类产品的技术行情，配合经济人员进行效益、价格评定。

（2）财务人员

商务谈判中所涉及的财务问题相当复杂，应由熟悉财务成本、支付方式及金融知识，具有较强的财务核算能力的财务会计人员参加，并协助主谈人员制定好有关财务条款。

（3）法律人员

法律人员熟悉各种经济法规，并有一定的签约、辩护经验，懂得并能够解释合同文件及合同中各种条款的法律要求，负责合同及技术附页的文字把关，并根据谈判情况拟定合同文本。

（4）翻译人员

因谈判对象国别不同，上述专业人员在谈判中经常会遇到语言方面的困难，因此需要在谈判团体中配备翻译，以保证语言、文字交流的准确性。参与谈判的翻译人员，不仅应精通语言，而且应掌握一定的专业技术知识，这样才能准确无误地完成翻译工作。

谈判团体通常要由这四方面人员组成，有时遇到一个特殊的技术问题和法律问题，还需要聘请一些专家参加。对一些规模较小的谈判，参加者也可兼顾两个或三个方面的业务，从而使团队人员得到精简。外贸企业出国推销小组多数属于这一类，要求外销人员具备多方面的知识，能够身兼数任。谈判小组有各方面人员参加，能够分工合作，集思广益，运用各种谈判技巧，有较大的回旋余地，它对谈判实力的增强不是简单的"叠加效应"，而是获得"乘数效应"。当然，谈判团体由不同专业的各方面人员组成，会增加费用的支出，同时对问题难免会出现意见分歧，要做到统一认识、团结一致，需要有力的领导进行协调。谈判团体的组成人数并无一定的限制，在力求精干的原则下，可根

据谈判项目的大小、工作的难易程度等情况来确定班子的规模。人数少的时候，可以一人身兼数职；人数多的时候，可分成几个小组，如商务小组、技术小组、法律小组等，负责自己专业领域的谈判。

复习思考题

1．简述谈判者资格审定的内容。
2．谈判人员应具备哪些素养？对比一下，你自己已经初步具备了哪些素质？还需要做哪些方面的努力？
3．如何选拔谈判人员？
4．在谈判人员班子的选配上应遵循哪些原则？
5．一个谈判团体应由哪些专业人才组成？

案 例 分 析

谈判人员素质不同导致不同的谈判结果

1987 年，湖北某研究所制造出一种胃药冲剂，经专家鉴定具有 80 年代国际先进水平。

当时，武汉某制药厂提出购买这项专利技术，研究所提出的条件是谁提供一台制剂干燥设备，谁即可获得生产权。围绕这台价值 3 万元人民币的设备，双方讨价还价，制药厂谈判人员犹豫不决，内部意见也不统一，最后导致谈判破裂。

1990 年，珠海某制药厂获知此信息后，即派人赶到武汉与研究所展开谈判，当即拍板成交。该制药厂以 40 万元转让费获得专利技术，取名××。1991 年，该品牌以强劲攻势打入包括武汉在内的全国各地医药二级站，实现年产值 1.2 亿元，利税 3000 万元。经过几年的努力，继而成为有名的上市公司。

思考：
试分析两场谈判得到不同结果的主因。

第四篇

礼　仪

第11章 礼仪概述

🎙️**内容提要**

中国加入 WTO，对外交往日益频繁，要想在激烈的商业竞争中求得生存与发展，就必须保持良好的个人形象和企业形象。礼仪规范已成为商务交往中不可缺少的内容。在这个社会里，只有注重礼仪，讲究礼节，合理运用交往原则，遵循礼仪规范，才能融洽地处理人际关系，才能在商务活动中取得成功。本章重点介绍礼仪的含义及相关概念，礼仪的特征、原则与作用等内容。

11.1 礼仪及相关概念

中国是四大文明古国之一，自古就以"礼仪之邦"著称于世，五千年的历史，形成了博大精深的灿烂文化，并有着完善的礼仪体系。我国历史上第一位礼仪专家孔子就认为："不学礼，无以立。"说明一个人只有学习礼仪，才可使其思想感情潜移默化形成高尚的道德品质，才能在社会上立足。

礼仪是人们在长期的生活中约定俗成的行为规范，它伴随着人类文明的产生而产生，随着人类文明的发展而发展。礼仪是人类文明和进步的重要标志，它体现了时代的风格与道德文化，有着极其丰富的内涵。

1. 礼仪的含义

礼的本意为敬神，泛指奴隶社会和封建社会贵族等级制的社会规范和道德行为，后引申为表示敬意的通称。礼仪是指人们在各种社会交往中所形成的，用以美化自身、敬重他人的行为规范和准则。具体表现为礼貌、礼节、仪表、仪式等。

为了更完整、更准确地理解"礼仪"这一概念，我们可以站在不同的角度上，对礼仪这一概念作不同的表述。

1）从个人修养的角度来看，礼仪可以说是一个人的内在修养和素质的外在表现，也就是说素质体现于对礼仪的认知和应用。

2）从道德的角度来看，礼仪可以被界定为为人处世的行为规范，或标准做法、行为准则。

3）从交际的角度来看，礼仪可以说是人际交往中适用的一种交际方式或交际方法，也可以说是一种艺术。

4）从民俗的角度来看，礼仪既可以说是人际交往中必须遵守的律己敬人的习惯形式，也可以说是人际交往中约定俗成的对人以尊重、友好的习惯做法。简而言之，礼仪是待人接物的一种惯例。

5）从传播的角度来看，礼仪可以说是一种在人际交往中进行相互沟通的技巧。

6）从审美的角度来看，礼仪可以说是一种形式美，它是人的心灵美的必然的外化。

了解上述各种对礼仪的解释，可以进一步加深对礼仪的理解，并且更为准确地对礼仪进行把握。

2．与礼仪相关的概念

与礼仪相关的概念包括礼貌、礼节、仪表、仪式。

（1）礼貌

礼貌是指人们在相互交往过程中表示敬重和友好的规范行为。礼貌体现了时代的风格与道德水准，侧重于表现人的品质与素养。

（2）礼节

礼节是指人们在交往过程中相互表示致意、问候、祝愿的惯用形式。礼节是礼貌的具体表现方式，它与礼貌之间的相互关系是：没有礼节，就无所谓礼貌；有了礼貌，就必然伴有具体的礼节。

（3）仪表

仪表是指人的外表，包括容貌、姿态、风度、服饰和个人卫生等，是礼仪的重要组成部分。

（4）仪式

仪式是礼的秩序形式，即为表示敬意或隆重，而在一定场合举行的、具有专门程序的规范化的活动，如签字仪式、奠基仪式等。

总之，礼貌、礼节、仪表、仪式等都是礼仪的具体表现形式。礼貌是礼的行为规范，礼节是礼的惯用形式，仪表是礼的重要组成部分，仪式是礼的较隆重的秩序形式，它们是互相联系的。遵守礼仪必须在思想上有正确的认识，在外表上注意仪容仪态，对待他人有敬重之意。在各种不同的场合遵循礼仪规范，才能更好、更全面地表达对他人的敬重和友好，才能在人际交往和商务活动中取得成功。

11.2　礼仪的特征与原则

1．礼仪的基本特征

礼仪是一种随着社会发展而约定俗成的交往规范，礼仪具有其自身独具的特征，主要表现在规范性、差异性、继承性和发展性。

（1）规范性

在人类社会历史上，礼仪始终如影随形地渗透其中。任何国家、任何民族、任何地区都有其相应的礼仪规范。这种规范性是有其约定俗成的具体规定的，它约束着人们在交往过程中的言谈举止，不断地支配或控制着人们的交往行为，是衡量他人、判断自己是否自律、敬人的一种尺度。遵循了这种规范的，便是符合礼仪要求的；违反这种规范的，便是失礼的。所以，规范性是礼仪的一个重要的特征，比如，军人的军礼具有其严格的规范性。

（2）差异性

不同的国家和地区有着不同的礼仪规范，各地区、各民族不同的地方文化与民风民俗决定了礼仪的差异性。"十里不同风，百里不同俗。"也说明了礼仪的丰富多彩，其差异性表现在因时、因地的差别。由于礼仪是人类在交际活动中形成、发展和完善起来的，因此，不同时代的礼仪规范也不一样，同一时代，不同场合、不同对象也有差别。比如，握手礼等礼貌行为，在不同的国家、不同的场合、不同的关系之间，握手的程度和意义也不一样。

礼仪的差异性要求我们在社交活动中，要熟悉掌握各种礼仪规范，合理运用不同的礼仪规范来展示自己的风采，使自己保持良好的形象。

（3）继承性

正是由于礼仪是人类在交际活动中形成、发展和完善起来的，是维护正常社会秩序的经验结晶，所以就必然地被人类世代相传。中国的礼仪文化从产生至今，经过了几千年的传承和发展，有些旧的封建礼教曾束缚了人们的思想和行为，已成为糟粕而被遗弃。对那些符合社会进步需要的，具有积极意义的传统礼仪，进行吸收和发展，并继承下来。

在国际交往上，礼仪的继承性还包括把别的国家的礼仪进行筛选和借鉴，通过不断地吸收其他民族和国家的礼仪文化而不断发展。中华礼仪就是以中华传统礼仪文化为核心，在广泛吸收东西方礼仪文化的基础上形成和发展起来的。

（4）发展性

随着社会的进步，礼仪在继承历史遗承的同时，也有发展和变化。从本质上讲，礼仪可以说是一种社会历史发展的产物，并具有鲜明的时代特点。一方面，它是人类在长期的交际活动中形成、发展和完善起来的，绝不可能凭空杜撰，完全脱离特定的历史背景。另一方面，社会的发展、历史的进步而引起的众多社交活动的新问题的出现，又要求礼仪有所变化和进步，推陈出新，以适应新形势下的新要求。例如，使用名片的礼仪就是因为社会交往的日益频繁，为满足交往需要而产生的新事物和相应的礼仪规范。

随着国际交往的日益频繁，各国、各民族、各地区之间的礼仪因各种因素的不断渗透，使我国的礼仪也被赋予了新的内容。礼仪文化将不断地被相互影响，更好地发展、变化，使礼仪活动更加文明、实用。

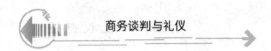

2. 礼仪的基本原则

作为一种约定俗成的行为规范，礼仪有其自身的规律性。在学习、运用礼仪时，要掌握一些具有普遍性、共同性、指导性的礼仪规律，这就是礼仪的原则。礼仪的这些规律是指导如何处理好人际关系的准则。掌握这些原则，将有助于我们更好地学习和运用礼仪。

（1）尊重原则

尊重原则是礼仪的核心部分。尊敬他人是人际交往获得成功的重要保证。古人云："敬人者，人恒敬之。"就是说明了尊敬他人的人，才能赢得他人的尊重。人与人之间只有互相尊重，才会产生和谐的人际关系。

尊重除了指尊敬他人还包括自尊，一个人只有尊重自己，注意自身的修养，保持自己的人格和尊严，才能得到他人的尊重。把对交往对象的恭敬和尊重放在首位，切勿伤害对方的自尊心，不可伤害他人的尊严，更不可侮辱他人的人格。另外，要尊重老人、妇女和儿童，这是一种社会公德，也反映了一个国家的民族素质，因为一个城市的文明程度，首先从每个市民的一举一动中得到体现。对一个城市的印象，也来自于这个城市中所接触到的每一个人。

（2）遵守原则

在人际交往中，必须自觉、自愿地遵守礼仪规范，注意自己的言行举止。遵时守信是国际交往中最起码的礼节，参加各种活动，应该遵守规定的时间，说话要算数，许下的承诺，一定要兑现。在正式约定中，务必严守不怠，这也是信守约定的原则。失约不守信用是一种很不礼貌的行为，如果实在是因为某种特殊原因不能遵守言行，应及时诚恳地通知对方，说明情况并向对方致以歉意。

（3）自律原则

自律就是要克己、慎独，是指在没有他人的情况下，能自觉地按照礼仪规范约束自己的行为，这是礼仪的基础和出发点。待人接物最重要的就是要自我要求、自我约束、自我克制、表里如一，不能人前人后不一样，说一套做一套。古人云："己所不欲，勿施于人。"若是没有对自己的首先要求，只求律人，不求律己，不讲慎独与克己，遵守礼仪就无从谈起。人人从我做起，学礼、知礼、用礼，才能养成一种良好的语言、行为习惯。

（4）适度原则

适度是要求我们在应用礼仪时，要注意把握分寸，合乎规范，运用礼仪要恰到好处。既要掌握普遍规律，又要针对具体情况，认真得体。要因时、因地、因事，注意礼仪方式和程度的区别，做得不到位或做过了头，都不能正确地表达自己的敬人之意，反而成了没有礼貌的行为。例如，两女子在拥挤的大门口偶遇，也不管人流出入，互相寒暄之后，又十分忘形地亲了亲对方的面颊，寒暄继续："好长时间没有见到你，你在哪儿上班？……"拥抱礼是欧美各国熟人、朋友之间表示亲密感情的一种礼节，多用于同性别之间。这两个女子此时此景的礼仪行为过度了，不仅挡了别人的路，其礼貌行为也适得其反。礼仪作为人际交往的规范，如何把握好尺度，只有靠平时的细心积累和总结。

3. 礼仪的作用

孔子认为：礼仪是一个人"修身、养性、持家、立业、治国、平天下"的基础，即礼仪是普通人修身养性、持家立业的基础，是一个领导者治理好国家、管理好企业的基础。作为指导人们言行举止规范的礼仪，已逐渐受到社会各界的普遍重视，因为它有着非常重要的作用，既有利于个人，也有利于社会。因此，要学礼用礼，以礼待人。礼仪的作用主要表现在以下几个方面。

（1）有利于提高人们的自身修养

在人际交往中，礼仪是衡量一个人文明程度的准绳，它不仅反映着一个人的交际能力，而且还反映着一个人的气质风度、道德修养和精神风貌。因此，从这个意义上说，礼仪可以说就是教养。通过一个人对礼仪运用的程度，可以了解一个人教养的好坏、文明的程度和道德水平的高低。因此，学习和运用礼仪，有利于从仪表仪容、举止谈吐等方面更好地塑造个人形象，提高个人的修养。

（2）有利于改善人们的人际关系

在日常生活和工作中，礼仪能够调节人际关系，从一定意义上说，礼仪是人际关系和谐发展的调节器。在现代生活中，人们的相互关系比较复杂，礼仪有利于使冲突各方保持冷静，缓和和避免不必要的矛盾与冲突。人们在交往时按礼仪规范去做，有利于加强人们之间互相尊重，建立友好合作的关系。

古人云："世事洞明皆学问，人情练达即文章"这句话其实就是讲人际交往的重要性。运用礼仪，除了可以使个人在交际活动中充满自信、胸有成竹外，还能够帮助人们规范彼此的交际行为，更好地向他人表达自己的尊重、友好与敬意，增进大家彼此之间的了解与信任。如果人们都能够自觉、主动地遵守礼仪规范，按照礼仪规范约束自己，就能建立相互尊重、彼此信任的关系，更好地取得交际的成功，造就和谐、完美的人际关系。

（3）有利于提高整体形象

人是社会中的个体，个人的教养反映其素质，而素质又体现于生活中的每一个细节。一个人、一个集体、一个国家的礼仪水准如何，往往反映着这个人、这个集体、这个国家的文明程度和整体素质。随着社会的发展，尤其是我国加入 WTO 以后，行业竞争日趋激烈。企业能否在激烈的竞争中保持优势地位，不断地发展壮大，最重要的因素是如何树立和保持良好的企业形象。其中员工的素质是影响企业形象的主要因素，每一位员工的礼仪修养无疑会起着十分重要的作用，人们往往从某一个职工、某一件小事情上来衡量一个企业的可信度和管理水平。

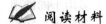 阅读材料

让每个人都成为文明礼仪的主角

从北京成功申办奥运会以来，文明礼仪教育正在成为北京的主题。2004 年底，北京市委、市政府决定，从 2005 年起，以"礼仪北京、人文奥运"为主题，在全市进一步广泛开展文明礼仪宣传教育实践活动，争取通过 1～3 年的努力，使首都广大市民在提高礼仪意识、增长礼仪知识、遵守礼仪规范方面有明显的变化。新年伊始，《北京日报》以"人文奥运，文明礼仪"为主题，分类刊登礼仪知识。北京电视台每晚《北京新闻》前后的黄金时段播出动画片《文明 30 秒》。针对不文明行为，一本专门介绍文明礼仪的小册子则成了新华书店春节前的畅销书。素以礼多闻名的北京市民对遍及京城的文明礼仪教育表现出了极大的热情。

作为文明古国的首都，北京在文明礼仪方面素有良好的传统。举办 2008 年奥运会，对首都精神文明建设和市民文明素质培养提出了更高的要求。北京市委、市政府决定抓住举办奥运会的契机，以文明礼仪为突破口，全面提升首都的文明素质和人文环境。

2005 年，北京计划围绕生活礼仪、社会礼仪、赛场礼仪、职业礼仪、校园礼仪、涉外礼仪六个方面，每两个月集中开展一个方面的活动，重点解决一些突出问题。此次活动很重要的一个特点是坚持广泛性，做到全方位覆盖、全民性参与，大众传媒成为主力军。

各家报纸的"文明礼仪"专版特别引人注目，文字、图片、漫画等相互配合，"礼仪小常识"、"礼仪大家谈"、"专家见解"等各色栏目相得益彰。北京电视台除每天播出《文明 30 秒》外，还从最寻常的市民生活中就近取材，拍摄了 365 集的公民道德电视系列短剧《身边的故事》，从各种渠道进行礼仪宣传教育。（资料来源：北京青年报）

11.3 商务礼仪的内涵

1. 商务礼仪的含义和特征

商务礼仪是商务人员在商务活动中，用以维护企业或个人形象，对交往对象表示尊重与友好的行为规范和准则，是一般礼仪在商务活动中的运用和体现，并且比一般的人际交往礼仪的内容更为丰富。与一般的人际交往礼仪相比，商务礼仪有着很强的规范性和可操作性。根据商务礼仪自身的特殊性，它具有以下一些基本特征。

（1）依附性

商务礼仪是在商业活动中产生，并为商业工作服务的一种礼仪规范。离开了商业活动，商务礼仪就失去了其存在的基础。古代的商业活动形式较为简单，随着商品经济的不断发展，商业竞争越来越激烈。从计划经济到市场经济，从以产品为中心到以消费者为中心的各种售后服务，依附于商业活动的商务礼仪的要求也越来越高。

（2）服务性

从商务活动的主客体关系上来看，商务工作者是主体，顾客是客体。离开了顾客，商务活动只能是纸上谈兵，所以商务工作者必须以顾客为中心，开展商业服务工作，使顾客的需求在良好的商业服务中尽可能地得到满足。"顾客就是上帝"，如何服务于顾客，如何让顾客满意，这便是服务礼仪对商务人员在文明礼貌、举止交谈等方面的体现。

（3）差异性

商业活动是随着经济的发展而发展的，每一个时代的经济又受地域、政治、文化等多种因素的影响，因而形成了世界上不同国家、不同民族在商务礼仪上的诸多差别。也就是说，在不同的场合、不同的对象中，对礼仪有不同的要求。因此，了解和掌握商务礼仪，针对不同的对象提供相应的服务，有利于商务交往。

2. 商务礼仪的作用

商务礼仪的作用主要体现在以下几个方面。

（1）有利于塑造个人形象

在商务活动中讲究礼仪，可以充分展示商务人员良好的教养与优雅的风度；可以更好地向交往对象表示尊重、友好和诚意；可以帮助人们修身养性，完善自我，不断提高个人的道德修养。

（2）有助于树立企业形象

商务人员是企业的代表，他们的个人形象代表着企业形象，代表着地方和国家形象，良好的企业形象可以给组织带来无穷的社会效益。因此，从企业的角度而言，无论是领导还是员工，都应该有强烈的形象意识。企业可以通过规范周到的服务等方面来塑造企业的整体形象，提高企业的信誉和竞争力。从礼仪角度而言，任何组织内的个人，都应重视商务礼仪的学习，自觉掌握商务礼仪的常识，塑造良好的组织形象。

（3）促进商业活动的顺利进行

有交往才有交换，在商务活动中，必定会与他人打交道。商务礼仪可以使自己显得有教养、懂礼节，以取得对方的信任；可以避免不必要的误会，使双方沟通更顺畅，以增进理解，加深友谊，在良好的气氛中达成交易；商务礼仪在商业活动中产生，又反过来服务于商业活动，促进了商业活动的发展。

3. 商务礼仪的原则

商务礼仪也是一种道德修养，它属于道德规范中最基本的社会公德的范畴。如礼貌待客、举止文明、诚实守信等，既是商务礼仪规范，又是基本的道德要求。商务礼仪必须遵守以下原则。

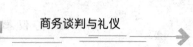

（1）尊重原则

在商务活动的过程中，对对方要真诚、礼貌。尊重是礼仪的情感基础，离开了尊重，礼仪只能是矫揉造作、虚情假意。

在商业活动中应特别注意尊重对方的意愿和人格尊严。不管发生什么情况，都要保持高姿态，友好的态度有助于赢得对方的尊重与好感。顾客是商业企业的"衣食父母"，切不可轻视和冒犯顾客的利益。只有从内心真正尊重顾客了，才能从语言和行动上对顾客待之以礼，把顾客视为"上帝"，并为之提供热情周到的服务。

（2）遵守原则

商务礼仪是人们在长期的商业实践中总结出来的礼仪规范，反映了人们的共同利益和要求，每个商务人员都应当自觉遵守。在商务交往中，必须严格认真地遵守自己的所有承诺。说话务必要算数，许诺一定要兑现，约会必须如期而至。如果违背了礼仪规范，就可能影响商务活动的顺利进行，给对方造成不好的印象，也给自己带来不必要的损失。

（3）互利互让的原则

商务活动是一种互利活动，活动双方往往既是竞争对手，又是合作伙伴，离开了合作伙伴，商务活动就无法进行。这就要求双方都应本着互谅互让的态度处理一些商务纠纷和矛盾，相互尊重、各取所需、积极合作、平等互惠。因此，商务人员在商务活动中，必须争取利己利人的结果，不要将利益建立在有害于对手的基础上，既要讲竞争，又要讲合作，起到双赢的效果。

复习思考题

1．什么是礼仪？礼仪有哪些作用？
2．什么是礼貌、礼节、仪表、仪式？
3．礼仪有哪些基本特征？
4．你准备怎样学习和运用礼仪？
5．礼仪有哪些基本原则？在实际生活中如何贯彻落实这些原则？请举例说明。

案 例 分 析

白领恶补"西餐"课

因为不熟悉西餐礼仪，准白领袁小姐闹出了不少笑话，于是痛下决心学吃西餐。

袁小姐是一名大四的学生，学习成绩很好，目前在一家外贸公司的财务部试用。日前，为替公司的外国客户庆祝节日，公司举办了大型的西式自助餐会，邀请了不少国外的客户及公司的员工。

因为很少吃西餐，袁小姐在餐会上出了不少"洋相"。餐会一开始，袁小姐端起面前的盘子去取菜，之后却发现那是装食物残渣的骨盘。为缩短取食的路途，袁小姐从离自己最近的水果沙拉开始吃，而此时同事们都在吃冷菜，袁小姐只得开玩笑地说自己"减肥"。因为刀叉位置放得不正确，她面前还没吃完的菜就被服务员给收走了……一顿饭下来，袁小姐感到很沮丧。

晚上回到学校和同学们谈及此事，大家纷纷感慨："上学和工作是两回事，学习成绩好，在实际工作中并不一定就表现得优秀，而体现的是综合素质能力。看来，要进外企必须先学'吃菜'啊！"袁小姐决心赶紧补上西餐礼仪这一课。（资料来源：中华白领健康网）

思考：

1. 即将毕业的大学生在就业前要掌握哪些礼仪？
2. 如何在日常生活中要求自己？你将通过什么途径来掌握和积累礼仪知识？
3. 结合案例，谈谈学习和掌握礼仪的必要性。

第12章　个人礼仪实务

内容提要

个人礼仪反映的是一个人内在的品格与文化修养。随着社会交往的日益频繁，人们对个人礼仪的重视程度也与日俱增。本章主要内容涉及言谈礼仪、举止礼仪、服饰礼仪、仪容礼仪等个人礼仪方面的礼仪规范。

12.1　言　谈　礼　仪

语言是人类传递信息、交流思想的工具。言谈是人们在一定的语言环境中，有目的地以口语表达和体势语言进行信息传播和交流的一种活动。言谈是一门古老的艺术。利用有声的礼貌语言来表达思想、传递信息，可以方便沟通，化解冲突，增进人们之间的相互理解。

常言道："一句话说得使人跳，一句话说得使人笑"，可见说话的艺术在与人沟通时的重要性。要想在交际中获得成功的语言效果，就必须懂得语言交谈的艺术和规范。

1. 准确地表达

准确地说出你要表达的内容，除了读音正确，语言还要合乎语法规范。在口语交流中，要尽可能地使用通俗易懂的语言，说话不要含糊不清，同时还要注意说话的语速语调。

在语音方面，谈话的音量要适中，声音过大会影响他人，尤其是在大庭广众之下与别人交谈，要有意识地压低自己的音量，只要对方听得清楚就行。粗声粗气的大嗓门，不仅会遭到他人的反感，也是缺乏修养的表现；但音量也不能过小或含糊不清，那样会让对方听不清楚而影响交谈效果。

在语速方面，与他人谈话时，讲话的速度要合乎常规。讲话的速度和交谈效果有着直接的联系，既要快慢适中，又要舒张有度。也就是说，语速要保持相对稳定，这样不仅使自己的语言清晰易懂，还可以给人以有条不紊、胸有成竹的感觉。

2. 交谈的态度

交谈的态度能体现一个人的修养和对交谈对象的基本看法，有时比交谈的内容更为重要。交谈时要尊重对方、谦虚礼让，特别是在商务交往中，交谈的态度更会受到交谈对方的关注。

在语态方面，要注意亲切友善、恭敬有礼、不卑不亢。不要表现得心不在焉，敷衍了事，或者态度夸张、咄咄逼人，也不要张牙舞爪，对对方指指点点。

在语气方面，在与他人交谈时，要注意语气平等待人，不要在交谈时居高临下、盛气凌人、装腔作势。也不要在语气上显得卑躬屈膝、一味地曲意迎合对方而有损集体形象和自我尊严。

3. 使用谦语和敬语

谦语是表示谦虚和友善的词语，它最大的特点是尊重对方，委婉含蓄。比如，"在下"、"家父"、"家母"、"家兄"、"小女"、"小婿"、"欢迎光临！"、"我能为您做点什么？"等等。

敬语是表示尊敬的词语，它的特点是彬彬有礼、热情庄重。敬语常用于比较正式的社交场合，如与上级、年长者交谈以及会议谈判等公务场合。例如，"您"、"先生"、"小姐"、"夫人"、"女士"、"老奶奶"、"老大爷"、"令尊"、"请问"、"请多关照"、"请教"、"请多包涵"、"打扰"、"拜托"等。

使用敬语时还包括使用一些比较文雅的词语来代替俗语。比如，用"哪一位"代替"谁"；"您贵姓"代替"您姓什么"；用"不新鲜"、"有异味"代替"发霉"、"发臭"；用"洗手间"代替"厕所"等。使用这些礼貌语言，既是对他人的尊重，也是个人良好修养的体现。

在使用礼貌语言时还要注意语言环境。一位违反交通规则的司机到指定的银行缴纳罚款，在离开银行时，工作人员却说了一句"先生，欢迎您下次再来"的行业规范用语，让人哭笑不得。这位工作人员虽然使用了礼貌用语，但是却忽视了语境，这就是不能根据实际情况灵活使用礼貌用语的例子。

4. 善于倾听

做一个好的听众，善于倾听他人的谈话，对于一个想要向你诉说的人来说，既是出于礼貌的需要，也是对对方最大的尊重。在倾听的过程中，必须耳到、眼到、心到，表情随对方谈话的内容有相应的变化。适当的点头认可或偶尔提问，以给对方提供你在认真听他说话的信息。适当的提问也是为了鼓励讲话者，是对对方的尊重、赞同和理解。对方从你认真专注的态度上，可以看到你的诚恳，体会到被尊重，因为说话者是希望和你交流，也是希望被你理解的。

在倾听谈话时，既要注视对方，也要注意不能长时间地盯着对方的眼睛，这样会使对方感到紧张。倾听他人的谈话可以缓解他人的心理压力，一个诚恳的听众也同样会得到对方的尊重和信赖。作为一个有思想、有感情的人，都或多或少地有这样或那样的烦恼，向别人诉说心中的烦恼，即使不能解决问题，也能使自己的不良情绪得到宣泄，还能从倾听中分辨是非，总结出如何处理家庭、同事和上下级关系的方法，更好地为人处世，避免不必要的麻烦。

5. 交谈中应注意的问题

在交谈中，应注意以下一些问题。

1）不随意打断对方的谈话。

2）不和他人耳语，耳语是不信任他人的表现。

3）不问对方年龄、收入和婚姻家庭状况。

4）不问对方的个人经历、家庭住址及身体健康状况。

5）不对陌生人夸耀自己，例如，个人的成就、财富等。

6）不讽刺挖苦他人，也不可损害别人的自尊心。

7）不说长道短，不在公共场所把朋友的缺点和失败当成谈话的笑料。

8）不传播小道消息，不揭他人隐私。

9）要顾及所有在场的人，不要滔滔不绝，目中无人。

10）不和陌生人谈论政治及宗教信仰问题。

11）不谈论涉及国家机密和行业机密的话题。

12）不大笑失声。

13）不谈论粗俗的话题。

14）要尽量避免称呼他人的绰号。

12.2 举 止 礼 仪

举止是指人在行为中的姿态和风度。举止在心理学上称为"形体语言"，是指人的肢体动作，是一种动态中的美，是风度的具体体现。我们常常用举止大方、风度翩翩来形容优雅的举止。优雅的举止应该是从容、自信而不张扬的，它有利于相互沟通，得到信任，从而树立良好的个人形象。在人际交往中，举止优雅的人容易获得他人的好感，绝不亚于口头语言所发挥的作用。

12.2.1 规范的姿态

举止礼仪并不是个别人规定出来的，而是在长期的生活中，对人的坐、立、行等姿态语言的规范要求。

1. 站姿

站立是人们在日常交往中一种最基本的举止，标准的站姿要求是"站如松"，就是说站立时身体要像松树一样挺拔。正确的要领是：双腿并拢、脚跟相靠、脚尖分开呈45°～60°，身体重心放在两脚中间至脚跟；挺胸收腹，提臀立腰，身体有向上的感觉，双肩放松，自然呼吸；双手自然下垂于两侧（侧放式），手指自然弯曲；头正肩平，下颌微收，面部平和自然，双目平视前方。

男女的站姿各有不同。男士的站姿要刚毅洒脱，挺拔向上，双手自然下垂于两侧（侧放式）或交叉于身后（后背式），两脚平行站立，略窄于肩宽。女子应站得庄重大方，秀雅优美，基本的站立姿势除了侧放式，还可以两手相握，交叉于腹前（前腹式）。站立时要适当放松，避免肌肉僵硬。如果站立时间太久，可以稍作休息，稍息时上身仍然保持挺直的站立姿势，将身体重心转移至左脚或右脚上，双腿不可分得太开，替换也不能过于频繁。要注意不能低着头、勾着背，不斜倚在墙、门等物体上，不要将手插入裤袋，更不能双手叉腰或双臂抱于胸前。

2. 行姿

正确的行姿要求是"行如风"，就是说走起路来要像风一样轻盈。其基本要领是：上身保持站立姿势，头正肩平，目光平视前方，双臂前后自然摆动，步伐适中均匀，身体的重心随着前进的步伐而略向前倾，两脚之间的距离不宜太大。练习时，女士可在地上划一条直线，男士划两条与脚同宽的平行线，沿着直线走，切忌走路时两脚尖向内或向外（俗称"内八字"或"外八字"）。行走时双臂摆动幅度一致，不要过于僵硬或左右摆动；不要摇头晃脑，不东张西望。

3. 坐姿

正确的坐姿要求是"坐如钟"，就是说坐时要像钟一样稳当。其基本要领是：坐时上身端正、立腰，双肩平正放松，双臂自然弯曲。坐姿要因不同场合、不同座椅而有所区别，双手可掌心向下放置于腿上，或轻放于两侧的扶手上，女士还可以两手掌相握，掌心向下，置于腿面上。入座后，双腿要自然并拢，或并拢并倾向一边，男士的双腿可略分开，以一拳为宜。女性如果穿着裙装，坐时务必整理裙摆。

注意坐下时动作要轻缓，坐下后两腿不要摇晃，足掌不拍打地面，不要把腿蜷曲在椅子上，或把腿架在座椅扶手或其他物体上，身体不要东倒西歪。在比较随意的场合也可以"跷起二郎腿"，但注意不要将腿伸得太远，脚尖必须往内收，也不宜抖动。与长辈或上司同坐，应上身稍为前倾，一般只坐椅面的三分之二，以示尊敬。女士乘小车时应注意，上车时，应先伸一只脚上车，侧身坐下后再抬另一只脚，然后摆正身体，不要面向车门低头弯腰上车。下车时，应侧身双脚同时伸出车外着地，略弯腰前倾而出。

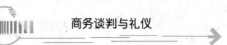

4. 手势

手势是人们在人际交往中运用手的各种动作变化姿势来表情达意，是一种极具表现力的"体态语言"。聋哑人能用手语进行交流，可见手势语的丰富程度。适当地运用这种无声的信息表达方式，能够起到很好的沟通效果，也会使自己的举止更加优雅、更有风度。

手势的运用要规范和适度，动作不宜过大，要给人一种优雅、含蓄和彬彬有礼的感觉。

在不同的国家、民族和地区，由于文化习俗的不同，手势的含义也有很大的区别，同一手势表达的含义也不同。所以，手势的运用要合乎规范，常用的手势有以下几种。

1）翘起大拇指。这是中国人最常用的手势，表示夸奖和赞许别人，表示"好"、"了不起"、"高明"之意；在美国和欧洲部分地区，则表示要搭车；在德国表示数字"1"；在日本表示数字"5"；在澳大利亚则表示骂人。大拇指向下，在中国意味着"向下"、"下面"；在墨西哥、法国则表示"死了"或"运气差"；在泰国、缅甸则表示"失败"。

2）OK手势。OK手势源于美国，用大拇指和食指相接成圆形，其余三指伸直，掌心向外，表示"同意"、"很好"、"顺利"的意思；而在法国则表示"零"或"没有"；在日本、韩国、缅甸则表示"钱"。

3）V形手势。这是表示"胜利"之意，即伸出食指和中指，其余三指并拢。这种手势是第二次世界大战时的英国首相丘吉尔首先使用的，现在已广为流传。在我国也表示数字"2"；在西欧地区，如果掌心向内，则表示"侮辱、下贱"之意。

4）挥手。用来向他人表示问候、致敬，即掌心向外，指尖向上，手指自然分开，当你看见对方又无暇分身或距离较远时，向对方挥手致意。在遇见很多同事或朋友时，也可以微笑着挥挥手表示问候。

5. 日常交往中的禁忌

在日常交往中，有些举止会让人反感，严重地影响个人及整体形象。在公共场所应避免出现的行为动作有：搔头皮、抓痒、修指甲、掏耳朵、抠鼻孔、剔牙、伸懒腰、打哈欠、嚼口香糖、"跷二郎腿"等。有些避免不了的行为，如咳嗽、打喷嚏时，要用纸巾或手捂住以作遮挡，并面向一侧，避免发出大的声音。

我国在很多地方还存在着一些不良的现象：在购票、乘车、购物等场所不排队；在公共汽车、候车厅、礼堂或餐厅等禁止吸烟的公共场所内吸烟；随地吐痰、乱扔垃圾、缺乏环保意识；走路不靠右行；行人乱穿马路；车辆任意停靠；践踏草坪，破坏绿化；破坏公共设施等。

有些长期不好的行为，已经变成了很多人的习惯。个人礼仪贵在平时的积累和坚持。有位行为学家说过："留心你的思想，因为思想可变为你的语言；留心你的语言，因为语言可变为你的行动；留心你的行动，因为行动可变为你的习惯；留心你的习惯，因为习惯可改变你的性格。"我们要有树立良好的个人语言和行为的意识，时刻鞭策自己。

12.2.2　交往空间礼仪

1.　交往空间距离

由于人们交往性质的不同，个体空间的距离也有所不同，这种距离是由交往双方的关系决定的。美国人类学家爱德华·霍尔博士认为，人在社会中与他人交往而产生的关系，其远近亲疏是可以用界域或距离的大小来衡量的。根据交往关系的不同程度，可以把人际空间划分为四种距离。

（1）亲密距离

亲密距离为 45 厘米以内，这是人际交往中的最小间隔。一般来说，关系越密切，个体空间的范围就越小。最亲密的距离在 15 厘米以内，即人们常说的"亲密无间"，常发生于家庭成员、恋人与密友之间，是为了表现爱抚、安慰、保护等动作所必需的距离。处于 15～45 厘米之间的距离，是指身体不互相接触，但可以用手相互摸触到的距离，如挽臂执手、促膝谈心等，多用于兄弟姐妹、好朋友之间。亲密距离属于私下情境，在同性之间，往往只限于无话不谈的贴心朋友，可以不拘小节；在异性之间，只限于夫妻或恋人。因此，在人际交往中，不属于亲密距离内的人不要随意闯入这一空间，否则会引起对方的反感或被误解。

（2）个人距离

个人距离为 0.45～1.2 米，这是人际间隔上稍有分寸感的距离，表现为较少的身体接触。个人距离的近范围为 45～76 厘米，这是与熟人交往的空间距离，正好能相互亲切握手、友好交谈。个人距离的远范围为 0.76～1.2 米，这是双方伸直手腕可以互相触到的距离，任何朋友和熟人都可以自由地进入这个空间。在通常情况下，关系较好的朋友之间交往所保持的距离更趋向于近距离，而关系一般的朋友之间交往所保持的距离更趋向于远距离。

（3）社交距离

社交距离为 1.20～3.60 米，超出了亲密或熟人的人际关系，没有直接的身体接触，体现了一种社交性或礼节上的较为正式的关系。其近范围为 1.20～2.10 米，一般在工作场合和公共场所，人们都保持这种程度的距离。社交距离的远范围为 2.10～3.60 米，表现为一种更加正式的交往关系，是会晤、谈判或办公事时所采用的距离。如一些身份和地位较高的人与下属谈话时，需要与下属之间保持一定的距离，常常用一个大而宽阔的办公桌，将来访者的座位放在离桌子一段距离的地方来保持距离。再如国家领导人之间的谈判、上级和下级谈公务性的事情、工作招聘时的面谈等，往往都要隔一张桌子或保持一定距离，这样就增加了一种更为庄重的气氛。

（4）公众距离

公众距离处于 3.60～7.50 米，这是人际接触中界域观念最大的距离。处于这种距离，人际沟通大大减少，很难进行直接交谈，是一个几乎能容纳一切人的"门户开放"的空间。适合于演讲、作报告、文艺演出时与听众、观众之间应当保持的距离。在这些活动的过程中，常用手势、动作、表情等辅助行为来缩短距离，加强人际交往的效果，实现有效的沟通。

在人际交往中，亲密距离与个人距离通常都是在非正式社交场合使用，在正式社交场合则使用社交距离或公众距离。

2. 交往空间礼仪

人际交往的空间距离不是固定不变的，它具有一定的伸缩性，这主要是由民族差异、文化背景、性别、地位、年龄、性格、情绪和环境等因素决定的。

1）民族差异、文化背景对交往的空间距离的影响。例如，同是亚洲国家，日本人要求的空间距离相对较小，而中国人则希望的交往距离相对较大；同是美洲国家，北美洲人要求人际交往的距离大一些，而南美洲人交谈时则喜欢距离近一些；同是欧洲国家，法国人喜欢较近的距离，而英国人则不适宜近距离。东西方文化的差别对交往距离的影响就更大一些，例如，美国人喜欢与对方保持三四步远的距离，而日本人则喜欢与对方保持较近的交往距离。

2）性别不同对交往空间距离的差异。女性比男性的空间交往距离要小一些，女性之间相聚也比男性的距离小，女性往往坐在她喜欢的异性身边，男性往往坐在他喜欢的异性对面。女性反感陌生男子坐在自己的旁边，而男性反感陌生女子坐在自己的对面。女性通常将坐在她们身边的人视为有意识的"侵犯者"。

3）社会地位对交往距离的影响。地位较高的人总是有意识地与下属保持较大的社交距离，让对方感受到不可轻易接近而保证自己获得足够的权威感，因此，与领导、上级打交道时，最好和他们保持一定的距离，不要"冒犯"他们的威严。

4）年纪对交往距离的影响。年纪较大的人与年纪较小的人相处，双方都会有缩小空间距离的愿望和要求。当我们与老师、家长、领导、长辈相处时，特别是希望得到他们的指教和帮助时，为了表达我们的诚恳与迫切，我们最好站在他们的旁边，而且距离应当尽量近一些。同龄人之间则要求扩大交往距离，特别是初次交往的同龄人之间，在洽谈生意、交流信息时，彼此应保持远一些的距离，否则，可能引起对方的反感与不快。

5）性格对交往空间距离的影响。性格开朗、外向的人比性格内向的人交往的空间距离要小一些。外向的人一般乐意接近他人，对主动侵入者不会很反感；而性格内向自闭的人一般不愿意主动接近他人，而希望他所喜欢的人能主动靠近他们。因此，与外向的人打交道，距离可以近些，与内向的人打交道，距离可远一些，不要触犯他们的防犯心理。

6）情绪对交往空间距离的影响。人的情绪是影响交往空间距离的主要因素，当处于兴奋状态时，交往空间距离会小一些；而当生气或情绪压抑时，交往空间距离会扩大，甚至连亲朋好友也会拒之门外。

7）环境对交往空间距离的制约。环境也是制约人的空间距离的重要因素，在空旷的环境里的空间距离要比狭小的环境里的空间距离要大。在空旷的公园或广场，如果有一位和你素不相识的人离你很近，一定会让人觉得紧张不安，甚至会产生疑虑或惊慌。但如果是在拥挤的公共汽车或电梯里，则不会有这种感觉。在人们无法考虑空间距离的时候，往往通过彼此躲避他人的视线来保持距离。

因此，在交往中要学会观察人们所需要的自我空间交往距离，才能有意识地选择与人交往的最佳距离，更好地进行人际交往。

12.3　服饰礼仪

服饰是指着装和饰品，人的服饰、容貌和姿态是构成仪表的重要组成部分。在人际交往的最初阶段，服饰往往是最能引起对方注意的。人们常说的"第一印象"的产生多半就来自于一个人的仪表。

行为学家迈克尔·阿盖尔曾做过实验，他本人以不同的装扮出现于同一地点，结果却截然不同：当身着西装的他以绅士模样出现时，无论是向他问路还是问时间的陌生人，大多彬彬有礼，这些人看似属上流阶层，颇有教养。而当迈克尔扮成无业游民时，接近他的人以流浪汉居多。这个实验证明，仪表虽是人的外表，却是一种无声的语言，在一定意义上能反映出一个人的修养、性格等特征，在人们初次交往时能给人以鲜明的印象。

1. 着装的原则

从礼仪的角度看，着装要规范、得体。服饰有学问、有讲究，它反映一个人文化素养之高低，审美情趣之雅俗。在各种社交场合，得体的着装不仅能体现一个人的仪表美，还能体现良好的修养和独到的品位，增加交际魅力，能给人留下美好的印象。着装应遵循以下原则。

（1）TPO 原则

TPO 原则就是要求穿着要因时间（time）、地点（place）和场合（occasion）的变化而穿着不同的服装，这一原则简称为着装的 TPO 原则。

在不同的时间、不同的季节里，着装的类别、款式应有所变化。白天工作时，要面对他人，应穿工作服、套装或较为正统的服装，讲求端庄稳重。下班后，回到家里可适当休闲一点，睡觉时就要以舒适为主。冬天要穿保暖、御寒的冬装，夏天要穿透气、凉爽、吸汗的夏装。

从地点上讲，置身于室内或室外，身处于单位或家中，这些变化不同的地点，着装的款式理当有所不同，切不可以不变来应万变。

不同场合的衣着要与场合的气氛相协调。在喜庆的场合不能穿得太古板，在悲伤的场合不能穿得太艳丽，在庄重的场合不能穿得太随意，在休闲的场合也不必穿得过于正式。在较为正式的场合，如参加会议、庆典等，衣着应正式、稳重；在舞厅或听音乐会，可穿得华丽、高贵、漂亮，色彩也可以丰富一些；在运动场、和朋友聚会、郊游等场合，着装应休闲、舒适，如牛仔装、运动装、T恤衫和夹克衫等；去教堂或参加追悼会则要穿得庄严，宜穿黑色、灰色等深颜色的衣服。

（2）协调原则

穿着要和年龄、职业、体型相协调。爱美是人的天性，人们对美的追求是没有年龄之分的，但是不同年龄的人却有不同的穿着要求。不能盲目追求时尚，要根据自己的体型、职业合理穿着，扬长避短。年轻人热情奔放，充满着青春活力，可穿时尚的服装，中老年则应穿着成熟和稳重的服装。有的服装穿在少女身上会显得可爱，而少妇以上的女士却不适合穿着。

在教育界、工商界和金融界，服饰穿着要求端庄稳重。教师为人师表，不宜穿得过于新潮，教师的衣着和行为是对学生的言传身教。服装不一定要高档华贵，但一定要保持整洁、大方、得体。穿着还要因不同体型的人而异，个头不高、体型较胖的人，宜穿款式简单、"V"字领、深颜色和竖条的衣服；身材较瘦的人则刚好相反，在颜色上以浅色为宜。

（3）男士穿着的"三个三"原则

男子在社交场合选择的服饰，要讲究"三个三"原则。

1）"三色"原则，即西服套装、衬衫、领带、腰带、鞋袜一般不应超过三种颜色，同一色系算一种颜色，比如深蓝、浅蓝就是一种颜色。这是因为从视觉上讲，服装的颜色超过了三种以上，就会显得杂乱无章。

2）"三一定律"，鞋子、腰带、公文包以黑色为首选。

3）"三大禁忌"，西服左边袖子上的商标不拆、穿着浅色（尤其是白色）的袜子、穿夹克打领带。

2．男士服饰礼仪

小李刚从大学毕业，便进入了一家公司，被分配到销售部，具体做产品推销工作。小李早就听说过公司职员的个人形象在业务交往中备受重视，因此他头一次外出推销产品时，便穿上了一身刚买的深色西装、一双黑色的皮鞋、一双白色的袜子，希望自己形象不俗，并因此而有所收获。

让小李大惑不解的是，他虽然跑了不少地方，但与接待他的人刚一见面，对方往往朝他打量几眼，便把他支走了。有的大厦的保安，甚至连楼门都不让他进去。后来，经过高人指点，小李才知道自己当时屡屡被拒之门外的原因，主要是形象欠佳。小李上门进行推销时，虽然身穿深色西装、黑色皮鞋，但却穿了一双白色的袜子。这种穿法有悖西装着装的基本规则，因而不能为他人所认可。此虽瑕疵，但对商务人员来讲，却是直接与其所在单位的产品、服务质量等量齐观的。

这一实例表明：在商务往来中，即使在西装的穿着搭配方法上出了一个小小的漏洞，但也很有可能为此而吃大亏。

男士服装相对于女性服装来说，其颜色和款式较为单一。在西装传入我国之前，我国男士在正式场合一般穿着"中山装"。现在最受男士欢迎的正式服装几乎就是西装了。

西装是一种国际性服装，它起源于欧洲，目前是世界上最流行的一种服装，也是商界人士在正式场合的首选服装。一套合体的西装，可以使着装者显得风度翩翩而又魅力十足。人们常说："西装七分在做，三分在穿"，那么，怎样穿西装才算得体呢？

（1）规格

西装有二件套、三件套之分，正式场合应穿着同色的深色套装。二件套西装在正式场合不能脱下上衣，西装里面最好不穿毛背心或毛衣。如果天气较冷，可在衬衣里面穿低领的保暖内衣，或穿一件"V"字领的薄毛衫，特别注意不要将里面的保暖内衣或毛衣的领口露出来。

（2）衬衫

衬衫大小要合身，不能有污垢，要熨烫平整，领子要挺括。衬衫不论是单独穿还是套外衣，都要将其下摆扎进裤腰里。衬衫衣袖要露出西装衣袖 1～2 厘米，领子要高出西装领子 1～1.5 厘米，以显示衣着的层次。

在色彩上，正装衬衫必须为单一的颜色。在正规的商务应酬中，白色衬衣是男士的最佳选择。除此之外，蓝色、灰色、棕色、黑色，有时亦可加以考虑。但是，杂色衬衫，或者红色、粉色、紫色、绿色、黄色、橙色等穿起来有失庄重之感的衬衫，则是不可取的。

（3）领带

领带是西装的灵魂，一条打得漂亮的领带，在穿西装的人身上会发挥画龙点睛的作用。领带要注意与西装颜色款式的搭配，领带的长度要适当，以达皮带处为宜。系领带时衬衣的第一颗扣子一定要扣好（如果穿西装不系领带，第一颗扣子要解开）。如果佩戴领带夹，一般应夹在衬衣的第三、第四颗纽扣之间，领带夹要饱满有型。

领带有单色与多色之分，在商务活动中，蓝色、灰色、棕色、黑色等单色领带都是十分理想的选择。在正式场合中，尽量少打浅色或艳色领带，切勿使自己佩戴的领带多于三种颜色。

（4）衣袋

为使西装在穿着时保持挺括，西装的口袋里尽量少装或不装东西，上衣的口袋只作装饰用，不可放置钢笔等物品，否则会影响西装的美观。有些物品，如名片等可放在上衣内侧衣袋里。裤子两侧的口袋也只能放纸巾、钥匙包或钱包，但注意体积不要太大，以求裤形的美观。

（5）纽扣

西装有单排扣和双排扣之分。单排两粒扣的西装上衣，讲究"扣上不扣下"，即只扣上面一粒纽扣；单排三粒扣则扣中间的一颗，或扣上面的两颗；单排扣的西装有时也可以不扣。双排扣的西服上衣要把纽扣全部系上，以示庄重。穿西装背心，不论是与西装配套还是单独穿，都要扣上纽扣，单排扣的背心的最下面的纽扣也可以不扣。现在的西装裤都使用拉链，要时刻提醒自己将拉链拉好。

（6）鞋袜

与西装配套的鞋子是皮鞋，皮鞋的颜色宜用深色，黑色的皮鞋可以和任何颜色的西装相配。不能穿旅游鞋、布鞋或露脚趾的凉鞋，这些都是与西装"互相抵触"的。穿皮鞋要注意拭擦光亮，皮鞋要经常通风保持无气味。

穿西装、皮鞋时要搭配深色或单色的袜子，并且最好是黑色的，不能穿白色袜子和色彩鲜艳的袜子。袜子要经常换洗，以防止有异味。

（7）公文包及其他

公文包被称为商界男士的"移动式办公桌"，是其外出之际不可离身之物。公文包的面料以真皮为宜，并以牛皮、羊皮制品为最佳。公文包的色彩以深色、单色为好，浅色、多色的公文包均不适用于商界男士。在通常情况下，黑色、棕色的公文包是最正统的选择。若从色彩搭配的角度来说，公文包的色彩若与皮鞋的色彩一致是十分完美而和谐的。

在交际场合，男士应注意尽量不戴帽子和手套；与人握手时应取下手套，戴手套握手是不礼貌的，向他人致意时，应把帽子取下，以示对他人的尊重。

总之，男士穿着不求华丽、鲜艳，不宜有过多的色彩变化。不论着何种服装都应该注意做到干净、整洁。

3. 女士着装礼仪

俗话说："男穿牌子，女穿样子。"女士在穿着上比男士有更大的随意性和多变性。在正式场合，我国女士常以旗袍或西装套裙作为礼服。一方面，旗袍是中国的传统服装，体现着东方女性的含蓄、典雅，它与其他民族服装比较适合在重大的节庆和文娱活动中穿着。另一方面，在正式而隆重的场合，穿着典雅大方的西套装或套裙比较好，如参加商务谈判或出席学术性会议等场合，身着旗袍则显得与环境氛围不和谐。裙装的长度不宜太短，以长及膝盖为宜，否则有失端庄，中老年及职业女性尤为注意，所穿裙子至少应长及膝盖。太露或太透的衣服最好不要在社交场合穿着，以免给人轻佻之感。

帽子与手套在女性衣着中也占有举足轻重的地位。首先，女士戴帽子就颇为讲究，如参加宴会、婚礼等喜庆活动，一项与礼服相配的帽子往往会使女性锦上添花，但在这类活动中所戴帽子的帽檐不应过宽。在正式场合，无论室内还是室外，女士不必刻意取下帽子；与他人握手时，女士也可以不脱帽行礼。至于手套，行礼时最好不戴，但如果是纱型装饰手套，倘若不脱而保持原状，对方一般也不会太介意。

女士鞋袜的选择也应强调与整体装束的匹配。女士在社交场合除了凉鞋、拖鞋外，其他任何类型的鞋子均可选用，只是在色彩、款式及风格上最好能与所穿的衣裙或衣裤相协调。如身着西装套裙应配之以高、中跟皮鞋，女士穿裙子应穿长统或连裤丝袜，颜色则以肉色为宜，并注意袜口不得露于裙子下摆边之外。

4. 饰物

在社交活动中，人们除了要注意服装的选择外，还要根据不同场合的要求佩戴戒指、耳环、项链、手链等饰品。

（1）戒指

戒指一般戴在左手，而且最好只戴一枚，至多戴两枚；戴两枚戒指时，可戴在左手两个相连的手指上，也可戴在两只手对应的手指上。戒指的佩戴往往暗示佩戴者的婚姻和择偶状况，戒指戴在中指上，表示正处于恋爱之中；戴在无名指上，表示已订婚或结婚；戴在小手指上，则暗示自己是一位独身主义者，将终身不嫁（娶）。修女则把戒指戴在右手无名指上，这意味着将全部的爱奉献给上帝；如果把戒指戴在食指上，表示无偶或求婚。在西方，人们把结婚戒指戴在左手的无名指上，这是因为古罗马人相信人的无名指上有一条静脉血管直通心脏，将戒指戴在无名指上可以获得永恒的爱情。

（2）耳环

耳环是女性的主要首饰之一，佩戴时应根据自己的脸型来选配。一般来说，圆脸型不宜佩戴圆形耳环，应佩戴有坠子的长形耳环；方脸型不宜佩戴圆形、方形和菱形的耳环，宜佩戴花形或其他不规则图形的贴耳式耳环；长脸型宜佩戴椭圆形的大耳环；椭圆形脸适合于佩戴各种款式的耳环。

（3）项链

项链也是比较受女性青睐的首饰之一。佩戴项链在视觉上对脸型有一定的改观作用。佩戴项链应和自己的年龄及体型相协调，要根据不同的脸型来佩戴项链，以获得令人满意的效果。一般来说，脖子粗短的人，宜戴细长的项链，这样就会给人以脖子有被拉长的错觉；脖子细长的人，佩戴方形或粗短形项链则比较好；圆形脸和方脸型的人不宜戴由圆珠串成的大项链，因为过多的圆线条不利于调整脸型的视觉印象，如果选择带坠子的项链，可以利用项链垂挂所形成的"V"字型，使脸部的视觉长度加强；长型脸应该选择圆形、扇形的项链坠子，项链长度也不可太长；椭圆形脸在项链款式的选择上几乎不受限制，可依照自己的爱好和场合来选择。

（4）手链

手链是一种佩戴于手腕上的链状饰物。手链和手镯的佩戴相似，与手镯不同的是，男女均可佩戴手链。在一般情况下，只在左手上配戴一条手链，一只手上不能同时戴两条或两条以上的手镯或手链，也不能双手同时戴手链，手链与手镯同时佩戴也是不允许

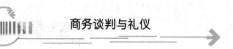

的，它与手镯均不应与手表同戴于一只手上。

此外，胸针、手帕也可作为饰品使用，它们也应与衣服相配，讲究协调，使人显得更有风度。总之，饰物的佩戴要因人而异，佩戴饰物要注意场合，要大方得体，不要过分耀眼；饰物配戴也不宜过多，还应遵从有关传统和习惯，扬长避短。

12.4 仪 容 礼 仪

仪容是指人的容貌，是个人仪表的重要组成部分之一，是一个人精神面貌的外在体现。个人仪容主要由个人卫生、发式、面容以及人体所有未被服饰遮掩的肌肤（如手部、颈部）等内容所构成。良好的仪容给人以整洁、端庄的印象，既能体现自身素养，又能表示对他人的尊重。

1. 个人仪容卫生

讲究卫生是个人仪容最基本的要求。个人卫生应做到"五勤"：勤洗头、勤洗澡、勤漱口、勤换衣袜、勤剪指甲。头发要保持干净、无头皮屑，发型得体大方。要注意面部的清洁与修饰，女士可因不同的场合适当化妆，不可浓妆艳抹，避免使用气味浓烈的化妆品；男士不宜留胡须、注意修剪鼻毛。男士经常会接触到香烟、酒等有刺激性气味的物品，要早晚刷牙、饭后漱口，随时保持口气的清新。特别是在公共活动前，不吃大葱、大蒜等带有异味的食物。

2. 发式

头发整洁、发型大方是个人礼仪对发式的最基本要求。整洁大方的发式易给人留下神清气爽的印象，而披头散发则会给人以委靡不振的感觉。一般来说，发式本身是无所谓美丑的，无论男女，只要一个人所选的发式与自己的脸型、肤色、体型相匹配，与自己的气质、职业、身份相吻合，就能显现出真正的美。

男士要注意经常理发，头发不宜过长，前不遮眉，侧不盖耳，后不过肩，不留鬓角。相对于男士，女士的发型选择空间要大一些，但必须考虑自身的年龄、脸型和体型等个体因素，还要因时间、因场合做适当的打理。发式只是仪表美的一部分，它还应该与人的面容、服饰相互协调统一。

3. 面容

面容是人的仪表之首，也是最为动人之处。由于性别的差异和人们认知角度的不同，使得男女在面容美化的方式方法和具体要求上均有各自不同的特点。

（1）男士面容的基本要求

男士应养成每天修面剃须的良好习惯，特别是在正式的社交场合，更应该注意面部的整洁。切忌"胡子拉碴"地去参加各种社交活动，尤其是外事活动，因为这是对他人不敬的行为。实在要蓄胡须的话，也要考虑工作是否允许，不管是留络腮胡子还是小胡子，保持卫生、整洁大方是最重要的。男士可适当搽用护肤品，保护面部皮肤。

（2）女士面容的基本要求

女士面容的美化主要采取医学整容与生活美容两种方法。

医学整容是通过外科手术来改变人的容貌，如做双眼皮、纹眉、纹眼线、漂唇、隆鼻等。整容虽可以省去很多化妆的时间，也可以避免补妆，如纹眉、漂唇等，但不能因不同场合而变化，而且还要承担因手术失败而带来的风险，故不宜采用。

生活美容主要是指化妆，与整容相比，化妆则以其便利、安全而受到广大女士的青睐，成为时下面容美化的首选方法。下面着重介绍化妆的礼节及应注意的问题。

1）面部的护理。

① 洗面。面部肌肤因空气污染、卸妆不彻底等因素，会使面部肌肤受到损害，应选择适合于自己的洗面乳进行清洗。洗面时先打湿脸部，将洗面乳放在手上揉搓起泡，轻轻地由内向外画圆圈滑动清洗，不要过分用力。洗脸时注意脖子、下巴底部和耳根等部位也要仔细洗净，然后用清水洗干净。

② 护肤。面部肌肤需要保护，需要水分和营养。在彻底清洁肌肤后，涂上爽肤水，轻轻拍打以促进吸收。要针对干性、中性、油性等不同的皮肤，选择适合的护肤品进行护理。

③ 化妆。化妆是一门艺术，适度而得体的化妆，可以体现女性柔美的独特气质。化妆应力求真实自然，要遵循 TPO 原则，即不同年龄、不同职业的人，在不同的场合、不同地点要有所不同。白天，在自然光线下，一般略施粉黛即可；职业女士在上班时化妆要以淡雅、清新、自然为宜；在葬礼或追悼会等场合，切忌浓妆艳抹；在晚间参加娱乐或喜庆活动可较白天适当浓一点；在正式场合，女士以化淡妆为宜，不化妆是不礼貌的行为。

另外，要注意在公共场所不能当众化妆。化妆虽说是一种礼貌，但这种在众目睽睽之下化妆的行为却恰恰是不礼貌的行为。如果真有必要化妆或饭后补妆，一定要避开他人或到洗手间去完成。

由于面部的皮肤是很娇嫩的，任何化妆品都有一定量的化学物质，这些化学物质对皮肤或多或少都会有不良的刺激，会使皮肤受到不同程序的损伤。为此，我们主张"积极美容"，即保持乐观的心态、保证充足的睡眠、科学合理的饮食、积极的锻炼和适当的护理。多喝水，多吃蔬菜水果等含维生素 C 丰富的食品，少吃辛辣的食物，对皮肤的健康是有好处的。

2）颈部的护理。颈部是人体最容易显现一个人年龄的部位，也是在日常护理时容易忽略的地方，因此平时要和脸部一样注意保养。保持颈部皮肤的清洁，并加强颈部的运动与营养按摩，可以缓解颈部皮肤的松弛。颈部的按摩护理一般从 20～25 岁开始为宜，如果年龄增大，皮肤衰老，待出现皱纹以后再寻找消除的方法，恐怕会事倍功半。因此，宜尽早预防，尽早护理，才能延缓衰老。

3）手部的护理。人们常说"手是人的第二张脸"。在人际交往中，清洁、柔软的手能增添你的魅力，可以使自我整体形象更加完美。在某种程度上，手的清洁也反映了一个人的精神风貌，因此，保护和修饰自己的双手是很有必要的。手是常常露在服饰之外的，极易被他人所注意。很多人往往重视面部肌肤的护理，却忽视了手部肌肤的护理，其实手部肌肤同样需要我们的精心养护，尤其是女性，家务活干得比较多，更应该和脸部、颈部一样，注意手部的护理。

在做日常的家务活时，如果干粗活或脏活，最好戴上手套以保护手部的肌肤。事后最好用洗手液洗手，并搽护手霜。

值得注意的是，指甲的美化不可随心所欲。如果留长指甲，最好不要超过指甲本身的 1/3。有的职业女性不宜留指甲，如医生、护士、教师等。现代生活中，不论男女，手部的美化大多侧重于指甲的美化。女性涂抹指甲油便是方法之一，但涂抹指甲对其色彩的选择一定要与身份、年龄等相协调。

4. 牙齿

牙齿是人体的重要器官之一，是口腔的门面，牙齿的清洁和美观是仪容的重要部分。一副洁白健康的牙齿会让你笑口常开，如果不注意保护牙齿，就会出现龋齿，甚至脱落。这不仅会影响食物的咀嚼困难，而且会影响美观和发音，因此，养成良好的清洁并护理牙齿的习惯，有利于个人的身心健康。

养成良好的刷牙习惯，早晚各刷牙一次。刷牙时要顺着牙缝竖刷，刷上面的牙时从上往下，刷下面的牙时从下往上，刷完里面的再刷外面的。刷咀嚼面时前后来回刷。每次刷牙不少于三分钟，不可横向来回拉锯式地用力刷，这样会损伤牙龈。

保持牙齿的清洁卫生，除了早晚刷牙外，要坚持饭后漱口，以防牙缝里有残留物而不雅观。平时要少吃糖果，尤其是临睡前不要吃糖，以预防龋齿，如果患有牙病，应及时治疗。改善膳食营养，增加钙、铁、维生素的摄取，多吃蔬菜、水果、牛奶等食物。另外，因为抽烟和喝酒的习惯，男士牙齿容易有烟渍和茶渍的残留，要定期到医院做洁牙治疗，以保持美观。

总之，良好的个人礼仪的确会给人们以美好的感觉，也会给社会以文明的底蕴，但所有这一切都不可能立竿见影。"冰冻三尺，非一日之寒"，良好的习惯必须经过个人长期不懈的坚持才能养成。因此，对个人礼仪规范的掌握切不可急于求成，更不能有急功近利的思想。

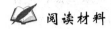
阅读材料

赢得好人缘的八大诀窍

社交礼仪从某种角度说就是交往的艺术，好人缘是一个人的巨大财富。有了它，事业上会顺利，生活上会如意，但它不会从天上掉下来，而是需要你的辛勤努力。

1. 尊重别人

俗话说："种瓜得瓜，种豆得豆。"把这条朴素哲理运用到社会交往中，就是说，你处处尊重别人，得到的回报就是别人处处尊重你，尊重别人其实就是在尊重自己。

有这样一个有趣的故事：一个小孩不懂得见到大人要主动问好、对同伴要友好团结，也就是缺少礼貌意识。聪明的妈妈为了纠正他这个缺点，把他领到一个山谷中，对着周围的群山喊："你好，你好。"山谷回应："你好，你好。"妈妈又领着小孩喊："我爱你，我爱你。"不用说，山谷也喊道："我爱你，我爱你。"小孩惊奇地问妈妈这是为什么，妈妈告诉他："朝天空吐唾沫的人，唾沫也会落在他的脸上；尊敬别人的人，别人也会尊敬他。因此，不管是时常见面，还是远隔千里，都要处处尊敬别人。"

2. 乐于助人

人是需要关怀和帮助的，我们要十分珍惜在自己处于困境时得到的关怀和帮助，并把它看成是"雪中送炭"，视帮助者为真正的朋友、最好的朋友。

马克思在创立政治经济学时，正是他在经济上最贫困的时候，恩格斯经常帮助他摆脱经济上的困境。对此，马克思十分感激。当《资本论》出版后，马克思写了一封信表示他的衷心谢意："这件事之所以成为可能，我只有归功于你！没有你对我的牺牲精神，我绝对不能完成那三卷的巨著。"两人友好相处，患难与共长达 40 年之久。

帮助别人不一定是物质上的帮助，简单的举手之劳或关怀的话语，就能让别人产生久久的激动。如果你能做到帮助曾经伤害过自己的人，不但能显示出你的博大胸怀，而且还有助于"化敌为友"，为自己营造一个更为宽松的人际环境。

3. 心存感激

生活中，人与人的关系是最微妙的，对于别人的好意或帮助，如果你感受不到，或者冷漠处之，就有可能生出种种怨恨。

经常想一想吧：你在工作中觉得轻松了，说不定有人在为你负重；你在享受生活赐予的甜蜜时，说不定有人在为你付出辛劳……常存一份感激之心，就会使人际关系更加和谐。情感的纽带因为有了感激，才会更加坚韧；友谊之树必须靠感激来滋养，才会枝繁叶茂。

4. 同频共振

俗语说："两人一般心，有钱堪买金；一人一般心，无钱堪买针。"声学中也有此规律，叫"同频共振"，就是指一处声波在遇到另一处频率相同的声波时，会发出更强的声波振荡，而遇到频率不同的声波则不然。人与人之间，如果能主动寻找共鸣点，使自己的"固有频率"与别人的"固有频率"相一致，就能够使人们之间增进友谊，结成朋友，发生"同频共振"。

共鸣点有哪些呢？比如说，别人的正确观点和行动、有益身心健康的兴趣爱好等，都可以成为你取得友谊的共鸣点、支撑点。为此，你应响应，你应沟通，以便取得协调一致。当别人一帆风顺时，你应为其欢呼，为其喜悦；当别人遇到困难时，你应把别人的困难当成你自己的困难和不幸……这些就是"同频共振"的应有之义。

5. 真诚赞美

林肯说过："每个人都喜欢赞美。"赞美之所以得其殊遇，一是在于其"美"字，表明被赞美者有卓越不凡的地方；二是在于其"赞"字，表明赞美者友好、热情的待人态度。人类行为学家约翰·杜威也说："人类本质里最深远的驱策力就是希望具有重要性，希望被赞美。"因此，对于他人的成绩与进步，要肯定、要赞扬、要鼓励。当别人有值得褒奖之处，你应毫不吝啬地给予诚挚的赞许，以使得人们的交往变得和谐而温馨。

历史上，戴维和法拉第的合作是一个典范。虽然有一段时间，法拉第的突出成就引起戴维的嫉妒，但其二人的友谊仍被世人所称道。这份情缘的取得少不了法拉第对戴维的真诚赞美这个原因。法拉第未和戴维相识前，就给戴维写信："戴维先生，您的讲演真好，我简直听得入迷了，我热爱化学，我想拜您为师……"收到信后，戴维便约见了法拉第。后来，法拉第成了近代电磁学的奠基人，名满欧洲，他也总忘不了戴维，说："是他把我领进科学殿堂大门的！"可以说，赞美是友谊的源泉，是一种理想的粘合剂，它不但会把老相识、老朋友团结得更加紧密，而且可以把互不相识的人联系在一起。

6. 诙谐幽默

人人都喜欢与机智风趣、谈吐幽默的人交往，而不愿同动辄与人争吵，或者郁郁寡欢、言语乏味的人来往。幽默可以说是一块磁铁，以此吸引着大家；也可以说是一种润滑剂，使烦恼变为欢畅，使痛苦变成愉快，将尴尬转为融洽。

美国作家马克·吐温机智幽默。有一次他去某小城，临行前别人告诉他，那里的蚊子特别厉害。到了那个小城，正当他在旅店登记房间时，一只蚊子正好在马克·吐温眼前盘旋，这使得职员不胜尴尬。马克·吐温却满不在乎地对职员说："贵地蚊子比传说中的不知聪明多少倍，它竟会预先看好我的房间号码，以便夜晚光顾、饱餐一顿。"大家听了不禁哈哈大笑。结果，这一夜马克·吐温睡得十分香甜。原来，旅馆全体职员一齐出动，驱赶蚊子，不让这位博得众人喜爱的作家被"聪明的蚊子"叮咬。幽默不仅使马克·吐温拥有一群诚挚的朋友，而且也因此得到陌生人的"特别关照"。

7. 大度宽容

人与人的频繁接触，难免会出现磕磕碰碰的现象。在这种情况下，学会大度和宽容就会使你赢得一个绿色的人际环境。要知道"人非圣贤，孰能无过"，因此，不要对别人的过错耿耿于怀、念念不忘。生活的路因为有了大度和宽容，才会越走越宽，而思想狭隘则会把自己逼进死胡同。

《三国演义》中，周瑜是个才华横溢、度量狭窄的英雄人物。而据史书记载，周瑜并不是小肚鸡肠，而是因为自己的大度宽容拥有一份好人缘。比如说，东吴老将程普原先与周瑜不和，关系很不好。周瑜不因程普对自己不友好，就以其人之道还治其人之身，而是不抱成见、宽容待之。日子长了，程普了解了周瑜的为人，深受感动，体会到和周瑜交往"若饮醇醪自醉"——就像喝了甘醇美酒自醉一般。

8. 诚恳道歉

有时候，一不小心可能会碰碎别人心爱的花瓶；自己欠考虑，可能会误解别人的好意；自己一句无意的话，可能会大大伤害别人的心……如果你不小心得罪了别人，就应真诚地道歉。这样不仅可以弥补过失、化解矛盾，而且还能促进双方心理上的沟通，缓解彼此的关系。切不可把道歉当成耻辱，那样将有可能使你失去一位朋友。

英国首相丘吉尔起初对美国总统杜鲁门印象很坏，但是他后来告诉杜鲁门，说以前低估了他，这是以赞许的方式表示道歉。解放战争时期，彭德怀元帅有一次错怪了洪学智将军，后来彭德怀拿了一个梨，笑着对洪学智说："来，吃梨吧！我赔礼（梨）了。"说完两人一起哈哈大笑起来。

要想保持良好的人际关系，不是一朝一夕的事，最好是多和他人交流、沟通，少一份轻狂，多一份理性，少一份固执，多一份谦和，这样就会渐渐适应新的工作环境，融入到新的集体中去。

复习思考题

1. 试述交谈的礼仪与技巧。
2. 正确的站、行、坐等姿势有哪些要求？你个人的这些举止符合要求吗？如不符合，应如何改进？
3. 手部的保养有哪些基本要求？
4. 如何保持口腔的清洁卫生？
5. 着装应遵循哪些原则？
6. 如何正确穿着西装？
7. 穿西装时应如何选择相配的衬衫、领带和鞋袜？
8. 女士着装应注意哪些细节？

案 例 分 析

一口痰"吓走"外商

这是一个真实的事情，我国某医疗器械厂准备与美国某客商达成生产输液管的协议。在双方的业务洽谈中，由于厂长通晓生产线的行情，考虑的问题也很周密，给外商留下了良好的印象。就在签字的前一天，当该厂的负责人陪同外商参观车间时，由于喉咙不适，本能地向墙角吐了一口痰，然后用鞋底去擦。这一让外商彻夜难眠的举动打消了这个合作项目，他让翻译给那位厂长的一封信上写道："尊敬的厂长先生：我十分佩服你的才智和精明……恕我直言，一个厂长的卫生习惯可以反映一个工厂的管理素质。况且，我们今后要生产的是用来治病的输液管。贵国有句成语说得好：人命关天！请原谅我的不辞而别。否则，上帝会惩罚我的……"一项已基本谈成的项目，就这样"吹"了。

几乎有相同的一件事情是：我国的一位企业家到美国参观考察，乘车外出时，摇开车窗，将痰吐出车外。也就是这一不拘小节的一口痰，成为项目谈判中受挫的一个主要因素。

思考：
1. 结合案例谈谈良好的个人形象体现在哪些方面。
2. 你在日常生活中有哪些不好的行为和习惯？应如何改进？

第13章　社交礼仪实务

🎙内容提要

　　社交礼仪是指社会各界人士在交际场合中与他人相见所应当遵守的礼节和礼貌行为。社交礼仪在日常交往中使用较多。掌握规范的礼仪，能建立良好的人际关系。特别是在商品经济高度发达、商务活动日益频繁的今天，讲究礼仪、遵守规范，在社会交往中起着越来越重要的作用。本章重点介绍见面与介绍礼仪、宴请与舞会礼仪、馈赠礼仪、电话礼仪、求职礼仪等内容。

13.1　见面与介绍礼仪

13.1.1　见面礼仪

1. 称呼礼仪

　　称呼是指人们在日常交往中用以表示关系的名称，有时也叫称谓。在人际交往中，称呼的运用与对交往对象的态度有着直接的关系。适当的称呼反映一个人自身的教养，甚至还体现双方关系所达到的程度。人际称呼本着礼貌、亲切、得体的原则，因此必须使用正确的称呼。

　　（1）亲属称呼（见表 13.1）

表 13.1　现代常用的亲属称谓

称 呼 对 象	称　　呼	自　　称
父亲的祖父 父亲的祖母	曾祖父 曾祖母	曾孙（女）
父亲的父亲 父亲的母亲	祖父（爷爷） 祖母（奶奶）	孙（女）
丈夫的祖父 丈夫的祖母	祖翁（爷爷） 祖姑（奶奶）	孙媳妇
丈夫的父亲 丈夫的母亲	父亲（爸爸或公公） 母亲（妈妈或婆婆）	媳妇

续表

称 呼 对 象	称　　呼	自　　称
父亲的哥哥	伯父（伯伯）	侄子（女）
伯父的妻子	伯母	
父亲的弟弟	叔父（叔叔）	侄子（女）
伯父的妻子	叔母（婶婶）	
母亲的父亲	外祖父（外公或姥爷）	外孙（女）
母亲的母亲	外祖母（外婆或姥姥）	
妻子的父亲	岳父（爸爸）	女婿
妻子的母亲	岳母（妈妈）	
妻子的伯父	伯父	侄婿
妻子的伯母	伯母	
妻子的叔父	叔父	侄婿
妻子的叔母	叔母	
父亲的姐夫	姑父（姑夫）	内侄（女）
父亲的姐姐	姑母（姑姑）	
父亲的妹夫	姑父（姑夫）	内侄（女）
父亲的妹妹	姑母（姑姑）	
母亲的兄弟	舅父（舅舅）	外甥（女）
舅舅的妻子	舅母（舅妈）	
母亲的妹夫、姐夫	姨父（姨丈）	外甥（女）
母亲的姐妹	姨母（姨妈）	
哥哥	哥哥（兄）	弟（妹）
哥哥的妻子	嫂嫂（嫂）	
弟弟	弟弟（弟）	兄（姐）
弟弟的妻子	弟妹	
姐姐	姐姐	弟（妹）
姐姐的丈夫	姐夫	
妹妹	妹妹	兄（姐）
妹妹的丈夫	妹夫	内兄（姐）
伯、叔的儿子	堂兄（堂弟）	堂弟（堂妹）
伯、叔的女儿	堂姐（堂妹）	堂兄（堂姐）
姑、舅、姨之子	表兄（表弟）	表弟（表妹）
姑、舅、姨的儿媳	表嫂（表弟媳）	表兄（表嫂）
妻子的哥哥	内兄（兄）	妹夫（弟）
妻子的弟弟	内弟（弟）	姐夫（兄）
妻子的姐姐	姐姐	妹夫
妻子的妹妹	妹妹	姐夫
妻子的姐夫	襟兄（兄）	襟弟（弟）
妻子的妹夫	襟弟（弟）	襟兄（兄）
丈夫的哥哥	哥哥（兄）	弟媳
丈夫的嫂嫂	嫂嫂	
丈夫的妹夫	妹夫	嫂
丈夫的妹妹	妹妹	

（2）泛指的尊称

泛指的尊称主要是指"先生"、"小姐"、"夫人"一类可广泛使用的性别称呼，它几乎适用于任何场合。一般来说，对未婚女性称呼"小姐"、对已婚女性称"夫人"，如果难以分辨对方婚否，可称呼"女士"或"小姐"；对男性一般统称为"先生"。如果知道对方姓名或职业，也可在称呼前搭配使用，如"张先生"、"布朗先生"、"卡特夫人"、"律师先生"、"秘书小姐"、"护士小姐"，它一般用于初次见面或较为正式的场合。

（3）职业性称呼

在工作中，有时可按职业进行称呼。对于从事某些特定行业的人，可直接称呼对方的职业，如"老师"、"医生"、"律师"等，也可以在职业前加上姓氏或姓名，如"张老师"、"李明医生"等。

（4）职称职务性称呼

对于具有职称或职务者，直接以其职称或职务相称，也可以在职称或职务前加上姓氏，一般适用于较正式的场合，如"教授"、"上校"、"总经理"、"董事长"、"李工程师"、"张书记"等。在职称与职务中有副职的，称呼时应省去"副"字而直接称呼，如不称"张副校长"而直接称呼为"张校长"。

（5）一般性称呼

一般性称呼即姓名称呼，对于同事、熟人之间，夫妻之间，长辈对晚辈、老师对学生、上级对下级，可直接称呼他人的姓名。当然夫妻之间，关系较亲密的同事、熟人之间，可不称姓而直呼其名，夫妻之间还可以用昵称。

（6）特殊性称呼

特殊性称呼是指对于皇室成员或神职人员的称呼，如"陛下"、"殿下"、"皇后"、"神父"、"牧师"等。

2. 握手礼

握手是交际的一个部分。握手的力量、姿势与时间的长短往往能够表达出握手对对方的不同礼遇与态度，显露自己的个性，给人留下不同印象；也可通过握手了解对方的个性，从而赢得交际的主动。

（1）握手的方法

握手是用右手和对方右手手掌相握，左手自然下垂，距对方约一步远，上身稍向前倾，时间一般以1~3秒为宜。握手时要集中精神，目视对方面部，面带微笑。

（2）握手的顺序

握手时的先后顺序应遵循"尊者在先"的原则。握手时，应先打招呼，后行握手礼。

1）地位高的长辈、上司主动伸出手，晚辈、下属后伸手。

2）在宾主之间，主人应向客人先伸手，以示欢迎。

3）在男士与女士之间，男士要等女士先伸手后才能握手，一般只宜轻轻握女士的手指部位；如果女士无握手之意，男士则应鞠躬或点头致意。

4）在平辈同性朋友之间，相见时先伸手为敬。

5）如果需要和多人握手，握手时要讲先后次序，先尊后卑、先长辈后晚辈、先上级后下级、先女士后男士；如果人数较多，可以只和几个主要的人握手，向其他人点头示意即可。

（3）握手的禁忌

1）握手时切忌用左手，尤其是对阿拉伯人和印度人，因为他们认为左手是不洁净的。

2）同多人握手，忌交叉握手，尤其是基督教信徒，两手同时和另外两人相握成交叉状，这种形状类似十字架，在他们眼里这是很不吉利的。

3）和女士握手，只需轻轻握女士的手指部位，时间要短；不要长握不放，否则让对方无所适从，是很失礼的行为。

4）切忌戴手套握手，除非女子地位较高或所戴的为装饰性手套。

5）握手的力度不要过重或过轻，太轻会使人感到冷淡和傲慢，太重会使人觉得粗鲁。

6）握手时左手不要插在衣袋里，或毫无表情、东张西望、漫不经心，这种表现是很不礼貌的。

7）不要拒绝和他人握手，在特殊情况下，如果因做事手上有水或不干净时，应向对方致歉并微笑或鞠躬致意。

8）初次见面忌用双手，但有时为表示特别热情和尊敬，也可用双手相握。

3．其他见面的礼节

（1）鞠躬礼

鞠躬礼是人们在生活中对别人表示恭敬的一种礼节，多见于日本、朝鲜、韩国等国家，欧美国家则较少使用。

行鞠躬礼时，上身前倾15°，然后恢复原状，面带微笑。男士双手自然下垂，贴放于身体两侧裤线处，女士双手交叠置于腹前。鞠躬的幅度可根据施礼对象和场合决定，行鞠躬礼时必须脱帽。

鞠躬适用于以下场合：在一般的社交场合，如晚辈对长辈、学生对老师、下级对上级、表演者对观众等都可行鞠躬礼；在喜庆的场合，如新人结婚时向长辈或来宾鞠躬；领奖人上台领奖时，向授奖者及全体人员鞠躬行礼；演员谢幕时，对观众的掌声常以鞠躬致谢；演讲者也用鞠躬来表示对听众的谢意；在庄严的场合，如追悼会或祭奠时，向逝者行鞠躬礼，等等。

受鞠躬礼者要还以鞠躬礼，地位较低的人要先行鞠躬礼，且鞠躬的幅度要相对大一些。

（2）拱手礼

拱手礼也叫作揖礼，在我国有两千多年的历史，是我国传统的见面礼节之一。拱手礼比较符合现代卫生要求，所以很多礼学专家都认为，拱手礼是一种很好的交往礼仪，应提倡使用。

拱手礼的方法是：起身站立，双臂前伸，两手掌合抱于胸前，通常左手握空拳，右手抱左手，拱手齐眉，有节奏地晃动两三下，并微笑着向对方问候。这个礼节能表达感谢、尊敬、问候、祝福、欢迎、告别等。拱手致意常与寒暄同时进行，如"欢迎、欢迎"、"恭喜、恭喜"、"请多多关照"、"请多多包涵"、"后会有期"等。我国各级领导人在春节团拜时，就常常使用拱手礼。

（3）点头礼

点头礼多用于同级或平辈之间的礼节。如在路上行走时相遇，可在行进中向对方点头致意。

（4）举手注目礼

举手注目礼是军人常用的礼节。敬礼时举右手，手指伸直并齐，指尖接触帽檐右侧，手掌微向外，上臂与肩平齐，两眼注视对方，待对方答礼后方可将手放下，对长官或长者每次见面都应行举手注目礼。

（5）拥抱礼

拥抱礼是欧美各国熟人、朋友之间表示亲密感情的一种礼节。他们见面或告别时互相拥抱，表示亲密无间。拥抱礼通常和接吻礼同时进行。一般礼节性的拥抱多用于同性别之间。拥抱的方法是右手扶住对方左后肩，左手扶在对方右后腰，以"左—右—左"的方式交替进行。

（6）吻手礼

吻手礼是流行于欧美国家上层社会的一种礼节，在英国、法国最为重视。和上流社会的贵妇或夫人见面，若女方先伸出手做下垂式，则应将其指尖轻轻提起吻之。行吻手礼时，若女方身份地位较高，男方要半跪一条腿，再吻其手指部分。

（7）亲吻礼

亲吻礼是上级对下级、长辈对晚辈以及夫妻、恋人之间表示亲昵的礼节，多见于西方、东欧及阿拉伯国家。通常是在受礼者脸上或额头上轻吻一下，吻唇是夫妻或恋人的专利。

（8）合十礼

合十礼盛行于信奉佛教的东南亚及南亚国家。行礼时，两只手掌在胸前对合,掌尖和鼻尖基本相平，手掌向外倾斜，同时头微向前俯下。在对外交往中，当对方以这种礼节致礼时，也应还以合十礼，但要注意行合十礼的同时不要点头。

13.1.2　介绍礼仪

介绍是指通过一定的方式使交往双方互相认识，并对对方有一定程度的了解。介绍

可分为自我介绍和他人介绍两种。

1. 自我介绍

自我介绍是指主动向他人介绍自己，或是应他人的要求而对自己的情况进行一定程度的介绍。进行自我介绍，应注意以下三点：

（1）自我介绍的时间要尽量简短

自我介绍时，一定要掌握好时间，介绍的时间不宜过长，一般以半分钟左右为佳，最多不要超过一分钟。为了节省时间，作自我介绍时，还可利用名片、介绍信加以辅助。

（2）自我介绍的内容要真实完整

自我介绍要实事求是，不可自吹自擂，夸大其词。在不同的场合，自我介绍的内容也有一定的区别，在应酬式的自我介绍中，只需介绍自己的姓名；在正式的自我介绍中，本人的姓名、工作单位、所在部门、具体职务要介绍全面；在商务活动中，宜采用正式的自我介绍。

（3）自我介绍的态度要诚恳友善

进行自我介绍，态度一定要亲切随和、彬彬有礼，不能虚张声势、轻浮夸张、矫揉造作。

2. 介绍他人

介绍他人通常是指由某人为彼此不认识的双方互相介绍和引见的一种认识方式。在介绍时要注意以下几点：

（1）了解双方是否有结识的愿望

介绍者为被介绍者介绍之前，最好先征求一下被介绍双方的个人意愿，不要贸然行事，让被介绍者感到措手不及。为他人介绍时还可说明被介绍者与自己的关系，便于新结识的人相互了解与信任。

（2）介绍时应遵循的顺序

为他人作介绍时必须遵守"尊者优先"的规则。一般是先介绍身份低、年纪轻的一方，后介绍身份高、年龄大的一方；先介绍男士后介绍女士；先介绍职务低的，后介绍职务高的。介绍来宾与主人认识时，应先介绍主人，后介绍来宾；介绍同事、朋友与家人认识时，应先介绍家人，后介绍同事、朋友；如果双方年龄、职务相当，则把男士介绍给女士。介绍时一般应起立，向对方点头示意，但在餐桌上或会谈时也可以不起立，被介绍者只要微笑点头即可；如果被介绍双方相隔较远，中间又有障碍物，可举起右手点头微笑致意。

13.1.3 名片礼仪

名片是社交场合用来表示个人身份的卡片。名片的规格是：工作单位在名片的正面上方，中间有姓名、职务，下方是邮政编码、地址、电话、电子邮箱等联系方式。名片的反面可以是相同内容的外语，也可以说明业务范围，如今名片已成为人们社交活动的重要工具。

1. 名片的作用

名片的用途十分广泛，最主要的是用作自我介绍。使用名片可以加深人们在初次认识时的印象，有利于日后的交往联系；使用名片有助于结交朋友，与他人初次见面使用一张小小的名片，可使沟通变得更加畅通；名片有时可以代替拜访，如向他人表示祝贺、慰问或吊唁时，若自己不能前往，也可随鲜花或礼物附上名片一张；名片还可以传达信息，如拜访他人不遇时，可留下名片或作简短附言。

2. 名片的接递

（1）交换名片的顺序

一般来说，地位低的人首先把名片递给地位高的人，客人先送给主人。当与多人交换名片时，应依照职位高低的顺序，或是由近及远，切勿跳跃式地进行，以免给对方有厚此薄彼之感。

（2）名片的递送

向他人递送自己的名片时，应将名片正面朝向对方，用拇指夹住名片，其余四指托住名片的反面，双手奉上。同时身体微微前倾，面带微笑，目视对方，并说"请多多指教"。如果自己的姓名中有不常用的字，最好能将名字读一遍，以便对方称呼。

（3）名片的接受

接受名片时应起身，面带微笑并说"谢谢"或"非常荣幸"等礼貌语言。接过名片，一定要看一遍，以示尊重。看过名片后，应将名片放好，不要随意摆弄或扔在桌上。"来而不往非礼也"，接受名片后要回敬给对方一张，如果没有带或者用完了，要向对方致歉。

3. 名片使用的注意事项

（1）名片的放置

自己的名片要随时准备好，放在易于掏出的口袋或皮包里，以便使用时能及时掏出。如果放在身上，最好放在上衣的内兜里，注意名片不能有皱褶。

（2）名片使用的"三不准"

1）不随意涂改名片。在国际交往中，名片有如脸面，如果电话号码和职务等有变化，应制作新的名片。

2）不提供私宅电话，只提供办公电话和移动电话，以保护个人隐私。

3）一般不提供两个以上的头衔，头衔过多容易给人用心不专、吹嘘的感觉。

现在有很多有着不同身份的外国人，会同时有好几种名片，对不同的交往对象，使用不同的名片。

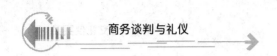

13.2 宴请与舞会礼仪

13.2.1 宴会礼仪

1. 宴会的类型

宴会种类复杂，名目繁多。按规格分，有国宴、正式宴会、便宴、家宴；按餐别分，有中餐宴会、西餐宴会；按时间分，有早宴、午宴和晚宴；按性质分，有鸡尾酒会、冷餐酒会、茶会和工作餐等。

（1）国宴

国宴是国家元首或政府首脑为国家庆典或为欢迎外国元首、政府首脑来访而举行的正式宴会。国宴规格最高，宴会厅内悬挂国旗、设乐队、奏国歌、席间致词，菜单和席卡上印有国徽。国宴盛大而隆重，礼仪严格。

（2）正式宴会

正式宴会通常是政府或人民团体有关部门，为欢迎应邀来访的宾客或来访宾客举行的宴会。正式宴会除了不挂国旗、不奏国歌外，其他程序大体与国宴相同，宾主依据身份就座。

（3）便宴

便宴即便餐宴会，用于非正式的宴请。常见的有午餐、晚餐，有时也可以在早餐进行。便宴形式简单，不排座位，不作正式讲话。菜肴的道数也可多可少，质量可高可低，不拘严格的礼仪和程序，随便而亲切，多用于招待熟悉的亲朋好友。

（4）家宴

家宴是在家中以私人名义举行的宴请形式。这种形式亲切友好，往往由主妇亲自下厨，家人共同招待。家宴不讲究严格的礼仪，菜肴多少不限，宾主席间随意交谈，轻松、活泼而自由。

（5）鸡尾酒会

鸡尾酒会又称酒会，是西方传统的集会交往的一种宴请形式，它盛行于欧美等国家和地区。鸡尾酒会举行的时间较灵活，中午、下午或晚上均可。鸡尾酒会规模不限，有时与舞会同时举行，灵活、轻松、自由，便于广泛接触交谈。招待品以酒水为主，略备一些小吃，一般不设主宾席和座位。绝大多数客人都站着进食，各界人士可互相交谈、敬酒。

（6）冷餐会

冷餐会即自助餐，是西方国家较为流行的一种宴会形式。其特点是用冷菜（也可有热菜）、酒水、点心、水果来招待客人。冷餐会可在室内、庭院或花园等地举行。可设小桌、椅子，自由入座，也可不设椅子，站立进餐。举办时间在中午 12 时至下午 2 时或下午 5 时至 7 时。菜点和餐具分别摆在菜台上，由宾客随意取用。酒会进行中，宾主均可自由走动、敬酒、交谈。

冷餐会有三大优点：

1）可以安排更多的客人同时进餐，不受餐位的限制。

2）不因缺乏招待人员而影响进餐，客人可自己拿取食物。

3）不受任何正宴礼仪上的约束，无论是用餐前还是用餐中，客人都可以自由活动。目前，冷餐会已成为社交活动中比较受欢迎的一种进餐方式。

（7）茶会

茶会又称为茶话会，是一种比较简单的招待方式，多为人民团体举行纪念和庆祝活动所采用。举行的时间多在下午 4 时左右。茶会通常设在客厅，而不用餐厅。厅内设茶几、座椅，不排座次。席间一般只摆放茶点、水果和一些风味小吃。宾主共聚一堂，饮茶尝点心，形式比较随便自由。茶会对茶叶和茶具的选用应有所讲究，一般用陶瓷器皿，而不用玻璃杯。有时席间还安排一些短小的文艺节目助兴，使气氛更加喜庆、热烈。在商务谈判中，许多时候和场合都使用茶会的形式招待对方。

（8）工作餐

这是现代交往中经常采用的一种非正式宴请形式，利用进餐时间，边吃边谈问题。这类活动一般只请与工作有关的人员。工作进餐按时间可分为早餐、午餐和晚餐。商务谈判中，因日程安排不开时可采用这种形式，而且这种形式往往能缓解某些对抗，有利于问题的解决。

2. 赴宴礼仪

（1）应邀

接到宴会的邀请，不论能否赴约，都应尽快地做出答复，以便主人安排。不能应邀的，要婉言谢绝。接受邀请后不要随意变动，应按时出席。如确有意外不能前去出席的，要提前解释并致歉意，尤其是主宾应及早向主人解释、道歉，必要时要亲自登门表示歉意。应邀出席一项活动之前，要核实宴请的主人，活动举办时间、地点以及是否邀请了配偶等，以免失礼。

（2）掌握出席时间

赴宴不得迟到，迟到是非常失礼的行为，但也不可去得过早，去早了主人未准备好，难免尴尬，也不得体。一般来说，客人应略早抵达，提前到达的时间不超过 10 分钟。确实有事需要提前退席的，应先向主人说清楚。

（3）抵达

抵达宴请地点，应主动向主人问好，如主人主动迎来握手，应及时上前响应，致意或表示祝贺。

（4）赠花

按当地习惯，可送鲜花或花篮。

（5）入席

应邀出席宴请活动，应听从主人安排，即所谓客随主便。要先弄清自己的桌次和座次再入席，注意自己的座位卡，不要坐错了位置。入座时应等年长者、上级坐定后，方可入座。如有女士，应招呼女士坐定后，方可入座。在排定了座次的情况下，可在他人的引导下入座。如邻座是年长者或女士，应主动协助他们先坐下。

（6）姿态

坐姿要自然端正，不要太僵硬，也不要往后倒靠在椅背上。肘部不要架在餐桌上，以免妨碍邻座的客人；眼光要随势而动，不要紧盯着菜盘不动。

（7）餐巾

当主人拿起餐巾时，自己也可以拿起餐巾，打开放在腿上，不要将餐巾放在领口里，或挂在胸前。餐巾是用来防止菜汤滴在身上的，不要用餐巾来擦拭嘴角，也不要用来拭擦餐具。

（8）进餐

进餐时要文明、从容。闭着嘴细嚼慢咽，不要发出声音；喝汤要轻啜，对热菜热汤不要用嘴去吹；骨头、鱼刺吐到筷子或叉子上，再放入骨盘；嘴里有食物时不要说话，剔牙时用手或纸巾来遮挡。

（9）交谈

边吃边谈是宴会的重要形式，无论是做主人或陪客，都应与同桌人交谈，特别是左右邻座。邻座如不认识，可先自我介绍。要注意同主方的人交谈，不要只顾和自己熟悉的人谈话；话题要轻松、有趣，不谈不愉快的话题和对方敏感的问题，也不要对宴会和饭菜加以评论。

（10）祝酒

参加宴会应了解对方的祝酒习惯，即为何人祝酒、何时祝酒等，以便做必要的准备。祝酒时注意不必交叉碰杯，在主人和主宾致辞、祝酒时应暂停进餐，停止交谈，注意倾听。遇到主人和主宾前来敬酒时，应起立举杯，碰杯时要目视对方致意。宴会上互相敬酒，活跃气氛，但切忌喝酒过量，否则会失言失态。

（11）水果

餐桌上的水果一般都进行了分解，吃水果时要用专用的水果叉或牙签而不要用手直接去拿。

（12）退席

离席时，应帮助同桌的长者或女士拉开座椅。不要忘了随身携带的物品，以免给人丢三落四的感觉，微笑着向主人道谢告辞。

3．宴会的座次

不同的国家和地区，宴会的排列座次也不一样，宴会一般都要事先安排好桌次和座次，以便参加宴会的人都能各就其位，这样能体现出对客人的尊重。以下是我国目前比较通行的宴会座次排列方法。

（1）排定桌次应遵循的原则

在正式宴会安排桌次时，必须注意以下原则：

1）"居中为上"。即多张桌子围在一起时，居于正中间的一张为主桌。

2）"以右为上"。即多张桌子横向排列时，以宴会厅的正门为准，右侧的桌次高于左侧的桌次。

3）"以远为上"。即多张桌子纵向排列时，以距离宴会厅的正门的远近为准，距离越远桌次越高。

4）"临台为上"。若宴会厅内有主席台，以背对主席台的餐桌为主桌。若没有主席台，则以背靠餐厅的主要画幅为主桌。

（2）排定桌次

国际上的惯例，桌次的高低以离主桌位置远近而定，离主桌越近桌次越高，同距离的右边高于左边。

两桌的小型宴会可根据场地横排或竖排，如图 13.1 与图 13.2 所示。多桌的排列如图 13.3 与图 13.4 所示。

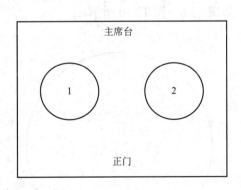

图 13.1　宴会桌次横排

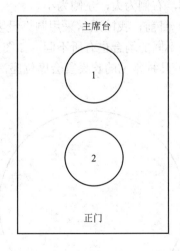

图 13.2　宴会桌次竖排

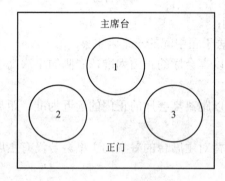

图 13.3　三桌宴会桌次排列

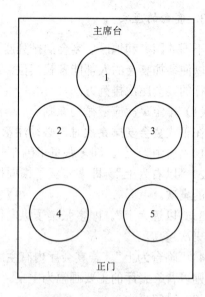

图 13.4　五桌宴会桌次排列

六桌宴会桌次的安排也可布置为环绕式，即主桌位于中间。

（3）排定座次

座次的安排、以右为贵，左为轻。如男女主人并座，则男左女右，以右为大。在主人两侧，右侧为大，左侧为小。

1）目前，我国通常采用圆桌设宴，一般情况下，主桌要略大于其他餐桌。圆桌的座次在不同的场合也有所不同，如图 13.5～图 13.7 所示。

2）几种常见的长桌宴会席位座次排列法，如图 13.8～图 13.10 所示。

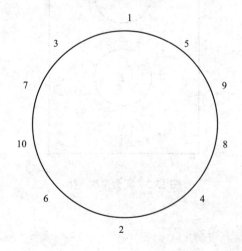

图 13.5　10 人圆桌席位（一）

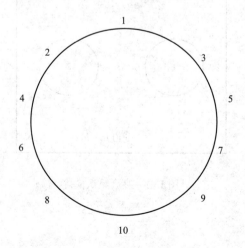

图 13.6　10 人圆桌席位（二）

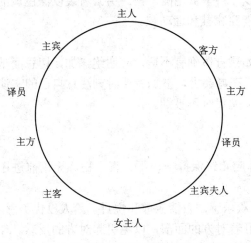

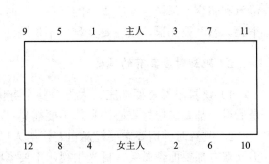

图 13.7　10 人圆桌、主宾带夫人、有译员席位座次　　　图 13.8　长桌席位座次（一）

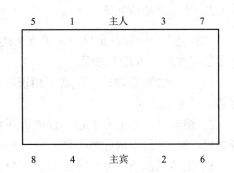

图 13.9　长桌席位座次（二）　　　　　　　图 13.10　长桌席位座次图（三）

13.2.2　舞会礼仪

1. 舞会对参加者的要求

（1）容貌整洁，服饰适宜

参加舞会之前应整理好自己的仪表，仪容仪表要美观大方。女士化妆可较白天适当浓艳一点，服饰要美观醒目、搭配合理，可以穿得华贵艳丽一些。男士着装以深色调的晚礼服和西服为主，参加舞会应穿皮鞋，不能穿凉鞋和运动鞋。

（2）精神饱满，注意修养

参加舞会一定要保持良好的精神状态，如果身体确有不适，应谢绝参加，切忌面带倦意和愁容，那样会影响舞会的气氛。同时，在舞会上，参加者要时刻注意自己的言谈举止。态度要和蔼，谈吐要文雅，不说脏话。跳舞时不吸烟。

2. 跳舞时应具有的风度

1）跳舞时舞姿要端庄、大方，整个身体应始终保持平、正、直、稳。无论前进还是后退，都要掌握好重心，身体不要摇晃。

2）跳舞时神情姿态要轻盈自若，给人以欢乐感，表情应谦和悦目，给人以优美感。男女双方都要面带微笑，目光平视，不要紧盯着对方的面部，以免引起对方的反感。

3）跳舞时双方身体应保持一定的距离，切忌举止轻浮和粗鲁。

4）跳完一支舞以后，男方应当向女方说声"谢谢"并将女宾送回她的座位或送她离开舞池。不能舞曲一结束，扭头就走。

5）如果女士原有舞伴，则新舞伴应将女士送回原座后，说声"谢谢"然后离去，此时不可坐下进行交谈，以免引起误会。

6）如果多人同时去参加舞会，无论男女，在整个舞会中不要始终和同一个舞伴跳舞。如果是夫妻或恋人，可在第一曲和最后一曲共舞，其他不限。

3. 请人跳舞的礼节

在舞会上，一般都是男士邀请女士跳舞，但现在女士也可以邀请男士共舞。请人跳舞主要应注意以下几个方面。

1）男士如有意邀请一位素不相识的女性跳舞时，应先观察对方是否有固定的男士伴舞，以免引起误会。

2）邀舞时，男士应步履庄重地走到女士面前弯腰鞠躬，以 15°左右为宜。同时面带微笑，轻声说："请你跳个舞，好吗？"

3）正常情况下，两位女士可以同舞，这意味着她们没有舞伴。而两位男士则不能共舞，因为这意味着他们不愿意向在场的女士邀舞，这是对女士的不尊重。

4）如果是女士邀请男士，男士一般不得拒绝。待音乐结束后，男士应将女士送到其原来的座位，女士坐下后，男士应道谢，然后再离去。

5）不论是男士还是女士，如果一个人单独坐在远离人群的地方，就不要去打扰。

6）舞厅内切忌抽烟，更不能在抽烟时请别人跳舞，那是不礼貌的行为。

4. 拒绝邀请应注意的礼节

参加舞会，接受和拒绝邀请是共同存在的，因此，邀请者与被邀请者都应彬彬有礼，落落大方。在没有特殊理由的情况下，一般不应拒绝他人的邀请，如因故拒绝应口气婉转，讲明理由，求得谅解。被拒绝者要表现得大度和宽容。

1）如果女士已经预约和某人跳舞，这时有人前来邀请，那么应向邀请人表示歉意。

2）如果女士已婉言谢绝了某人的邀请，在一支舞曲未结束时，最好不要再与其他男士共舞。否则，会被认为是对前者的蔑视，这是很不礼貌的。

3）如果同时有两位男士邀请同一女士，那么女士最好都谢绝。如果接受了其中的一位邀请，则应对另一位说："对不起，等下一曲吧！"以示歉意。

4）如果被拒绝者再次前来邀请，无特殊情况下，不应再次拒绝，应愉快地接受。

5）如果自己带有舞伴而双方配合得很好，此时，一般很少有人前来邀请。但如果有人前来邀请，则不应拒绝，而应表现得开朗大方，更不能说一些不礼貌的话。

6）如果是夫妇同往参加舞会，有人前来邀请，丈夫应大方地请夫人接受，决不能代替夫人回绝。

13.3　馈　赠　礼　仪

礼尚往来是国际上通行的一种社交活动形式，是人们用物质的形式向他人表示祝贺、感谢、慰问或哀悼等感情的一种方式。当物品以礼的形式出现时，物品就成了礼品。以物表情，礼物便成为人与人之间有"礼"的外在表现形式。随着生活水平的提高，以物寄情的礼仪方式被人们所接受，并成为人们联络和沟通感情的最主要方式之一。但是，不恰当的馈赠会事与愿违，非但达不到表达情意的目的，还会造成不良的后果。礼物过重还会有行贿的嫌疑，结果是"赔了夫人又折兵"。因此，要遵守有关赠送礼品的礼仪规范，以促进人们相互关系的正常发展。

13.3.1　选择合适的礼品

1. 轻重得当

礼品在于表达心意，通常情况下，人们往往以礼品的轻重来衡量赠送者所表达的心意程度。然而，经济收入不一样，关系不一样，礼物价值也不一样。俗话说"千里送鹅毛，礼轻情意重"，礼品更多的是表示馈赠者的诚意，包含了精神层面的价值。礼品不在多少，不必太贵重，太贵重的礼物容易引起对方的猜测。但过轻的礼物，也会让对方感到不被尊重。同时还要根据自己的经济能力量力而行，选择不同的礼品。

2. 有针对性

馈赠之前，要对礼品进行认真的选择。一般说来，物质生活水平的高低，决定了人们不同的精神追求。在物质生活水平较低时，人们多倾向选择实惠性的礼品，如食品、水果和现金等。在物质生活水平较高时，人们则倾向于选择艺术欣赏价值较高和具有纪念性的物品。马斯洛的需求层次理论说明了这一点，只有满足了基本需求，才能有高一级层次的需求。如春节是我国的传统节日，也是合家团圆、亲朋相聚的日子。有调查资料表明，绝大多数送礼者挑选食品、保健品或烟酒，因为这些礼物在春节期间是非常实用的。因此，应针对受礼者的物质生活水平和情趣爱好，有针对性地挑选对方实用的、有纪念性和艺术性的礼品。

3. 注意对方的禁忌

不同的国家、民族和地区，有不同的风俗习惯和宗教信仰，对物品的喜好和禁忌有所不同。对于有关禁忌，在选择礼品时一定要谨慎，否则适得其反。例如，在我国的大部分地区，送礼不送刀、伞和扇子，有"一刀两断"、"散"之意，看望老人不能送钟，有"送终"之意；日本人忌讳绿色和荷花图案，忌讳"4"和"9"，因为"4"和"死"同音，"9"和"苦"同音；西方人忌讳"13"，他们认为这个数字不吉利。

13.3.2 礼品的赠送

选好了合适的礼品，如果不讲究赠送的艺术和礼仪，也很难起到好的效果。礼品可以亲自赠送给对方，也可以由他人代送。如果不能亲自送往，托人转送时，要附以名片送上祝福，或电话通知对方口头祝福。

1. 注意礼品的包装

精美的包装能增添礼品高雅的情调，体现一个人的文化品位，而且还能使礼品保持一种神秘感，激起受礼人的探究心理及好奇心理，从而令双方愉快。如果礼品不讲究包装，也会使礼品价值大打折扣，而且会给受礼人一种没有诚意和随便的感觉。

2. 注意赠礼的方法

一般来说，礼品应在相见或道别时赠送。赠礼时应注意场合的选择，通常情况下，给一群人中的某一个人赠礼不宜在公开场合，因为这样不仅会使受礼人感到难为情，而且会使旁人有受冷落感。给关系密切的人送礼也不宜在公开场合进行，以免给人留下你们的关系只是靠物质来维系的印象。赠礼时的态度一定要大方，不要像做贼似的悄悄的放在某个角落或偷偷的塞给对方，给人一种不光明磊落的感觉。

13.3.3 礼品的接受

1. 双手捧接

收礼品时要用双手捧接,如果正在做事情,应该立即终止手头的活,起身相迎。切勿一只手去接礼品,特别是不要用左手去接礼品。

2. 表示感谢

接到礼品后,要面带微笑并表示感谢。要尽可能地当着对方的面打开包装,在打开时要轻拿轻放,不要乱扯乱撕,打开后表示欣赏。中国人收礼后一般要等客人走后才打开包装,这是不尊重对方的表现。外国人则习惯当着客人的面打开包装,并说上几句赞美礼品的话语。

接受馈赠后,得想办法回礼才合乎礼貌。中国人崇尚"礼尚往来","来而不往非礼也",实质上就是以礼品的接受与回赠的方式进行,外国人同样重视。记住对方所送礼物的价值,以便日后回赠给对方。

3. 拒绝收礼

只要对方不是贿赂行为,一般是不允许拒绝收礼的,当你因为某种原因不能接受对方的礼品时,可以礼貌地拒绝,但是态度必须委婉。如果对方所送的礼物违反了某些规定,有贿赂之嫌疑,则应直言相告,态度坚决。

13.3.4 送花礼仪

鲜花是美丽的,可以用来装点居室,可以赠送亲友。鲜花是现代生活中用得较多的馈赠物品,利用鲜花来传情达意,能起到比语言表达更好的效果,给生活增添浪漫的情趣。

1. 礼品花的种类

鲜花的品种有很多,按用途可分为生日用花、恋情用花、婚庆用花、友情用花、家居用花、商务用花、祝福用花、祭奠用花等。送花的对象可以是家人、亲戚、同事、朋友、老师、客户、同学等。根据花的组合形态可以分为束花、盆花、插花、花环、花圈等。

2. 送花须知

送花是越来越为人们接受的一种送礼方式,但由于不同的文化背景,鲜花有不同的象征意义。世界上有很多国家都将某种鲜花定为本国的国花。如日本的樱花、英国的玫瑰、美国的山楂花、加拿大的枫叶、印度的荷花等。也有很多城市有代表本市的市花,如上海的白玉兰、天津的月季、香港的紫荆花等。

在不同的国家和地区,鲜花的寓意也不一样,要了解这些常识以免弄巧成拙。比如,菊花在我国很受欢迎，但在西方黄菊花代表死亡，是祭奠时用的；荷花是印度的国花，我国也颂扬荷花，但荷花在日本却象征死亡，所以在馈赠中不能送荷花和带有荷花图案的礼品给日本人。

3. 花语

花语是人们根据花的性格和艺术形象而创造的"花的语言"。花语是人们用花来表达人的某种感情与愿望的语言。在社交礼仪中，送鲜花时，要先了解花语，否则会引起不必要的误会。比如，玫瑰表示爱情，但是黄玫瑰则表示分离、拒绝的意思。康乃馨表示热心、母爱和对妇女的爱，但是有斑纹的康乃馨则表示对爱的拒绝。

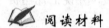 阅读材料

各 种 花 语

各种花语如表 13.2 与表 13.3 所示。

表 13.2　花的寓意

花　名	花 的 寓 意
玫瑰	爱情
红玫瑰	火热的爱
白玫瑰	纯洁的爱
黄玫瑰	分离、拒绝、失恋
百合	百年好合、心心相印
白丁香	纯洁
康乃馨	热心、母爱和对妇女的爱
郁金香	爱的表白、荣誉、祝福永恒
黑郁金香	神秘、高贵
剑兰	长寿、福禄、康宁
牡丹	富贵
菊花	清净、高洁
桂花	友好、吉祥
满天星	满心喜欢
杜鹃花	新婚、幸运、快乐
向日葵	光辉、仰慕
非洲菊	神秘、兴奋
山茶花	可爱、谦让
牵牛花	爱情、冷静、虚幻
勿忘我	永恒的爱、永恒的友谊
水仙	高雅、清逸、芬芳脱俗
文竹	永恒
石竹	奔放、幻想
马蹄莲	永结同心
红豆	相思

表 13.3　花朵数的寓意

朵　　数	朵数的寓意
1 朵	你是我的唯一
2 朵	二人世界
3 朵	我爱你
4 朵	誓言、承诺
5 朵	无悔
6 朵	顺利
7 朵	喜相逢（我偷偷地爱着你）
8 朵	弥补
9 朵	长久坚定的爱
10 朵	十全十美
11 朵	一心一意
18 朵	最爱
19 朵	期待
22 朵	双双对对
99 朵	长相厮守
100 朵	白头偕老、百年好合
101 朵	唯一的爱
365 朵	天天想你
999 朵	天长地久
1001 朵	直到永远

13.4　电话礼仪

在现代生活中，随着生活节奏的加快以及高科技的发展，电话已成为人们联络感情和互通信息的一种通信工具。电话具有方便快捷的优点，它的使用越来越广泛。人们不用直接见面就可以处理纷繁复杂的事务，可以通过电话求助他人、问候对方。电话是现代生活中必不可少的社交方式，因此，应当正确使用电话，遵守礼仪规范。

1. 塑造美好的"电话形象"

一个人的电话形象主要是由他使用电话时的语言、态度、内容、举止及时间等方面的因素决定的。电话是靠声音进行交流的，因此，打电话和接电话都应注意音量、语气及谈话的内容，以便给对方留下美好的印象。

1）音量适中。通话时声音不要太大，以免妨碍他人或给对方不愉快的感觉，但太小了对方也会听不清楚，同时发音要清晰，吐字要准确。

2）语气亲切。通话时切忌语气生硬，那样会令人反感。只有热情诚恳的态度、亲切的语言，才能使对方心情愉快。

3）言简意赅。打电话应注意通话时间，讲究语言准确简练，长话短说，切忌罗嗦。

2. 拨打电话的礼仪

1）打电话应选择适当的时间，一般说来，利用对方便利的时间或双方预先约定的时间进行。如果用电话谈公事，尽量在对方上班 10 分钟以后或下班 10 分钟之前通电话，这时对方可以比较从容地接听。若是谈私事，除非事情紧急外，不要在他人休息时间打电话。如用餐时间内、午休时间及早上 7 点钟以前和晚上 10 点钟以后，都不适宜打电话，以免打扰他人休息。

2）通话内容要合理。拨打电话时要做好充分准备，要想好表达何种内容，以便接通电话后直入主题。尤其是给陌生人或者上司打电话时，应该给对方以沉着、思路清晰的感觉。电话机旁应备有笔与便签纸，以备需要记录时用。

3）使用礼貌语言。通话之初应说"您好！"，在问候对方后，要简明扼要地自报家门。通话中不使用脏话、粗话。

4）拨错电话应表示歉意，说声"对不起"、"打扰您了"等。切忌不作任何解释而直接挂断电话。

5）请求转告时，留言要简洁明了，讲清自己的姓名和电话号码，并向传达者表示谢意。

6）终止通话应有礼貌，打电话的一方应先说"拜托了！""麻烦你了！""打扰您了！""谢谢！""再见！"等礼貌语言，再结束话题，话筒应轻放。

3. 接听电话的礼仪

1）电话铃响时要尽快接听，宜在铃声响过两遍时，再拿起话筒通话。先问"您好"，再自报家门，让对方明白是否拨对了电话。

2）通话时最好左手握话筒，以便必要时右手做记录。通话中应中断任何其他的谈话，不要漫不经心地一边说笑、吃东西，一边接电话。

3）如果电话是找其他人，要用手轻轻捂住送话孔，然后再传呼受话人。如果受话人距离太远，应对来电方说声"请您稍等一下"。

4）通话完毕应让对方先挂断电话，别忘了向对方道声"再见"，等对方先挂断，自己再放下话筒。

4. 移动电话礼仪

移动电话是高科技带给人们的又一种通信方式，具有方便快捷的优点。人们在享受高科技通信带来乐趣的同时，也在忍受着由它带来的种种干扰。越来越多的人表示，对在公共场合不文明使用手机的人表示反感。而在我国，这一现象随着手机用户的高速增长而变得越来越严重。如何遵守手机使用的礼仪，在使用时应注意以下规范。

（1）遵守公德

在上班、开会、图书馆、剧场等公共场所及会见重要客人时，应主动将手机关闭或置于静音状态，以免妨碍他人。

如果需要在上述公共场所接听或打电话，应走到无人处接打电话。使用手机通话时，应当含蓄文雅些，不要在公开场所对着手机大呼小叫。要注意语音适中，切忌旁若无人，给人一种轻浮、缺乏公德的印象。

（2）保证畅通

使用手机主要是为了保证与外界的联系畅通无阻，要随身带备用电池，以防电池耗尽而导致关机，给自己也给他人带来不便，特别是在紧急情况下和信息时代的今天。

（3）注意安全

手机安全，一是指手机本身的安全，如丢失或被盗、电话号码的秘密性及手机在充电过程中有可能自燃或爆炸等；二是指在使用手机时有可能对自己或外界造成的不良影响，如在驾驶时打电话会分散注意力，会导致交通事故的发生；我国对在加油站、乘坐飞机时使用手机都加以限制，因为手机在通话时产生高强度的辐射，对加油站、飞机的导航系统安全会造成不同程度的干扰。

13.5 求 职 礼 仪

工作是生存的需要，也是自我发展的需要。在市场经济体制的条件下，在个人和企业双向选择的今天，求职已是非常平常的事情。企业的竞争以及人才的竞争也加剧了求职者之间的竞争，如何把握机会、如何从高手如云的激烈竞争中脱颖而出，除了自身的知识和技能外，求职的方法也很重要。

求职者可分四类：一类是刚出校门的毕业生；一类是失业、下岗人员；一类是对现有工作不满意而想另外谋求新的职业者；还有一类是有足够的闲暇时间和精力，为增加收入或体现自身价值而谋求第二职业者。不论是何种求职者，在求职时均应遵循一定的求职礼仪。

13.5.1 个人简历的书写

个人简历是一种书面的自我介绍，是自我的广告。求职的过程也是自我推销的过程，因此，个人简历的制作必须认真对待，要体现自己的特长和优点，应实事求是，不能吹嘘，以免给人不诚实的感觉。

个人简历要简明扼要，篇幅不宜过长，最好使用打印的材料。如果能写得一手好字就用手写，注意字迹要端正、清楚，不能有语法性的错误。个人简历一般包含以下内容。

1）个人基本情况，姓名、性别、年龄、住址、政治面貌等。

2）学习情况，学习经历及专业，取得的学位和技术等级，业余进修及专业课程名称等。

3）家庭情况，婚姻状况、家庭成员及社会关系等。

4）工作情况，工作经历、职称、职务、社会实践等。

5）个人成果，曾发表的论文、作品、主持的课题、获得的荣誉称号及奖励证书等。

6）联系方式，电话号码、联系地址、邮编、邮箱等。

利用个人简历把自己推荐给对方，最好能将证明你的学历、荣誉及成果的材料复印后附在后面，这有助于对方对你素质的评估。

13.5.2　求职信的撰写

求职信，又称自荐信，是求职者用来向用人单位推荐自己，请求得到任用的专用书信。随着大学毕业生就业制度的改革，广大毕业生都要进入就业市场，通过与用人单位"双向选择"来确定就业方向。毕业生要让用人单位认识了解自己、接受自己，就需要通过求职信来宣传、展示自己，以吸引用人单位。而写求职信是求职者用来和单位取得联系、"投石问路"的最常用的方法。

1．求职信的格式

求职信属于书信的一类，其基本格式主要包括标题、称谓、正文、结尾、署名和日期、附录共六个方面的内容。

1）标题。在信纸的首页居中写"求职信"。

2）称谓。标题下方首行顶格写收信人的单位名称或姓名、职务，如："××单位人力资源部负责人"、"××先生（女士）"、"××经理"等。为表示礼貌，可在称呼前加"尊敬的"三个字，如 "尊敬的××先生"、"尊敬的××经理"等。

3）正文。求职信的中心部分是正文，形式多种多样，一般分为三部分内容，首先说明求职信息的来源及自己来信的目的。其次，在正文中要简单扼要地介绍自己与应聘职位有关的学历水平、经历、工作成绩等事项。说明能胜任职位的各种能力，这是求职信的核心部分。表明自己具有专业知识和社会实践经验，具有与工作要求相关的特长、兴趣、性格和能力等。但这些同容不能代替简历，详细的个人简历应作为求职信的附录。最后提出自己对谋求该职位的心愿，并提供详细通讯地址、邮政编码和联系电话。如果是让他人代为转告，则要注明联系人的姓名以及与你的关系和联系方式方法，以便用人单位和你联系。

4）结尾。一般应表达两个意思，一是希望对方给予答复，并盼望得到参加面试的机会；二是表示敬意、祝福之类的语句，如"深表谢意！"、"此致""敬礼"之类的通用词。

5）署名和日期。直接签上自己的名字即可，或"您未来的部下"。日期写在署名的下方，年、月、日都应写上。

6）附录。求职信一般要求和有关能证明你身份的证件一同寄出，如学历证、职称证、获奖证书、身份证的复印件等。

2. 写求职信应注意的问题

1）称呼准确、问候真诚。一般来说，收信人应该是单位里有实权录用你的人，称呼要准确，在求职信件中可以直接称职务头衔。求职信的开头应有问候语，问候语可长可短，通常用"您好"一词，不论何种问候语都必须准确、真诚。

2）态度诚恳，措词得当。在写求职信之前应该精心准备，应注意使用标准信封，如果知道人事部门主管的姓名和称呼，应在信封正面写上。用语委婉恭敬而不隐晦，自信而不自大；用词得当，杜绝写错别字，一篇内容很好的求职信往往会因为错别字而起不到好的效果。

3）实事求是，重点突出。求职信的核心部分是自己胜任工作的条件，求职信中应客观表明你的经历、知识、专业技能和特长，注意不能说大话。在动笔之前要着眼于现实，对单位的情况应有所了解，以免说外行话。以事实和成绩来恰如其分地介绍自己，要突出自己的优点，不可夸夸其谈，弄虚作假。

4）言简意赅，字迹工整。注意言简意赅，在写完求职信草稿后要反复推敲，力求使其语言简洁明了，意思表达清楚。注意书写规范，字迹工整，不要在信上随意涂改，力求做到完美。

13.5.3　求职面试礼仪

要使求职面试取得成功，首先要设法了解应聘单位的情况，包括单位的名称和性质、地址、人员及内部组织结构、在同行业中的地位、发展前景、工资待遇等，做到知己知彼。其次，要尽可能全面地了解你自己，应认真考虑自己是否适合该职位，该职位是否有助于个人目标的实现等。在心态上要克服恐惧心理、充满自信，面试时应遵守如下礼仪。

1）遵时守信。守时能体现为人的信用，切不可让招聘者等你。

2）仪容仪表。服饰打扮要整洁大方，发型要整理好，皮鞋要擦亮。你对自己仪容仪表的重视也体现你对这份工作的重视，这样才能给招聘者留下好的印象。女性求职者在面试时不要浓妆艳抹，不要佩戴过多的饰物，这样只会起到相反的作用。

3）放松心情。面试前会有紧张不安的心理，做个深呼吸或与同伴谈谈轻松的话题，可以缓解紧张的心理。

4）入室敲门。入场注意礼节，不要冒失地直接推门就进，给人以莽撞无礼的感觉。

5）礼貌入座。要等招聘者示意你就座时，才能坐在指定的位置上，要面对主考官，只坐座椅的 2/3，注意坐姿端正。

6）准备充分。多准备几份个人简历，放在方便取出的地方，以便招聘者索要。

7）思路清晰。语言要有条理，要针对招聘者的话题进行交谈。特别是在有过工作经历的情况下，要准备招聘者有可能提及的问题，如果一问三不知，就会给人以缺乏经验的感觉。

8）如果当场被录用，也不要表现得过分惊喜，应向招聘者表示感谢并说"希望以后多多指教"之类的话。

9）及时告辞。招聘者会有一些行为动作及语言来暗示面试结束，此时面试者应十分敏锐，及时起身告辞。

13.5.4　求职面试的禁忌

应聘者在参加面试时，为增加成功的机会，应特别注意以下几个方面。

1. 忌迟到缺席

谁都不会喜欢没有时间观念的人，无论什么原因和理由，迟到是绝对不可原谅的行为，不能让招聘者等你。你在答应面谈的时间后，应做好充分的时间安排，准时或提前到达。如果确实因病或其他不可抗拒的因素而无法赴试，应事先通知对方，以便及时调整面试时间。

2. 忌自高自大

面谈或许要讲到自己的能力和抱负，讲些自己过去的成就，这时注意不要夸大自己的能力，不要给招聘者产生"唯我独尊"的感觉。

3. 忌随心所欲

面试前要随时做好应试的思想准备，遇到每一个人都应有礼貌。注意对招聘者的称呼要适当、准确，不能使用错误的称呼。对男性称先生或是称职务，对女性称小姐、夫人还是女士，在进门前最好向秘书或其他工作人员问清楚。总之，不可信口开河、不可随心所欲，小心谨慎为好。

4. 忌焦躁不安

在面谈中，有时为考验一下未来职员的灵活性和耐心，招聘者有意让你坐的椅子不稳固，有些摇摇晃晃；或者让你坐在正朝太阳、日光刺眼的位置；或故意让你久等；或电话不断，使面谈时停时续等。对于这些，应聘者事前未曾想到，也无法做什么准备。此时，你要沉着冷静，从容不迫，发挥应变能力来加以解决。比如，可以问一下："是否可以换把椅子""可否移动座位的位置"等。招聘者多半只想看看你的反应和态度，并不想真为难你。但如果你不注意，不主动应对，因久等了而发牢骚，或随便翻阅桌上文件，都会影响你的面试效果。

5. 忌不适时告退

结束面谈通常由招聘者决定，应聘者应自己掌握火候，主动而愉快地告退。过早告退，事情还未讲清，面谈效果未达到理想的程度；告退过迟又易令人生厌，产生不好的印象。其实，招聘者往往都有"面谈已结束"的暗示，比如对你说"今天就谈到这里"，"和你交谈，感到很愉快"，"感谢你对我们工作的关注"等话语时，你应当敏锐地起身，礼貌地告辞。

6. 忌虎头蛇尾

应聘者不但要给人以良好的第一印象，还要留下完美的最后印象。不能自以为面谈会一定成功就忘乎所以，甚至想直接问招聘者是否已决定聘用自己了；也不能认为面谈时自己没有发挥好，就满脸愁云，无精打采，而没有礼貌地匆匆退出。

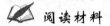 阅读材料

应聘绝招：重点突出你的优势

以下是一个毕业生到咨询公司应聘的面试对答，希望大家从中得到启发并举一反三地加以运用。

面试官：你为什么想进本公司？

毕业生：咨询业在国内是一个比较新的行业，发展前景很广阔。而且贵公司早在10年前就独具慧眼，在上海建立了分公司，现在已经是最著名的咨询公司之一。如果我有幸加入贵公司，也是对我个人能力的一种肯定。另一方面我也曾经听一位前辈介绍说现在上海的咨询业竞争很激烈，而我是一个喜欢接受挑战的人，所以很想进贵公司。

面试官：那么你具体对哪一个工作最感兴趣？

毕业生：我最想进的是咨询服务部，这个部门很富有挑战性，也可以学到很多东西。现在国内很多企业都不是很景气，如果能帮助它们走出困境，也是一件很好的事情。

点评：以上是面试中最常见的两个问题，一定要精心准备。该同学明确地表达了对公司以及具体岗位的兴趣。如果不详细了解公司的情况，是无法从容地回答这样的问题的。

面试官：如果其他公司和本公司都录用你时，你怎么办？

毕业生：对我而言，能同时被几家公司录用，是一件让我高兴的事情。我想，对公司而言，希望招聘到优秀的学生，同样对我而言，也希望自己能做出一个正确的选择，我会仔细比较各公司的特点，包括公司的待遇、工作环境等，并结合我的兴趣和专业，努力找到一个最佳结合点，做出最优化的选择。但说实话，这确实是一件比较难办的事情，不知道您能不能给我一点建议。

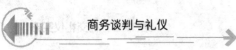

点评： 这个问题是公司在试探你加入的意愿是否很强烈，一定要给出明确的回答。该同学的回答显得玲珑有余而主见不够。

面试官： 你觉得你的哪些方面可以在本公司得到发挥？

毕业生： 我想每一个求知者都希望能发挥自己的所有潜能，而并不仅仅是使用学校里所学到的专业知识。如果我的潜能得不到发挥的话，对公司而言是一个损失，对我个人也是损失。潜能包括对工作的热情、自信，对现代公司理念的理解和实践，以及人际关系能力，高效率的工作，处理危机的能力等，这是我的理解。就我来讲，如果有幸加入贵公司，会努力争取锻炼自己，发展自己，为公司发展做出贡献。另一方面，也希望公司能提供这样一个环境。我在大学里担任校团委宣传部长，负责过一些大型活动的宣传工作，在公共关系方面积累了一些经验。

面试官： 请具体谈一谈。

毕业生： 去年我参加了八届全运会组委会与校团委举办的八运自愿者校园招募活动。我们首先利用海报、校园广播做了宣传，然后开了一个情况介绍会，邀请组委会领导和学校领导出席，又由以前的志愿者介绍了经验。这场招募活动的效果很好，出色地完成了任务。

点评： 以上两个问题是了解你的能力和工作兴趣的问题，应实事求是地回答，注意充分表现自己的信心和能力，但千万不要夸大其词，否则可能自食其果。

面试官： 你准备怎样把大学里学到的知识用到工作中去？

毕业生： 大学里学到的知识主要是书本知识，当然也有一部分实践知识，主要是课堂讲述的知识以及自学的知识。这些要用到工作中去，一定要结合公司的实际，每个公司都有它自己的特点，譬如说会计，我相信每个公司都有自己的内部会计制度，所以在工作中也要不断学习。事实上，我自己认为我在大学里学到的书本知识并不是我最大的收获，而是自学能力的培养和分析问题的方法，这个对我很重要，我想在工作中也是如此。

点评： 这是个可以自由发挥的问题，阐述自己的看法并以令人信服的理由说明就可以。注意言简意赅，条理清楚。

面试官： 一个人工作与团体合作，你喜欢哪一种？

毕业生： 这个问题我想没有固定的答案，要看工作的具体内容而定。如果是简单的、一个人可以做的工作，大家一起做的话，反而会增加工作的复杂性，在这种情况下，我倾向于一个人工作。反之，在大多数情况下，我愿意团体合作。这个世界的变化很大、很快也很复杂，而一个人的工作能力有限，团体合作将更有助于有效地实现一个目标。

点评： 无论用什么样的方法回答这个问题，一定要记住一点：缺乏团体合作及集体精神的人是不能被企业或公司接受的。

面试官： 你以前在学校里有没有团体合作的经历？

毕业生： 我曾经在学校里参加过戏剧节里边的一个戏剧的具体节目。一个节目首先要有创意，同时也要由校方提供条件，这就有个协调和合作的过程。我的具体职务就是协调人。创意要由编剧化为剧本，然后有一个挑选演员的过程，进而是角色的分配。这里往往也有矛盾。譬如说谁演主角，谁演配角。只有大家一起团结协作，才能使角色之间达到平衡。编剧和演员之间更要合作，因为每一个人对剧本都有他自己的理解，只有当大家对剧本有一个统一的理解以后，才能把戏真正演好。

面试官：你对自己在出主意、提建议方面有信心吗？

毕业生：一般来说，没有信心我是不会轻易出主意或提建议的，一个人如果对他自己的主意或建议都没有信心的话，是不可以做好这个工作的。我会尽力把主意和建议阐述清楚，同时听取意见。如果是好的会坚持，不好的就放弃。但不好不等于没有信心。

点评：一个有信心的人在竞争中始终是能够占据上风的，但是要注意：自信不等于自大。面试成功与否，归根结底还是取决于一个人的综合素质。面试技巧只能帮助同学们少走弯路，更好地展现自己的优势，以便更顺利地找到适合自己的工作。面试技巧的成功运用是建立在对自己的充分了解和合理定位的基础上的。

复习思考题

1. 介绍时应注意哪些礼节？
2. 握手的方法和顺序是怎样的？应注意哪些禁忌？
3. 简述不同对象的称呼方法。
4. 如何正确地递送名片？
5. 拨打、接听电话有哪些礼仪要求？
6. 如何安排正式宴会的座次？
7. 参加舞会时应注意哪些礼节？
8. 如何选择合适的礼品？
9. 如何赠送和接受礼品？
10. 面试时应遵循哪些礼仪？应注意哪些事项？
11. 有人说做人应该"内方外圆"，你同意这个说法吗？结合实际谈谈你的感受。

案 例 分 析

丢了饭碗真无奈

刘丽是一家工厂的办公室文员，虽然月收入并不算多，但她还是挺满足的。她文化不高，如果不是亲戚的介绍，凭她自己的努力是不容易找到这份轻松的工作的。她周围的许多朋友都在工厂里当工人，或是在超市里做营业员，或在酒楼当服务员。

刘丽到该厂后，老板徐总考虑到她的介绍人的缘故，将她安排在办公室任文员，主要工作是负责接电话，为客户开单，购置一些办公用具等。工作并不复杂也不累，相对于整天工作在高温机器旁及在烈日下送货搬货的同事，刘丽自己感觉很满意了。

她很珍惜这份工作，下班后喜欢呆在办公室，毕竟这里有空调，比集体宿舍舒服多了。因为善于交际，刘丽有很多朋友，朋友们下班后也总喜欢来找刘丽玩，因为刘丽在她们的眼中已经属于白领了，且可以在刘丽有空调的办公室内聊聊天，看看报纸等。徐总对此事从来都没有加以限制。有一次徐总因为有要事回到办公室时，遇到刘丽和她的两个新朋友，刘丽并没有将徐总介绍给朋友认识，而只顾自己聊天。因为刘丽没有介绍，她的两个朋友也没有和徐总打招呼。性格内向的徐总也没主动向自己职工的朋友打招呼，当时的气氛好尴尬。片刻后，两个朋友起身离开，亦没有向徐总说声再见。

事后，刘丽就失去了这份才三个月的"美差"。

思考：
1. 结合案例，试分析徐总为何辞退了刘丽，并进行讨论。
2. 刘丽被"炒了鱿鱼"，主要错在哪些方面？办公室文员应遵守哪些基本礼仪？

第 14 章　商务礼仪实务

内容提要

　　本章将以商务礼仪为核心，重点介绍商务接待与拜访、商务仪式、商务洽谈礼仪、主要国家的商务礼仪与禁忌性。

14.1　商务接待与拜访

　　商务接待与拜访是很多企业员工的一项经常性的工作。在接待和拜访中的礼仪表现，不仅关系到自己的形象，还关系到企业的形象。所以，接待和拜访的礼仪越来越受到商界的重视。

14.1.1　商务接待礼仪

　　企业业务往来的增加，对外交往的扩大，将会使企业的接待工作越来越重要。商务接待的客人有生产厂家、供货单位，也有本企业的顾客以及相关领域的客户。如果细分，可以分为业务往来接待、顾客投诉接待、会议接待、参观学习接待等，其中又可以分为个人接持与集体接待。

　　1. 接待准备阶段

　　接待工作繁杂琐碎，如有疏漏，将会对本企业的声誉造成不好的影响，以至于导致业务不成功而遭受损失。

　　（1）接待环境及物质的准备

　　良好的环境有助于接待工作的顺利进行，要重视办公室或会议室等场所的环境布置和绿化；室内要保持空气清新，光线不能过强或过弱；室内家什的摆放合理，不能有碍于人们的活动。

　　办公设备要准备充分，确保音响等设备能正常使用。欢迎标志语的写作要恰当，张贴的地点要放置于来宾的必经之路。茶具和茶叶的准备要有针对性，水果点心要方便客人食用，不选太硬而声音大的小吃，如太硬的豆类等；不选太多籽的水果，如西瓜等。

如果选用西瓜等体积大的水果，要将其切成小块放入盘中，并准备水果叉、牙签和纸巾等。

（2）接待人员的仪容仪表

接待人员的头发要保持干净，发型大方，女士如果留长发最好将头发盘在脑后。在服饰方面除了符合个人礼仪中的要求外，要特别注意的是不要有太多的饰物，那样只会起到喧宾夺主的效果。化妆以淡妆为宜，不留长指甲，保持手的清洁。活动前不吃带有异味的食物，注意口腔卫生。

（3）对接待对象的了解

在接待之前，必须了解接待对象的单位、性质及来宾的基本情况，如姓名、性别、级别、人数等。其次，要了解来宾到达日期，所乘交通工具、车次和到达时间。对于重要客人和高级团体的接待，要制定严格的接待方案。其内容包括客人的基本情况、接待工作的组织分工、陪同人员和迎送人员名单、食宿地点及房间安排、伙食标准及用餐形式、交通工具、费用支出意见、活动方式及日程安排、汇报内容的准备及参加人员等。

2. 正式接待工作

客人到达后，应安排专人迎接。对一般客人，可以由业务部门或经理秘书人员到车站（机场、码头）迎接。对于重要的客人，应由相关领导亲自迎接。

客人到达后，应组织客人签到，替其安排好食宿，安排有关人员协助拿行李并引进客房。

与客人协商好活动日程，根据日程安排精心组织好各项活动，如洽谈、参观游览等。有特殊要求的客人要予以关照。根据客人的要求为其安排返程，如订购返程车（机、船）票，及时送到客人手中。

3. 送客的礼仪

在活动结束客人准备离开时，一定要善始善终，接待中的每一个环节都很重要。接待工作也就是服务工作，在服务业有这样的一个公式"100−1＝0"，就是说要重视每一个环节，有一件事情做得不好，等于整个过程的失败。

在客人离去时要提醒客人带好随身物品。将其送至门口或机场、车站，与客人握手道别。总之，在整个接待过程中，要求向客人提供热情、周到、礼貌、友好的服务。

4. 接待中应注意的礼仪

1）引领客人时，应位于客人左前方两三步的位置。

2）在陪同客人行走时，依据"右贵左轻"的原则，位于客人的左侧，以示尊重。

3）在上下楼或转弯处应用手示意方向。

4）乘电梯时，如有专人服务，应请客人先进；无人服务的电梯，接待人员应先进去，到达时请客人先出电梯。

5）进房间时，应打开并扶住房门，然后请客人进入。

6）乘车上下时，要一手打开车门，另一只手扶住车门的上框，提醒客人避免撞了头。客人上车，待客人坐稳后，再轻轻关上车门。和客人同往，车停后要先下车，打开车门请客人下车。

7）在接待来访者时，应将手机关闭或置于静音，如有来电或有新的来访者，应尽量让助理或他人接待，避免中断正在进行的接待，或示意后来者稍等片刻。

14.1.2　商务拜访礼仪

1. 拜访的预约

拜访他人应选择合适的时间，无论是到居室、办公室或者酒店，都要事先与被拜访者进行预约，以便双方都能利用和控制时间。突然来访是非常失礼的。

拜访预约的方式有当面向对方提出要求约会、用电话向对方提出约会、用书信提出约会等。

2. 拜访的准备

1）拜访前要注意自己的仪容仪表，穿着要规范、整洁。

2）准备好名片。男士的名片可放在西装口袋中，也可放在名片夹中。女士则可将名片放在提包中容易取出的地方。

3）如果拜访对象是非常重要的客户，一定要先关掉手机。

4）拜访客户前要对对方的情况、特点、销售量以及对方在商界的信誉都要有所了解，以便有针对性的进行交谈。

3. 拜访时的礼仪

1）拜访他人，应准时到达，切勿迟到，但也不要到太早。如果有紧急的事情，或遇到交通阻塞，必须通知对方，到达后对对方的等候要表示歉意和谢意。

2）到达拜访地点时，要注意礼节，入室要敲门。对熟悉的人可握手问候，如果与接待者是第一次见面，应主动递上名片或作自我介绍。 对方示意坐下时才能就座，就座时的礼节要符合个人礼仪中提到的规范。就座后应主动向接待人员介绍自己的姓名、职务及公司的名称和业务等。

3）要尽快进入谈话正题，不讲无关紧要的事情。

4）对接待者平日给予的帮助要致以谢意，但不要过分地恭维。

5）有吸烟习惯的人，最好不要吸烟。如果实在要吸烟，而该场所又没有禁止吸烟的警示，必须征得对方的许可后才能吸烟。

6）控制好时间，最好在约定时间内结束谈话，要注意观察接待者的举止表情，适可而止。如对方起身或表现出有其他事情的行为时，应立即起身，礼貌地告辞。

14.2 商务仪式

在商务活动中，举行一个气氛热烈而隆重的仪式，可以表明企业对这项活动的重视程度。同时，邀请社会各界人士参加，也可以扩大影响，树立形象，让社会了解企业，提高企业的知名度。常见的商业仪式有开业典礼、剪彩仪式、签约仪式、交接仪式、庆典仪式、新闻发布会等。

14.2.1 开业仪式

开业仪式亦称作开业典礼，是指某单位在创建、开业之际，所经营的某个项目、工程的完工、落成之时，某一建筑物正式启用，或是某项工程正式开始施工，为了表示庆贺或纪念，而按照一定的程序所隆重举行的专门的仪式。如公司建立、商店开张、写字楼落成、新桥通车等。

1. 举行开业仪式的作用

1）有助于塑造良好的企业形象，提高企业的知名度与美誉度。

2）有助于扩大本单位的社会影响，吸引社会各界的重视与关心。

3）有助于将本单位的建立或成就"广而告之"，借以为企业招徕顾客。

4）有助于让支持过自己的社会各界与企业一同分享成功的喜悦，进而为日后的进一步合作奠定良好的基础。

5）有助于增强本单位全体员工的自豪感与责任心，从而为企业创造一个良好的开端，或是开创一个新的起点。

2. 举办开业仪式的原则和程序

举办开业仪式，应遵循热烈、隆重而又节俭的原则，注意以下几个环节。

（1）提前邀请宾客

邀请的宾客一般应包括政府和相关部门负责人、知名人士、同行业代表、新闻记者、员工代表等。对邀请出席的宾客，应该提前将请柬送其手中，以表达对客人的敬意，必要时请客人给予明确的答复。

（2）布置现场环境

举行仪式的现场可以设在店面门口，现场布置要突出喜庆场面，渲染热烈气氛。一般可以挂上"××开业庆典"的横幅，悬放氢气球，会场两边布置来宾赠送的花篮，四周悬挂彩灯、彩带、彩旗等。

（3）按程序举行典礼

开业典礼的程序一般为：宣布典礼开始、宣读重要来宾名单、致贺词、剪彩。仪式中，主人致简短贺词向来宾表示感谢，并介绍本企业的经营特点、经营目标等。整个仪式应简洁、紧凑。为了活跃气氛，在发言前后可以播放节奏明快的乐曲。

（4）组织来宾参观座谈

典礼仪式结束后，主人可带领来宾参观或组织座谈。参观、座谈过程中不但可以介绍本企业的基本情况，以加深社会各界人士对企业的了解，广泛征求意见，同时也是宣传企业、宣传商品的极好时机。

（5）欢迎首批顾客

开业仪式结束后，新店即正式对外营业。店领导为表诚意，可在门口恭候顾客光临。在营业过程中，员工应向顾客适时说"欢迎光临"等表示欢迎和感谢的语言，还可准备一些印有店标字样的礼品赠给顾客作纪念。

3. 开业仪式的形式

常见的开业仪式的形式有：开幕仪式、开工仪式、奠基仪式、破土仪式、竣工仪式等。

（1）开幕仪式

开幕仪式是开业仪式的具体形式之一，是指公司、企业、宾馆、商店、银行正式营业之前，或是各类商品的展示会、博览会、订货会正式开始之前，所正式举行的相关仪式。开幕式应在较为宽敞的场所举行，仪式举行之后便正式营业，有关商品的展示会、博览会、订货会也将正式开始。

开幕仪式的主要程序是：宣布开始，全体肃立，介绍来宾；邀请专人揭幕或剪彩，全场目视彩幕，鼓掌并奏乐；在主人的亲自引导下，全体人员依次入场；主人致词答谢；来宾代表发言祝贺；主人陪同来宾进行参观，开始正式接待顾客或观众，对外营业或对外展览宣告开始。

（2）开工仪式

开业仪式常见的形式之二是开工仪式，如工厂准备正式开始生产产品、矿山准备正式开采矿石时，所专门举行的庆祝性、纪念性活动。开工仪式大都讲究在生产现场举行，即以工厂的主要生产车间、矿山的主要矿井等处，作为举行开工仪式的场所。

开工仪式的程序主要有：宣布开始，全体起立，介绍各位来宾，奏乐；在司仪的引导下，本单位的主要负责人陪同来宾行至开工现场肃立；正式开工，全体人员鼓掌志贺并奏乐；全体职工各就各位上岗进行操作；在主人的带领下，全体来宾参观生产现场。

（3）奠基仪式

开业仪式的常见形式之三是奠基仪式。奠基仪式通常是一些重要的建筑物，比如大厦、场馆、纪念碑等在动工修建之初，所正式举行的庆贺活动。

奠基仪式举行的地点，一般应选择在动工修筑建筑物的施工现场。奠基的具体地点，

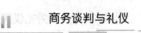

按常规均应选在建筑物正门的右侧。在一般情况下，用以奠基的奠基石应为一块完整无损、外观精美的长方形石料。在奠基石上，应刻有建筑物的正式名称，文字应当竖写。在其左下款则应刻有奠基单位的全称以及举行奠基仪式的具体日期，奠基石上的字体以楷体为主。

奠基仪式的程序为：仪式正式开始，介绍来宾，全体起立；奏国歌；主人对该建筑物的功能以及规划设计进行简介；来宾致词祝贺；正式奠基，演奏喜庆乐曲；由奠基人双手持系有红绸的新铁锹为奠基石培土，再由主人与其他嘉宾依次为之培土，直至将其埋没为止。

（4）破土仪式

开业仪式的常见形式之四是破土仪式。破土仪式亦称破土动工，是指在道路、河道、水库、桥梁、电站、厂房、机场、码头、车站等正式开工之际，所专门为此而举行的动工仪式。破土仪式举行的地点大多选择在工地的中央或某一侧。举行仪式的现场，要事先进行认真的清扫、平整和装饰。

破土仪式的具体程序是：仪式宣布开始，介绍来宾，全体肃立；奏国歌；主人致词；来宾致词祝贺；正式破土动工，由来宾环绕于破土之处的周围肃立，破土者双手持系有红绸的新铁锹铲土三次，全体鼓掌并奏乐，或燃放鞭炮。

（5）竣工仪式

开业仪式的常见形式之五是竣工仪式。竣工仪式又称落成仪式或建成仪式，是指本单位所属的某一建筑物或某项设施建设、安装工作完成之后，或是某一纪念性或标志性建筑物，如纪念碑、纪念堂的建成所举行的庆祝活动。举行竣工仪式的地点，一般选择在现场。如新落成的建筑物之外，刚刚建成的纪念碑、纪念堂的旁边。

竣工仪式的基本程序通常是：仪式宣布开始，介绍来宾，全体起立；奏国歌，并演奏本单位的标志性歌曲；本单位负责人发言；进行揭幕或剪彩；全体人员向刚刚竣工或落成的建筑物行注目礼；来宾致词；进行参观。

此外，还有通车仪式、通航仪式和下水仪式等，主要是指重要的交通建筑完工并验收合格之后，或汽车、飞机、轮船在正式开通某一条新航线之际，所正式举行的庆祝性活动。在现场附近及沿线两旁插上彩旗、彩带或悬挂横幅。在船只、汽车、火车或地铁的车头上，一般应系上红花，并悬挂醒目的宣传性标语。

14.2.2　剪彩仪式

剪彩仪式是指有关单位为了庆贺公司的设立、企业的开工、宾馆的落成、商店的开张、道路或航线的开通、展览会、博览会的开幕等，而隆重举行的一项礼仪性程序。剪彩作为一种庆贺的手段，可以在开业典礼中进行，也可以举行专门的仪式。

从操作的角度来看，目前所通行的剪彩礼仪主要包括剪彩的准备、剪彩人员的选定、剪彩的程序、对剪彩的礼仪要求等四个方面的内容。

1. 剪彩的准备

剪彩的准备必须一丝不苟，如场地的布置、环境卫生、灯光与音响的准备、媒体的邀请、人员的培训等。除此之外，对剪彩仪式上所需使用的某些特殊用具，如红色缎带、新剪刀、白色薄纱手套、托盘以及红色地毯等，都应认真地进行选择与准备。

2. 剪彩人员的选定

剪彩者，即在剪彩仪式上持剪刀剪彩之人。剪彩者是剪彩仪式上最重要的人物，因此，对剪彩人员必须认真的进行选择。除主持人之外，剪彩的人员主要是由剪彩者与助剪者等两个部分的人员组成。剪彩仪式档次的高低往往同剪彩者的身份密切相关。因此，在选定剪彩的人员时要慎重选择剪彩者。

（1）确定剪彩者名单

根据惯例，剪彩者可以是一个人，也可以是几个人，但一般不应多于 5 人。通常，剪彩者多由上级领导、合作伙伴、社会名流、员工代表或客户代表担任。在剪彩仪式举行之前，名单一经确定，即应尽早告知对方，使其有所准备。在一般情况下，确定剪彩者时，必须尊重对方个人意见，切勿勉强对方。需要由数人同时担任剪彩者时，应分别告知每位剪彩者将与何人同担此任。这样做，是对剪彩者的一种尊重，千万不要"临阵磨枪"，在剪彩开始前强拉硬拽，临时找人凑数。

（2）选定礼仪小姐

在剪彩仪式上服务的礼仪小姐，又叫助剪者，可以分为迎宾者、引导者、服务者、拉彩者、捧花者、托盘者。迎宾者的任务，是在活动现场负责迎送客人；引导者的任务，是在进行剪彩时负责带领剪彩者登台或退场；服务者的任务，是为来宾尤其是剪彩者提供饮料，安排休息之处；拉彩者的任务，是在剪彩时展开、拉直红色缎带；捧花者的任务，是在剪彩时手托花团，捧花者的人数要视花团的具体数目而定，一般应为一花一人；托盘者的任务，是为剪彩者提供剪刀、手套等剪彩用品。

选择礼仪小姐的基本条件是：相貌较好、气质高雅、身材颀长、音色甜美、反应敏捷、善于交际的年轻健康的女性。礼仪小姐的最佳装束应为：化淡妆、盘起头发，穿款式、面料、色彩统一的单色旗袍，或身穿深色或单色的套裙，配肉色连裤丝袜、穿黑色高跟皮鞋。在饰物方面，除戒指、耳环外，不佩戴其他任何首饰。

3. 剪彩的程序

若剪彩者仅为一人，则剪彩时居中即可。若剪彩者不止一人时，剪彩时位次的尊卑就必须予以重视。一般的规矩是：中间高于两侧，右侧高于左侧，即主剪者应居于中央的位置，距离中间的主剪者越远位次就越低。

剪彩仪式上有众多的惯例和规则必须遵守，其具体程序也有一定的要求，具体如下：

（1）请来宾入座

仪式即将开始时，应提醒参加仪式的来宾入座。在仪式正式开始时，邀请来宾于主席台上就座，位置的排列应按照剪彩时的顺序，或到现场后由工作人员引领入座。

（2）宣布仪式开始

由主持人宣布剪彩仪式开始并鼓掌，向与会者表示感谢，然后介绍重要来宾，包括各级政府领导、社会知名人士、同行杰出代表等，同时向他们表示感谢。

（3）奏国歌

此刻应全场起立，必要时也可随之演奏本单位标志性歌曲。

（4）安排发言

首先，安排主办方代表发言，其发言代表一般由主办方的负责人担任。发言内容以介绍此次活动的意义和目的为主，并对有关事宜进行通报和汇报。然后，安排来宾代表发言，其内容主要是祝贺与期望。

（5）进行剪彩

剪彩前先宣布剪彩人名单，剪彩人进行剪彩时，主席台上的人员一般应尾随其后 1～2 米处。剪彩用的剪刀应由工作人员用托盘呈上。剪彩人把彩带剪断后，应立即向其他来宾及四周群众鼓掌致意，此时全体应热烈鼓掌，必要时还可奏乐或燃放鞭炮。

（6）参观或聚会

剪彩仪式结束后，主人应陪同来宾参观，仪式至此宣告结束。随后东道主单位可向来宾赠送纪念品，或举行小型答谢宴会向来宾表示感谢。

4. 对剪彩者的礼仪要求

剪彩者是剪彩仪式上所有人关注的对象，剪彩者的个人形象和风度气质会给到会者留下深刻的印象，并直接影响到剪彩仪式的最终效果。因此，剪彩人员在行为举止上，应注意以下几点。

1）保持服装整洁、大方、得体，给人以稳重、精干、值得信赖的感觉。

2）当主持人宣告进行剪彩时，礼仪小姐应率先登场。上场时，礼仪小姐应排成一行前进，从两侧同时登台，或是从右侧登台均可。登台之后，拉彩者与捧花者应站成一行，拉彩者处于两端拉直红色缎带，捧花者各自双手手捧一束花团。托盘者应站立在拉彩者与捧花者身后一米左右，并且自成一行。

3）剪彩者登台时，宜从右侧出场，并由引导者在其左前方进行引导，使之各就各位。剪彩者应步履稳健、面带微笑、落落大方，不得左顾右盼。当剪彩者均已到达既定位置之后，托盘者应前行一步，到达前者的右后侧，以便为其递上剪刀和手套。

4）当主持人向在场人员介绍剪彩者时，剪彩者应面带微笑向大家鞠躬或点头致意。

5）剪彩时，先向左右两边手持彩带的工作人员微笑致意，然后集中注意力，右手持剪刀，严肃而认真地将红色缎带剪断。若多名剪彩者同时剪彩时，其他剪彩者应注意主剪者的动作，争取主动协调一致，同时将红色缎带剪断。

6）剪彩完毕，应立即向四周的人们鼓掌致意，注意红色花团应准确无误地落入托盘者手中的托盘里，切勿使之坠地。然后放下剪刀、手套于托盘上，并与主人握手道喜或进行礼节性谈话。但时间不宜太长，避免滔滔不绝的高谈阔论或旁若无人的纵情谈笑，这是不合乎礼仪规范的。最后在引导者的引导下，从右侧退场。

14.2.3　签约仪式

签约即合同的签署，是指在签署合同时举行的郑重其事的签字仪式。合同的签署能更有效地取信于人。在商务交往中，签约标志着有关各方的相互关系得到了更大的进展，或为消除彼此间误会而达成了一致性见解，它极受商界人士的重视。

合同的种类繁多，常见的有购销合同、借贷合同、租赁合同、协作合同、加工合同、基建合同、保险合同、货运合同、责任合同等。签约分为草拟、准备与签署三个阶段。

1. 草拟阶段

草拟阶段的主要工作是草拟合同。在正式签订合同之前，应草拟一个文本。草拟合同文本的商务人员必须熟悉国家的有关法律法规，以及主要涉及商品生产、技术管理、外汇管制、税收政策和商检科目等五个方面的内容，以便运用法律来维护自己的正当权益。同时还应具备各有关专业技术方面的基本知识，包括商品知识、金融知识、运输知识、保险知识和商业知识等。草拟合同时，要求目的明确、内容具体、用词标准、数据精确、项目完整、书面整洁。合同一般包括标的、数量和质量、价款或酬金、履约的期限、地点和方式、违约责任等基本内容。在草拟具体条款时，既要"以我为中心"，优先考虑自己的切身利益，又要替对方着想，并且尽可能照顾对方的利益，这是促使合同为对方所接受的最佳途径。

2. 准备工作

在签署合同之前，要做好以下准备工作。

（1）布置好签字厅

签字厅是举行签字仪式的场所，其布置的总体原则是庄重、整洁、清静。签字桌应为长条桌，横放于室内，上面铺上台布，摆放适量的座椅。可以仅放一张座椅，供各方签字人签字时轮流就座，也可以为每位签字人各自提供一张座椅。签字人就座时，一般应当面对正门。签字桌上应事先放好待签的合同文本和签字笔等文具。与外商签署涉外商务合同时还要在签字桌上摆放国旗架，并按照礼宾次序插入国旗。

（2）安排签字时的座次

签字时客方签字人在签字桌右侧就座，主方签字人员则就座于签字桌左侧。助签人

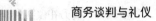

应分别站立于各自一方签字人的外侧，以便随时对签字人提供帮助。随员可在己方签字人的正对面就座，也可以站立于己方签字人的身后。原则上，双方随员人数应大体上相近。在签署多边性合同时，一般仅设一个签字椅，各方签字人依次上前签字。此时，助签人应站立于签字人的左侧，随员应面对签字桌就座或站立。

（3）预备待签的合同文本

合同正式文本由举行签字仪式的主方负责准备。合同正式文本要用精美的白纸印制而成，按八开的规格装订成册，并以高档质料，如真皮、金属、软木等做封面。除提供一份待签的合同文本外，必要时主方还可向各签字方提供一份副本。签署涉外商务合同时，按照国际惯例，合同文本应同时使用各方法定的官方语言，或是使用国际上通行的英文等。

（4）签字人员的服饰要求

在出席签字仪式时，签字人、助签人以及随员，应当穿着深色西服套装、中山装或西服套裙，并配以白色衬衫和深色皮鞋。男士还必须系上单色领带，以示正规。签字仪式上的礼仪人员、接待人员，应穿着统一的工作制服，或旗袍一类的礼仪性服装。

3．签字仪式的程序

签字是合同签署仪式的最重要阶段，它的时间不长，但程序规范、庄重、热烈。其正式程序共分为以下四步。

（1）签字仪式开始

有关各方人员进入签字厅，在既定的座位上就座。

（2）正式签署合同

签字人正式签署合同文本，依照国际惯例，每个签字人均应首先签署己方保存的合同文本，然后再交由他方签字人签字。这一做法，在礼仪上称为"轮换制"。它使各签字方均有一次机会居于首位，以显示各方机会均等。

（3）交换合同文本

签字人交换经各签字方正式签署的合同文本。此时，各方签字人应互相握手，互致祝贺，并相互交换各自一方刚才使用过的签字笔，以示纪念。此时全场人员应鼓掌，表示祝贺。

（4）互相道贺

交换已签的合同文本后，有关人员尤其是签字人一般应以香槟酒互相祝贺以增添喜庆气氛。商务合同在正式签署后，应提交有关方面进行公证才正式生效。

14.2.4 交接仪式

交接仪式，在商界一般是指施工单位依照合同将已建设、安装完成的工程项目或大型设备，如厂房、商厦、宾馆、办公楼、机场、码头、车站或飞机、轮船、火车、机械、物资等，经验收合格后正式移交给使用单位时，所专门举行的庆祝典礼。

交接礼仪是指举行交接仪式时所必须遵守的有关规范。它包括交接仪式的准备、交接仪式的程序、交接仪式的参加等三个方面。

1. 交接仪式的准备

准备交接仪式，要做好来宾的邀请、现场的布置、物品的预备等工作。

（1）来宾的邀请

一般应由交接仪式的东道主，即施工、安装单位负责。在具体拟定来宾名单时，东道主应主动征求接收单位的意见，接收单位对名单可酌情提出建议，但不宜过于挑剔。

原则上，出席交接仪式的应当包括施工、安装单位的有关人员，接收单位的有关人员，上级主管部门的有关人员，当地政府的有关人员，行业组织、社会团体的有关人员，各界知名人士，新闻单位以及协作单位的有关人员等。

在上述人员中，除施工、安装单位与接收单位的有关人员之外，对于其他所有的人员，均应提前送达或寄达正式的书面邀请，以示对对方的尊重之意。

（2）现场的布置

在选择交接仪式的现场时，通常应视交接仪式的重要程度、全体出席者的具体人数、交接仪式的具体程序与内容等几个方面的因素而定。

一般来说，可将交接仪式的举行地点安排在已经建设、安装完成并已验收合格的工程项目或大型设备所在地的现场。有时亦可将其酌情安排在东道主单位本部的会议厅，或者由施工、安装单位与接收单位双方共同认可的其他场所，如宾馆的多功能厅等。

（3）物品的预备

由主办方提前准备在交接仪式上作为交接象征的有关物品，如验收文件、有关表格、钥匙等。验收文件是指已经公证的由交接双方正式签署的证明性文件；有关表格是指交付给接收单位的全部物资、设备或其他物品的名称、数量明细表；钥匙则是指用来开启被交接的建筑物或机械设备的钥匙。除此之外，主办方应为来宾准备一些纪念品，如被交接的工程项目、大型设备的微缩模型，或以其为主角的画册、明信片、纪念章、领带针、钥匙扣等。

2. 交接仪式的程序

主办单位在拟定交接仪式的具体程序时，必须注意：其一，在大的方面参照惯例执行，尽量不要标新立异；其二，必须实事求是，量力而行，在具体的细节上不必事事贪大求全。具体来说，交接仪式有下述五项基本程序。

（1）宣布开始

主持人宣布交接仪式正式开始。此时，全体与会者应进行热烈的鼓掌，以表达对东

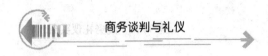

道主的祝贺之意。

（2）奏国歌

全体起立，或随之演奏东道主单位的标志性歌曲。

（3）正式交接

由施工、安装单位与接收单位正式进行有关工程项目或大型设备的交接。具体是由施工、安装单位的代表，将有关工程项目、大型设备的验收文件、有关表格、钥匙等象征性物品，正式递交给接收单位的代表。此时，双方应面带微笑，双手递交、接收有关物品，并热情握手。

正式移交给接收单位后，可在现场演奏或播放节奏欢快的喜庆性歌曲。在有些情况下，为了进一步营造出一种热烈而隆重的气氛，这一程序亦可由上级主管部门或地方政府的负责人为有关的工程项目、大型设备的启用而剪彩所取代。

（4）各方代表发言

依次请出施工、安装单位的代表，接收单位的代表，来宾代表进行简短发言。原则上，每个人的发言应以 3 分钟为限。

（5）仪式结束

宣告交接仪式正式结束。全体与会者以热烈的掌声示意交接仪式正式结束，随后安排来宾参观有关的工程项目或大型设备。参观时，东道主一方应安排经验丰富的陪同或解说人员进行详细介绍，以加深来宾对工程项目或大型设备的了解和认识。若是出于某种原因，不便邀请来宾进行现场参观，也可以通过组织其参观有关的图片展览或向其发放宣传资料的方式，来满足来宾的好奇心。仪式结束后，若不安排参观活动，可为来宾安排一场文艺表演，以增添欢快轻松的气氛。

3. 交接仪式的注意事项

（1）东道主注意事项

1）仪表整洁。东道主一方参加交接仪式的人员是本单位的形象代表，必须仪容仪表规范、服装修饰得体、举止文明大方。

2）保持风度。在交接仪式举行期间，不允许东道主一方的人员东游西逛、交头接耳、打打闹闹。在为发言者鼓掌时，不允许厚此薄彼。当来宾为自己道喜时，切勿得意忘形。

3）待人友好。不论自己是否专门负责接待陪同或解说工作，东道主一方的全体人员都应当自觉地树立主人翁意识。一旦来宾提出问题或需要帮助时，都要鼎力相助，不能一问三不知、借故推脱，甚至胡言乱语。如果自己不能答复，要向对方说明原因，或安排适当的人给予帮助；若自己的能力不及，要真诚地向对方说明原因，并及时向有关部门或领导反映。

（2）来宾注意事项

1）致以祝贺。接到正式邀请后，被邀请者应尽早以单位或个人的名义发出贺电或贺信，向东道主表示祝贺。在出席交接仪式时，应将贺电或贺信当面交给东道主，郑重其事地与东道主一方的主要负责人握手并道贺。

2）准备贺礼。为表示祝贺之意，应向东道主一方赠送贺礼，如花篮、牌匾等。 花篮一般需要在花店订制，并且应在其两侧悬挂特制的红色缎带上写上贺词，可由来宾在抵达现场时送给主人，也可由花店代为赠送。

3）准备贺词。假若自己与东道主关系密切，还需提前准备一份书面贺词，以备邀请发言时之用。其内容应当简明扼要，主要是表达向东道主一方道喜祝贺的心情。

4）准点到场。若无特殊的原则，接到邀请后，务必正点抵达；若不能出席，应尽早通知东道主一方，以防在仪式举行时因缺乏人手而使主人难以开展工作。

14.2.5　庆典仪式

庆典是各种庆祝仪式的统称。在商务活动中，商务人员参加庆祝仪式的机会是很多的，既有可能奉命为本单位组织一次庆祝仪式，也有可能应邀出席外单位的某一次庆祝仪式。

商界的庆典仪式大致可以分为四类：成立周年庆典、荣获某项荣誉的庆典、取得重大业绩的庆典、获得显著发展的庆典。庆典仪式包括两方面的礼仪规范，即组织庆典的礼仪规范和参加庆典的礼仪规范。

庆典是庆祝活动的一种形式，它应当以庆祝为中心，以热烈、欢快、隆重为宗旨，塑造本单位的形象，显示本单位的实力，扩大本单位的影响。不论是举行庆典的具体场合、庆典进行过程中的具体场面，还是全体出席者的情绪、表情，都要体现出欢快、热烈、喜悦和吉祥的气氛。

1. 安排好庆典的具体内容

庆典所具有的热烈、欢快、隆重的特色，应在具体内容的安排上得到体现。安排庆典时要考虑出席者的确定、环境的布置、来宾的接待及庆典的程序等四个方面的内容。

（1）确定庆典的出席者名单

确定庆典的出席者名单时，要以庆典的宗旨为指导思想。一般来说，庆典的出席者通常应包括如下人士：上级领导、社会知名人士、新闻记者、合作伙伴、社会关系单位、本单位员工。人员具体名单一旦确定，就应尽早发出邀请或通知。鉴于出席庆典的人员多，涉及面广，故不到万不得已，不要将庆典取消、改期或延期。

（2）精心布置庆典仪式的现场

举行仪式的现场是庆典活动的中心地点。它的安排、布置是否恰如其分，往往会直接影响到庆典的效果。依据仪式礼仪的有关规范，商务人员在布置举行庆典的现场时，

应注意以下几个方面：

1）地点的选择。应结合庆典仪式的规模、影响力以及本单位的资金实力来决定具体的地点。

2）环境的美化。为了烘托出热烈、隆重、喜庆的气氛，可在现场张灯结彩、悬挂彩灯、彩带，张贴一些宣传标语，并且张挂标明庆典具体内容的大型横幅。

3）场地的大小。在选择庆典仪式的现场时，场地的大小应同出席者人数的多少相适应。

4）音响的准备。在举行庆典仪式之前，要准备好麦克风和传声设备，保证能正常使用。在庆典正式开始前后，可播放一些喜庆、欢快的乐曲，切勿让工作人员按照自己的爱好选择那些不够庄重的流行歌曲。

（3）精心安排并做好来宾的接待工作

与一般的商务接待活动相比，庆典仪式的接待工作，更应突出其礼仪特点。决定举行庆典后，应立即成立专门的筹备组，其成员通常由各部门的相关人员组成。筹备组还应下设若干专项小组，分管公关、礼宾、财务、会务等方面的工作。

庆典接待小组的成员应由年轻健康、形象良好、表达能力和应变能力较强的人员组成。其具体工作包括：来宾的迎送（在现场迎接或送别来宾）、来宾的引导（专人负责带路，送到指定的地点）、来宾的陪同（安排专人陪同，以便关心与照顾非常重要或年事已高的来宾）、来宾的招待（指派专人提供各方面的帮助）。

（4）拟定庆典的具体程序

拟定程序时必须坚持：时间宜短不宜长，以一个小时为限；程序宜少不宜多，但必须包括以下几项程序。

1）预备，来宾就座，请出席者安静，介绍重要来宾。

2）第一项，宣布庆典仪式正式开始，全体起立，奏国歌，唱本单位或本企业歌。

3）第二项，本单位主要负责人致辞。其内容包括介绍此次庆典的缘由，向来宾表示感谢等。

4）第三项，请与会嘉宾讲话。出席庆典仪式的上级部门、协作单位及社区关系单位，都要派代表讲话或致贺词。对外来的贺电、贺信等，不必一一宣读，但应公布其署名单位或个人。

5）第四项，安排文艺演出。演出内容应慎重选择，不要有悖于庆典的主旨。

6）第五项，邀请来宾进行参观，应适当安排陪同人员。

以上各项程序中，前三项必不可少，后两项可以酌情省去。

2. 参加庆典人员的礼仪规范

参加庆典时，各方代表和主办方的人员都要注意自己的举止和行为，要遵循一定的礼仪规范。其中，主办方人员的仪表仪容尤为重要。

（1）仪容整洁

所有出席本单位庆典的人员是单位的形象代表，都应保持仪容整洁。

（2）服饰规范

有统一制服的单位，应以制服作为本单位人员参加庆典的着装。无制服的单位，应统一规定礼仪性服装，即男士应穿深色西服套装或中山装，配白衬衫、单色领带、黑皮鞋；女士应穿深色西服套装或西服套裙，配肉色长统丝袜、黑色高跟鞋。切忌在庄严隆重场合穿得太随意。

（3）遵守时间

遵守时间是基本的商务礼仪之一，参加庆典仪式的本单位员工不得迟到、无故缺席或中途退场。如果庆典的起止时间已作规定，则应当准时开始，准时结束。

（4）表情庄重

在举行庆典的整个过程中，要求表情庄重、全神贯注、聚精会神。特别是"升国旗、奏国歌、唱企业歌"的时候，一定要起立脱帽、立正，面向国旗或主席台行注目礼，并且认真庄严地和大家一起唱国歌或企业歌。

（5）态度友好

遇到来宾时，要主动热情地问好，对来宾提出的问题，要立即予以答复。当来宾在庆典仪式上发言或进行参观时，要主动鼓掌表示感谢或欢迎。

（6）行为自律

在出席庆典仪式时，主办方人员不得在庆典仪式举行期间到处乱走、乱转，不要找周围的人说"悄悄话"、开玩笑，不要有意无意地做出对庆典毫无兴趣的举动。

本单位员工在庆典仪式中发言，应注意以下三个问题：

1）上下场时要沉着冷静。走向讲坛时，应不慌不忙，在发言前，应保持平和的心态。

2）要讲究礼貌。在发言开始前，要向大家问好；在提及感谢对象时，应目视对方；在讲话结束时，应说一声"谢谢大家"；对于大家的鼓掌，则应以自己的掌声来回礼。

3）语言要简练，发言不要随意发挥、信口开河，一定要在规定的时间内结束。

14.2.6　新闻发布会

新闻发布会也称记者招待会，是以发布新闻为主要内容的会议，它是一种主动传播各类有关信息，谋求新闻界对某一社会组织或某一活动、事件进行客观而公正的报道的有效的沟通方式。这种方式是由某单位或几个相关单位出面，将新闻界人士邀请到一起，在特定的时间和特定的地点举行一次会议，宣布某一消息，说明某一活动或事件，争取新闻界对此进行客观公正的报道，并且尽可能地争取扩大信息的传播范围。对商界而言，举办新闻发布会，是建立企业与新闻媒体之间相互关系的一种最重要的手段。

举行新闻发布会应遵循一定的礼仪规范和要求，包括会议的筹备、媒体的邀请、现场的应酬、善后的事宜等四个主要方面的内容。

1. 会议的筹备

筹备新闻发布会要做很多准备工作。其中最重要的是要做好主题的确定、时间地点的选择、人员的安排、材料的准备等具体工作。

（1）主题的确定

新闻发布会的主题，指的是新闻发布会的中心议题。主题确定是否得当，往往关系到新闻发布会的预期目标能否实现。一般而言，新闻发布会的主题大致上有三类：发布某一消息、说明某一活动、解释某一事件。

（2）时间的选择

一般来说，一次新闻发布会的全部时间应当限制在两个小时以内。此外，举行新闻发布会的时间要避开节假日，避开本地的重大社会活动，避开其他单位的新闻发布会，避开新闻界的宣传报道重点。另外，举行新闻发布会的最佳时间，一般在周一至周四的上午十点至十二点，或是下午的三点至五点左右。在此时间内，绝大多数人都是方便参与的。

（3）地点的选择

新闻发布会举行的地点，可以在本单位所在地、活动事件所在地，也可以在其他影响较大的中心城市。举行新闻发布会的现场，应交通方便、条件舒适、面积适中，本单位的会议厅、宾馆的多功能厅、当地最有影响的建筑等，都可酌情予以考虑。

（4）人员的安排

在准备新闻发布会时，主办方必须做好有关人员的安排。

新闻发布会的主持人大都应当由主办单位的公关部部长、办公室主任或秘书长担任。其基本条件是见多识广、反应灵活、语言流畅、幽默风趣、善于把握大局、长于引导提问、并且具有丰富的主持会议的经验。

新闻发布会的发言人通常应由本单位的主要负责人担任，基本要求是修养良好、学识渊博、思维敏捷、记忆力强、能言善辩、彬彬有礼。

此外，还要精选一些本单位的员工负责会议现场的礼仪接待工作。为了方便辨认，主办方正式出席新闻发布会的工作人员，都要在会上正式佩戴事先统一制作的姓名胸卡。

（5）材料的准备

在新闻发布会召开前，主办单位要事先委托专人准备好如下四个方面的主要材料。

1）发言提纲，既要紧扣主题，又必须全面、准确、生动、真实。

2）问答提纲，事先对有可能被提问的问题进行预测，并预备好相关答案，使发言人心中有底，必要时予以参考。

3）宣传提纲，主办单位可事先准备好一份以有关数据、图片、资料为主的宣传提纲，并且打印出来，在新闻发布会上提供给每一位与会者。在宣传提纲上，通常应列出单位名称、网址、联络电话、传真号码等，以便供新闻界人士核实之用。

4）辅助材料，预备可以强化会议效果的形象、视听材料，如图表、照片、实物、模型、光盘、录音、录像、影片、幻灯、光碟等。

2. 媒体的邀请

在邀请新闻界人士时，必须考虑以下问题。

1）是否邀请新闻界人士参加，首先要看有无必要性。

2）应当邀请哪些方面的新闻界人士参加。一方面，要根据电视、报纸、广播、杂志四个主要传播媒体的传播特点，合理地考虑邀请对象的组合。另一方面，要根据新闻发布会的内容确定邀请对象。对于影响巨大、主持正义、报道公正、口碑良好的新闻单位，要优先邀请，力争其选派人员到场。

3）应当如何处理与新闻界人士的相互关系。主办单位的主要负责人和公关人员在与新闻界人士打交道时，一定要注意以下五点：一是要把新闻界人士当成自己真正的朋友对待；二是要对所有与会的新闻界人士一视同仁，不要有亲有疏、厚此薄彼；三是要尽可能地向新闻界人士提供对方所需要的信息；四是要尊重新闻界人士的自我判断；五是要与新闻界人士保持联络。

3. 现场的应酬

主持人、发言人在新闻发布会现场，要注意以下几个方面。

1）仪容仪表。主持人、发言人要进行必要的化妆，并且以化淡妆为主。男士宜穿着深色西服套装，打领带；女士宜穿着单色套裙，一般不宜佩戴首饰。

2）相互配合。主持人和发言人要真正做好相互配合，事先必须进行内部明确分工，各管一部分。一般来讲，发言人的现场发言应分为两个部分，首先进行主旨发言，接下来才回答提问。主持人与发言人必须保持口径一致，不允许相互拆台。当新闻界人士提出的某些问题过于尖锐或难于回答时，主持人要想方设法转移话题，不使发言人难堪。而当主持人邀请某新闻记者提问之后，发言人一般要给予对方适当的回答。

3）语言得当。主持人、发言人代表着主办单位，必须注意自己讲话的分寸。同时，发言时还要注意简明扼要、生动活泼、温文尔雅并能提供有价值的新闻。

4. 善后的事宜

新闻发布会举行完毕之后，主办单位还要认真做好以下三件事情。

1）了解新闻界的反应。新闻发布会结束之后，核查一下新闻界人士的到会情况，据此可大致推断出新闻界对本单位的重视程度。

2）整理保存会议资料。一类是会议自身的图文声像资料，另一类是新闻媒介有关会议报道的资料。报道具体可分为有利报道、不利报道、中性报道三类。

3）酌情采取补救措施。对于在新闻发布会之后所出现的不利报道，要注意具体分

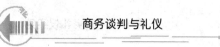
析、具体对待；对于批评性报道，主办单位应当闻过即改、虚心接受；对于失实性报道，主办单位应通过适当途径加以解释、消除误解；对于敌视性报道，主办单位应在讲究策略和方法的前提下立场坚定、据理力争，尽量为企业挽回声誉。

14.3 商务谈判礼仪

商务谈判礼仪是日常社交礼仪在商业活动中的具体体现，是按照一系列的程序在进行的谈判过程中必须遵守的礼仪规范。俗话说"事在人为"，谈判人员素质的高低往往成为谈判能否成功的决定性因素。除了谈判人员的知识经验、谈判策略以及技巧外，谈判人员的个人礼仪也是很重要的因素。

14.3.1 谈判准备阶段的礼仪

商务谈判的礼仪准备，是要求谈判者在安排或准备谈判时，应该注重自己的仪表，预备好谈判的场所，布置好谈判的座次，并且以此来显示我方对于谈判的郑重其事以及对对方的尊重。

1. 对谈判人员的仪表要求

正式出席谈判的人员，在仪表方面最值得注意的是服装。在这种场合，应穿着正式、简约而高雅的服装。可能的话，男士应穿深色西装和白衬衫，打素色或条纹式领带，配深色袜子和黑色系带皮鞋。女士则应穿深色西装或套裙和白衬衫，配肉色长袜和黑色高跟或半高跟皮鞋。同时要兼顾对方的审美习俗和审美心理，给人以可信的感觉。

另外，男士应理发、剃须，不准蓬头垢面，不留胡子或大鬓角。女士应选择端庄的发型，并且化淡妆，不可作过于摩登或超前的发型，不可化浓妆或使用浓香型的化妆品。

2. 谈判地点的确定

商务谈判的地点，应通过各方协商而定。担任东道主的一方应出面安排谈判厅的环境，准备好相关的物品，要在各方面注意做好礼仪接待的工作。

3. 谈判座次的安排

举行正式谈判时，谈判现场的座次要求严格，礼仪性很强。排列座次根据参加谈判的人员而定，一般分为双边会谈和多边会谈两种。

举行双边谈判时，应使用长桌或椭圆形桌子，宾主应分坐于桌子两侧。若桌子横放，正面对门的一方为上座，留给客方坐；背对门的一方为下座，由主方坐；若桌子竖放，则应以进门的方向为准，右侧为上，留给客方坐；左侧为下，由主方坐，如图 14.1 与图 14.2 所示。

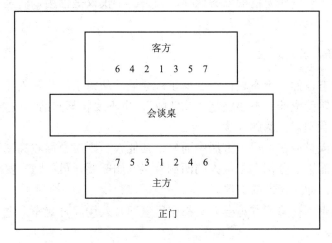

图 14.1　谈判桌横放式座次

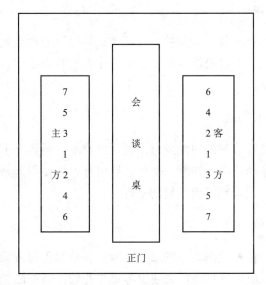

图 14.2　谈判桌竖放式座次

举行多边谈判时，为了避免失礼，淡化尊卑界限，按照国际惯例，一般均以圆桌为佳，即所谓圆桌会议。

14.3.2　谈判开局阶段的礼仪

1. 提前约定时间，并按时赴约

从事商务活动的人都拥有较强的时间观念，因此，在商务谈判之前双方应提前约定时间，做好谈判的准备。一旦约定，双方都必须按时赴约，若迫不得已需要更改时间，

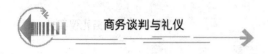

应提前通知对方。对言而无信的商务伙伴，失去的不仅仅是信用，而是双方真诚合作的机会。

2. 及时到场、礼貌入座

谈判者应神态自然、步态轻松稳健地步入会场，从椅子的左侧入座，坐下后身体要保持端正。不要转动座椅、不要跷起"二郎腿"，也不要将脚向前伸或置于座椅的下面。女性坐下时要注意理裙，两腿并拢。

各方的主谈人员应在自己一方居中而坐，其他人员则应遵循右高左低的原则，依照职务的高低自近而远的分别在主谈人的两侧就坐，如需要译员，则应安排其就座于仅次主谈人员的位置，即主谈人的右侧。

无论何种谈判，有关各方与会人员都应尽量同时入场同时就座，主方人员应待客方人员入座后才入座。

3. 自我介绍要得体

谈判双方接触的第一印象十分重要，言谈举止要尽可能地表现友好。作自我介绍时要自然大方，不卑不亢，不可表现得过于傲慢；作完自我介绍后，可双手递上名片加深印象，也便于日后联络。

4. 创造和谐的谈判气氛

介绍完毕后，要进行简短的问候致意，说话要自然、得体，不要结结巴巴或语不达意。首次交谈时，可选择双方共同感兴趣的话题进行，以便引起共鸣、沟通感情，创造和谐的谈判气氛，为正式谈判奠定良好的基础。

5. 认真听对方谈话

谈判之初的重要任务是摸清对方的底细，因此要认真听对方谈话，细心观察对方举止表情，并适当给予回应。这样既可表现出尊重与礼貌，同时还能从中了解到对方的目的和意图。

14.3.3 正式谈判过程中的礼仪

1. 举止优雅适度

谈判过程中，要注意坐、站、行的姿态，谈判时应目光注视对方且停留在对方双眼至前额的三角区范围内，这样使对方感到被关注、被尊重。手势要自然，不宜做大幅度的手势，以免给对方造成轻浮之感。切忌双臂在胸前交叉，那样显得十分傲慢无礼。

2. 语言适度、语气委婉

商务谈判中，要讲究一定的语言技巧和礼仪。提问时注意提问方式要委婉，在提问的内容上，不要问与谈判内容无关的问题，如果提出的问题对方一时答不上来或不愿回答，就不要再追问下去，要随机应变，适时转换话题。言辞不可过激或追问不休，以免引起对方反感甚至恼怒，但对原则性问题应当力争不让。对方回答问题时不宜随意打断，答完时要向解答者表示谢意。

商务谈判的结果最终影响着利润的分配，因此，双方人员的据理力争免不了会有一番唇枪舌剑。只有运用恰当得体的语言、委婉的语气，才能给对方好感，变不利因素为有利因素。

3. 回答问题实事求是

回答对方的问题要实事求是，不可敷衍了事或答非所问。如果对方对某个问题不太了解，要耐心地向对方做出解释，切不可表现得不耐烦，或敷衍了事，甚至不屑一顾。

4. 以礼相待，态度诚恳

在商务谈判中，要互相尊重，以礼相待，对不同的意见应持欢迎和尊重的态度。这种态度能使我们能更加平心静气地倾听对方的意见，从而体现谈判者的宽广胸怀。在把握目标的坚定性和策略的前提下，本着互谅、互让、互惠的原则，体现尊重平等，平等友好相处，加深了解，从而有利于谈判的成功。

5. 宽容大度，心平气和

在谈判过程中，即使双方没有"达成一致"，也要对对方彬彬有礼、宽容大度，为以后的合作打下良好的基础。不能翻脸不认人，因情急而失礼，更不要争吵，争吵无助于矛盾的解决，只能激化矛盾。因此要注意保持风度，心平气和地来解决问题。

6. 要恪守信用

在商务谈判中，要遵守承诺，取信于人，不能言而无信。不要欺蒙对方，报价要明确无误，不得变幻不定，对方一旦接受价格，不得再行更改或出尔反尔。许诺必须谨慎，不管是谈判对手提出的要求，还是自己主动提出的要求，都要深思熟虑、量力而行。

7. 保持耐心冷静

在谈判中，解决矛盾时要就事论事，要耐心听对方谈话，细心观察对方的举止表情，并适当地给予回应，这样既可表现出尊重与礼貌，同时还能从中了解到对方的动机和意图。如果对方情绪较激动，最好的办法就是静静地倾听，千万不要还击。成功往往来自关键时刻的耐心与冷静，求大同存小异，不可因发生矛盾而有过激的语言和行动，甚至进行人身攻击或侮辱对方。

14.3.4　签约阶段的礼仪

1）在签约时，双方参加谈判的全体人员都要出席。当双方签字人员进入签字厅时，其他各方的人员应按身份顺序排列于各自的签字人员之后，共同进入会场，相互握手致意。

2）双方的助签人员分别站在各自一方签约人的外侧，其余人排列站立在各自一方的代表身后。

3）助签人员要协助签字人员打开文本，用手指明签字位置。双方代表各在己方的文本上签字，然后由助签人员互相交换，在对方文本上签字。

4）签字完毕后，双方代表应同时起立，再次交换文本，并相互握手，祝贺合作成功。其他随行人员则应该以热烈的掌声表示喜悦和祝贺。

5）在签字仪式结束后，适当的赠送礼品给对方，会对增进双方的友谊起到一定的作用。

14.3.5　商务谈判的礼仪方针

商务礼仪规定，商务人员在参加谈判时要更新意识，树立正确的指导思想，并且以此来指导自己的谈判表现，这就是谈判的方针。谈判方针的核心是一如既往地要求谈判者在庄重严肃、剑拔弩张的谈判会上，以礼待人，尊重别人，理解别人。具体表现在以下六个方面。

1. 尊敬对手

尊敬对手就是在商务谈判的整个过程中，都要对对手真诚、礼貌、尊重。在谈判过程中，不管发生什么情况，都始终坚持尊敬对手，给对方留下良好的印象。而且在今后的进一步商务交往中，还能发挥潜移默化的作用，换得对方与我方的真诚合作。

2. 依法办事

依法办事就是在商务谈判中，要求商务人员自觉地树立法制意识，在谈判中所进行的一切活动，都必须依照国家的法律办事，以确保通过谈判而获得的利益。

3. 平等协商

谈判就是观点有异的各方在合理、合法的情况下，经过种种努力，达到某种程度上的共识或一致的过程。因此，离开了平等协商，谈判的成功就无从谈起。

谈判中坚持平等协商，还要注意以下两个问题：一是强调谈判各方在地位上的平等一致，相互尊重，不可仗势欺人、以大压小；二是强调谈判各方在谈判中的协商和谅解，不可通过强迫、欺骗等手段来达成一致。

4. 求同存异

谈判是一种争论，是一个双方都想让对方按自己意图行事的过程，有很强的对抗性。有一位驰名世界的谈判大师说过："所谓谈判，就是一连串的不断地要求和一个又一个不断的妥协。"在谈判时，各方都在尽最大的努力争取各自的利益。为共同关心的事达成一个协议，通过各方的相互让步来达到妥协，所达成的协定只要公平、合理、自愿就可以接受。

5. 互利互惠

在谈判时，既要讲竞争又要讲合作，谈判的结果既利己又要利人，谈判的各方都能各取所需。最理想的谈判结局，是有关各方达成了大家都能够接受的妥协，也就是要使有关各方通过谈判，能够互利互惠。不要在商务谈判中将自己的利益建立在有害于对手的基础上，那样只会影响以后的进一步合作，而且会在社会上造成"心狠手辣"的恶劣印象。因此，商界最讲究的是伙伴与对手之间的同舟共济、利益均沾、达到双赢的效果。

6. 人事分开

在谈判中，将对手的人与事分开，就是要求商界人士与对方相处时，切记朋友归朋友，谈判归谈判，二者不能混淆。一方面，应做到彼此对各自的利益和既定的目标都要据理力争，势在必得。既不要指望对手对自己"网开一面"，也不要责怪对方"见利忘义"，对自己毫不留情。另一方面，不要因自己对谈判对手主观上的好感，妨碍自己解决现实问题。

14.4　主要国家的商务礼俗与禁忌

由于世界各国有着不同的文化背景和民族差异，因而礼节和习俗也有着很大的区别。在商务交往中，只有了解各国的礼节特点及禁忌，才能便于我们更好地开展各种商务活动。

1. 朝鲜

朝鲜人喜欢穿白色的服装，因此有"白衣民族"之称。朝鲜的国花是金达莱花，也就是人们通常说的杜鹃花。

朝鲜人在公共场所非常注重礼仪。受西方文化的影响，目前朝鲜人在社交场合大多以鞠躬礼、握手礼作为见面礼节。在行礼时，他们一般是先鞠躬，后握手，在行鞠躬礼时并同时向对方问候。在一般情况下，主人先向客人施礼，晚辈、下属先向长辈、上级施礼，对方也必须以鞠躬还礼。在握手时，可用双手，也可以单用右手。在一般情况下，朝鲜妇女不与男子握手，而只是行鞠躬礼，但朝鲜男子可以与外国妇女握手。

朝鲜人有着尊老、敬老的良好传统。在朝鲜民间，晚辈在拜见长辈时，有时要行跪拜礼。路遇长辈时，晚辈要首先上前问候对方，并在必要时为其让路。在日常交往中，称呼朝鲜人最好采用尊称或其职务、职称，他们不习惯直呼其名。

朝鲜人的姓名与中国人的姓名相类似，一般由两三个字组成。在朝鲜，姓"金"、"李"、"朴"、"崔"、"郑"的人最多，它们合称"朝鲜五大姓"。

朝鲜人最欣赏的动物是熊和虎，前者被视为民族的祖先，后者在民间则被当作山神。朝鲜人很不喜欢"4"这个数字，因为"4"与"死"发音类似。朝鲜人对他们国家的历史文化以及建设成就十分自豪，因此他们希望别人能尊重他们这种感情，忌讳谈论美、韩及南北统一等问题。

2. 韩国

木槿花为韩国的国花，松树为国树，喜鹊为国鸟，老虎为国兽。

韩国是一个礼仪之邦，居民普遍注重礼貌礼节，尤其在尊老爱幼、礼貌待人方面，更为注重。如晚辈对长辈、下级对上级，需表示特别的尊重。男子见面，可打招呼，相互行鞠躬礼并握手，但女性与男子见面时通常不与他握手，而只行鞠躬礼。

韩国人很讲究礼节，用餐时不能随便出声，不可边吃边谈，否则引起反感。韩国人稳重有礼，一般不轻易流露出自己的感情，在公共场所不大声说笑。在韩国，妇女十分尊重男子，双方见面时，总是女性先向男子行鞠躬礼，致意问候。韩国在身份、性别、长幼次序上有严格的礼节，男女同坐时，一般男子位于上座，女子位于下座；多人相聚时，往往也是根据身份高低和年龄大小依次排定座位。

在商务交往中，韩国人比较敏感，也比较看重感情，只要感到对方稍有点不尊重自己，生意就会"告吹"。与不了解的人来往，要有一位双方都尊敬的第三者介绍和委托，否则不容易得到对方的信任。

韩国人大都喜爱白色，并且对熊与虎十分崇拜。忌讳"4"，认为这个数字不吉利，因其音与"死"相同。因此在韩国没有四号楼，不设第四层，餐厅不排四号桌等。

3. 日本

樱花是日本的国花，因而日本被誉称为"樱花之国"。

鞠躬是日本人见面和分手时常用的行礼方式，日本人在初次见面时，一般不握手，但如果是老朋友或者是比较熟悉的，就主动握手或拥抱。他们常用的寒暄语是"您好"、"请多关照"、"拜托您了"、"失陪了"等。日本人鞠躬很有讲究，往往第一次见面时行30°的"问候礼"，分手离开时行45°的"告别礼"。

日本人经商带有典型的东方风格，一般比较慎重、耐心，自信心、事业心和进取心都比较突出。日本人办事效率高，时间观念强，但在谈判桌上却慢条斯理，比较谨慎，不轻易表态，更不公开说"不"字。他们不住地点头，并不表示他同意你的主张和看法，而仅仅表示他已经听见了你的话。日本人没有相互敬烟的习惯，与日本人一起喝酒，不宜劝导他们开怀畅饮。

日本人忌讳"4"和"9"等数字，这是由于日语发音中"4"和"死"相似，"9"和"苦"相近；日本人忌讳绿色，认为绿色不祥，也不喜欢紫色、黑白相间的色；日本人忌讳荷花，因为荷花在日本用于丧葬活动；送花给日本人时，忌送白色的花，因为白色象征死亡；菊花是日本皇室专用的花卉，民间一般不能赠送；他们喜爱鹤和乌龟，认为二者都是长寿、吉祥的代表。

4. 泰国

泰国人信仰佛教，泰国男子年满 20 岁后，都要出家经过三个月的僧侣生活，穿黄色僧衣，故有"黄衣之国"、"千佛之国"的美称。在泰国，佛祖和国王是至高无上的，切不可当着泰国人的面说对佛祖和国王轻率的话。

泰国自古就有"微笑之邦"的美誉，最多的见面礼节是带有浓厚佛门色彩的合十礼。行合十礼时，双掌相合上举，抬起在额与胸部之间，不超过双眼。双掌举得越高，表示尊敬程度越高，但地位高者、年长者还礼时手腕不得高于前胸。在泰国，若有尊长或年长者在座，其他人的头部都不得超过尊者、长者头部，否则是极大的失礼。

在举止动作上，泰国人有很多的禁忌，他们有"重头轻脚"的讲究。泰国人认为，人的头是神圣的，别人是不能碰的。给长者递物品必须用双手，给一般人递物品要用右手，因为他们认为左手是不洁净的。不可把物品越过他的头顶，从坐着的人身边经过时，要略微躬身以示礼貌。在睡觉时，他们忌讳"头朝西，脚向东"，因为日落西方象征死亡，在泰国是停放尸体时的做法。脚除了用于走路之外，最好不要轻举乱动，否则很可能会冒犯朋友。因此，他们不准用脚来指示方向，不准脚尖朝着别人，不准用脚踏门或是踩踏门槛。

睡莲是泰国的国花，是泰国人最喜欢的花卉。泰国人喜欢大象与孔雀，白象被视为国宝。他们喜欢红、黄色，并且对蓝色颇有好感，视蓝色为"安宁"的象征。但忌用红笔签名，因为他们视之为死人所受的待遇。

5. 新加坡

新加坡的国花是一种名为"卓锦·万代兰"的兰花，这种四花瓣的兰花，形象地象征着新加坡四大民族的团结。马来语为国语，英语为行政语言。新加坡人爱花，一年四季鲜花盛开，故有"花园之国"的美称。新加坡的华人主要来自广东、福建、上海和海南等地，因此被称为"华裔之国"。

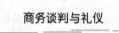

新加坡人以讲究礼节礼貌、讲究卫生为准则,受华人传统文化的影响,在语言、文化和习俗上都保持着中国的传统。见面的礼节通常是鞠躬或握手。

在日常生活里,新加坡人对传统民俗非常讲究,吉祥字、吉祥画在他们的周围随处可见。最受他们喜爱的吉祥字有"囍"、"福"、"吉"等;最受他们欢迎的吉祥画,则有表示"平安"的"苹果",表示"和平"的"荷花",表示"力量"的"竹子"等。

在色彩方面,新加坡人喜爱红色,认为红色是热烈、喜庆、吉祥的象征。新加坡人对白色也比较喜欢,视白色为纯洁的象征。新加坡的国旗,就是由红色和白色两种色彩构成的。他们不喜欢黑色和紫色,因为黑色、紫色代表着不吉利。新加坡人忌讳说"恭喜发财",他们认为"发财"是发不义之财、损人利己的意思。

6. 印度

印度是一个东西方文化共存的多民族国家。印地语为国语,英语为官方语言和商业用语。在印度,83%的居民信奉印度教,其次为伊斯兰教、基督教、佛教和犹太教等。

印度人传统的见面和告别方式是传统的合十礼。印度人在双手合十时,总是把双手举到脸部前才算合十。必须注意的是,切莫在双手合十的时候,也同时点头,那样显得有点不伦不类了。在印度,妻子送丈夫出远门,最高的礼节是摸脚礼。现在,人们见面已多行握手礼,表示亲热时还要拥抱,但对印度的女人不可行握手礼,应双手合十,轻轻鞠躬。在印度南部的一些地方,人们平常用摇头表示同意或肯定。

牛被印度教教徒视为"圣兽", 因此印度人对牛是敬之如神,即使牛在街上漫步,也不可冒犯它。印度教徒不准吃牛肉,一般不用牛皮鞋和牛皮箱,但喝牛奶是允许的。信奉伊斯兰教的印度人不吃猪肉,虔诚的教徒不喝酒,很多印度教徒是素食主义者,因此在宴请印度商人时,事先必须确认对方的饮食习惯。

印度男女多有佩戴各种装饰品的习惯,印度妇女喜欢在前额中间点吉祥痣,其颜色不同,形状各异,在不同情况下表示不同意思,它是喜庆、吉祥的象征。

与印度人接触时,切忌用左手递东西给他,因为他们认为左手是不洁净的。印度人吃饭用右手抓取,递接食物也只准用右手,忌讳左手,伸左手是对别人的侮辱。在印度,除上洗手间和搬重物外,均不使用左手。头是印度人身体上最神圣的部分,故不可触摸他们的头部,也不要拍印度孩子的头部,印度人认为这样会伤害孩子。印度人忌讳在浴盆里洗澡,他们认为不流动的水为死水,孩子浴后会遭灾、夭折的。

印度人喜欢谈论文化方面的成就、印度的传统以及外国的事和外国人的生活。与印度人谈话应回避的话题是:宗教与民族斗争、印巴冲突、核武器和两性关系等。

7. 英国

英国的国花是玫瑰。英国人绝大多数信奉基督教,只有部分北爱尔兰地区的居民信奉天主教。

英国人崇尚"绅士风度"和"淑女风范",讲究"女士优先"。他们比较注意仪表,衣着讲究,外出进行社交活动时,男士要穿深色的西服,女士则穿着西式套裙或连衣裙。他们相信"外表决定一切",因此,尽量避免感情外露。他们庄重、含蓄、自谦而富有幽默感。

英国人见面常行握手礼,喜欢别人称呼他们的荣誉头衔。与英国人交谈时,应注视着对方的面部,并不时与之交换眼神。要注意使用敬语,不要问对方私事。英国人在非工作时间,一般不进行公事活动,若在就餐时谈及公事更令人反感。英国人时间观念极强,赴约也十分准时。不要随意拜访英国人家,若受到对方的邀请,则应欣然而往,但切不可早到,否则是失礼的行为。在商务谈判中,英国人说话办事,都喜欢讲传统、重程序,同时又能随机应变,能攻善守。

到英国人家做客时,最好不要忘记给女士带上一束鲜花或一盒巧克力。英国人忌讳"13",送鲜花时,宜送单数,而忌送双数和 13 枝;也不要送菊花和百合花,因为在英国人看来,菊花和百合花是死亡的象征。切勿与英国人交叉握手或交叉干杯,因为那样会构成晦气的十字架形,是不吉利的象征。忌用人像作为商品的装潢,忌大象和孔雀图案,认为大象是蠢笨的象征,孔雀开屏被认为是自我炫耀。

8. 法国

法国是世界闻名的"奶酪之国",百合花是法国的国花,首都巴黎有世界"花都"之美称。法国人大多数信奉天主教,少数信奉基督教和伊斯兰教。

法国人天性浪漫好动,喜欢交际。在商务交往中,常用的见面礼是握手,而在社交场合,亲吻礼和吻手礼则比较流行。法国人使用亲吻礼有严格的规矩:朋友、亲戚、同事之间只能吻脸或额头,长辈对小辈是亲吻额头,只有夫妇和情侣才吻唇。至于吻手礼,则主要限于已婚妇女,若女士伸手作下垂式,男士只能象征性地吻一下手指部分。法国人待人彬彬有礼,在公共场合,他们从不大声喧哗。与法国人交往,称呼对方宜称其姓,并冠以"先生"、"小姐"、"夫人"等尊称。熟人、同事之间,可直呼其名。与法国人交谈,不要涉及政治问题和个人私事。

法国人初次见面一般不送礼,第二次见面时则必须送礼物,否则会被认为是失礼的。他们非常喜欢名人传记、历史书籍等,对于鲜花和外国工艺品也颇有兴趣,讨厌那些带有公司标志的广告式礼品。他们忌讳"13",忌黄色的花,认为是不忠诚的象征;忌墨绿色、黑桃及仙鹤图案,他们认为仙鹤图案是蠢汉和淫妇的象征。

9. 德国

德国有"啤酒之国"的美称。在德国,有一半的居民信奉基督教,另有约 46%的人信奉天主教。

德国人的特点是勤勉、矜持、喜欢音乐、爱清洁,讲究效率,崇尚理性思维,时间观念强。他们不喜欢拖拖拉拉、不守纪律和不讲卫生的坏习气。德国人见面一般行握手礼，与亲朋好友见面时，多行拥抱礼。他们比较看重身份，特别是看重法官、律师、医生、博士、教授一类有社会地位的头衔。德国人讲究穿着打扮，一般男士穿西装、打领带，女士穿长过膝盖的套裙或连衣裙。不允许女士在商务场合穿低胸、紧身、透明的上装和超短裙，也不允许她们佩戴过多的首饰，否则会被视为无礼和不自重。

在商务谈判中，德国商人很注重工作效率，而且准备周详。在谈判中他们倔强好胜，表现得较为固执，难以妥协，在交易中很少让步。他们重合同、讲信誉，合同一旦签订，他们会十分严格地执行。因此，同他们洽谈贸易时，严禁闲谈。

给德国人赠送礼品应审慎，尽量选择有民族特色、有文化品位的物品。不要给德国女士送玫瑰、香水和内衣，因为它们都有特殊的意思，玫瑰表示"爱"，香水与内衣表示"亲近"，即使女性之间，也不宜互赠这类物品。德国人忌讳"13"，忌送刀、剪和餐叉等，因为这些物品有"断交"之嫌。忌吃黑桃，忌讳茶色、黑色、红色和深蓝色。

10. 俄罗斯

俄罗斯是个多民族的国家，主要信奉东正教，并以此作为国教。向日葵是俄罗斯的国花。

俄罗斯人性格开朗豪放，重礼好客、有时间观念、爱整洁。俄罗斯人重视文化教育，整体文化素质很高，喜欢艺术品和艺术欣赏。 俄罗斯人见面时一般行握手礼，朋友之间则亲吻面颊或拥抱。俄罗斯人做生意比较谨慎，在谈判桌上，他们擅长讨价还价，很有耐心，从不吝惜时间。

到俄罗斯人家里做客，可以送鲜花、酒、艺术品和书籍等。如果送花，要送单数而不送双数，在俄罗斯人看来，双数是不吉利的，只有在去世时才用双数的花。俄罗斯忌讳别人送钱，认为送钱是对人格的侮辱。俄罗斯人喜爱红色而忌讳黑色，忌讳"13"，忌食狗肉，忌讳打碎镜子，认为打碎镜子意味着灵魂的毁灭和不幸。

11. 美国

美国没有国教，人人都有信教和不信教的自由。不过，大约有30%的人信仰基督教，21%的人信仰天主教，此外还有人信仰东正教、犹太教、穆斯林和佛教等。白头雕，亦称白头鹰或秃鹰，是美国人最珍爱的飞禽。它不但成为美国国徽上的主体图案，而且被选定为美国的国鸟。

美国人一般都性格开朗、自信、热情和坦率，乐于与人交往，不太拘于礼节，提倡"女士优先"。通常相见时，一般只点头微笑，打声招呼而不一定握手。对关系密切的人直呼其名来表示亲切友好，不喜欢用"先生"、"太太"、"小姐"、"女士"之类的称呼，也不以行政职务去称呼别人。在美国等西方国家都有付小费的习惯，付小费被认为是对服务人员提供服务的尊重和酬劳。快餐是典型的美国饮食文化，美国人不爱喝茶，爱喝矿泉水、可口可乐和啤酒等。

标榜个性独立是美国人的特点，美国人最忌讳打探个人隐私，即使在招工时，美国人也极少询问此类问题。美国人在进行商务谈判时，喜欢开门见山，不必过多地握手与客套，答复明确，不爱转弯抹角。美国商人法律意识很强，在商务谈判中他们十分注重合同的推敲，"法庭上见"是美国人的家常便饭。

美国人对山楂花与玫瑰花非常偏爱。美国人普遍爱狗，认为狗是人类最忠实的朋友，厌恶吃狗肉的人。美国人忌讳蝙蝠，蝙蝠被视为吸血鬼与凶神的象征。忌讳"13"、"3"和"星期五"等，美国人喜爱白色、蓝色和黄色，忌讳黑色，因为黑色在美国主要用于丧葬活动。

12. 加拿大

枫叶象征着友谊，是加拿大的国花，加拿大也因此被称为"枫叶之国"，枫树则被定为加拿大的国树。加拿大人主要是欧洲移民的后裔，以英国、法国血统者为多。加拿大人大部分信仰天主教、基督教。

加拿大是和美国相邻的一个大国，但在礼俗上与美国人存在着很多区别。加拿大人通常行握手礼，讲究使用礼貌语言，注重必要的礼节。由于欧洲移民较多，故其礼节大多与英国、法国相似。

与加拿大人进行商务交往时要注意准时赴约，切忌失约。与加拿大人交谈时，不要打断对方的谈话或与对方强词夺理。切勿将加拿大与美国相比较，这是加拿大人的一大忌讳。销往加拿大的商品，必须有英法文对照，否则禁止进口。

白雪在加拿大人的心目中有着崇高的地位，并被视为吉祥的象征与避邪之物。在不少地方，人们甚至忌讳铲除积雪。加拿大忌讳"13"和"星期五"，忌白色的百合花，因为白色的百合花主要被用于悼念死者，所以绝对不可以作为礼物送给加拿大人。

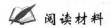 阅读材料

世界主要节日

1. 元旦

元旦是全世界人民传统的新年。元旦的"元"字是开始的意思，"旦"是指天刚刚亮的意思。"元旦"泛指一年的头一天。每当这天，世界各国人民都举行活动辞旧迎新。

日本人特别重视新年，每年的 12 月 29 日～1 月 3 日为全国休假日。日本人除夕之夜全家围坐在火炉边，一边吃过年面，一边聆听远处寺院传来的钟声。除夕钟声一共要敲 108 下，意味着驱散 108 种烦恼。元旦早晨互相拜过年后，他们就开始用餐。早餐是很丰盛的，吃砂糖竽芳、荞麦面、年糕汤、喝屠苏酒等。此后一连三天，则吃素的，以

示虔诚，祈求来年大吉大利。

朝鲜在新年时家家户户贴窗花、对联和年画，祈求上天保佑，赐给幸福。朝鲜人在新年时除了享用美酒佳肴外，还必定做一种药饭，用糯米加上松子、栗子松、枣泥和蜂蜜等，蒸煮成与我国的八宝饭相类似的甜饭食用，以预示家里人来年兴旺、生活甜蜜。

希腊人过新年时，家家都要做一个藏有银币的大蛋糕，由主人切成若干块，分给家人和来宾。谁能吃到藏有银币的那块，谁来年就会好运不断。

西班牙人除夕之夜则要喝蒜瓣汤。当教堂钟声在 12 点响起时，大家便争着吃葡萄，时钟每敲一下，就吃一颗葡萄，许一个愿望。在有节奏的钟声里吃完 12 颗葡萄，象征新年的每一个月都万事如意。

英国的公历元旦虽没有圣诞节那样隆重，但在除夕夜和元旦，人们还是根据当地的风俗开展各种庆祝活动，以示送旧迎新。苏格兰人给亲友送煤块，祝福生活像煤炭一样长燃不熄。

德国人庆祝新年约有一周的时间。在这期间，家家户户都要摆上一棵枞树，树叶间系满绢花，表示繁花似锦，春满人间。德国人在新年来临之前，要爬到椅子上，钟声一响就跳下椅子，并将一重物抛向椅子背后，以示甩去祸患，跳入新年。

法国人在新年到来之前，一定要把家中的酒全部喝光，以致许多人喝得酩酊大醉，他们认为，元旦时如果家中还有剩余的酒，新一年里会交厄运。

意大利人在元旦前夜的午夜时分，人们都要把屋里的一些破旧瓶子、缸和盆等扔出门外砸碎，以示除旧迎新，来年好运。

2. 春节

春节是我国农历的新年，即农历正月初一，在民间它是最古老、最隆重的一个传统节日。世界各地，凡有华人居住之处，都要过春节，人们把过春节看成是家人欢聚和亲友之间沟通感情的最佳时光。在春节期间，中国政府向国人提供七天的带薪假日。

中国人在春节期间要"扫尘"，即每年年终，家家户户都要进行彻底的大扫除，寄托着人们破旧立新的愿望和辞旧迎新的祈求。春节前夕，人们都要上街购买年货、挂年画、贴春联和倒贴"福"字，表示"幸福已到"、"福气已到"。

春节期间长辈要给晚辈压岁钱，据说压岁钱可以压住邪祟，因为"岁"与"祟"谐音，晚辈得到压岁钱就可以岁岁平安。压岁钱可在除夕夜前赏给孩子，也可在晚辈拜年时给予。

春节的前夜称除夕夜，人们在除夕之夜合家团聚，吃年夜饭"守岁"。共同观看春节联欢晚会已成为"守岁"的一项重要活动，直到春节子时的到来。我国北方地区在此时有吃饺子的习俗，取"更岁交子"之意，预示来年交好运。饺子因为形似元宝，过年时吃饺子，也带有"招财进宝"的吉祥含义。一家大小聚在一起包饺子、话新春，其乐融融。而南方有吃年糕的习惯，因为年糕谐音为"年高"，象征生活步步高。

从大年初一开始，人们便开始拜年，晚辈给长辈拜年，亲戚朋友互相拜年，恭祝来年大吉大利。拜年时，人们互道"过年好"、"恭喜发财"等吉祥的话语。

春节期间，人们纷纷走上街头，舞狮子、耍龙灯、逛花会等。人们以种种方式来寄托美好的愿望，并表达自己的喜悦。春节的时间持续很长，直到农历正月十五，即过完中国的"元宵节"才算结束。

3. 圣诞节

圣诞节是基督教的重要宗教节日。公元354年，罗马天主教会规定每年12月25日为圣诞节，据说是纪念传说中的耶稣诞生的节日，从此，这一天就成为天主教徒和基督教徒的盛大节日。圣诞节的庆祝时间一般为12月24日的下午到来年的1月6日结束。圣诞节本是一种宗教节日，现在已成为一个世界性的民间节日，全世界共有140多个国家和地区都庆祝这个节日。

在欧美各国，在每年持续一个星期的盛大的狂欢活动中，子女们均从各地赶来与父母团聚。庆祝圣诞的传统活动有扮演圣诞老人、装饰圣诞树、送圣诞贺卡、做圣诞食品、点圣诞蜡烛、烧圣诞柴、唱圣诞歌等。圣诞老人是西方童话人物，也是圣诞节活动中最受欢迎的人。圣诞夜是圣诞节活动的高峰，全家欢聚一堂，围坐在象征吉祥的圣诞树旁，共进圣诞晚餐，互相赠送礼品。孩子们也热切地盼望着圣诞老人给他们送来心爱的礼物。

4. 复活节

复活节是基督教纪念耶稣复活的日子。据说耶稣基督被钉在十字架上，死后第三天复活。这是基督教国家中仅次于圣诞节的第二大节日。复活节的具体日期是每年春分月圆后的第一个星期日。每逢复活节来临，教会都要举行隆重的纪念礼拜，西方各国在复活节时，大都举行传统的游行活动。

复活节有不少传统的庆祝活动，蛋就是复活节最典型的象征。在古代，蛋象征着生命，并被视为耶稣复活的坟墓。复活节期间所赠的礼品主要是鸡蛋，它被涂上各种颜色，以增加节日的气氛。

为了庆祝节日，英国、法国、澳大利亚、德国、美国等国家要放假若干天，家庭成员都团聚在一起，品尝各种各样的传统食品。父母会送巧克力等糖果给孩子，节日里大家见面时要互相祝贺，给亲友送贺卡，祝贺节日愉快。

5. 狂欢节

狂欢节是欧洲传统的民族节日。据说起源于古罗马的农神节，是人们为了庆贺农事而进行的欢庆活动。后来，这一庆祝活动传到盛行天主教的地区，因而又加上了一层宗教的色彩。在这一节日中，各族人民共同欢庆，载歌载舞。其主要活动内容是化妆游行、大型狂欢集会和舞会等。

狂欢节的节期各国不一，有的开始于元旦，有的开始于圣诞节或其他日子。即使在同一个国家，各个地区可能不一样。如在德国的科隆是在11月11日11时11分欢庆狂欢节的到来，而慕尼黑则是在1月6日开始过狂欢节。但大多数国家是在2、3月份气候宜人之时举行。现代的狂欢节已成为许多国家、民族送旧迎新、抒发对自由和幸福向

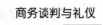

往的重要节日。

在世界所有的狂欢节中，巴西的狂欢节最为引人注目，也最为壮观。巴西历来被誉为"狂欢节之乡"。巴西的狂欢节是在6世纪中叶由葡萄牙人传入的，在每年的2月中下旬举行。在节日的3天3夜里，人们倾城而出，不管白天黑夜，不分男女老幼，尽情狂欢。人们跳起桑巴舞、奏起桑巴曲，进行各种化妆游行比赛。游行队伍中妇女们穿着艳丽的连衣裙，头戴羽毛帽和假面具，男人们则身着无数箔片镶成的衣裤等奇异服装，在喧闹中随着舞曲而跳跃旋转，其热烈几乎达到疯狂程度。

6. 泼水节

泼水节是缅甸人民的传统节日，类似我国的春节。缅甸人在每年的阳历4月上旬过新年，除夕晚上，全家守岁。按照缅甸人民的风俗，水象征和平和幸福，当新年来临时，缅甸人用泼水来庆祝新年，所以新年也叫"泼水节"。这是缅甸旧历年结束后的一个节日，是最神圣、最热闹的日子，通常历时3～4天。

在泼水节期间，举国欢喜若狂，人们手拎水桶，手拿水枪等泼水工具，聚集在广场、街头。当仪式主持人宣布泼水开始，人们就互相泼水，在飞溅的水花中嬉戏追逐。缅甸人彼此之间，除了极少数讲究的人家，用樱桃花枝团取清水轻轻在别人身上抖洒以外，其他绝大多数人都是尽情泼洒，毫无顾忌。尽管人人都被淋得透湿，但他们都兴高采烈，因为在他们心目中，水是幸福的象征。

印度的泼水节在每年阴历十二月（公历2、3月）举行。这是庆祝丰收的佳节，这一天无论在城市或农村，人们都打破种族、宗教的界限，尽情玩乐。

7. 开斋节

开斋节是穆斯林国家的最重要节日之一。许多穆斯林国家在开斋节都要放假三天。每逢伊斯兰教历9月1日至10月1日是伊斯兰教的斋月。

每年的开斋节都非常隆重。节前，人们要把房屋庭院粉刷一新，还要理发洗澡，做节日服装，准备节日食品。节日这天，虔诚的穆斯林一大早便起床做祷告。男女沐浴更衣后，身穿节日盛装，探亲访友，举行集体礼拜和庆祝活动，互相馈赠礼品，互相祝福。青年男女往往选择这一天举行婚礼，以增添欢乐的气氛。

8. 成道节

这是佛教纪念释迦牟尼成佛的日子，时间是每年农历十二月初八，也称腊八节，是我国人民较为熟悉的节日。佛教传说，释迦牟尼于29岁离开王宫修道，苦修6年，未能得道，被饿得皮包骨，濒临死亡。当他打算放弃苦行时，遇见一个牧女，牧女送他以乳糜。他吃后端坐于菩提树下，沉思7天，于12月8日悟得正觉，创立佛教。因此每年的农历十二月初八这一天，寺院僧众都要集于大殿，焚香、诵经，讲道说法，其中熬粥供佛是其独有特点。熬粥活动，在我国元代时规模最大，皇帝给各寺院赐米运柴，各官员及庶民百姓也都购米熬粥洗敬佛，后相互馈送，施于全城贫困百姓。时至今日，成道节熬腊八粥已成为我国重要的民俗。

9. 感恩节

感恩节又称火鸡节，是美国独有的节日，每年 11 月最后一个星期四举行。1620 年 9 月，一百多名不满英国教会迫害的清教徒搭乘"五月花"号木船渡过大西洋，来到今美国马萨诸塞州的普利茅斯，由于饥饿、寒冷和病魔，他们多数人的生存受到了威胁。在当地印第安人的帮助下，他们渡过了难关，并于第二年取得了丰收。为了感谢上帝赐予收获和增进同印第安人的友谊，在长者的建议下，他们邀请了印第安人一同过了一个感恩节，并用火鸡、玉米、南瓜、红薯、果品等劳动成果制成佳肴，自制啤酒，大摆筵席。当时印第安人也带着鹿和火鸡应邀前来助兴，一连欢庆了 3 天。白天设宴，举行赛跑、摔跤、射箭等体育活动，夜晚便燃起篝火，载歌载舞。如此年复一年，便形成了感恩节。

自 1863 年林肯总统在白宫宣布感恩节日期为 11 月最后一个星期四后，他并号召美国人民不分东西南北，共同为美国的繁荣做出贡献。从此，感恩节就成为美国传统的主要节日之一了。每年的感恩节，全国放假 3 天，家人团圆，朋友相聚。总统和各州州长都要发表献词，一些大城市都要举行花车游行。感恩节期间的晚餐异常丰富，其中传统食品是南瓜馅饼和烤火鸡。

10. 母亲节

据说母亲节起源于希腊，是为了纪念传说中的众神之母赫拉而设立的。17 世纪中叶，母亲节流传到英国，英国人把封斋期的第四个星期天作为母亲节。

美国的母亲节是 1906 年由安娜·贾维斯小姐在她母亲去世后首先倡导设立，1914 年由美国国会正式通过决议确定的，时间是每年 5 月第二个星期日，以表示对所有母亲的崇敬与感谢。这一天，家庭成员都要做各种使母亲愉快的事，并赠送各种礼物表示向母亲祝福。第二次世界大战后，这一节日流行于许多国家，成为人们喜欢的节日。

母亲节在美国最为隆重，这个节日意在告诫人们不要忘记表达对慈母辛勤哺育的感激之情，并且要用行动去表达尊敬和感谢。时至今日，欢庆这个节日的国家就更多了，母亲节已经成了一个名副其实的国际性节日。

11. 父亲节

父亲节是美国杜德夫人 1910 年发起选定的。日本、秘鲁、美国、巴西等都有父亲节。除巴西规定是每年 8 月的第二个星期日。此外，日本、美国和秘鲁都规定是 6 月份的第三个星期日。这一天儿女们都要赶回家向父亲祝福，购买礼物或亲手制作有纪念意义的贺卡、小物品送给父亲，以表示崇敬的心意。

美国的父亲节之所以能成为全国性的节日，是与杜德夫人的热心倡导分不开的。杜德夫人是美国华盛顿州斯博坎市人，从小失去母亲，兄弟姐妹六人全靠父亲一人抚养。他父亲历尽艰辛把六个儿女养大成人。父亲的这种自我牺牲精神，极大地感动了她。她长大成人后，积极倡导做父亲的应该像做母亲的一样，要有一个自己的节日。她的倡导得到斯博坎市当局的重视。1910 年，斯博坎市第一次举行了全市性的庆祝活动。后来，

随着美国社会的变化，子女就业人数的增多，照料子女成为父母共同承担的责任。这样，子女对父亲的感情也有了变化，向父亲祝贺的庆祝活动也逐步推广开来。

1972 年，在各方的强烈呼吁下，美国前总统尼克松签署了建立父亲节的议会决议，使其成为全国性的节日。在这一天，子女们一早起来，自己动手为父亲做一顿丰盛的早餐，并亲手端到父亲床前。孩子们还要制作一些精美的小礼品送给父亲。与母亲节一样，在父亲节这天，人们也在胸前佩带特定的花朵。一般来说，佩带红玫瑰表示对健在父亲的爱戴，佩带白玫瑰则表达对故去父亲的悼念。于是，父亲节便成了美国法定的全国性节日。

12. 情人节

每年 2 月 14 日，是欧洲、美洲和大洋洲许多国家的情人节。情人节是一个表白感情的甜蜜的节日，特别受到青年人的重视。

西方人把情人节又叫做"圣瓦伦丁节"。圣瓦伦丁是公元 270 年时的一个基督教徒，他带头反抗罗马统治者迫害基督徒而被捕。在狱中，他和典狱长的女儿相爱，可是 2 月 14 日这天他就要被处死了。临刑前，他给情人写了一封情书，表达自己的情怀。自此，基督教徒为了纪念这位殉教者，便把 2 月 14 日定为圣瓦伦丁节，也叫情人节。

另外，还有一个传说，情人节来源于希腊神话中一段著名的爱情故事。为了纪念这对相爱的情侣而将这一天定为情人节。

然而，情人节并不只是年轻情侣的专利，任何年龄的人都可以在这一天向自己的父母、尊长和朋友表达自己的情意。在美国，这一天也往往是夫妻之间互送礼物、互相祝贺的日子。情人节常见的礼物有：玫瑰花、月季、巧克力和精巧的小饰物等。中国的情人节则是农历七月初七的"七夕"节，为纪念多情的牛郎和织女相会，而将这一天定为有情人表示爱恋的节日。

13. 愚人节

每年的 4 月 1 日，是西方某些国家人民最开心的日子。在这一天，人们可以充分发挥自己的想象力，可以随心所欲地编造出一些有趣的谎言，去调侃、哄骗、取笑、愚弄别人，各式各样的恶作剧一个接一个。只要在午夜 12 点以前，无论你做得多么过分，多么肆无忌惮，也不负法律和道义上的任何责任。

这一天，搞什么样的恶作剧都不过分，谁都可以被愚弄和欺骗，而且被愚弄、被欺骗的人只许哭笑，不许发火。如果你能制造出荒诞至极的"新闻"，又能别出心裁，让人信以为真，还能荣获骗术"桂冠"。人们在这一天可以品尝到骗人和被骗的滋味，而且显得格外宽容大度。

14. 国际妇女节

每年的 3 月 8 日是国际妇女节。1909 年 3 月 8 日，美国芝加哥的广大妇女为要求男女平等而举行游行示威。1910 年 8 月，第二次国际社会主义妇女代表大会通过决议，将每年 3 月 8 日定为国际妇女节。

中华人民共和国中央人民政府政务院于 1949 年 12 月决定，每年的 3 月 8 日为中国的妇女节。新中国的成立使中国妇女获得了彻底解放，妇女实现了平等参与国家和社会事务。妇女节期间，中国各地举行各种纪念活动，中国妇女还可以获得半天休假。

15. 国际儿童节

6 月 1 日是国际儿童节。1949 年 11 月，国际民主妇女联合会为保障全世界儿童的权利，反对帝国主义战争贩子虐杀和毒害儿童，在莫斯科召开会议，将每年的 6 月 1 日定为全世界少年儿童的节日。中华人民共和国中央人民政府于 1949 年 12 月做出决定，将每年 6 月 1 日定为中国的儿童节。

16. "五四"青年节

5 月 4 日是中国的青年节，它来源于中国的 1919 年的"五四运动"。"五四运动"的胜利成为中国新民主主义的开端。为继承和发扬"五四运动"的爱国和民主精神，1949 年 12 月，中国政府正式宣布每年的 5 月 4 日为中国青年节。这一天，我国各地都要举行丰富多彩的纪念活动，还有许多地方在青年节期间举行成人仪式。

17. 端午节

端午节是我国的民间节日，是为纪念投汨罗江而死的爱国诗人屈原，每年的农历五月初五过端午节。"端"是"初"的意思，"午"是按干支排列出来的，5 月正是"午"月。端午又称端阳节、午日节、艾节、端五、夏节等。虽然名称不同，但各地人民过节的习俗是相同的。端午节是我国二千多年的古老习俗，每到这一天，家家户户都悬钟馗像、挂艾叶菖蒲、赛龙舟、吃粽子等。当时楚人因舍不得贤臣屈原死去，于是有许多人划船追赶拯救，于是有了赛龙舟的活动。在五月初五这一天，煮糯米饭或蒸粽糕投入江中，以祭祀屈原，以后渐用粽叶包米代替竹筒，吃粽子的习俗一直延续至今。

18. 教师节

世界上许多国家都有教师节，如泰国 1 月 6 日、委内瑞拉 1 月 15 日、也门 4 月 16 日、葡萄牙 5 月 18 日、印度 9 月 5 日、中国 9 月 10 日、美国 9 月 18 日、法国 12 月 25 日为教师节。这是全社会尊师重教，提高教师社会地位的一个重要象征。

中国的教师节为每年的 9 月 10 日，1985 年 1 月，中华人民共和国第六届全国人民代表大会常务委员会第九次会议通过决议，决定将每年的 9 月 10 日定为教师节。

19. 中秋节

中秋节是远古天象崇拜——敬月习俗的遗痕。农历八月十五是我国的传统节日中秋节，是一年秋季的中间，又称月夕、秋节、仲秋节、八月节、拜月节。中秋前夕，人们都尽可能和家人团聚，取人月双圆之意，八月十五又叫"团圆节"。中秋佳节，人们最主要的活动是赏月和吃月饼了，俗话中有："八月十五月正圆，中秋月饼香又甜"。月饼最初是用来祭奉月神的祭品，后来人们逐渐把中秋赏月与品尝月饼结合在一起，寓意家人团圆的象征。除了赏月、祭月、吃月饼外，有些地方还有舞草龙、砌宝塔等活动。此夜，人们仰望如玉如盘的明月，期盼家人团聚。把酒问月，庆贺美好的生活，祝福远方的亲人健康快乐，和家人"千里共婵娟"，借此寄托自己对故乡和亲人的思念之情。

复习思考题

1. 商务礼仪具备哪些特征？应遵循哪些原则？
2. 商务拜访应注意哪些礼仪？
3. 开业仪式有何主要作用？
4. 签约厅应如何布置？签约时应如何安排座次？
5. 剪彩仪式应准备哪些物品？剪彩包括哪些程序？
6. 庆典包括哪些基本程序？
7. 如何准备交接仪式？
8. 简述新闻发布会的程序。
9. 进行商务谈判时应遵循哪些礼仪方针？谈判时要注意哪些礼仪？
10. 日本人常用什么行礼方式？在与日本人交往中应注意哪些禁忌？
11. 英国人和美国人各有哪些礼仪习惯？在商务交往中具备什么特点？
12. 泰国人在交往中有哪些忌讳？
13. 掌握各国的交往习俗与禁忌，并进行比较。

案 例 分 析

尊重客户，树立形象

国内某知名 IT 公司人力资源部颁布了一份文件《关于对……通报批评的信息通报》，一名前台接待人员被辞退，其他直接和间接相关人员也受到了扣发奖金和批评的处罚。

事情的经过是这样的：

某期货公司老总一行两人来到这家公司的前台接待处，递上名片。而接待员正在计算机前忙着做自己的事情，便叫卫生员负责接待。卫生员接过名片，也没怎么看就问："找证券还是期货？"客户回答说要见期货方面的负责人，她就指着楼道说在 805 房，可以从楼梯上去。在此期间，接待员一直没有离开座位。

客人来到 805 室，由于没有预约，期货部总经理恰逢出差，部门秘书热情地接待了客人。虽经多方联络，但不巧的是各位相关领导都不在公司，直到 20 分钟后，才有一位客户经理前来接待了客人。特别是在此期间听到客户经理在与其他负责人通话时，再三问"是不是预约过了？为何事先没有预约？"客人更是恼怒，拂袖而去。

针对这件事情，人力资源部便做了相应的处理，并加强员工素质培训的工作。

"客户是我们的上帝"，就是因为没有对客户体现出应有的尊重，没有展示应有的素养和文明，没有"客户第一"的意识，才会有上述有损公司形象和业务的这种事情发生。一个不懂得把自己的客户放在心中的公司，一个对自己的客户没有真诚的热情和起码的尊重的公司，是不可能走向成功、走得长远的。

思考：

1．接待员应该如何接待商务来访者？

2．接待员能让卫生员来接待来访者吗？卫生员该如何做？

3．如果你是人力资源部的主管，你将如何处理这件事情？如何开展以后的商务接待工作？

附　　录

附录 A　谈判案例分析方法

A.1　案例分析的目的

在现代西方的教学中，案例教学非常普遍，特别在 MBA 的教学中，更是作为一种主要的教学手段。据说在哈佛大学的 MBA 教学中，案例教学的比重占 60%。通过大量的案例分析，学生普遍反映学到了知识，培养了能力。

案例分析是把已经发生过的事情作为材料，对事情发生的原因、经过、结果进行分析，对与之相关的情况进行分析。结合商务谈判来说，案例分析就是把已经发生过的谈判实例作为分析内容，对谈判的各方面进行深入细致的分析。

通过案例分析，可以达到这样的目的。

1. 能增加谈判的感性认识

许多学习商务谈判的学生，从来没有经历过谈判，不容易理解谈判的原理。通过案例分析，使他们能够理论联系实际，切实掌握好谈判理论。

2. 能吸收他人的经验教训

即使是专门从事谈判工作的人员，也不可能经历过各种谈判环境、各种谈判内容、各种谈判场面的谈判，也不可能善于应对各种谈判对手、各种策略、各种谈判困境。通过案例分析，能帮助他们看到别人成功的奥秘和失败的教训，有利于提高他们的实战能力和效果。至于谈判场上的新手，更需要借鉴别人的经验教训。因为谈判失败的代价往往很高，可能会毁了一个新人、一个企业，容不得我们经常去冒险。

3. 能提高学生的思维能力

人主要有两种能力，体力和脑力。人类社会之所以能够远离原始状态，是人类这两种能力共同发挥作用的结果。但如果人没有认识事物的能力，没有人脑提供行动方法和目标，人体就像一部软件落后的计算机，硬件再先进，又能成什么大事呢？有些动物的体能难道不比人强大吗？你看它们的发展状态如何？人的脑力是人的主要能力，这是显而易见的。

大学生的根本任务，就是要利用大学的各种条件、各种学习内容、各种学习方法，努力增强自己的脑力，主要也就是思维能力。

通过谈判案例分析，要求学生了解案例细节，从中寻找谈判失败和成功的原因；要能够透过事情的表面，看到背后的影响因素；要能够找出各种因素的内在联系。通过这样的训练，使学生善于用头脑发现问题，解决问题。

A.2　案例分析的内容

面对一个案例，应该抓住哪些内容进行分析？

1）可以分析谈判的环境，经济的、政治的、文化的环境因素对谈判有哪些影响，对哪一方更有利。

2）可以分析谈判各方的条件，他们的经济实力、市场地位、经营状况等，对谈判有什么影响。

3）可以分析谈判各方的准备工作，信息收集和研究谈判计划和方案、人员组织和培训等工作做得如何，和谈判的结果有什么关系。

4）可以分析谈判人员的表现，他们在谈判中各种能力的发挥，是否有效，是否和目标一致。

5）可以分析谈判各方的谈判策略、技巧、方法的运用是否得当，如何应对。

6）可以把以上各种因素和谈判中的种种细节综合起来分析，以把握谈判发展变化的规律。

以上这些内容有的在表面，有的隐藏在背后，需要运用一定的方法才能看到。

A.3　案例分析的方法

面对一个案例，首先，要读懂它，熟悉它的每一个细节；其次，要抓住其中值得研究的内容提出有价值的问题；再次，根据案例提供的信息和线索，运用思维方法进行多角度、多层次的解析，从而找到有益的答案。

案例分析为什么要提出问题？

爱迪生是人类最伟大的发明家，他的一生约有 2000 项发明。有人甚至说：如果人类没有爱迪生的发明，人类文明史至少要推迟 200 年。那么，爱迪生的发明想法从何而来？

有一天，爱迪生在路上碰见一个朋友，看见他的手指关节肿着，便问：

"手指为什么会肿？"

"我不知道确切的原因是什么。"

"为什么你不知道呢？医生知道吗？"

"唉！去了很多医院，每个医生说的都不同，不过多半的医生以为是痛风症。"

"什么是痛风症呢？"

商务谈判与礼仪

"他们告诉我说是尿酸淤积在骨节里。"

"既然如此，医生为什么不从你骨节中取出尿酸来呢？"

"医生不知道如何取出。"

"为什么他们不知道如何取出呢？"

"医生说尿酸是不溶解的。"

"我不相信。"爱迪生最后说。

爱迪生回到实验室，马上进行尿酸是否能溶解的试验。他排好了一列试管，每只试管内都有不同的化学溶液，每种溶液中都放入一些尿酸结晶。两天之后，他看见两种溶液中的尿酸已经溶化了。于是，这位发明家有了新发明，一种医治痛风症的新方法诞生了。

这个故事有几方面的启发：

一是告诉我们，人类认识事物的过程，其实是提出问题、解决问题的过程。没有问题的提出，就不会有对事物的深入认识，就不会有人类社会的发展。

二是它为我们提供了一种方法——"追问法"，对可疑的事情要追根究底，找到真正的问题所在。

日本丰田公司曾经流行一种管理方法，叫"追问到底法"。比如，公司的某台机器突然停了，于是就展开了一系列的追问：

"机器为什么不转了？"

"因为保险丝断了。"

"为什么保险丝会断呢？"

"因为超负荷而造成电流太大。"

"为什么会超负荷呢？"

"因为轴承枯涩不够润滑。"

"为什么轴承不够润滑？"

"因为油泵吸不上润滑油。"

"为什么油泵吸不上润滑油？"

"因为油泵出现严重磨损。"

"为什么油泵会严重磨损？"

"因为油泵未装过滤器而使铁屑混入。"

至此，真相大白。于是，给油泵装上过滤器，再换上保险丝，机器就能长期地正常运转了。其实"追问法"的"追问"过程，既是一个疑问的过程，也是一个深入分析的过程，一个解决问题的过程。

三是这个故事向我们显示了一种敢于创新的精神。不受别人思想的束缚，敢于解决别人不能解决的问题，这种精神和分析案例的宗旨是一致的。要通过分析案例，借鉴别人的经验教训，但不是简单照搬，而是要扬长避短，推陈出新。别的谈判人员的优点要学习，他们犯的错误要避免，他们做不好、做不到的，要努力去做好、做到。

     326

用提问的方法来分析案例,这不是分析案例的唯一方法。还可以用比较法分析案例,比如,同样是时间紧张的谈判,为什么有的受时间影响大,有的受时间影响小? 通过不同案例的对比,可以找到答案。

面对一个案例,也许能够提出许多问题,但没必要都去分析研究,我们要分析有价值的问题。怎样才算是有价值的问题? 应该掌握这样的标准:

1)有利于提高谈判能力的问题。

2)和案例密切相关的问题。

3)在现有条件下能够找到明确答案的问题。

案例分析的方法,随着分析者需要的不同和案例内容的不同,方法也可灵活选择。涉及到军事的,要用军事的方法;涉及到数据的,要用数学的方法、统计的方法。只要能找到案例中最真实、最有价值的信息,就是最好的方法。

A.4　实例分析示范

在讨论案例时,可以根据需要,对它进行全面分析或重点分析。全面分析就是对整个案例的各方面内容进行多方位、多层次、多方法的分析。重点分析就是对案例某一方面的内容进行多方位、多层次、多方法的分析。下面按全面分析的要求,对一个案例分析示范如下:

在 20 世纪 80 年代的某一年,某国有大型茶叶公司发现,仓库里有大量红茶积压,如再不迅速售出,损失将很大。经过几天研究,定下了一个洽谈业务的方案。此后,当客户来探盘时,该茶叶公司把品种少的红茶混杂在大量绿茶中报盘,绿茶以市场价报出,红茶的价格比市场价高。客户对绿茶价格表示认可,但对红茶价格表示怀疑。该茶叶公司解释说:据可靠消息,今年红茶歉收,行情看涨。客户听后没有提出疑义,也不愿订购红茶,就走了。一次如此,两次如此,尽管未见成效,该茶叶公司仍然坚持这样和客户洽谈。一个月后,以前走掉的客户又陆续回来了,并在该茶叶公司报的红茶价的基础上,达成了一笔笔交易。这一年的红茶库存销售一空,价格也比往年卖得高。

案例分析

这个案例,表面上看起来很简单,其实隐含着大量有价值的信息。下面采用提问法,边提问边分析。

提问:该茶叶公司取得了谈判的成功吗?

分析:从谈判的目标和谈判的结果来看,该茶叶公司不仅卖掉了积压商品,而且取得了不错的经济效益;既超额完成了任务,也没有影响交易各方的关系,没有留下履约中的麻烦,可算是成功的谈判。

提问:该茶叶公司用了什么策略使谈判取得成功?

分析： 该茶叶公司在报盘时，把红茶混杂在大量的绿茶中报价，而又故意提高红茶价格，这是策略之一；一旦采用了这种方法之后，不管眼前效果如何，还坚持相当一段时间，这是策略之二。

提问： 为什么要把品种少的红茶混杂在大量的绿茶中报价？

分析： 因为品种繁多的绿茶的价格报的是市场价，是容易令客户信服的价格，所以提价后的红茶混在其中，想以此来分散客户的注意力，希望使他们产生这样的心理：大部分绿茶价格都是真的，小部分红茶的价格大概也假不到哪里去，这叫"鱼目混珠"。就像几句假话混在许多真话之中，使人真假难辨。

提问： 明明红茶积压，为什么还要提高价格呢？

分析： 兵法云，虚则实之，实则虚之。提价可以使对方不怀疑该茶叶公司销售上的困难，并可利用对方可能产生的逆反心理，以为高价必然有好货，高价必然有道理，使该茶叶公司积压商品顺利销出。

提问： 该茶叶公司明知策略实施后并未见效，为什么还要坚持一段时间呢？

分析： 首先，客户表示怀疑，不等于方法无效。客户没有进行有力的反驳，说明他们心中没底，这正说明方法的可行。其次，面对出乎意料的价格，要对方一下子接受是很难的，要有耐性等待，让客户们也有时间互通信息。中国有个成语，叫"三人成虎"，说是在一个集市上，有人突然狂奔而来，大叫"老虎来了"，旁人不信，大白天哪来的老虎。突然又有一人边跑边叫："老虎来了"，众人将信将疑。这时，第三个人又跑来大叫："老虎来了!"赶集的人群"哄"地一下四处逃窜。老虎来了吗？没来。该茶叶公司在一段时间里坚持用同一种方法，就可能起到三人成虎的效果。

提问： 该茶叶公司的涨价理由明明有假，客户为什么不调查？

分析： 一种可能，所有的客户都疏忽了，但这可能性较小；另一种可能，因为调查不便，相比较价格所涨部分来说，调查费用太高。而涨价多付的货款，在下一步的交易中，有可能消化。

提问： 该茶叶公司的谈判策略是在什么条件的支持下才取得成功的？

分析： 该茶叶公司是一家大型国有企业，对市场有举足轻重的影响力，轻易不会发布不实信息，容易使人相信，这是条件之一；当时的中国市场上，还没有这样多的茶叶出口商，因此，客户的选择余地比较小，这是条件之二；人的心理有它薄弱的一面，容易受"鱼目混珠"、"三人成虎"这种情况的影响，这是条件之三；客户因为疏忽，或者因为调查困难而相信中方的话，这是条件之四；该茶叶公司谈判人员的具体表现，我们从案例中不得而知，但言行总不能自相矛盾，令人生疑，这是条件之五；涨价的幅度是客户能够消化的，这是条件之六。这六方面条件合在一起，使该茶叶公司策略大获成功。如果没有一定的条件支持，策略可能就不是策略。所以在选择策略时，一定要看清它的支持条件。

提问： 使用这样的谈判策略是否也有风险？

分析：世界上没有能保证百分之百成功的策略，就是在案例条件下使用这样的策略，也是有风险的，也可能有其他的结果。

提问：使用这样的策略可能遇到什么样的风险？

分析：如果有一个客户有条件了解红茶产地的情况，消息就会不胫而走，客户们就会怀疑该茶叶公司谈判人员故意发布假消息，就会怀疑红茶价格有问题，就可能产生两种结果。一是放弃购买红茶，以免上当受骗；一是以此为把柄，迫使该茶叶公司让步。不管是哪一种结果，该茶叶公司的声誉和经济利益都会受损，还会影响企业更大、更长远的利益。

提问：既然有风险，为什么还采用呢？

分析：红茶不能及时销售出去，公司眼前利益就会大损。如果说是积压商品低价销售，会给销售造成很大困难。所以被迫以企业的声誉作为赌注，也是企业维护利益的正常手段。

以上就是对案例的全面分析，问题越全面、细致、独特，分析就越全面、深入、有价值。

A.5　如何写案例分析的文章

大学生不仅要能够口头分析案例，而且要能够把分析的成果化为文字，使它起更大的作用。在把分析的成果化为文字的过程中，不仅锻炼了学生的表达能力，而且有利于思维能力的提高。如果不能把案例分析到一定程度，你就会觉得无从落笔。要想通过文字让人家了解你的观点，你就必须把案例思考到一定程度。案例分析的写作，可谓是一举两得。

1. 要明确文章的中心

要把分析的成果表达在纸上，首先需要确立一个中心。案例分析是论说文，中心就是一个中心论点。通过分析，可能对案例有各方面的看法，但只能选择最精彩、最有价值的观点作为中心论点。比如，你认为谈判人员的表现很出色，谈判策略很精妙，谈判环境作用很大，但你不能什么都写，而应该以其中一点为主，其余的看法为其服务。

2. 案例分析的结构

案例分析由标题和文章正文组成。标题一般可以有两种形式，如《间接取悦法，谈判的致胜法宝》、《谈判：攻心为上》、《谈判专家的谈判方法分析》，这是一种；《退一步海阔天空》再加上副标题"——分析案例《得寸进尺》"，这是另一种。

文章主体由开头、主体、结尾三部分组成。开头可以包括对整个案例的评价，分析案例的意义，中心观点。主体部分是对中心观点的论证过程，主要是通过对案例的分析

来证明自己观点的正确性。结尾部分，可以在归纳、总结的基础上，进一步深化中心观点，联系更多的实际，发挥中心论点的积极意义。

3. 案例分析范例

某进出口公司要出口的商品是竞争很激烈的商品，国际市场价为每打150美元。我公司故意把价格压到每打145美元，质量和每打150美元的相同。这一报价引起了外商极大的兴趣，于是对方抛弃其他卖主，把重点放在与我方的谈判上来。

在谈判中，我方表示，如果外商要扩大销路，我方可把原来的简装改为精装，但每打要增加2美元。外商深知该产品精装比简装畅销，便欣然同意。

在谈到交货期时，外商要求我方在两个月内完成五万打的交货任务。我方表示数量太大，工厂来不及生产，可考虑分批装运。第一批在签约后两个月内运出，其余的在六个月内全部交完。外商坚持要求在两个月内全部交完。我方表示愿与厂方进一步协商。几天后，我方答复：厂方为了满足外商的要求，愿意加班加点，但考虑到该产品出口利润甚低，希望外商能付一些加班费。外商表示愿意支付每打3美元的加班费。

最后，我方表示这批货物数量较大，厂方资金有困难，希望外商能预付30%的货款。最终，外商同意预付20%的货款，协议就此达成。其实，这批货是我方的库存品，交易的利润超出了预期的目标。

4. 案例分析例文

简单的"放低球"策略不简单

"放低球"是商务谈判中的常用策略，通常做法是开出让人心动的交易条件，以吸引谈判对象，然后在谈判中利用各种机会，把"低球"再弹上去。（解释策略）

这种策略从理论上讲并不复杂，但真正要运用得好并不简单。以上案例是"放低球"策略运用得较好的例证，从它简单的事实中，我们可以读出许多不简单来。（点题和引出下文）

案例中，中方在激烈竞争的市场上，不被市场价束缚，而敢于以比市场价低五美元的价格登场，这不仅要有敢于承担风险的勇气，而且需要熟知市场行情，有准确判断谈判发展趋势和左右谈判的能力。（指出不简单之处）

从谈判中可以看到，中方谈判人员采用"放低球"策略，并非出于一种投机心理，而是有计划、有准备、有能力的一种明智的选择。（以下为具体证明不简单的分析）

当外商看到中方的"低球"，就放弃了其他卖主，这是"低球"放得恰到好处的结果。中方首先从为对方销售着想出发，提出精装和简装的议题，此举正中外商下怀，因此"欣然同意加价两美元"。其实这并非出于中方的灵机一动，而是对"低球"的弹性早就了然于胸了。因为中方和外商一样，也深知该产品精装比简装更畅销的市场行情。

既然精装的目的是为了扩大销路，那么势必存在大量订货的可能，也就存在一个把"低球弹上去的机会"。果然，当外商要求两个月内完成五万打的交货任务时，中方把握机会，表示"数量大，工厂来不及生产，可考虑分批装运"，让外商感到我方的困难。当外商坚持原来立场，中方却灵活地放弃了原来的立场，并表示愿与厂方进一步商量，外商感到中方的诚意。几天后，当中方提出可以满足供货要求，但要支付加班费时，外商已能充分理解这种合情合理的要求。于是，中方又达到了目的。

其实，旁观者心知肚明，这只是为了把"低球"弹上去所演的一场"好戏"。由于中方事先判断准确，"戏"的细节设计得天衣无缝，"演员"的表演没有破绽，终于心想事成。

但好戏并未到此收场。既然供货的时间紧，任务重，厂方的资金当然可能成问题，所以提出较高的预付款要求也就不足为奇。但外商会不会一口拒绝中方的要求呢？因为谈判到此时，双方已进入难分难舍的阶段，外商自认为已取得不少优惠条件，只要不是非分之想，怎么可能让既得利益付之东流呢？况且预付款也是为了保证自己能按时获得商品。所以外商也没理由拒绝，这是在中方意料之中的。

纵观案例中"放低球"策略的运用，因为中方了解市场行情，正确把握了对手的心理活动，对谈判发展的趋势判断合理，再加上谈判人员得体的言行配合，使中方从谈判一开始就掌握了主动，并始终左右着谈判发展的方向，最终实现了用普通方法难以实现的谈判目标。事情经过看起来很简单，但它背后所蕴含的信息并不简单，值得我们分析研究。（总括策略成功的不简单原因）

有人可能会想，案例中的中方人员的行为是否有违道德。（突破局限，消除疑问，提升价值）从表面看，中方谈判人员是有虚假言行。但这只是迫于现实。因为把自己的底细诚实地告诉对方，并不能保证得到正确对待。中方为了争取自己应得的利益，故布疑阵，但并没有强迫对方相信。谈判结果也说明，我方只是巧妙地让对方心甘情愿地接受交易我方积压商品的市场价，并未损害对方利益，这不失为一种公平的做法。

附录 B 商务谈判常用词汇英汉对照

A

A Stock	优先股票
A Surety	保人，担保者
Abstract of Title	产权说明书
Accept	允付，承受，承兑
Acceptance Check	验收
Account Number	账号
Account Payable	应付账款
Account Receivable	应收账款
Accountant	会计师
Acquisition of Technology	技术引进
Active Balance	顺差
Added Value	附加值
Adverse Trade Balance	贸易逆差
Advisory Committee	顾问委员会
After-sales Service	售后服务
Agent	代理人
Agreement	合同
Agricultural Products	农产品
Allowance	补贴，减免，折扣
Alternative Projects	备选方案
Annual Cost	年度成本
Anti-dumping	反倾销
Anticipated Prices	预期价格
Appraise	估价
Appreciation	升值
Arbitration	仲裁
Arm's-length Price	公平价格
Artificial Person	法人

Assembling with Components
Provided by Foreign Partners　　　　　来件装配
Assembly Line　　　　　流水线
Assembly Service　　　　　集合服务
After-tax Profit　　　　　税后利润
Authorized Capital　　　　　法定资本
Award　　　　　裁决书

B

Back Letter　　　　　担保信
Bad Check　　　　　空头支票
Bad Debt　　　　　呆账
Bankruptcy　　　　　破产
Barter Trade　　　　　易货贸易
Basic Industry　　　　　基础工业
Bear　　　　　空头，卖空
Bilateral (or Multilateral) Economic Relationship　　双边（或多边）经济关系
Bill of Entry　　　　　报关单
Binding Force　　　　　约束力
Board of Directors　　　　　董事会
Board of Governors　　　　　理事会
Board of Supervisors　　　　　监事会
Bond　　　　　债券
Bonded Factory　　　　　保税工厂
Bonded Goods　　　　　保税货物
Breach of Contract　　　　　违约
Broker　　　　　经纪人
Budget　　　　　预算
Bull　　　　　多头
Business Negotiation　　　　　商务谈判
Buying Power　　　　　购买力

C

Capital Assignment	资产转移
Capital Lease	资本租赁
Capital Market	资本市场
Carriage by Air	空运
Carriage by Sea	海运
Carrier	承运人
Carry Out	履行
Cash Discount	现金折扣
Cash Inflow	现金流入
Cash Outflow	现金流出
Cash Settlement Trade	现汇贸易
Certificate of Title	产权证书
Certification	证明
CEO (Chief Executive Officer)	首席执行官
Chairman of the Board	董事长
Channel of Purchasing	采购渠道
Chief Representative	首席代表
C & F(Cost and Freight)	离岸价加运费
CIF(Cost，Insurance and Freight)	到岸价格
Claim	索赔权，债权
Clearance	结关
Clearing	结算
Closing	歇业
Coefficient	系数
Collateral	担保品
Commercialization	商业化
Commodity Inspection and Test Bureau	商检部门
Compensation Trade	补偿贸易
Compromise	妥协
Concession	让步
Concessionaire	特许权所有人
Confiscation	没收
Consign	托运，发货

Consolidation	联合
Consortium	金融财团
Consulate	领事馆
Contraband	违禁品
Contract	合同
Contract Provisions	合同条款
Contractor	承包人
Contribution	分摊损失
Cooperage	外包装
Copyright	版权
Cost Benefit Analysis	费用效益分析
Counter-offer, Counter-bid	还价
Credit Terms	贷款条件
Creditor	债权人
Creditworthiness	资信
Criterion	评判标准
Current Assets	流动资产
Currency Appreciation	货币升值
Currency Depreciation	货币贬值
Customs	海关

D

Date Due	到期日
Date of Delivery	交货期
Dead Lock	僵局
Deadline	最后期限
Debenture	债券
Debt	债务
Debtor	债务人
Decision Making	决策
Default	违约
Deficit	亏空
Delayed Payment	延迟付款
Demurrage	滞期费

Depression	萧条
Depreciate	折旧，贬值
Devaluation	贬值
Director	董事
Discount	贴现，折扣
Discount Period	贴现期
Discount Rate	贴现率
Dishonor	拒付
Distribution Channel	销售渠道
Domestic Market / Home Market	国内市场
Down Payment / Payment in Advance	预付款
Dumping	倾销
Duty Liability	纳税义务
Duty / Obligation	义务

E

Earnest Money	定金
Embargo	贸易禁运
Embassy	大使馆
Enterprises with Foreign Investment	外商投资企业
Entitlement / Right / Claim	权利
Entry Customs	报关
Estimate	估算，预算
Evaluation	评估
Exchange Control	外汇管制
Exchange Rate	汇率
Exchange Risk	汇率风险
Exclusive Dealing	独家经营
Exclusive Right	独家使用权
Excuse	借口
Exemption System	免税制度
Exoneration	免责
Expectations	预期
Expected Goal	预期目标

Expiration	到期
Expiry of Contract	合同期满
Export Control	出口管制
Export Credit	出口信贷
Export Finance	出口融资
Export Letter of Credit	出口信用证
Expropriation	征用，没收
External Borrowing	国外借款
External Debt	外债
External Loan	国外放债

F

Feedback	反馈
FOB (Free On Board)	离岸价
Fair Market Price	公平市场价
Feasibility Study	可行性研究
Financial Lease	融资租赁
Financial Management	财务管理
Financial Market	金融市场
Financial Report	财务报告
Financial Standing	信用状态
Financing	融资
Fine	罚款
Fine Rate	优惠利率
First-hand Information	第一手资料
Fixed Assets	固定资产
Fixed Capital	固定资本
Fixed Price	固定价格
Fixed Rate	固定利率
Floating Capital	流动资本
Floating Price	浮动价格
Floating Rate	浮动利率
F1uctuation	波动
F.O.B. Destination	目的地交货

商务谈判与礼仪

F.O.B. Factory	工厂交货
F.O.B. Shipping Point	起运点交货
Foreign Capital	外资
Foreign Exchange	外汇
Foreign Exchange Balance	外汇平衡
Foreign Exchange Market	外汇市场
Forward Trading	远期交易
Free-trade Zone	自由贸易区
Freeze	冻结
Fund—raising	资金筹措
Futures Price	期货价格
Futures Trading	期货交易

G

General Tariff	通用税率
Generalized System of Preference (GPS)	普遍优惠制
Goodwill	商誉
Government Bond	公债
Government Loan	政府贷款
Graduated Scale Royalty	递减提成费
Grants	赠款
Gross Profit	总利润
Guarantee	保证

H

Hard Currency	硬通货
Hardship	艰难情势
Hardware	硬件
Hire Purchase	租购
Holding Company	控股公司
Human Relationship	人际关系
Hypothecation	抵押

I

Import License	进口许可证
Import Quota	进口配额
In Bond	保税
In Bulk	散装，成批
Income Tax	所得税
Incremental Returns	增值的利润
Incremental Value	新增价值
Industrial Dispute	劳资纠纷
Industrial Products	工业品
Infant Industry	幼稚工业
Inflation	通货膨胀
Initial Payment and Royalty	入门费加提成费
Innovation	创新
Installment	分期付款
Insurance Premium	保险费
Insurer	保险商
Intangible Assets	无形资产
Interest Rate	利率
Interface	接口
Internal Rate of Return	内部收益率
International Business Negotiation	国际商务谈判
International Chamber of Commerce	国际商会
International Commercial Law	国际商法
International Convention	国际公约
International Economic Cooperation	国际经济合作
International Finance Market	国际金融市场
International Financial Institutions	国际金融组织
International Market	国际市场
International Monetary Fund	国际货币基金组织
International Practice	国际惯例
International Settlement	国际结算
International Trade	国际贸易
International Transportation	国际运输

Interpreter	翻译人员（口译）
Intervention	干预
Investment Payback Period	投资回收期
Investor	投资者
Invite Tenders	招标

J

Joint Venture	合资企业
Judicial Institutions	司法机关
Jurisdiction	管辖权
Jurisdiction Clause	适用法律条款

K

Key Person	关键人物
Key Point	关键问题
Know-how	技术诀窍

L

Labor Intensive	劳动密集
Laws and Regulations on Taxation Concerning	涉外税收法规
Lawsuit	诉讼
Leading Partner	牵头人
Lessee	承租人
Lesser	出租人
Leasing	租赁
Legal Person	法人
Letter of Credit	信用证
Letter of Guarantee	担保书
Liabilities	负债
Liquid Assets	流动资产
Liquidation	清算
Loan Terms	贷款条件

Localization	国产化
Long-term Investment	长期投资
Long-term Loan	长期贷款
Lump-sum Payment	总付

M

Management Committee	管理委员会
Management Contract	管理合同
Manufacturer	制造商
Market Risk	市场风险
Market Share	市场份额
Maximum Price / Ceiling Price	最高价，顶价
Maximum Royalty	最高提成费
Means of Production	生产资料
Mediator	中间人
Merger	合并
Middleman / Broker	中间商
Minimum Price / Floor Price	最低价，底价
Minimum Royalty	最低提成费
Misunderstanding	误解
Money Market	货币市场
Mortgage	抵押

N

National Treatment	国民待遇
Negative Position	消极性立场
Negative Price	消极价格
Negotiator	谈判者
Net Present Value	净现值
Net Present Value Rate	净现值率
Nominal Rate	名义利率
Non-exclusive Right	非独家使用权

Null and Void Articles   无效条款

O

Offer   发盘
Offshore Banking Unit   境外银行机构
Offshore Funds   境外资金
Old Hand at Negotiation   谈判老手
Opening Price   开盘价
Opportunity Cost   机会成本
Option Dealing   期权交易
Order   订单
Overseas Enterprises   海外企业
Owner / Proprietor   业主

P

Parent Company   母公司
Patent   专利
Partner   合伙人
Perfect Competition   完全竞争
Place of Origin   产地
Political Risk   政治风险
Positive Position   积极立场
Positive Price   积极价格
Power of Attorney   授权书
Precedent   先例
Preferential Treatment   优惠待遇
Present Value   现值
Price Risk   价格风险
Probability   概率
Processing with Designs Provided
　　by Foreign Partners   来样加工

Processing with Materials Provided by Foreign Partners	来料加工
Product Life Cycle	产品生命周期
Production Capacity	生产能力
Production Line	生产线
Production Processes	生产流程
Profitability	赢利能力
Project Management	项目管理
Promise	承诺
Propose	倡议
Public Order	社会治安
Public Relations	公共关系
Pure Risk	纯风险

Q

Qualitative Analysis	定性分析
Quality Control	质量控制
Quantitative Analysis	定量分析
Quota	限额，配额
Quotation / Offer	报价

R

Raw Material	原材料
Real Estate	房地产
Real Rate	实际利率
Reciprocity	互惠
Reduction of Duty	减税
Reliability	可靠
Remuneration	酬金
Reparation	赔偿
Requirements	要求
Reasonable Price	合理价格
Retail Price	零售价
Retailers	零售商
Return On Investment	投资报酬率

Return On Capital	资本报酬率
Revenue	收益
Risk Transfer	风险转移
Risk of Interest Rate	利率风险
Royalty	提成支付

S

Sanction	制裁
Second-hand Goods	二手货
Second-hand Information	第二手资料
Securities Market	证券市场
Sensitivity Analysis	敏感性分析
Service	服务
Short-term Loan	短期贷款
Sign a Contract	签约
Soft Loan	优惠贷款
Solvency	偿债能力
Sound Out / Find Out the Real Situation	摸底
Sources of Funds	资金来源
Speculation	投机
Statistical Report	统计报告
Subject-matter	标的
Subsidiary	子公司
Summary of Conversation	会议纪要

T

Tangible Assets	有形资产
Target Market	目标市场
Technicalities	术语
Trade Association	行业协会
Trade Credit	商业信贷
Trade Mark	商标
Trade with Service	贸易服务

U

Uncertainty	不确定因素
Undertaking Fees	承诺费
Unexpected Loss	意外损失

V

Variable Rate	变动利率

W

Warning	警告
Welcoming Speech	欢迎词
Wholesalers	批发商
World Intellectual Property Organization	世界知识产权组织

Z

Zero of Duty / Duty Free	免税

参考文献

埃米尼亚·伊瓦拉，德博拉·M.科尔布. 2003. 谈判. 王旭东，等译. 北京：中国人民大学出版社

白远. 2003. 国际商务谈判理论. 案例分析与实践. 北京：中国人民大学出版社

方其. 2004. 商务谈判：理论、技巧、案例. 北京：中国人民大学出版社

郭春鸿，续冬生. 1996. 第一流谈判艺术. 北京：中国物价出版社

国英. 2002. 现代礼仪. 北京：机械工业出版社

何明敏. 2003. 双赢谈判. 北京：机械工业出版社

胡静. 2003. 实用礼仪教程. 武汉：武汉大学出版社

胡锐等. 2004. 现代礼仪教程. 杭州：浙江大学出版社

胡小娟. 2003. 商务礼仪. 北京：中国建材工业出版社

黄国雄，沈琦，张永. 1989. 商业推销与商业谈判. 北京：中国宇航出版社

加文·肯尼迪. 2004. 新谈判优势. 爱丁等译. 北京：电子工业大学出版社

金正昆. 2004. 商务礼仪教程. 北京：中国人民大学出版社

李惠中. 2002. 跟我学礼仪. 北京：中国商业出版社

李品媛. 2003. 现代商务谈判. 大连：东北财经大学出版社

李元授. 1998. 谈判艺术品评. 武汉：华中理工大学出版社

理查德·R.盖斯特兰德. 2004. 跨文化商业行为. 李东译. 北京：企业管理出版社

林逸仙，蔡峥，赵勤. 2004. 商务谈判. 上海：上海财经大学出版社

刘阳. 1995. 商务谈判手册. 北京：企业管理出版社

马克态. 2003. 商务谈判理论与实务. 北京：中国国际广播出版社

潘马琳，程利民，吴闻杰. 2000. 商务谈判实务. 郑州：河南人民出版社

石永恒. 2002. 商务谈判精华. 北京：团结出版社

万成林，舒平. 1994. 营销商务谈判技巧. 天津：天津大学出版社

王德新. 2000. 商务谈判. 北京：中国商业出版社

王海云. 2003. 商务谈判. 北京：北京航空航天大学出版社

王洪耘，宋刚，等. 1998. 商务谈判. 北京：首都经济贸易大学出版社

周芙蓉. 2003. 礼仪教程. 北京：中国长安出版社